KB051806

임신중지
재생산을 둘러싼 감정의 정치사

일러두기

+ 　명사 'Abortion'은 '임신중지'로 옮겼다. 단, 의료적 과정 중 일부로 언급된
　　경우 '인공유산'으로 옮겼다. 반임신중지 진영이 펼치는 수사 속에서 여성을
　　주어로 하지 않고 쓰인 동사 'abort'와 대한민국 형법에 남아 있던 '낙태의 죄'를
　　언급함에는 '낙태'로 옮기고 썼다.
+ 　'unmarried'는 '비혼'으로 옮겼다. 단, '규범을 벗어난 상태'라는 특정 사회·문화적
　　함의로 쓰인 경우 '미혼'으로 옮겼다(예: '미혼모'). 이와 비슷한 맥락으로 쓰인
　　'single'은 '독신'으로 옮겼다.

재생산을 둘러싼 감정의 정치사

임신중지

happy
abortion

arte   에리카 밀러 지음   이민경 옮김

차례

감정적인

선택

일 년 전쯤 매디슨가에 있는 가족계획협회에서 임신중지를
했다. 나는 이 경험을 말로 다 할 수 없이 감사한 일로
기억한다. (…) 여전히 '좋은 여성'에게 임신중지란
슬픔·수치·후회를 동반하는 경험이어야 한다고 믿는
이들이 많다. 나도 선량한 사람이다. 그러나 임신중지는
내게 상상 이상의 행복감을 안겨 주었다. 엄마가 되도록
강요받지 않을 수 있다는데 행복하지 않을 까닭이 있겠나.
— 아멜리아 보노[1]

최근 프로초이스Pro-choice 활동가들은 여성이 임신중지에 다가가고, 이를 경험하고 기억할 때 영향을 미치는 '감정 각본'을 규명하며, 여기에 도전하기 시작했다. 그 각본에 따르면 임신중지는 여성이 즉각 통제할 수 없던 외부 상황에 맞닥뜨려 몹시 어렵게 선택한 일이며, 여성은 자기가 겪은 임신중지를 정당화해야 한다. 그래서 태아에게 무엇이 최선이었는지를 말하고, 임신중지 이후 태아를 잃은 슬픔을 애도하며, 수치나 죄책감 때문에 임신중지를 비밀에 부친다.

이 서사는 임신중지를 둘러싼 정치적 논쟁을 지배한 '중도파'에게서 나왔다. 이들은 프로초이스, 즉 '친親선택'과 '반反임신중지'를 내세워 오로지 "임신중지를 사회악으로 인정"하는 한에서 임신중지를 지지한다.[2] 여성이 '정말로 좋지 않은' 감정을 느낀다면 임신중지를 할 수 있다는 발상[3]은, 태아의 생명이 염려되지만 임신중지는 불가피하다는 (또 여성은 법률 조건과 상관없이 임신중지를 하리라는) 현실에 대한 자각, 그리고 임신중지를 도덕적 문제로 보는 시각 사이에서 균형을 찾고자 한다.

2015년 트위터에서 진행된 해시태그 운동 #ShoutYourAbortion임신중지를 대놓고 말하자은 여성이 어떻게 임신중지에 다가가고 이를 경험해야 하느냐에 관한 문화적 기대에 직접적으로 응답한 것이었다. 이 운동은 미국 하원에서 가족계획협회(가족계획 및 재생산 건강을 지원하는 비영리조직—옮긴이) 재정 삭감 법안을 가결하며 촉발되었다. 활동가 린디 웨스트Lindy West는 친구인 아멜리아 보노Amelia Bonow의 임신중지 경험을 리트윗하며 여성들에게 임신중지에 대해 '대놓고 말하기'를 요청했고, 임신중지 서사를 남들 손에서 되찾아 오려 했다. 세계 여러 나라의 여성들이 웨스트의 요청에 응답했다. #ShoutYourAbortion은 24시간 동안 10만 회 이상 언급되었으며, 미국·영국·오스트레일리아 그리고 임신중지가 불법으로 남아 있던 아일랜드에서 실시간 트렌드 키워드로 떠올랐다.[4] 이 해시태그의 인기는, 임신중지를 겪은 여성에게 계속 부담을 지우는 강한 기대에 대해 많은 이들이 인지하고 있음을 보여 주었다. 그런 기대는 늘 꼬집어 말할 수는 없어도 널리 공유되며 당연시되곤 한다.

이 책은 임신중지에 대한 '상식적인 감정'을 꾸준히 검토한 첫 번째 연구다. 여기서는 임신중지와 반복적으로 엮이는 특정한 감정들이 여성에게 임신중지의 문화적 의미를 각인한다고 본다. 임신중지를 '잘못'이나 '죄악'으로 노골적으로 명명하는 대신에 '선택'이라는 수사rhetoric를 끌어들여 감정을 작동시킨다는 이야기다. 감정은 임신중지를 단속한다. '임신중지 금지'를 대놓고 말하지 않되, 임신중지의 경험과 그 결과라는 각본에 따라 공유된 의미에 반反임신중지 정서를 심는다. 이를테면 '여성이 임신중지 뒤에 깊은 슬픔과 수치심을 느꼈다'는 말을 계속 듣다 보면, 임신중지는 본래 애통함과 수치를 야기하는 절차로서 자리매김한다. 이는 여성이 간절히 원한다면 임신중지를 할 수 있다는 생각과 분명 양립하지만, 한편으로 임신중지를 하면 타격을 입을 것이라는 경고가 되기도 한다.

'선택'이란 지난 50여 년간 공적인 토론의 장에서 빼놓을 수 없는 언어가 되었다. 임신중지는 폭넓은 맥락에서 여성의 선택으로 여겨졌고, 임신한 여성은 법적으로 임신중지에 다가갈 자격을 얻었다. 그러나 '행복한 임신중지'의 가능성은 여전히 찾아보기 어렵다. 아멜리아 보노는 임신중지를 '행복한' 경험이라 했고, 정말 그랬을 것 같다. 그런데 이 말은 정치적 도발이기도 하다. 보노는 왜 '엄마가 되도록 강요받지 않을 수 있다는데 행복하지 않을 까닭이 있겠느냐'고 했을까? 이 책에서도 비슷한 질문을 던진다. 왜 임신중지를 여성에게 긍정적이고 이로운 경험으로 나타내는 감정(예를 들어 안도·행복감·희망·고마움)은 보통 생략되고 배제되고 부인되는지를 묻는 것이다. 임신중지에 관한 긍정적인 서사는 분명 존재한다. 1970년대 전환기에 임신중지 경험이 공적으로 논의되기 시작하면서 그런 서사가 만들어지기도 했다. 그러나 보노의 이야기가 그렇듯, 이런 서사는 임신중지에 대해 애통함·후회·죄의식·수치·비탄 같은 감정을 강조함으로써 임신중지가 여성에게 불운할뿐더러 심지어 유해한 경험임을 드러내는 식의 '사회적으로 허용되는 말하기'에 대한 방어로 나타난다.

임신중지와 부정적인 감정을 자꾸 엮다 보면, 합병증이나 해로운 부작용 없이 일상적으로 겪는 임신중지 경험을 예외적이고 비정상적인 사건으로 묶어 둘 수 있다. 여성 세 명 중 한 명꼴로 살면서 한 번은 임신중지를 경험한다.[5] 전 세계적으로 임신 네 건당 한 건이 임신중지로 이어진다.[6] 임신중지는 무척 흔한 일이며, 여성이 임신중지 이후 부정적인 감정을 지속적으로 느끼는 경우는 매우 드물다. 실제로 임신중지 경험에 대한 심리학 및 사회학 연구에서는 긍정적인 감정이 더 자주 보고된다.[7] 임신중지는 정상적이고 일상적이며 일반적으로 별다른 문제없이 일어나는 절차다. 다만 규범적 여성성이라는 것이 임신중지에 대한 그런 인식의 확산을 가로막고 있다.

임신중지가 젠더규범에 힘입어 재현될 때 여성의 경험은 반영되지 않으며, 인종·계급처럼 불평등을 유발하는 다른 면을 거쳐 굴절된다. 젠더는 본질적으로 불안정하고 되풀이와 재발명이 필요하다. 이때 젠더규범을 문화와 동떨어진 자연의 이치로 설명하는 수단으로서 임신중지가 동원된다. 임신한 여성이 모성에 관해 결정할 때 행사하는 자유에는 '선택'이라는 수사가 붙는다. 이 표면적 자유는 임신중지에 대한 확고부동한 감정 각본을 은폐한다. 임신한 여성이 겪는 감정세계에 엄격하게 선이 그어지는 것이다. 여성의 삶은 모성에 맞춰 설계되고 모성만이 여성, 특히 임신한 여성에게 참된 행복을 약속한다는 관념이 널리 퍼져 있다. 이 규범적인 도식에서 행복은 오로지 모성에 한정되고, 임신중지는 부정적인 어휘로만 상상될 수 있다. 우리가 임신중지라는 경험을 힘들고 불쾌하고 유해하다는 감정을 통해서만 계속 바라보게 되는 것은 이 때문이다. 임신중지의 '감정경제emotional economy'를 보면, 임신한 여성은 임신을 중지할지 계속할지를 선택할 수 있지만, 한편으로 임신중지는 일탈적이고 해로운 선택이 된다. 그래서 여성이 모성을 거부한다는 신호와도 같은 이 절차를 모성이라는 규범에 되돌려 놓고 만다. 선택이라는 수사는 임신한 여성을 자유롭고 자기결정권을 행사할 수 있는 주체로 묘사하면서도, 그들의 선택에 따라붙거나 그 선택을 통제하는 감정적 효과는 감춰 버린다.

이 책은 여성의 임신중지에 영향을 미치는 규범, 특히 특정한 감정을 통해 작동되는 규범에 초점을 맞춘다. 먼저 법의 테두리 안팎에서 여성의 임신중지 접근권을 제한하는 수단을 면밀히 살펴볼 것이다. 그런 다음 임신중지가 여성들에게, 나아가 공동체 안에서 어떤 의미로 공유되기까지 서로 다투거나 수렴하는 여러 사회·문화적 힘을 다룰 것이다.

임신중지를 선택하기

'선택'은 여성이 임신중지에 합법적으로 접근할 수 있는 나라에서만 주요한 담론이었다. 세계 66개 국가의 전체 인구 중 25퍼센트는 임신중지가 법적으로 완전히 금지되거나 모체의 생명이 위험할 때만 허용되는 조건 아래 살아간다. 이런 국가 대부분은 남반구·중앙아시아·동아시아에 있다. 물론 여성들은 합법인지 불법인지와 상관없이 임신중지를 한다. 더욱이 확률로 따지면 임신중지가 합법인 나라보다 법적 제약이 있는 나라에서 임신중지가 더 많이 이뤄진다.[8] 법은 임신중지를 막지 못하며 그 안전성에만 영향을 미칠 뿐이다. 임신중지로 해마다 여성 약 500만 명이 입원하고 4만 7000명이 사망하는데, 대부분 임신중지가 불법인 나라에서 벌어지는 일이다.[9]

서방 국가들은 1970년대 전환기를 거치며, 임신중지가 완전 범죄였던 상황에서 거의 벗어났다. 영국은 1967년 통과된 '임신중지법Abortion Act'으로 치료적 임신중지의 정의를 확장함으로써, 의사들이 임신중지를 실시할 근거로 여성의 신체 건강뿐 아니라 심리적 건강까지 고려할 수 있게끔 분명한 조건을 만들었다. 중요한 점은 이 법이 현행법을 폐지한 게 아니라 임신중지의 법적 근거를 새로 만든 것이라는 점이다. 영국의 법 개정은 전 세계적 흐름에 불을 지폈다. 1969년에서 1982년 사이에 40개 국가에서 임신중지를 법적으로 자유화했고, 3개 국가에서만 임신중지를 전보다 제한하는 법안을 도입했다. 오스트레일리아·뉴질랜드·캐나다는 영국 '임신중지법'을 본보기로 삼았다. 미국의 1973년 대법원 판결(여성이 임신 후 6개월까지 임신중지를 선택할 헌법상의 권리를 가진다고 한 '로 대 웨이드Roe v. Wade 판결'―옮긴이)은 더 근본적인 개혁을 이뤘는데, 사생활 보장을 근거로 하여 여성에게 초기 임신중지를 할 권리를 부여했다.[10]

그때부터 미국에서 임신중지 관련 법과 정치는 서방의 다른 영어권 국가보다 앞서 나갔다. 법제화의 궤도가 다른 나라와 달랐기 때문이기도 하다. 임신중지를 치료의 일환으로 본 것은 '타협적인 해결책'이었다.[11] 이런 식의 법 개혁을 채택한 사법 관할 구역 내에서 임신중지는 기본적으로 불법이며, 어떤 여성이 치료적 임신중지의 기준을 충족하는지를 판가름하는 것은 의사나 관련 위원회다. 여성 개인보다는 의사들이 임신중지를 결정할 권한을 갖는 것이다. 다만 적어도 법에서 임신중지를 '의료 문제'로 다룰 때는 여기에 대해 도덕적으로 왈가왈부하진 않게 된다.[12] 미국에서는 임신중지 법이 대법원에서 개정되었고 임신중지는 헌법상의 권리가 되었다. 임신중지를 임신한 여성과 태아의 '권리 다툼'으로 보는 프레임은 매우 빠르게 발전해 '절대적 권리의 충돌'이라는 맥락에서 첨예한 논쟁을 불러일으켰다.[13] 임신중지를 권리들의 경합으로 바라보는 이 접근은, '로 대 웨이드 판결'이 있던 1973년 무렵에 임신중지가 확실히 페미니스트 의제로 정의된 데서 영향을 받았다. 임신중지를 둘러싼 정치는 매우 격렬하게 일어났다. 이 책에서 더 분명히 다루겠지만 그 이유는 이 사안이 젠더정치의 일환이었기 때문이다. 이와는 대조적으로 1967년 영국 '임신중지법'을 통해 치료적 임신중지 모델이 널리 퍼지던 때에도, WLMWomen's Liberation Movement(여성해방운동) 조직은 임신중지의 정치 지형에 변화를 일으키지 못했다.

　미국에서는 신우파가 떠오르며 임신중지에 대한 젠더정치와 도덕정치가 거세졌다. 신우파는 임신중지를 기독교 정신과 가부장적 핵가족 쇠퇴에 따른 타락의 결정적 신호이자 징후라 여겼다. 신우파 정치의 부상으로 1970년대 반임신중지 운동이 불붙었고, 가톨릭과 복음주의 개신교 교파 간에 역사상 이례적인 대통합이 이뤄졌다.[14] 규모 있는 복음주의 교파는 거의 미국에만 존재하는데, 이것이 신우파가 미국에서 유독 득세한 한 가지 이유다.[15] 미국 내 신우파의 임신중지 정치 및 반임신중지 운동은 공화당과 긴밀히 연결되어 있다. 임신중지를 의료화한 서방 영어권 나라들의 경우 주요 정당은 임신중지를 정강에 포함하지 않으려 했고, 이 문제가 의회에서 다뤄질 때 소속 의원 개인의 소신에 따라 투표하게 했다.[16] 반면 미국에서는 임신중지가 지극히 당파적인 정치 의제였다. 아주 예외적인 경우를 제외하고, 공화당과 민주당 의원들은 레이건Ronald Reagan 정부 때부터 반임신중지와 프로초이스로 나뉘어 각각의 입장을 지지했다.[17]

　　미국은 임신중지가 유난히 정치화된 덕분에 전 세계 임신중지 운동의 진원지가 됐다. '안티초이스Anti-choice'와 '프로초이스'라는 수사와 전략도 미국에서 발전해 다른 나라로 퍼져 나갔다.[18] 임신중지 반대론자들은 영국[19]·캐나다[20]·오스트레일리아[21]에서 주변부에 있었고 뉴질랜드[22]에서는 입지가 조금 나았다. 이들은 미 공화당 행정부의 지원을 받았는데, 특히 레이건 정부 때 그랬다. 이후 트럼프Donald Trump가 다시 한 번 임신중지를 정치적 권리의 주요한 사안으로서 강조했다. 트럼프 행정부는 미국에서 전례 없는 반임신중지 법제화 이후 출범했다. 1992년 대법원이 내린 기념비적인 판결(태아가 생존력을 갖게 되는 시점을 임신 28주에서 23주로 앞당긴 '케이시 판결'—옮긴이)로 미국 각 주는, 법학자 캐럴 생어Carol Sanger의 말을 빌리면 "임신한 여성을 임신중지로부터 설득해 낼 것"[23]을 겨냥한 조치를 도입할 수 있게 됐다. 2011년에서 2013년 사이에 도입된 임신중지 관련 법은 총 205건으로, 이전 10년간 도입된 법보다 많았다. 2011년에서 2016년 사이에는 미국 내 임신중지 진료소 네 곳 중 한 곳이 '임신중지 의료제공자에 대한 표적규제TRAP(Targeted Regulation of Abortion Providers)'의 도입 때문에 폐업했다. 이 법을 도입한 여러 주에서 임신중지 진료소에 외래수술센터 설립이 필수가 됐다.[24] 구트마허연구소Guttmacher Institute는 현재 미국 전체 주 가운데 절반이 임신중지권에 '적대적인' 상태라고 본다.[25] 미국에서 규제 법안이 늘어 가는 것과 달리, 1988년 캐나다에서, 더 최근에는 오스트레일리아의 사법 관할구역 네 곳(오스트레일리아 수도 준주, 빅토리아 주, 태즈메이니아 주, 노던 준주)에서 임신중지를 비범죄화하며 더 이상 임신중지를 형법으로 규제하지 않게 됐다.[26]

임신중지의 범죄화는 정치적이고 입법적인 논쟁을 불러일으킨다.[27] 또한 법은 임신중지의 실제 실행 여부를 결정짓는다. 앞서 말했듯이 임신중지 관련 법은 모성 이환율罹患率(병에 걸리는 비율) 및 사망률과 직접적인 상관이 있다. 다른 한편, 임신중지 관련 법이 상대적으로 자유화된 국가에서는 법이나 그 법을 정치적으로 어떻게 해석하느냐가 여성이 임신중지에 접근하는 데 방해 요인이 될 수 있다. 대체로 임신중지 법은 약물에 의한 임신중지가 등장하기 전에 생겨났다. 약물에 의한 임신중지는, 프로게스테론 호르몬을 막아 자궁벽을 허무는 미페프리스톤mifepristone과 자궁을 확장해 임신을 막는 미소프로스톨misoprostol을 함께 사용한다. 두 약물은 임신 9주까지에 해당하는 초기 임신에 1~3일 간격으로 복용하는 것이 가장 효과적이다. 이때 이뤄지는 인공유산은 언뜻 생리혈이 많이 나올 때와 비슷한 느낌을 준다. 이론상으로 여성은 임신 초기, 약물을 통한 임신중지를 위해 일반의에게 처방전을 얻어 동네 약사에게 약을 받고 원할 때 복용할 수 있다. 예컨대 오스트레일리아 여성들은 차츰 이런 방식으로 임신중지를 할 수 있었다.[28] 그러나 수술을 통한 임신중지만 가능하거나 '뒷마당 임신중지'(자가 임신중지를 일컬으며 암암리에 행해진다는 부정적 뉘앙스를 담고 있다―옮긴이)를 우려한 법적 제약이 있는 곳에서는 승인된 의사만 임신중지를 실행할 수 있게 되어 있다.

이런 법 때문에 여성은 쓸데없이 많은 비용(이동·탁아·휴가)을 들여 먼 곳을 오가다가 결국 집으로 돌아오는 길에 유산할 수도 있다. 영국에서는 임신중지 시술이 가능한 장소를 법으로 제한했는데, 많은 의료제공자가 날짜 간격을 두지 않고 하루에 두 가지 약물을 임신 여성에게 복용하게 해 약의 효능을 떨어뜨리기도 했다.[29] 또한 임신중지가 비범죄화된 오스트레일리아 수도 준주를 포함해 오스트레일리아의 사법 관할구역 세 곳에서는, 원격의료(통신·정보 기술을 이용해 의료인이 원거리에 있는 환자에게 의료 서비스를 제공하는 것—옮긴이)를 통해 외딴 시골에 사는 여성들이 약물에 의한 임신중지를 시도할 수 없게 됐다.[30]

물론 법을 개혁한다고 해서 여성에게 임신중지의 자유가 보장되진 않는다. 진정한 선택이 가능하려면 누구나 임신중지에 접근할 수 있고 이를 감당할 수 있어야 한다. 영국의 경우 임신중지를 국민건강보험NHS(National Health Service)으로 전액 보장한다. 그러나 보건 전문가들은 현재 영국의 임신중지 관련 의료가 '위기로 치닫고 있음'을 경고하며, '제대로 훈련받은 의료인의 부족, 낙인효과, 예외주의 문화, 게토화'를 문제로 지적했다.[31] 북아일랜드에서는 임신중지를 할 수 없고[32] 다만 2017년 6월부터 영국 본토 내 국민건강보험의 임신중지 지원을 보장받았을 뿐이다.[33] 스코틀랜드에서는 임신 24주까지 임신중지가 법으로 허용되지만, 사실상 임신 8주가 넘으면 거의 불가능하다.[34] 뉴질랜드에서는 임신중지를 위원회에 부쳐 실행하기까지 평균 4주나 걸린다. 의사 두 명의 승인을 받기까지 시간이 걸리기 때문이다. 이를 위해 장거리를 오가야 하는 여성도 있다.[35]

접근성과 감당 가능성은 임신중지를 비범죄화한 국가에서도 여전히 중요하다.[36] 캐나다는 1988년 임신중지를 형법에서 제외한 최초의 나라가 됐지만, 임신중지를 담당하는 병원의 수는 더 줄어들었고, 오늘날 주요 병원에서는 임신중지 서비스를 제공하지 않는다. 민간 의료시설이 부재한 지역이 많기 때문에, 임신중지를 하려는 여성은 장거리를 이동해야 한다. 예를 들어 프린스에드워드섬에는 1982년부터 2016년까지 임신중지를 하는 시설이 한 군데도 없었다. 여러 주 및 준주 당국은 민간 진료소나 해당 사법 관할구역 바깥에서 행해지는 임신중지에 대해 비용을 부담하지 않기로 했다.[37] 게다가 프랑스에서는 1988년부터 가능했던 약물에 의한 임신중지가 캐나다에서는 2017년이 되어서야 가능해졌다. 더군다나 의약품 보장 항목에 임신중지 약을 포함하지 않은 주가 많고, 규제 지침이 엄격하기 때문에 주요 도시 중 몇 군데에서만 약을 얻을 수 있다.[38] 오스트레일리아에서는 지역 당국 대부분이 임신중지 절차에 필요한 비용을 절반만 보조한다. 의료 조치는 대부분 민간 진료소에서 담당하는데 거의 주요 도시에 몰려있다. 이 말은 곧 외딴 지역에 있는 여성이 임신중지를 하려면 몹시 먼 거리를 오가야 한다는 뜻이다.[39] 빅토리아 주에서는 2008년 임신중지가 비범죄화되었으나, 여성이 수술을 통한 임신중지에 접근하기란 여전히 열악한 상황이었고, 임신 기간이 긴 경우 수술 접근도는 최근 몇 년 새 더 줄어들었다.[40] 미국에서는 임신중지가 합법이지만, 앞서 말했듯 여러 주에 엄격한 법적 규제가 있다. 32개 주와 수도가 '하이드 개정안'(1976)을 따르며, 오직 생명이 위험한 경우나 강간·근친상간으로 임신중지를 하는 경우에만 메디케이드Medicaid(저소득층을 위한 미국의 의료보험 제도—옮긴이) 혜택을 받을 수 있다. 한 연구에 따르면, 조사한 여성의 41퍼센트가 임신중지 비용을 감당하기가 '다소 혹은 무척 어려운' 상태이며 54퍼센트가 비용을 모으느라 의료 서비스를 받는 시기가 늦어졌다.[41] 여성들은 재정적 곤란 때문에 임신중지에 접근하기 어렵다. 한편 같은 이유로 원하던 임신을 중지하는 경우도 있다. 나중에 설명하겠지만, 선택이라는 수사는 재정적으로 양육이 불가능한 숱한 여성에게 의미가 없다.

진정한 선택이 가능하려면 임신중지를 합당한 선택으로 인정하고, 임신한 여성이 더 이상 임신상태를 지속하고 싶지 않을 때 일상에서 문제없이 행할 수 있어야 한다. 임신중지가 통계상 평범한 일이라고 하지만, 여전히 규범적인 일과는 거리가 멀다.

임신중지가 비범죄화된 나라에서조차 이는 여성이 예외적인 상
황에서 몹시 고통받고 성찰한 끝에 하는 선택으로 설명된다. 오
늘날 임신중지를 둘러싼 정치는 문화정치에서 널리 거론되고 있
다. 임신중지 반대론자들 사이에서는 '전심전력을 다한 투쟁'으
로, 학계에서는 '문화 전쟁'으로 묘사되곤 한다.[42] 본래 법 개혁에
초점을 맞추던 임신중지 운동은 이제 임신중지의 '의미를 공유
하는 것'을 목표로 삼는다.[43] 예를 들어 1997년부터 활동을 시작
해 캐나다에서 가장 가시적인 반임신중지 블로그가 된 '프로우
먼 프로라이프ProWomenProLife'의 슬로건은 "선택으로 만든, 임
신중지 없는 캐나다"다. 이 슬로건은 임신중지를 '섹슈얼리티·모
성·결혼에 대한 시각과 밀접하게 연결된 도덕적·문화적·철학적
문제'로 정의하며, 임신중지를 다시 범죄화할 게 아니라 '여성의
문화'에 따라 행동할 것을 주장한다.[44] 프로초이스 페미니스트들
도 임신중지가 섹슈얼리티와 모성, 또 그 정도는 약하나 결혼에
관련된 문화적·정치적 논쟁거리라고 오랫동안 말해 왔다. 그러
나 임신중지에 부과된 젠더역할이 억압적이라고 보았다는 점에
서 구별된다.[45] 현재 임신중지의 문화정치는 실질적인 효과가 있
다. 국가에서 여성의 임신중지를 지원하는 데 투입하는 예산이
부족한데도 이 사실이 정당화되고, 임신중지 의료제공자에게는
낙인이 찍혀 임신중지를 제공할 능력과 의지가 있는 숙련된 전
문가가 충분치 못한 실정이다.[46] 임신중지의 문화적 의미는 여성
이 임신중지를 경험하고,[47] 친구와 가족, 나아가 공동체가 그 선
택을 평가하며 판단하는 방식에도 결정적으로 작용한다.[48]

　　임신중지의 문화는 관련 법이 만들어지는 데 바탕이 되기도
한다. 여성의 섹슈얼리티와 모성을 단단히 매어 주는 도덕적·사
회적 코드는 임신중지의 범죄화를 뒷받침한다. 모성과 결혼에
따라붙는 '정절'이라는 엄격한 규범 내에서, 여성이 임신중지를

바란다는 것은 혼외 성관계나, 기혼 여성일 경우 모성에 대한 거부를 나타냈다. 임신중지에 대한 바람은 입 밖에 낼 수 없었다. 실제로는 널리 하고 있었는데도 말이다.[49] 1970년대 전환기를 맞아 임신중지를 의료화한 나라들에서는 젠더화된 이런저런 권력관계 때문에, 임신중지 여부를 당사자 여성이 아닌 의사의 결정에 맡겨야 한다는 생각에 힘이 실렸다. 그렇게 해서 만들어진 법은 여성을 감정적이고 성급하고 나쁜 선택을 할 잠재성이 있는 존재로 여겨, 가부장적 가르침과 권위·지식 그리고 (남성의 속성인) 합리성을 갖춘 의사들의 관리 아래 두었다.[50]

임신중지에 대한 법적 규제는 캐나다와 오스트레일리아의 사법 관할구역 몇 군데에서 이뤄진 임신중지 비범죄화로 새로운 전기를 맞았다. 여기까지 오는 데 시간이 좀 걸리긴 했지만, 임신중지를 여전히 범죄시하는 맥락과는 뚜렷이 구별되는 규범의 전환을 이룬 것이다. 임신중지의 비범죄화는 (실제와 별개로 법적으로는) 여성이 임신중지에 접근하지 못하게 하던 기존 장벽을 제거했으며, 여성을 결정의 주체로서 공식 인정했다. 최근 바버라 베어드Barbara Baird가 말한 것처럼 "임신중지를 범죄에서 보건의료 항목으로 재분류하는 것은 페미니스트와 프로초이스 활동가들의 오랜 목표였다. (…) 이는 무척이나 가치 있는 성취다."[51] 그러나 임신중지의 비범죄화는, 뒤에서 자세히 이야기하겠지만 여성을 자유로운 개인이자 선택할 수 있는 주체로 보는 틀에 박힌 담론의 맥락을 일면 강화한다. 임신중지를 선택하는 여성을 '자유롭다'고 표현하면, 여성이 임신중지를 선택하는 데 계속 작용해 온 규범적 제약을 가릴 수 있다.

학자들은 임신중지에 가하는 '낙인'과 이를 '끔찍한 일'로 만드는 과정에 나타나는 규범적 제약을 연구하면서, 임신중지가 '불쾌한'부터 '혐오스러운'에 이르는 부정적인 말로 표현될 때가 압도적으로 많다고 주장했다.[52] 임신중지는 필요한 것으로 여겨질 때조차 피해야 할 것, 여성에게 불가피한 고통을 안기는 것으로 지목되기 일쑤다. 임신중지가 끔찍한 일로 낙인찍힐 때, 모성은 임신에서 문제없이 도출되는 유일한 산물로 그려지며, 다시금 임신중지는 비정상적이고 여성에게 해로운 선택이 되고 만다. 이와 관련한 감정의 목록이 있다. 예를 들어 여성의 경험이라고들 말하는 '괴로움'과 '애통함' 같은 특정한 감정이 임신중지를 끔찍한 일로 만들며(2장과 3장 참고), '수치'를 통해 낙인이 내면화된다(4장 참고).

이 책에서는 임신중지의 의미가 어떻게 몇몇 '공론장'[53]을 거쳐 만들어지는지를 알아본다. 신문, 활동가 기록물, 의회 토론, 정치 연설, 여성의 임신중지 경험에 대한 심리학·사회학 연구가 여기에 포함된다. *#ShoutYourAbortion* 운동이 세계적 반응을 얻은 사실은, 이 책의 큰 줄기인 '임신중지의 감정적 서사'가 국경을 초월한 호소력이 있음을 보여 준다. 내가 조사한 자료는 서방 영어권에서 나온 것이다. 오스트레일리아·캐나다·뉴질랜드·영국·미국 등은 언어와 제국주의의 역사를 공유하며, 공통의 법과 경제체제를 기반으로 하고 정치·경제적으로 연결되어 있다.[54] 내가 하려는 많은 주장을 서유럽에도 적용할 수 있지만 동질적인 맥락에서는 아니다. 또 아일랜드·몰타·폴란드에서는 법적 제약이 훨씬 더 팽배하다.[55]

탈식민주의 연구자들은 '서양과 나머지' 같은 위계관계와 그 핵심에 놓인 일련의 경제적·지정학적 특권을 답습하는 '앵글로스피어Anglosphere'(영어권 국가들―옮긴이), '서양', '선진국' 등의 개념을 비판했다. 예를 들어 앵글로스피어는 무척이나 인종화된 정체성으로서, 일종의 구성된 '앵글로색슨다움'과 '중심부의 백인 자아, 주변부의 비백인 타자' 구도를 통해 빚어졌다.[56] '서양'

이나 '서방 영어권'은 지리적 구분에 따른 개념이 아니라 꾸준히 반복·재생산된 이데올로기적 개념이다.[57] '선택'이라는 말은, 특히 여성과 관계해 쓰일 때는 '서양'을 '나머지'와 구별된 더 우월한 개념으로 구성하는 하나의 방식이다. '서양 여성'은 자유롭고, 이 점은 특히 섹슈얼리티와 모성에 관해 그들이 선택권을 가진 데서 알 수 있다는 식이다(4장 참고). 이 책은 그런 담론에 대한 비판을 담고 있다.

이 책에서는 서방 영어권을 광범위하게 다루지만, 특히 오스트레일리아에 초점을 둔다. 오스트레일리아의 임신중지 정책과 담론은 항상 초국적 성격을 띠어 왔고, 미국과 영국의 영향을 가장 많이 받았다. 또한 임신중지에 관한 자유주의적 법의 규범 전제를 조사할 때 오스트레일리아의 사례 연구는 독특한 맥락을 제공한다. 구체적으로 말해 빅토리아 주에서 법 개혁이 임신중지 실시에 (제한적으로나마) 미친 효과로 보면, 샐리 셸던Sally Sheldon이 말하듯 "영국 등 다른 사법 관할구역에서 법 개혁을 고민하는 이들"은 오스트레일리아에서 일어난 발전에 "주목해야 한다."[58]

미국에서는 지난 10년 동안 임신중지가 늘어나지 못하도록 제한해 왔다. 캐롤 조프Carol Joffe는 트럼프 행정부 시기가 '로 대 웨이드 판결'이 있던 1973년 이래 재생산권 및 재생산 정의 운동이 맞닥뜨린 가장 어려운 시기가 될 것이라고 경고했다.[59] 활동가·학자 들도 이 점을 두려워한다. 캐나다에서 임신중지는 대법원 관결을 통해 비범죄화되었는데, 이는 공동체의 오랜 노력이나 의회의 토론을 통해서가 아니라 국가의 헌법을 토대로 내려진 결정이었다. 캐나다의 사례로 법 개혁을 위한 담론상 조건을 말하기에는 다른 나라, 특히 헌법에 권리가 명시되지 않은 나라(영국과 오스트레일리아 등)에 일반화하기 어려운 면이 있다.[60] 프로초이스 진영이 역사적 승리를 거둔 이래로 지난 30년 동안, 임신중지의 의미를 떠받치는 규범은 변화했다. 임신중지를 비범죄화하려는 움직임은 영국에서 순조로이 진행됐는데, 기존의 법적 전통과 문화정치를 고려할 때 그런 움직임을 둘러싼 활동가·미디어·정치 등의 맥락은 오스트레일리아와 유사했다. 2017년 3월 영국 의회는 임신중지 비범죄화를 도입하는 법안을 표결에 부쳤다. 의회의 10분 규칙Ten Minute Rule에 따라 발의자와 반대자 양측은 오스트레일리아의 예를 들어 가며, 각각 법 개정의 유익함 혹은 잠재적 손실을 내세웠다.[61] 이 법안은 5월의 2차 독회에서 토론에 부쳐질 예정이었으나 총선 전에 의회가 해산하며 무산되었다.

50년이 넘은 영국의 '임신중지법'(1967)은 임신중지의 문화정치가 맞이한 강렬한 변화의 시기를 거치면서도 꿋꿋이 살아남았다. 이 책은 바로 그 역사적인 시기를 다룬다. 1960년대 후반 서방세계에 영향을 준 임신중지 법 개혁이 일던 시기부터, 캐나다, 그리고 오스트레일리아 사법 관할구역 네 곳에서 일어난 임신중지 비범죄화가 전 세계 많은 프로초이스 활동가와 학자 들의 목표를 대표하는 동시에 더 큰 흐름의 단초가 될 것으로 보이는 오늘날까지를 살핀다. 임신중지의 문화적 의미가 대대적으로 바뀌면서 이런 법적인 발전도 가능했다. 이 '들어가며'의 뒷부분에서는 그 변화된 의미의 지도를 그리는 데 필요한 도구를 제공하려 한다.

임신중지 여성

이 책은 임신중지라는 '선택'과 임신중지를 한 여성이 지난 50년간 어떻게 재현되었는지를 살펴본다. 페미니스트들은 젠더를 탈자연화하려는 정치적 책무를 안고 재현 방식에 주목하며, 그럼으로써 사회에 굳게 뿌리박힌 젠더역할과 이에 새겨진 불평등을 수면 위로 올린다. 페미니즘의 접근대로라면 여성이란 생물학적으로나 신경화학적으로 결정되는 게 아니라 여성을 묘사하는 행

위 안에서 구성된다.[62]

흔히 '여성' 주체를 재현할 때, 여성을 다양한 문화적·역사적 맥락을 가로지르는, 고정불변의 자연적 독립체로 가정하곤 한다. 임신중지를 재현할 때도 비슷한데, 임신중지와 이를 행하는 여성의 의미를 고정해 놓는 것이다. 여성들이 임신중지를 똑같이 경험하리라는 가정은 '여성'을 자연적이고 몰역사적인 주체로 구성하는 한 방편이다. 예를 들어 임신중지를 겪은 여성이라면 누구나 애통한 감정을 느끼리라는 생각에는, 여성 내부에 고유한 무언가가 있어 깊은 슬픔이라는 유일한 통로로 임신중지를 경험할 수밖에 없다고 하는 전제가 깔려 있다. 임신중지의 재현 방식은 여성이 임신중지를 경험하는 다양한 방식을 축소한다. 그리하여 임신중지의 주체인 여성들이 고유한 본성을 공유하는 것처럼 나타낸다.

임신중지에 대한 고정관념은 여성의 경험에 영향을 미친다. 직접적으로는 아니더라도 말이다.[63] 제니퍼 키스Jennifer Keys는 프로초이스 여성은 임신중지 경험을 안도와 연결짓는 경향이 있으나, 반임신중지 지지자일 경우 슬픔과 후회, 태아에 대한 모성애를 강조한다는 데 주목했다.[64] 이런 규칙이 임신중지를 한 여성들에게 나타날 수 있지만, 이 규칙에 따른 감정상태가 자동적으로 만들어지지는 않는다. 제니퍼 키스에 따르면 여성은 몇 가지 감정 조절 기술을 통해 자신의 경험을, 요구되는 감정 각본의 틀에 맞추어 낸다. 예를 들어 반임신중지 진영의 여성은 태아를 아기로 인격화할 것이다. 반면 프로초이스 진영의 여성은 배아, 태아, 혹은 세포조직이라 여길 것이다. 임신중지에 관한 상반된 내용의 감정 각본들이 공존하는데, 그 어떤 각본도 여성의 임신중지 경험을 자동적으로 프로그래밍하지는 못한다.

이 책에서 다룰 주요한 감정적 서사는 중요하다. 그 서사는

임신중지에 대한 여성의 감정 경험을 다룬 연구들에서 밝혀진
내용, 즉 임신중지 경험이 여성에게 긍정적이고 이롭다는 내용
과 거의 상관이 없다. 왜냐하면 담론에 등장하는 '임신중지 여
성aborting woman'이란 실제로 임신중지를 겪은 여성이 아니라,
더 폭넓은 문화적 불안을 반영해 만들어진 사회·문화적 전형이
기 때문이다. 이모겐 타일러Imogen Tyler가 담론에 등장하는 비
슷비슷한 인물형에 대해 썼듯이, 이런 불안은 '임신중지 여성'을
"과장·왜곡·희화화하는 방식으로 (…) 대중 사이에 공공연히 상
상"되도록 한다.[65] '임신중지 여성'의 전형은 다른 문화적 인물
형, 이를테면 '망명 신청자'나 '무슬림'과 유사하게 젠더·인종·민
족과 관련한 사회적 우려에서 빚어진다. 임신중지에 관한 사회
적 우려란 여성의 섹슈얼리티와 모성을 둘러싸고 생겨난다. 임
신중지는 수행적으로 재현된다.[66] 이는 단순히 임신중지 여성
을 묘사하는 게 아니라 젠더화된 주체로 만드는 방식이다. 젠더
는 과정으로 나타날 뿐 고정된 실체가 아니기 때문에, 끝없는 반
복과 유지를 필요로 한다.[67] 임신중지의 재현은 젠더를 형성하고
재형성하는 수단이다.

　임신에 대한 규범적 설명과 젠더규범은, 임신중지가 임신한
여성에게 매우 문제적인 선택이라고 못 박는다. 최근 캐롤 생어
가 말했듯이, 사실상 임신중지는 "전통적으로 여성은 어떻다, 어
떻게 행동한다고 이해되던 모든 것에 대한 안티테제"다.[68] 로런
버랜트Lauren Berlant가 '태아적 모성'이라 이름한 규범적 도식 내
에서, 임신한 여성은 이미 어엿한 아이어머니로 여겨진다. 모름
지기 젊은 여성이라면 모성으로 나아가는 삶의 궤도에 올려진
존재로 보는 것이다.

　　　　젠더화된 여성다움부터 임신과 출산에 이르는

자연발달의 서사는, 우리의 몸·정체성과
관련된 몇 안 되는 어휘 중 하나를 만들어
냈다. 이 서사는 아이가 여성이라는 성별을
갖춘 순간부터 그 아이를 이성애적 각본에
넣고, 재생산하는 존재로 발돋움하게 하며,
여성으로서 달성해야 할 규범인 도구적 공감과
봉사라는 추상적 가치를 수행하는 쪽으로
옮겨 놓으면서 여성성을 몸의 자연적인 서사
과정이라는 틀에 짜 맞춘다.[69]

임신에 '어머니'와 '아직 태어나지 않은 아이'가 뒤따르는 것처럼 자꾸 재현하다 보면, 임신에 대한 특정한 역사·맥락을 가진 한 가지 관점이 자연스러운 게 되어 버린다. 이 관점은 지난 50여 년 동안 일어난 몇 번의 역사적 진보(임신중지 관련 법의 자유화, WLM의 활동과 그 여파)에 대응해 생겨났다. 같은 시기에 산전선별 기술이 발전하고 대중에게 전시되는 태아의 이미지가 늘면서, 태아는 '중요한 문화적 수행자'가 되었다.[70] 태아는 타협 불가능한 복수複數의 개념틀을 통해 읽혔다.[71] 태아의 삶에 덧붙여진 의미도 역사적으로 계속 달라졌다. 세라 두보Sara Dubow는 이렇게 말한다.

1870년의 태아는 1930년의 태아와 같지 않고,
1930년의 태아는 1970년의 태아와 같지 않으며,
1970년의 태아는 2010년의 태아와 같지 않다.
서로 경합하는 복수의 태아 개념은 늘 공존해
왔으나, 특정한 역사적 상황이 태아에 대한 다른
이야기를 생산해 내고 다른 가치를 매겼다.[72]

　　오늘날 임신중지와 임신을 묘사할 때 일반적으로 배아를 태아 혹은 생존 가능한 태아, 출생 전후의 태아, 심지어 아기와 한데 묶는다. 배아는 임신 8주차에 들어서야 태아가 되는데도 말이다. 임신중지가 대부분 임신 3개월 내에 일어나며, 약물에 의한 임신중지가 늘면서 임신 9주차 전에 행하는 매우 이른 임신중지 건수도 증가하고 있다.[73] 배아나 태아의 생명이 지니는 의미 역시 맥락에 따라 달라진다. 예를 들어 체외수정 과정에서 일어나는 배아 폐기는 임신중지와는 다르게 취급된다. 임신한 여성의 의도·행동이 두 경우에 서로 다르다고 보기 때문이다.[74] 임신중지의 경우, 배아는 재생산을 의도하지 않은 채 성관계를 하고, 출산 이후에도 양육을 원치 않는 여성에게 착상되어 있던 것으로 여겨진다. 그러나 같은 배아 폐기라도, 냉동고에 보관된 배아는 결과적으로 모성을 의도한 과정의 산물로 간주된다.[75]

　　배아와 태아의 정의에는 언제나 임신한 여성이 고려돼 있다. 여성은 스스로 존재하는 몸(자율적인 주체)으로 등장하기도 하고, 태아적 모성이라는 도식에서처럼 (자율성이 제한되거나 아예 없이) 타인을 위해 존재하는 몸이 되기도 한다. 임신중지 정치에서 젠더, 특히 모성은 중심적인 위치를 단단히 차지한다. 1980년대 중반, 크리스틴 루커Kristen Luker는 임신중지 논쟁을 "모성의 위치와 의미에 부쳐진 국민투표"라 대대적으로 정의한 바 있다.[76] 임신중지권은 1970년대 WLM 조직에서 무척이나 두드러진 의제였다. 왜냐하면 활동가들은 여성이 자신의 야망과 활동 범위를 모성에 한정짓는 사회와 문화로부터 자유로워지기 위해서는 임신중지권이 필수라고 믿었기 때문이다(1장 참고). 반면 반임신중지 활동가들은 대체로 전통적인 가족의 가치와 젠더역할을 거듭 주장했다(1장과 3장 참고). 레바 시겔Reva Siegel이 말했듯이 "[1970년대 초] 임신중지 논쟁에 페미니스트들이 참여하면서,

임신중지 법의 자유화를 지지하는 목소리와 반대하는 움직임 둘 다 확대되었다." 그리고 임신중지 반대론자들의 마음속에는 "임신중지의 해악은 살인이 아니라 젠더갈등"이라는 생각이 자리잡았다.[77]

모성에 가치를 부여함에 따라 임신중지를 겪은 여성은 '좋은 어머니'에 대비되는 부정적인 인물로서 문화적으로 재현된다.[78] 임신중지 정책들도 여성의 섹슈얼리티는 재생산과 연결되어야 한다고 주장한다.[79] 캐사 폴릿Katha Pollitt에 따르면, 반임신중지 진영의 논리는 이렇다. "여성이 섹스를 한다면, 그 여성은 무슨 일이 있어도 거기서 비롯한 임신이라는 결과를 떠안겠다고 계약한 셈이다. (…) 계약으로서 섹스 개념은 여성이 성적 존재가 되어서는 안 된다고 말하는 또 다른 방식일 뿐이다."[80]

내가 이 책에서 '태아적 모성'을 말할 때 드는 도식은 이런 내용을 망라한다. 여성의 섹슈얼리티는 재생산과 결합하고, 모성은 여성의 기준점이 되며, 임신은 어머니가 독립적 개체로서의 아이와 맺는 관계라는 것이다. 뒤에서 더 이야기하겠지만, 중요한 건 태아적 모성이 인종·계급 등을 축으로 해 여성을 '착하고 책임감 있는 어머니'와 '나쁘고 무책임한 어머니'로 구별한다는 점이다. 그런데 임신중지 여성은 자신이 배태한 배아나 태아의 어머니가 되지 않기를 선택하며, 임신에 대해 주체로서 자기 위치를 주장한다. 따라서 임신중지라는 선택은 태아적 모성이라는 규범과 그에 따른 숱한 문화적 산물에 균열을 내려 한다. 그렇기 때문에 임신중지가 그토록 논쟁적인 사회문제가 된 것이다.

앞서 말한 도식에서 임신한 여성은 이미 또 언제나 어머니로 존재하며, 어떤 경우에도 임신을 지속하고 '아이를 위한' 최선이 무엇이냐에 따라 행동할 것으로 여겨진다. 그런데 이 도식에서 눈에 띄는 예외가 하나 있다. 태아에게 심각한 이상이 발견됐을 때는 임신중지 여성이 무책임한 게 아니라 '책임감 있는 어머니'로 표현된다. 여론조사 결과에 따르면 사람들은 태아에게서 이상이 발견되어 임신중지를 고민하는 경우가 다른 경우보다 더 납득할 만하다고 생각하며, 실제 법적으로도 규제 조항을 더 느슨하게 둔다.[81] 수치상으로도 태아의 신체적 이상 때문에 임신중지를 하는 비율이 무척 높다. 예를 들어 태아가 다운증후군 진단을 받았을 경우 오스트레일리아에서는 93퍼센트, 미국에서는 61퍼센트에서 93퍼센트 비율로 임신중지를 했다.[82] 일부 장애인권 운동가들은 산전선별 검사와 선택적 임신중지를 비판하며, 태아의 이상 때문에 임신중지를 하는 것은 차별을 영속시키는 우생학적 방식이라고 주장했다. '장애의 사회적 모델'에 따르면 장애인이 겪는 불편함은 대부분 보건이나 공공인프라 등의 지원에 투자가 부족해서 생긴다. 그런 지원만 제대로 해도 장애인이 사회생활에 참여하는 데 도움이 될 것이다.[83] 장애가 있는 태아에 대한 선택적 임신중지는 여기에 아무런 도움이 안 될뿐더러 장애 차별을 가중시킨다. 또한 어떤 아이가 장애를 면해야 한다는 믿음은 장애를 갖고 살아가는 이들의 삶을 평가 절하할 수 있다. 하지만 태아보다 임신한 여성에게 초점을 두는 임신중지 모델에서는, 장애를 안고 살아가는 아이의 돌봄을 주로 맡은 이들이 엄마임을 인정하는 것도 중요하다고 본다. 이런 돌봄은 종종 비용이 많이 들고 평생 헌신해야 할 일일 수 있다.[84] 우리는 장애인을 위한 더 나은 지원망을 만드는 일이, 장애가 있는 태아의 임신중지를 고려하는 여성에게 선택의 폭을 넓혀 주리라고 주장함으로써 여성의 선택을 지원할 수 있다.

　태아적 모성을 논할 때 또 다른 예외가 있다. 트랜스젠더 활동가와 앨라이ally(차별을 없앨 목적으로 당사자가 아니면서 소수자성에 연대하는 이—옮긴이)는 여성만이 임신중지를 한다는 것을 당연시하는 데 대해 비판을 제기한다. 예를 들어 "여성을 신뢰하라"라는 슬로건이 아일랜드와 영국에서 임신중지 관련 법 개혁을 이끌었는데, 이에 대해 임신중지를 겪은 다양한 젠더나 트랜스남성의 경험을 배제하기 때문에 '차별적'이라고 보는 입장도 있었다. 로런 랜킨Lauren Rankin이 "오직 여성만 임신중지를 할 수 있다는 가정에 깃든 시스젠더cisgender중심주의를 인정하고 받아들여야 한다"[85]고 한 데 대해, 캐사 폴릿은 이렇게 답했다. "'여성'이 아니라 '사람'이라고 말하기 시작하면 임신중지가 역사적으로, 상징적으로, 사회적으로 지닌 의미를 잃게 된다. 왜 임신중지가 '아직 태어나지 않은' 태아의 생명권에 관한 문제일 수만은 없는지 이해하기 어려워진다."[86]

특정 젠더에 국한해 임신중지를 이야기하는 데 대한 비판은, 프로초이스 활동가들과 학자들에게 다음의 몇 가지 질문을 남긴다. 활동이나 학문의 영역에서 임신중지에 대해 말하거나, 임신중지 정치를 고민하거나, 임신중지를 겪은 이들에 대해 이야기할 때, 과연 젠더중립적인 언어를 쓸 수 있는가, 혹은 써야만 하는가? 임신과 같이 젠더화된 주체와 단단히 결부된 경험에서 젠더중립적인 주체를 고려하는 일은 가능한가, 혹은 바람직한가? 진보정치는 트랜스젠더나 젠더 비순응자의 젠더 정체성을 소외시키거나 이들을 인지하는 데 실패한 점에 대해 설명해야만 한다.

나는 이런 비판을 인지하며, 스스로를 임신중지를 겪은 여성으로 정체화하지 않는 이들이 있다는 사실 또한 잘 안다. 그럼에도 이 책에서는 임신중지의 주체를 '여성'으로 호명한다. 이 책의 초점은 임신중지를 재현하는 주된 방식으로서, '여성'을 늘 주체로 놓는, 여성성에 주어진 문화적 의미들 내에서만 이해될 수 있는 것들이다. 임신중지에 대한 문화적 재현이 여성으로 젠더화되었다는 말과 여성만이 임신중지를 한다는 말은 같지 않다. 더

군다나 임신중지의 젠더화는 트랜스젠더와 논바이너리nonbina-ry가 임신중지 담론과 관련 의료 서비스에서 소외되는 바로 그 원인이다. '여성'을 주체로 삼는 기술 방식은 여성을 임신중지의 유일한 주체로 만들 위험이 있지만, 나는 임신중지를 겪은 이들이 여성으로든 남성으로든 혹은 둘 중 어디에도 속하지 않는다고 정체화하든 관계없이 복수의 이질적인 존재들로 개념화될 수 있게 함으로써 임신중지 주체를 탈자연화하고자 한다.

태아적 모성이라는 규범 아래, 오늘날 생존할 수 있는viable, 여성 주체를 구성하는 담론에서는 '행복한 임신중지'를 극도로 꺼린다. 이 규범은 임신중지의 가능성을 닫아 버리고 임신중지 경험에 부정적인 정동을 얹음으로써, 여성이 임신중지에 기꺼이 다가간다거나 이 경험을 긍정적으로 감각할 수 없게 한다. 그러므로 이 책에서는, 바버라 베어드가 아래와 같이 말하듯 임신중지를 태아적 모성이라는 도식으로써 재현하는 대신, 이를 체험한 여성의 입장에서 바라봐야 한다고 주장할 것이다.

> 여성의 관점에서 보건대, 임신중지를
> 부정적이고 불행한 경험으로 일컫는 일은 너무나
> 모욕적이고도 우스꽝스럽다. 임신하지 않은
> 여성에게 원치 않는 임신이란 선택하고 싶지 않은
> 경험일 테지만, 원치 않은 임신을 한 여성에게는
> 임신중지가 신이 내린 선물과도 같음을 쉽게
> 또 논리적으로 이해할 수 있을 것이다.[87]

'원치 않은 임신을 한 여성'의 모습에는 주체인 여성, 그리고 여성의 몸과 분리되지 않은, 몸의 일부인 태아가 상호 의존적으로 맺는 관계가 틀 짜여 있다. 이는 임신한 몸을 '하나도 둘도 아닌' 것으로 보는 페미니즘적 묘사에 부합한다.[88] 임신한 몸은 경계가 분명하고 자율적인 자아를 전제하는 서방의 존재론에 정면으로 맞선다. 따라서 임신한 여성의 몸을 하나로 보든 둘로 보든 모두 잘못 표현한 셈이다. 이 몸은 하나도 둘도 아니다. 임신중지의 정당성은 단지 임신상태로만 판가름되는 게 아니다. 캐럴 생어가 지적하듯 "출생이라는 복잡한 사건 외에, 성인 여성의 삶을 성인 남성의 삶과 구별짓는 육아의 의무, 즉 모성의 사회적 결과"가 있기 때문이다.[89] 비록 이 책에서는 원치 않은 임신을 한 여성을 담론적 열망이 투영된 존재로 바라보지만, 그는 물질적인 존재이기도 하다. 여성이 경제·사회적 조건상 양육을 할 수 있을 때라야 임신중지 역시 기꺼이 '선택'할 수 있는 것이 된다. 따라서 임신중지의 권리와 더불어 유급 양육 휴가나 국가 양육 보조금 등의 조치를 얻기 위한 싸움이 함께 가야 한다.[90]

이 책은 '원치 않은 임신을 한 여성'이라는 주체의 위치가 임신중지를 공론화하는 자리에서 왜, 어떻게 이토록 자주 차단되고 배제되는지를 고민한다. 간단하게는 태아적 모성과 이에 투자되는 문화를 그 답으로 말할 수 있다. 태아적 모성을 둘러싼 제도는, 여성이 임신에 대해 내리는 선택을 노골적으로 금지하는 방식으로써가 아니라 그 선택에 주어진 의미를 통해 여성들에게 정상으로 받아들여진다. 선택이라는 담론은 현시대에 임신중지를 규제하는 핵심이 되었다. 선택이 가져오는 자유라는 환영이 없다면 감정의 규범적 효과 역시 작동하지 않을 것이다.

선택의 주체

선택이라는 수사는 임신중지 의제에 따라붙을 때부터 비판받아 왔다. 임신중지가 여성의 선택 문제로 환원되면 순전히 개인적인 결정처럼 보일 수 있다. 여성이 임신해 엄마가 되든 임신중지를 하든, 그런 일은 진공상태에서 이루어지지 않는다. 여성이 임신과 양육에 대해 내리는 결정과 그에 따른 결과는, 젠더·계급·인종 같은 요인 때문에 그 여성이 어떤 선택에 다가갈 수 있으며 어떤 선택에서 멀어지는지, 더 넓게는 선택이 사회·문화적으로 어떻게 의미화되는지와 떼 놓고 생각할 수 없다.[91] 이 문제를 선택의 자유로 축소해 버리면 임신중지를 우리 시대의 도덕적·사회적·정치적 이슈로 만드는 사회·정치의 요인이 흐릿해진다.

리키 솔링거Rickie Solinger는 1970년대 미국의 임신중지 지지 활동가들을 통해, 사람들이 '임신중지권'에 더 부드럽게 다가가고, 임신한 여성의 자율성이라는 개념이 주류 정치계의 구미에 맞을 수 있도록, 선택이라는 수사가 사용된 맥락을 보여 준다.[92] 이 무렵 임신중지 반대론자들도 선택이라는 언어를 활용하기 시작했는데, 여성이 임신중지에 접근할 수 있도록 보장해야 할 정부의 책임을 무마하려는 움직임을 정당화하기 위해서였다. 이들은 임신중지에 국고를 들이지 못하게 한 '하이드 개정안Hyde Amendment'(1976)에 힘입어, 임신중지 정책 사안을 '국가에서 여성의 임신중지에 재정적 부담을 져야 하는지, 말아야 하는지'에 관한 질문으로 탈바꿈시켰다. 빈곤 여성이 선택할 수 있는 건 상대적으로 적은데, 소비자로서 빈곤 여성의 선택권을 넓히는 데 국가에서 재정 지원을 하지는 않으므로 재생산에 관해서도 선택의 폭을 넓히려는 여성들의 요구를 들어주어서는 안 된다는 주장이었다. 오스트레일리아·영국·캐나다·뉴질랜드처럼 임신중지가 의료화되고 공중보건 서비스가 상대적으로 확대된 나라에서는 임신중지가 이 정도로 개인 부담이 큰 소비자의 선택으로 여겨지지는 않는다. 다만 솔링거의 분석은 임신중지에 관해 '선택'과 '자유'를 동의어로 쓰지 말라는 경고로 볼 수 있다.

유색인·흑인·선주민 페미니스트들은 '선택'에 감춰진 구조적 불평등을 폭로하는 데 앞장서 왔다. 이들은 예나 지금이나 백인 중산층 여성들 주도로 그 이해관계에 맞춰 전개된 임신중지권 운동에 선택이라는 수사가 널리 퍼져 있다고 본다. 그래서 공식적으로는 여성이 선택에 접근할 수 있다지만 실상 선택하지 못하게 하는 구조, 특히 경제구조가 있음을 잊게 된다는 것이다.[93] 우생학적 접근을 비롯한 여러 인구조절 정책은 백인 중산층 여성의 모성을 북돋고 보상함으로써 임신중지권에 대한 이들의 관심도 부채질했으나, 주변부로 밀려난 여성의 모성을 억제하고 좌절시키고 낙인찍었다. 오로지 여성의 선택권과 임파워링empowering의 측면에서 피임과 임신중지를 외치면, 인종·계급·장애를 이유로 바람직하지 않은 양육자로 여겨진 여성들의 생식력을 통제하는 데 임신중지가 어떻게 이용돼 왔는지를 알기 어렵게 된다.[94] 임신중지에 대한 규제는 재생산과 관련해 여성의 자유를 가로막는 여러 장애물 중 하나이며, "아이를 갖지 않을" 권리는 "아이를 가질 권리 그리고 출산을 조절할 권리, 낳은 아이를 기를 권리"와 함께 고려돼야 한다.[95]

선택은 구조적 불평등을 은폐한다. 선택은 현대사회에서 주체가 스스로를 마치 자유로운 양 여기도록 길러 내는 규제술이기도 하다. '선택'의 규제 효과는 지난 40여 년에 걸쳐 우세해진 신자유주의의 정치적 합리성과 연관지어 보아야 한다. 신자유주의에 기반한 정치적 합리성은 대략 사회·정치의 영역에 경제질서가 통용된다는 것으로 특징지을 수 있는데, 그 결과 '예기치 못한 수준의 탈정치화'가 진행됐다.[96] 신자유주의는 사회를 일단의 개인들로 재형성했다. 그리하여 개인은 각자의 행동에 대해 외부적으로 구속받지 않으며 기업가정신과 개개 역량을 가진 존재로 그려졌다. 삶을 특정 방향으로 이끌던 규범적이고 법적인 기존 장애물과 동기부여 수단이 치워지자, 현대의 주체는 문자 그

대로 '자기 스스로를 선택하는' 인간으로 여겨졌다.[97] 신자유주
의적 주체란 자기 삶을 이미 한 선택과 앞으로 할 선택의 연속으
로 바라보고, 그 선택에 따른 사회·경제적 결과를 개인적으로 책
임져야 한다는 것이다.[98] 개인의 책임이라는 틀 안에서 "이른바
'잘못 관리된 삶'은 사회·경제적 힘을 탈정치화하는 새로운 양태
가 되었다."[99]

　젊은 여성이 젠더에서 자유로운 위치에 있다는 생각은, 개인
이 자기 삶에서 일어나는 생애사건에 총체적 책임을 진다는 현대
사회의 망상 한가운데에 놓여 있다. '포스트페미니즘적 감수성'
은 신자유주의와 같이 간다. 이 감수성 내에서 (자유주의적 외피
를 두르고 형식적 평등과 자본주의와의 공모에 초점을 맞춰 정의되
는) 페미니즘은 이미 완수된 프로젝트처럼 여겨지며 오늘날에는
더 이상 상관없는 문제로 치부된다. 앤절라 맥로비Angela McRob-
bie는 페미니스트 정치를 형식적 평등과 맞바꾼 거래를 '포스트
페미니즘의 성적 계약'이라 일컫는다.[100] 젠더평등이라는 신기루
는 백인중심적이며, 신체적 매력과 결혼·재생산이라는 이성애규
범에 기반한 '여성성'을 젊은 여성이 개인의 선택으로 포용할 만
한 조건을 여럿 만들어 냈다. 바로 이때 "병리현상으로 구분되는
것(아이를 갖기에 나이가 너무 많다거나, 좋은 결혼 상대를 찾는 데
실패했다거나 등등)은, 페미니즘을 재발명할 기회 없이 젊은 여성
의 삶다운 삶을 구성하는 척도를 조심스럽게 정의 내린다."[101] 여
성은 어떤 선택의 금지를 통해서가 아니라 자신들의 선택을 통
해 규제되며, 이 때문에 권력과 불평등이 작동하는 바는 잘 보이
지 않고 분석되기 어렵다. 로절린드 길Rosalind Gill이 지적하듯
"힘을 행사하는 것은 외부 억압이 아니라 정신에 깃든 규율과 규
제이며, 이는 문자 그대로 새로운 주체성을 만들어 낸다."[102]

　선택의 주체로서 임신중지 여성은 일종의 '새로운 주체성'이

다. 그 여성은 아이를 낳거나 지금보다 더 낳아야 한다는 둥, 출
산을 미루거나 미루지 않아야 한다는 둥, 이미 아이를 '너무 많
이' 낳았다는 둥 하는 '병리현상으로 구분되는 것'을 통해 구성된
다. 규범적 여성성이란 임신중지 여성의 선택을 통해서 규정된
다. 여기서 큰 비중을 차지하는 것이, 임신중지를 시도할 만한 여
성 주체가 임신중지에 어떻게 접근하고 이후 과정에서 어떻게 느
껴야 하는지를 구성하는 감정들이다.

감정적인 주체

> 나는 감정적인 문제에 조금이나마 분별력을
> 발현시키고자 한다.
> — 데이비드 매켄지[103]

> 결정을 내리기 전에 고려해야 하는
> 의료·법·신학·심리학적인 측면은 감정에 의해
> 비틀리거나 잊힌다.
> — 앤드루 스티븐스[104]

> 임신중지는 감정적인 문제다.
> 그래서 차가운 머리와 열린 마음을 가졌을 때
> 논의가 가장 잘 이루어질 수 있다.
> — 2005년 『디 에이지』[105]

임신중지에 대해 가장 자주 회자되는 말은 이 주제가 본질적으
로 감정적인 경험이며 정치적 의제라는 것이다. 임신중지가 '감
정'의 문제임은 이미 상식이 되었다. 그러나 '감정'의 범주는 사실

너무 넓기 때문에 구체적인 의미를 띨 수 없고, 몹시 다양하며 본질적으로 다른 느낌들을 포함한다. 따라서 감정과 그 효과를 연구할 때는 임신중지 담론에서 언급된 바 있고 끌어낼 수 있는 구체적인 감정을 밝혀야 한다. 임신중지가 본질적으로 감정적인 경험이라고 하면서 감정을 단지 개인적인 느낌으로만 해석하면, 임신중지 정치가 합리적이고 설득력 있는 비판의 목소리로 잘 들리지 않는다. 결국 임신중지는 여성성 규범에 대한 투쟁 같은 정치적 영역에서 감정이라는 사적 영역으로 이동하고 마는 것이다. 페미니스트들은 공적 세계가 '합리성과 합리화의 세계인 것만큼이나 정동의 세계'이기도 하다는 주장을 펴기 위해, 경험·감정 등 사적인 것과 법·정치 등 공적인 것의 구분을 두고 오랫동안 논쟁을 벌였다.[106] 이 책에서는 감정을 임신중지 정치의 핵심에 놓는다.

　감정을 염두에 두고 볼 때, 1970년대 프로초이스 활동가·학자 들은 '죄책감'과 '수치'에 주목하고, 대체로 이런 감정이 여성의 섹슈얼리티에 대한 규범적 기대에서 비롯한 결과라 여겼다. 임신중지에 대한 낙인을 다룬 근래 연구는 이 주제를 일부 발전시켰다(4장 참고). 1980년대 중반 반임신중지 운동에서 '애통함'이 중심에 떠오르면서는(3장 참고), 여기 대응해 학계에서도 애통함의 규제 효과를 연구하는 데로 초점을 옮겼다.

　엘리 리Ellie Lee가 PASPost-Abortion Syndrome(임신중지 후 증후군)에 관해 미국과 영국에서 진행한 비교연구를 보면, 미국의 반임신중지 운동에서 임신중지가 여성에게 심리적·감정적으로 해를 끼친다는 주장이 출현해 이것이 영국의 맥락으로 옮겨 가 어떻게 법적·정치적으로 훨씬 적은 성공을 거뒀는지 알 수 있다.[107] 법학자들은, 임신중지가 여성에게 심리적·감정적으로 해를 끼친다는 주장이 미국 몇몇 주에서 여성의 임신중지에 대한 접근을 엄격하게 막는 법안을 만드는 데로 이어지고, 또 그런 법안이 어떻게 여성을 해로움으로부터 보호한다는 미명 아래 생겨났는지를 살폈다.[108] 임신중지와 관련해 상식으로 통하는 감정이 보호주의적 법 제정으로 이어진 가장 악명 높은 사례는 대법원이 '부분출산 임신중지 금지 조항'(2003)을 옹호하며 다음 같은 논리를 편 것이다. "이 현상을 측정할 신뢰할 만한 데이터를 찾을 수는 없지만, 어떤 여성이 자신이 한때 만들고 유지시킨 태아의 생명을 끊는 선택을 할 때 후회하게 된다는 결론은 예사롭다고 볼 수 있다."[109] 임신중지 연구에서 또 다른 중요한 방법 하나는 여성들에게 설문조사와 인터뷰를 해서 임신중지의 감정 경험을 양적으로 측정하는 것이다.[110] 임신중지 관련 학자와 활동가 들이 말하는 감정이란, 여성 스스로 임신중지를 어떻게 경험하는지 혹은 다른 이들이 여성의 경험을 어떻게 재현하는지를 전달하는 (혹은 전달에 실패하는) 기술적 단어로 국한되곤 한다. 그러나 우리는 감정에 대한 이해를 문화적으로 전환함으로써, 감정이 단순히 대상을 묘사하는 데 그치는 게 아니라 주체성을 생성하며 공동체에 형태를 부여하고, 개인을 사회규범에 강력히 묶어 둔다는 것을 알 수 있다.

감정의 생산적 속성에 주의를 기울이면, 감정이 '개인의 현실을 보여 주는 시금석'이라는 기존 관점이 바뀐다.[111] 사라 아메드Sara Ahmed가 썼듯이 감정은 일반적으로 "주체나 대상에 속한 것처럼 드러나며 (…) 성격이나 특질의 형태를 취할 수 있다."[112] 이는 로런 버랜트가 강력히 주장하듯 "감정적 사건이 무언가에 대한 단순하고 또렷한 직관적 진실을 말해 주리라는 환상"이다.[113] 그에 따르면 감정은 현대 주체의 '진실'을 재현하는 방편이 된다. 우선 개인의 감정을 추측함으로써 그들 내부의 현실을 규범적으로 구성하는 것이다. 감정은 주체의 속 깊은 데서 나오는 무언가로 보이고, 그들이 살아가는 사회로부터 영향받지 않은 것처럼 여겨진다. 그렇기 때문에 임신중지 전후로 한 가지 특정한 감정을 경험하는 여성의 묘사가, 임신중지의 '진실'과 임신중지를 겪은 여성의 성격·욕망을 특히 더 효과적이고 강력하게 전달해 준다고 믿는다. 임신중지를 겪은 여성의 감정생활에 대해, "모든 여성이 후회하는 면이 있다, 어떤 여성에게나 임신중지는 비극이다" 같은 단언으로 일반화하는 경향은 지극히 만연하다.[114] 이럴 때 등장하는 감정이란 임신중지 여성을 전前-문화의 일원으로 묶어 놓는다. 여성이라면 다 똑같이 임신중지를 경험하리라고 보는 것은 '여성' 주체와 임신중지를 자연화·탈정치화하는 설명을 뒷받침하고 강화한다.

　감정은 자연의 영역에 지정돼 역사적으로 여성성과 결부되었는데, 엘스페스 프로빈Elspeth Probyn이 지적하듯 그런 결부는 "이제 부적격하다."[115] 감정을 둘러싼 문화적 전환은 자연과 여성다움을 결부시키는 데 도전한다. 그 대신, 감정이 공동체를 형성하고 사회관계를 빚어내고 역사적 변화를 추동하는 사회세계를 생성하며, 또 그 세계에서 감정이 생성된다고 본다.[116] 감정을 연구한 저명한 역사학자 바버라 로젠와인Barbara Rosenwein은 이렇게 설명한다.

> 모든 문화에는 감정과 행동에 대한 규칙이 있다.
> 모든 문화는 특정한 표현 방식을 추구하는
> 동시에 특정한 제약 조건을 갖추고 있다. (…)
> 감정은 자유로이 분출되지 않는다. 감정은 각
> 사회·문화·공동체로부터 창조된다.[117]

역사상·맥락상 구체화된 '감정 규칙'[118]이 임신중지의 경험을 좌우한다. 어떤 감정은 옹호되거나 심지어 강요되고, 어떤 감정은 단념되거나 부정당한다.

감정은 개인과 사회규범 사이에 존재하는 회로, 즉 삶에 의미를 부여하고 자신이 살아가는 공동체와 소통하게 해 주는 회로라 할 수 있다. 혹은, 데렉 훅Derek Hook이 말하듯 '회로에 흐르는 파동'이라고도 볼 수 있다.[119] 임신중지 담론에서 운반되고 주입되고 유발되는 감정은, 훅의 단어를 빌리자면 "타자의 자리로부터 오지만 몹시 개별화되고 독자적으로 느껴지는 신념의 정서적 바탕"을 이룬다. 예를 들어 여성이 임신중지에서 느끼는 '수치'는 모성처럼 깊이 내면화된 사회적 가치를 실현하는 데 실패했음을 나타낸다. 개인적 실패의 통렬한 감각은 철저히 내면화되므로, 이 경험은 '임신중지 수치abortion shame'라는 사회·문화적 산물 그리고 이와 영향을 주고받는 규범적 기대·가치·주체성으로부터 여성 개인을 고립시킨다. 그리하여 임신중지는 본질적으로 수치스러운 것이 되며, 임신중지를 경험한 여성은 그 경험에 수치라는 감정으로 자연스럽게 반응한다.

버랜트는 사회규범에 '일단의 약속'이 들어 있다고 본다.[120] 이 약속에는 미래의 행복이나 사회적 통합이 포함되며, 주체들로 하여금 그들을 위해 설계된 성취의 각본을 따르도록 유혹한다. 버랜트에 따르면 우리는 모성처럼 사회적으로 매개된 환상에 붙은 정서적 애착(낙관적인 애착)에 따라 행동한다. 이 통찰은 어머니라는 미래의 역할과 어머니로서의 행복이라는 환상으로 나아가게 하는 임신의 규범성, 그리고 임신한 여성의 주체성을 생각할 때 특히나 유용하다. 또한 생명정치의 차원에서 임신은 국가로 하여금 태아를 미래의 시민으로 보게 한다(5장 참고). 모성과 임신중지에는 모두, 기대되는 감정의 충족이나 불만족을 통해 전해지는 약속이 내포돼 있다. 적어도 재현의 영역에서는 임신한 여성을 모성에 밀어 넣고 임신중지에 다가가지 못하게 하는 것이다.

임신중지 여성이란 타자와의 관계를 통해 형성된다. 그 관계에는 여성이 임신한 태아와 공동체가 포함되며, 감정이 관계 각각의 강도와 역동을 모양 짓고 결정한다. 사라 아메드는 감정을 '방향 장치'라고 본다. 개인은 감정을 통해 다른 개인들에게 가까이 다가가거나 그들과 멀어진다. 타자와 가까워지거나 멀어지는 과정에서 규범적 신체와 공동체가 형성된다. 감정을 구체화하는 일은 그래서 더욱 중요하다. "감정들에 이름 붙이는 과정에는, 그 감정들로 구성되는 대상을 향한 여러 방향성이 포함되기" 때문이다.[121] 예를 들면, '두려움'은 주체를 그 두려움의 대상으로부터 멀리 떨어뜨려 놓는 반면, '사랑'은 주체와 대상을 한데 끌어온다. 이런 과정에서 감정은 '우리'와 '그들', 또 그들에 대한 우리의 인력이나 척력을 만들어 낸다.

개인·실천·대상은 사회·문화 영역에서 특정한 감정을 포함하거나 발생시키며 만들어진다. 감정은 사회적으로 또 심리적으로 담론과 신체 사이에 일어나는 교환과 순환을 통해 생성되며, 감정의 교환은 사회적·담론적·물질적 교환 같은 다른 교환과 묶여 있다. 느낌을 나타내는 말과 그 느낌의 대상이 '양陽의 값을 내지 않는 차이와 전치의 관계' 내에서 순환할 때, 여기서 나타나는 효과를 감정이라 할 수 있다.[122] 감정이 옆으로 움직이면, 연결 사슬을 통해 어떤 대상이 다른 대상과 들러붙는다. 감정이 앞뒤로 움직이면, 무엇이 같이 '들러붙을지'는 연결 기호와 대상의 이력에 좌우된다. "감정은 자본의 형태로 움직인다. 그리고 오로지 그 순환 효과로서만 생성된다."[123] 감정의 대상이 순환하면 할수록, 더 많은 정동이 대상에 깃드는 것처럼 보인다. 따라서 감정을 생겨나게 한 사회·문화적이고 정치적인 힘을 지워 낸다. 아메드는 주디스 버틀러Judith Butler를 인용하며, 감정이 대상에 반복적으로 들러붙는 방식으로 '경계, 고정성, 표면'이 생겨난다고 말한다.[124] 이 반복 과정은 '느낌'을 '페티시fetish', 즉 '생성과 순환의 이력이 지워진, 대상에 속해 있던 것처럼 보이는 특질'로 전환한다.[125] 이를테면 임신중지가 수치스러운 선택으로 재현될수록, 임신중지 여성이라는 표상이 수치와 관련한 다른 표상(이른바 무책임한 성적 주체라든지 '십 대 아이엄마')과 연결될수록, 임신중지에서 수치는 더욱더 본질적이고 자동적으로 발산되는 감정처럼 보인다. 수치라는 감정은 임신중지의 맥락에 자연히 존재하는 것이 돼 버리고, 동시에 (이른바 책임감 있는 섹슈얼리티·모성에 해당하는 사람들에게도) 수치를 자아내는 사회규범은 정치와 문화 바깥에 있는 것으로서 만들어진다.

감정경제는 개인의 주체성과 사회세계에 영향을 미치는 순환의 효과다. 감정은 '행위'하며, 감정의 행위는 항상 사회규범과 관련이 있고, 개인 또한 여기서 소외되거나 여기 도달하거나 제지당하면서 관계를 맺는다. 개인의 감정생활은 주체의 속 깊은 데서 나온다고들 하는데, 이때 무언가가 진실이라는 형태로 감정에 들러붙는다. 흔한 말로 '내가 그렇게 느낀다면 틀림없이 진실이다'라는 것이다. 선택의 좋고 나쁨이란 (지금 경우엔 특히 모성·임신중지와 관련해) 특정한 감정을 통해 전달된다. 감정적 만족(행복)이나 불만족(애통함)이라는 약속은 임신한 여성을 규범적 방향으로 몰고 간다. 우리가 규범성에 투자하는 일은 정동적이다. 이는 개인 욕망의 차원에 사회·문화적 열망을 새겨 넣고, 나아가 개인적 선택을 통한[것처럼] 이들을 지휘한다. 또한 감정은 공동체를 통해 여성의 임신중지 관련 선택에 관여한다.

감정은 임신중지에 관한 공적인 발화 안에서 순환하며, 임신중지 여성이라는 표상을 아주 구체적인 방식으로 만들어 낸다.

여성이 임신중지에 접근하는 맥락은 다양할지언정, 임신에 관한 선택과 특정 선택을 하는 여성에게 더해지는 의미는 심하게 한정되어 있다. 오늘날 임신중지 여성은 선택이 제한되어서가 아니라 선택에 부여되는 의미, 주로 감정을 거쳐 소통되고 생성되는 의미를 통해 규제당한다. 여성의 임신중지 관련 선택을 의미화하는 감정들은 아무 내력 없이 지금 나타난 듯 보이지만, 역사의 반복 과정에서 만들어진 것이다.

이 책은 오늘날 우리가 임신중지와 임신중지를 겪은 여성에게 부여하는 의미에 어떤 감정이 깊이 박히기까지, 그 역사적이고 문화적인 과정을 해부한다. 그렇게 해서, 일상적 발화에 나타나듯 마치 선의를 품은 것처럼 보여도 실은 강력한 규범성을 동반하고, 이상화된 여성 주체를 생성하며, 임신중지를 문제 있는 여성에 의한 혹은 문제 있는 여성을 만들어 내는 일탈적 선택으로 재생성하는, '임신중지에 대한 상식'을 탈자연화하고자 한다.

이 책의 내용

임신중지는 이를 경험한 여성이 스스로 선택해 태아적 모성으로 돌아간다는 식으로 곧잘 재현된다. 임신중지를 겪은 여성이 담론상 태아적 모성으로 복귀하는 과정은 임신중지의 효과가 파편화되었음을 함의하며, 임신중지를 겪은 여성이 엄청나게 많은데도 자연화된 모성적 욕망이라는 환상을 수호한다.

이 책은 특정한 감정을 거쳐 '진실'로서 유통되는, 임신중지에 대한 가정을 파헤친다. 또한 임신중지가 감정적으로 이롭고 심지어 행복한 선택일 수 있다는 가능성은 은폐하면서, 임신중지를 수치스럽고 애통한 선택으로 보는 일이 왜, 어떻게 이토록 이론의 여지 없이 흔하게 되었는지를 고민한다. 우리는 특정한 감정이 임신중지와 얽히는 과정을 탐구해 나가며, 역사적으로 그 감정에 규범적 여성성을 요구하는 투쟁이 모종의 결과를 낳은 사실을 보게 된다. 이렇듯 역사화는 여성의 임신중지 관련 선택에 어떤 제약이 가해졌는지 밝혀내는 동시에, 그런 제약이 시간이 흐르면서 바뀔 수 있고 바뀔 것이라는 가능성을 보여 준다.

1960년대 말부터 1970년대에 급부상하여 서방 사회 대부분에 영향을 미친 임신중지 운동은 임신중지의 법적·담론적 맥락을 극적으로 바꿔 놓았다. 1장에서는 1970년대에 등장한 세 개의 초국적 운동 조직인 RTLRight to Life(생명인권그룹), ALRA Abortion Law Reform Association(임신중지법개혁연합), WLM이 임신중지 문제를 어떤 프레임으로 보았는지 살핀다. 나는 1970년대 말 이들이 삼은 원칙이었던 '여성의 선택'에 광범위한 동의가 있었으나, 선택을 합리적인 것으로 만드는 데 동원된 의미들이, WLM이 강조한 여성의 자율성을 외면하고 중요한 담론적 토양을 임신중지 반대론자들에게 양보했으며, ALRA의 타협적인 위치로 끌려갔다고 주장할 것이다. ALRA는 안전한 치료적 임신중지가 불운한 조치이긴 해도 '뒷마당' 임신중지에 대한 필수적인 대안이라고 보았다. 이 같은 규범적인 입장은 태아의 생명이 본질적으로 귀중하다는 관점을 강화하면서, 임신중지의 도덕성을 '법이 태아의 생명을 보호해야 하는가' 같은 프레임으로 보게 만들었다.

임신중지를 '필요악'으로 바라보는 접근은 '절박한 여성'에 대한 동정심에 기반해 지지를 얻었다. 이 '절박한 여성'은 잠재적으로 자기 자식이 될 아이를 효과적으로 양육하는 데 필요한 사회·경제적 자원이 부족한 탓에 어쩔 수 없이 임신중지를 해야 하는 사람으로 그려졌다. 이어 여성의 선택을 옹호(프로초이스)하면서도 임신중지에 반대하는 규범적 입장은, '임신중지가 여성의 선택이라는 생각'과 '명백히 임신중지에 비우호적인 상식'이 공존하는 현대 시기의 초석을 만들었음을 확인할 것이다.

이렇듯 1장에서는 임신중지의 문화적 프레임에서 선택이 차지하는 중심성을 설명하며, '재생산 정의'라는 목표를 이해시키고자 '선택'이라는 수사를 사용했을 때 어떤 한계가 드러나는지를 논증한다. 이후 2~5장에서는 임신중지라는 선택을 두고 입에 오르내리는 특정한 감정 네 가지, 즉 모성적 행복, 임신중지가 불러일으킨 애통함, 수치, 국가주의적 공포와 불안에 각각 초점을 맞출 것이다.

2장에서는 임신한 여성이 느낄 수 있는 유일하고도 진정한 행복을 모성으로 전제하는 프레임을 가지고 임신중지가 어떻게 반복적으로 재현되는지를 살펴본다. 모성이 이런 식으로 위치 지어지면서, 임신중지는 여성의 본능을 거스르는 비자연적 선택으로 등장했다. 프로초이스 운동에서 자기결정 능력에 대한 주장이 밀려나고, 그 자리를 모성적 돌봄의 윤리가 차지하는 변화의 과정을 살피며 이 장을 시작할 것이다. '모성적 프로초이스'라는 접근을 옹호하는 이들은 여성이 임신중지를 하는 이유가 자기 자신의 욕망을 채우기 위해서가 아니라 여성을 둘러싼 주변, 특히 잠재적 아이에게 이로운 결정을 내리기 위해서라고 강력히 주장한다. 나는 이것이 프로초이스 정치의 포스트페미니즘적 발화이며, 이런 발화의 출현은 규범적 여성성으로 향하는 더 폭넓은 움직임과 긴밀히 연결되어 있다고 본다. 모성은 한때 여성의 숙명이라 여겨졌으나, 이제는 여성을 행복하게 하는 선택으로 다시 위치 지어졌다. 여성의 모성적 행복이란 규범적으로 ('이기적인selfish'과 반대되는 개념으로서) '무아적인selfless' 것이기에 잠재적 아이의 행복을 보장할 때에만 가능하며, 인종·계급·연령이 이 행복을 담보하는 요소가 된다. 모성적 프로초이스 입장을 지지하는 이들이 여성을 재현할 때는, '행복의 대상'[126]인 잠재적 아이를 향해 나아갈 수밖에 없지만 미래 아이의 안녕을 위해 임신중지를 선택하게 된 존재로 그린다. 다시 말해 임신중지를 여성의 모성적 정체성에 집어넣는 것이다.

이 장에서는 2000년대 오스트레일리아에서 진행된 의회 토론을 면밀히 분석할 것이다. 그 토론의 결과, 임신중지와 관련해 여성에게 더 많은 선택권을 주는 법이 만들어졌다. 그러나 내가 주장하건대 당시 의원들은 임신중지에 대한 법적 제약을 줄이자는 데 찬성하는 입장이 아니었다. 의원들은 그런 제약을 사회적 선이라 믿었다. 대신에 그들은 모성적 프로초이스 정치를 펼쳤다. 여성이 임신중지를 한다면 언제나 반드시 모성적 행복이라는 각본에 따른 것이라고 주장함으로써, 임신중지를 제한하는 법이 존재할 필요가 없게 한 것이다.

임신한 여성에게 모성만이 진정 유일하게 행복한 선택이라는 논리의 이면에는, 여성에게 임신중지가 감정적으로 해롭다는 예측이 있다. 3장에서는 '태아중심적 애통함'의 계보를 살펴볼 것이다. 이 감정적 프레임은 임신중지를 하는 이유를 논하는 여러 담론장에 스며들어 있다. 태아중심적 애통함이란 임신중지를 겪은 여성을 자신의 '태어나지 않은 아이'에 대해 끝없이 애도하는 존재로 재현하는 것이다. 이 프레임은 1980년대 중반에 반임신중지 운동이 두드러지면서 처음 나타났다. 임신중지 반대론자들은 여성이 임신중지로 겪는 일들이라는 데 초점을 맞춤으로써, 임신중지를 겪은 여성에게 매정하게 굴었다는 혐의에 대해할 말을 얻게 됐다. 또한 태아중심적 애통함은 반임신중지 진영의 주된 주장—임신중지는 어머니가 태어나지 않은 아이를 파괴하는 행위다—을 임신중지의 경험이 실제로 그렇다는 듯이 각색한다. 1980년대 중반부터, 태아중심적 애통함은 반임신중지 진영 바깥으로 뻗어 나와 임신중지 경험을 설명하는 지배적인 프레임이 됐고, 심지어 저명한 프로초이스 활동가나 페미니스트 들에게까지 영향력을 미쳤다. 이 장에서는 이런 경향이 수렴하는 지형을 파악하고, 태아중심적 애통함의 정치적 효과와 규제 효과를 살펴본다. 태아중심적 애통함이란 문화적으로 강요된 감정이며, 이를 통해 이른바 임신중지 여성은 임신과 여성성에 관한 규범의 도식에 담론상 복귀한다. 여기서 임신한 여성은 '이미 자율적 주체인 태아'의 어머니로 여겨진다.

4장에서는 '임신중지 수치'를 다룬다. 여성들은 수치에 대한 두려움, 혹은 내면화된 수치의 감각 때문에 자신의 임신중지 경험을 다른 사람에게 숨긴다. 임신중지 여성의 침묵은 임신중지에 대한 공적 논의에서 가장 두드러지는 특징이며, 이는 임신중지에 의미를 부여하는 감정에 어떤 일관성이 있음을 말해 준다. 임신중지는 이를 경험하지 않은 사람들에 의해 재현된다. 이 말인즉슨 여성이 어떻게 이 절차를 경험할지, 또 경험해야 하는지를 예측하는 내용으로 임신중지가 재현된다는 것이다. 임신중지는 끊임없이 수치와 연결되지만, 수치(실패한 여성성의 기호)에 불을 댕긴 규범에 어떤 변화가 있었는지를 살펴봄으로써 이를 역사화하고 탈자연화할 수 있다. '임신중지 수치'는 여성이란 정숙하게 지내다가 결혼해 아이를 낳아야 한다고 하던 시절의 규범적 궤도에서 나왔다. 오늘날 이 수치라는 감정은, 여성이 부지런히 효과적으로 피임을 해서 자신의 생식력을 미리 조절할 것이며, 그러니 일단 임신한 태아는 모두 낳을 것이라는 기대로부터 촉발된다. 따라서 여성이 임신중지를 할 수 있다 하더라도, 원치 않은 임신을 겪은 여성은 이미 무책임한 '실패자'라거나 의도치 않은 임신을 한 '패배자'의 위치에 서게 된다.

이 장에서는 임신중지 수치를 살펴본 다음, 임신중지에 수치를 주는 행위를 다룬다. 수치가 사회적 기대·규범에 반하는 깊이 내면화된 패배감이라 할 때, '수치 주기shaming'란 개인에게 공동체를 무너뜨렸다는 표식을 남기는 정치적 무기다. 수치에서 수치 주기까지 논의를 옮겨 가며, 임신중지 여성이 어떻게 젠더화된 개인 주체로 또 공동체의 구성원으로 재현되는지 살펴볼 것이다. 임신한 여성에게 어떤 식으로 수치를 주느냐는 공동체에서 잠재적 아이들에게 어떻게 가치를 매기느냐에 따라 달라진다. 어떤 여성은 임신중지를 했다는 이유로 수치를 겪는 반면, 어떤 여성은 아이를 너무 많이 낳았다는 이유로 수치를 겪는다. 수치 주기는 인종·계급 등 정체성을 구성하는 몇 가지 축에 따라 임신한 주체들에게 달리 적용된다.

　임신중지를 겪은 여성들은 이들을 임신한 여성으로, 혹은 국가 공동체의 일원으로, 혹은 둘 다로 호명하는 감정의 그물에 걸려 있다. 5장에서는 임신중지 여성이 국가적 대상물로서 구성되는 과정을 살펴볼 것이다. 특히 이 과정에서 가장 많이 쓰이는, "임신중지 여성이 '너무 많다'"라는 말을 자세히 들여다볼 것이다. 임신중지 정치는 국가주의적 정치이기도 해서, 인종화된 용어로 상상되는 국가 인구 규모·구성을 관리하려는 시도와 결부된다. 이렇게 이론적으로 윤곽을 그린 다음에는 사례 연구로 넘어가 오스트레일리아에서 임신중지율이 큰 우려를 낳았던 두 시기, 1979년과 2004~2006년을 살펴볼 것이다. 사례 연구에서 알 수 있는 것은, 국가적 위기가 일어날 때마다 임신중지에 대한 논의가 정치인이나 기자, 그 밖에 사회적으로 영향력 있는 발언자들이 미래 인구의 규모·구성을 관리하려는 시도를 하는 장이 될 수 있다는 점이다. 임신중지가 '너무 많이' 일어난다는 주장에는 백인 여성이 국민을 재생산해야 한다는 긴급한 요구가 뒤따른다. 이 요구는 오늘날까지 영향을 미치는, 백인 여성의 모성적 시민권에 얽힌 역사에서 감지할 수 있다. 또한 임신중지를 근절하

겠다는 열망의 표현이 여타 핵심적인 생명정치 기술—선주민 주
권을 묵살하거나, 비백인 이주자를 국가에서 소외시키는 것—과
나란히 놓인 데서도 감지할 수 있다. 임신중지를 하는 (백인) 여
성이 백인들의 사회·문화적 헤게모니를 위협하는 다른 요소들
과 연결되면서, 임신중지 여성이란 국가를 위협하는 대상이 된
다. 그리고 백인 인구의 재생산이라는 목표는 국가적 책무이자
사회적 선으로서 재확인된다.

이 책의 결론에서는 정치와 학문 영역에서 프로초이스를 돌
이켜 보고자 앞서 제기한 주장을 한데 불러 모을 것이다. 임신중
지라는 문제와 관련해 자유란, 임신한 여성에게 새로운 주체성
을 요구하는 개념이다. 이는 모성을 중심에 놓지도, 임신을 두 자
율적인 주체가 연루된 문제로 삼지도 않는다. 어떤 여성은 임신
하고 싶지 않았으나 임신을 한다. 원치 않은 임신을 한 여성을 주
체로서 인지하려면, 오늘날 임신중지를 이해하는 통로가 돼 온
감정들을 끊어 내야 한다.

여성의 선택이라는 수사와 그것이 함의한 자유에 대한 주장
뒤에는, 모든 여성 특히 임신한 여성에게 모성을 정규화하며 태
아를 자율적인 주체(임신한 여성의 아기이자 국가의 미래 시민)로
상상케 하는 프레임이 작동한다. 그리고 이 프레임 안에서, 임신
과 태아의 가치는 인종이나 계급처럼 정체성을 만드는 축에 따
라 달리 매겨진다. 따라서 임신중지 여성이 많다고 해서 여성의
규범적·모성적 정체성, 그리고 이 정체성을 만들고 자연화하는
일련의 특권을 밝히는 일이 어려워질 이유는 없다. 임신중지 정
치를 여성의 선택으로 환원하면, 또 임신중지라는 선택이 여성
에게 반드시 특정 감정을 유발한다고 전제하면, 임신중지는 탈
정치화되며 임신중지의 주체인 여성은 자연적·몰역사적 성격과
기질을 가진 것으로 간주된다. 바로 이런 과정을 통해 젠더, 그리

고 임신중지처럼 젠더화된 경험은 권력과 불평등의 구조에서 논외로 밀려난다.

　따라서 이 책은 임신중지 여성을 모성적 주체로 만드는 선택의 감정들을 면밀히 살펴보는 동시에, 임신중지를 규제하는 데 변화를 불러온 핵심적 시기의 역사를 다룬다. 변화의 시기는 1960년대 말과 1970년대 초에 일어난 법 개혁과 임신중지 운동을 통해 찾아왔다. 1장에서 이 시기를 자세히 탐구할 것이다.

1장

선택의 정치

임신중지는 비탄에 빠진 절박한 상황에서 원치 않은
임신에 내리는 극약처방이다. (…) 'RTL' 운동은 아직
태어나지 않은 아이에 대한 대중적 관심을 높인다는 가치
있는 목적을 수행하지만, 그 밖의 다른 이들에게 균형 잡힌
존중을 보이거나 절박한 이들에게 연민을 갖지는 않는다.
— 1978년 멜버른에서, 『디 에이지』 저널리스트 클로드 포렐[1]

오스트레일리아의 저널리스트 클로드 포렐Claude Forell은 '임신 중지의 옳고 그름'이라는 주간 정치 칼럼을 연재했다. 여기서 당시 임신중지를 두고 형성되던 상식을 대략 살펴볼 수 있다. 포렐은 태아를 '아직 태어나지 않은 아이'로 묘사해 반임신중지 운동에 이데올로기적 토양을 제공했다. 또한 그는 임신중지에 대한 도덕성을 젠더중립적 언어로 바라보며, 임신중지를 여성의 문제로 특정하는 대신 '공적' 이슈라 불렀다.

한편 포렐은 '절박하고' 비탄에 빠져 임신중지라는 '극약처방'을 감내해야만 하는 상황에 내몰린 여성들에게 연민을 가져줄 것을 호소했다. 포렐이 서 있는 프로초이스 입장에서 보기에, 여성은 스스로 기꺼이 원해서가 아니라 특수한 상황에서만 임신중지라는 결정을 내렸다. 임신중지는 일상적이거나 정상적인 절차가 아니라 극적인 결정이었다. 이는 WLMWomen's Liberation Movement(여성해방운동)의 임신중지 정치와는 무척이나 다르다. WLM은 임신중지를 자기결정권을 행사하는 방편이자, 여성으로 하여금 강제된 모성이라는 구속으로부터 탈출할 수 있게 해주는 행위로 보았다.

포렐의 글이 게재된 시기는 임신중지의 법적·문화적 규제가 전 세계적으로 변화하던 10여 년간 시기의 끝물이었다. 1960년대 중반부터 1970년대까지, 임신중지를 둘러싼 논의가 전례 없이 큰 규모로 일어났다. 임신중지에 관한 공적 언설도 새롭게 등장해, 공론장에서 임신중지는 전에 비해 훨씬 더 틀에 박힌 방식으로 재현되었고, 임신중지와 이를 행하는 여성에게 부여된 의미는 한층 제한되었다. 초국적으로 진행된 임신중지 관련 활동 캠페인의 슬로건은 전 세계에 영향력을 행사하면서, 임신중지에 대해 다양한, 때로는 상반되는 메시지를 실어 날랐다. 유명한 슬로건으로 "임신중지는 권리, 피임은 책임", "임신중지는 여성의 권리다", "임신중지: 살인이라는 선택" 등이 있다.

이 장에서는 우선 대대적으로 일어난 세 캠페인이 임신중지와 이를 행하는 여성이라는 의제에 어떤 프레임을 만들어 냈는지 살필 것이다. 세 캠페인이란 ALRA Abortion Law Reform Association(임신중지법개혁연합), WLM, RTL Right to Life(생명인권그룹)로 각각 그 문제를 임신중지에 대해 시민적 자유, 젠더정치, 태아의 권리 측면에서 바라보았다.[2] 나는 각 캠페인이 임신중지에 대한 통치에 어떤 영향을 주었는지 살피기 이전에, 이 세 캠페인이 이끌어 낸 문화적 서사와 특징화를 규명할 것이다.[3]

내가 주장하려는 바는 선택으로서 임신중지가 1970년대를 지나며 정규화되었다는 것이다. 1970년대 말, 일반 대중과 정치인 들은 여성이 여러 상황에서 임신중지를 선택할 권리를 가져야 한다는 주장을 마침내 받아들였다. 법적으로 보장되진 않더라도, 최소한 대도시 지역에서는 필요한 경우 임신중지에 거의 접근할 수 있게 됐다. 선택이라는 언어가 임신중지를 둘러싼 공적 담론에 진입했을 때, 이는 임신중지를 인간 생명을 끝내는 행위로 이해하는 도덕관념에 부합했으며 충돌을 빚지도 않았다. 임신중지는 임신 시 의사결정이라는 프레임 안에서 하나의 예외적인 선택으로 받아들여졌으나, 이런 방식은 WLM의 급진적 젠더정치에는 등장하지 않았다. 셀레스트 콘딧Celeste Condit이 지적하듯 임신중지를 예외적인 선택으로 프레이밍하기란, '임신중지를 둘러싼 강력한 가치체계와 상관없는 문제'로 만드는 일이었다. 그 가치체계 가운데 주요한 자리를 차지한 것은 섹스와 모성에 대한 이데올로기였는데, 이는 이전의 약 한 세기 동안 "'임신중지'를 언급되어서는 안 되는 주제로서 성문화했다."[4] 임신중지가 갖는 예외성이라는 것 때문에 임신중지는 모성을 나타내는 말로 되돌아갈 수 있었다. 모성이 일반적으로 여성, 특히 임신한 여성이 가져야 할 규범으로 다시금 말해질 때, 임신중지는 다소 역설적이게도 일탈적인 선택으로 성문화됨으로써 오히려 정당성을 가질 수 있었다. 다른 장에서 보겠지만, 표면상 '프로초이스'인 프레임에 임신중지를 '끔찍한 일로 만들기'를 끼워 넣으면 현대의 모순을 위한 단초가 마련된다. 여성이 내리는 임신중지라는 선택을 필요한 것이라 받아들이면서도, 이를 도덕적으로 마땅하지 않은 것이라 훈계하는 일이 동시에 벌어지는 셈이다.[5]

이 장의 주요 골자는 '선택'으로, 특정한 감정에 주목하는 나머지 장과는 다른 이야기를 할 것이다. 나중에 다루겠지만 오늘날 임신중지 정치는 감정으로 포화되었다. 그런데 1970년대 임신중지에 대한 찬반양론 어디에서도 여성의 임신중지 경험을 각 진영의 정치적 입장을 합리화하는 도구로서 인용하는 일이 거의 없었다. 당시 임신중지 정치는 어떤 특정한 감정적 프레임과도 함께 가지 않았다. 그러나 나는 기존의 운동 각각에서도 감정이 중요했으며, 감정이 오늘날 임신중지 운동에서 계속 공명하고 있음을 주장할 것이다. 이를 통해 특정한 감정들이 어떻게 임신중지에 관한 선택의 의미를 굴절시키거나 왜곡하며, 임신중지 여성을 특정한 방식으로 재현할 수 있는지 생각하게 될 것이다.

불법 임신중지라는 선택

전환기이던 1970년대에 개혁이 실시될 무렵, 임신중지는 오직 북미·서유럽·오스트레일리아·뉴질랜드에서만 100년 가까이 불법으로 남아 있었다. 법에 성문화된 공식적 도덕률이 일반 인구에 영향력을 가진 적은 한 번도 없지만, 미국 역사가 레슬리 레이건Leslie Reagan에 따르면 "임신중지 여성을 지지하는 암묵적이고, 대안적이고, 대중적인 도덕률"이 존재했다.[6] 임신중지는 여성으로 조직된 연결망 내에서 이루어지거나 혹은 지하에서 널리 이루어지던 의료 행위로, '공공연한 비밀'이었다. 임신중지로 기소되는 일은 거의 없었으며 공적인 토론장에서 언급되지도 않았다. 그 이유는 우선 임신중지가 불법이었기 때문이며, 부분적인 이유로는 이것이 공적 영역에서 삭제되고 여성들의 사적인 세계로 강등되었기 때문이다.

그 밖에 공적 토론장에서 임신중지에 대한 언급이 꺼려진 이유는 섹스에 대해 말하기가 금기시되고, 재생산이 여성의 섹슈얼리티와 강력하게 연결되었기 때문이기도 했다. 여성들은 결혼 전까지 금욕을 지키고, 결혼생활에 들어서면 아이를 낳아 기르는 삶에 스스로를 바쳐야 했다. 이런 규범적인 삶의 궤적에 대항해 임신중지를 한 여성은 성적으로 방탕하고, 쾌락을 추구하며, 국가를 위해 시민을 재생산하는 임무와 모성 본능 모두를 거부하는 이기적인 존재로 정형화되는 일이 잦았다(5장 참고). 대중소설처럼 공공에 유통되는 텍스트에서 여성이 공감을 사는 때는 남성의 방탕함이나 빈곤 탓에 피해를 보는 인물로 그려지는 경우였다. 그 인물이 독신이라면, 남성의 성적 강요에 대한 취약함이 묘사됨으로써 이들이 법을 위반하는 일이 눈감아질 수 있었다. 만일 이들이 결혼해 아이를 몇 명 두었다면, 이들이 빈곤하다는 사실이 아이를 더 원하지 않는다는 데 합리적인 이유를 제공했다.[7]

임신중지에 대한 문화적 이해가 여성성과 섹스에 관한 규범과 얽혀 있는 만큼, 임신중지 운동에는 그런 규범을 가로지르는 요구가 뒤따랐다. 일찍이 법을 개혁한 영국, 그리고 캐나다·미국 등 다른 맥락에서 일어난 임신중지 정치는 더 넓은 범위의 젠더 정치—여성의 섹슈얼리티를 널리 이야기하고, 강제된 모성을 비판하던 흐름—에 뿌리를 두고 있었다.[8] 예를 들어 영국의 ALRA는 1936년에 임신중지 법 개혁을 위해 싸우는 급진적인 여성들에 의해 세워졌다. 설립 근거는 "자기 몸에 무슨 일이 일어날지 결정하는 것은 (…) 모든 여성의 권리"라는 것이었다.[9]

1960년대 초반의 탈리도마이드Thalidomide 사건은 서방 사회 대부분에 영향을 미치면서, 임신중지 법 개혁 운동에 다시 불을 붙였다. 입덧을 치료하는 진정제 탈리도마이드가 태아 신체에 기형을 유발하자, 여러 나라에서 임신중지 운동이 재점화되었고 임신중지에 책임감을 부여하는 분위기가 조성됐다. 왜냐하면 중산층 기혼 여성이 원해서 한 임신을 중지하는 경우도 때때로 발생했기 때문이다. 이 무렵 임신중지는 성적인 방종과 연결되는 대신, 공중보건의 영역에 놓였다.[10]

이런 맥락에서 ALRA는 급진적이고 여성중심적이던 기존의 접근을 꺾고, 불법 임신중지가 공중보건에 미치는 해로운 영향, 안전한 임신중지에서 의사가 수행하는 역할의 중요성, 안전한 의료 환경에서 실시되는 임신중지에 접근할 수 있는 계급과 그렇지 않은 계급 간의 불평등을 부각했다. 임신중지를 의료 문제로 바라보는 관점은 영국의료연합British Medical Association에서 공식적으로 법 개혁을 지지하며 한층 강화되었다. 그 바탕에는 의사가 의료 절차와 결정을 판단하는 데 법이 간섭해서는 안 된다는 전제가 있었다.[11] 임신중지에 대한 공중보건적 접근에 따라 의사들이 심신의 건강을 근거로 임신중지를 실시하는 것이 허용되었다. 이 접근은 미국 임신중지 운동의 주요한 줄기였으며 미국법률협회American Law Institute의 법 개혁 모델[12]에도 단단히 들어가 있고, 오스트레일리아[13]·캐나다[14]·뉴질랜드[15]에서도 파급력이 컸다.

1970년대 전환기의 법 개혁에 주로 나타나던 주장은 임신중지가 사회적 선이라거나 일상적 경험이라는 데 바탕을 두지 않았다. 당시 개혁을 주장하던 이들은 임신중지가 빈곤이라든지,

효과적인 피임기구에 대한 불충분한 접근성 등 일련의 요인에 따라 일어난 불가피한 결과라고 주장했다. 캠페인을 이끌던 이들은 임신중지가 규제되지 않고 위험하게 이뤄지는 대신, 의사의 감독 아래 안전하게 이뤄져야 한다고 주장했다.[16] 임신중지 캠페인과 여기서 비롯한 개혁은 임신중지의 강력한 정치화를 불러왔다. 처음으로 정치인, 저널리스트, 목회자, 활동가, 의사 등 광범위한 영역의 사회적 행위자들에게 임신중지에 대해 공공연하게 말할 수 있는 기회가 주어졌다. 이런 공적인 말하기와 더불어 임신중지를 사고하는 새로운 방식도 생겨났다. 이어지는 내용에서는 이 시기에 두드러지게 등장한 서사와 성격 유형을 살펴볼 것이다.

양심의 자유

임신중지 자유화 법안을 지지하는 쪽에서는 임신중지를 필요로 하는 여성보다는 태아의 도덕적 지위에 주로 초점을 맞췄다. 오스트레일리아에서 이 입장을 가장 강력히 표방한 단체는 ALRA다. 이 단체는 1967년 영국 '임신중지법'의 뒤를 이어 오스트레일리아 몇 개 주에서 등장한 이래로, 1970년대 전환기에 다른 여러 주에서 법을 바꾼 뒤에도 후속 개혁을 위한 캠페인을 지속했다.

다른 곳에서 일어난 임신중지 운동과 마찬가지로[17] ALRA는 자유주의 정치철학에 기초해서, 임신중지를 법으로 금지하는 것이 시민의 개인적 양심에 대한 국가의 부당한 침해라고 주장했다. ALRA는 임신중지를 태아의 생명과 관련된 도덕적 문제라는 프레임으로 바라보았고, 이 점이 "임신중지 법 개혁 논쟁에서 가장 감정적이고 복잡한 측면"이라고 했다.[18] 또한 종교 교리나 과학적 사실을 들어 태아가 객관적으로 인식 가능한 존재라고 하는 주장에 이론을 제기하며, 다만 어느 누군가의 '개인적 가치와 신념'이 태아의 생명에 관한 견해를 결정한다고 주장했다. 따라서 임신중지에 얽힌 도덕이란 무척이나 다양하고도 주관적인 것이고, 임신중지를 제한하는 법은 전체 인구에서 소수를 차지하는 가톨릭 인구의 도덕률을 부당하게 적용하는 셈이었다. 초기에 ALRA는 의사의 양심을 강조했다. 임신중지를 행할 수 있을 때에도, 의사의 의료적 판단은 법이 정해 놓은 가이드라인에 가로막힌 상태였다. 1972년부터 ALRA는 여성의 양심에도 동등하게 방점을 두었으며 단체명을 '임신중지법개혁연합Abortion Law Reform Association'에서 '임신중지법폐지연합Abortion Law Repeal Association'으로 바꾸었다. 임신중지를 범죄화하는 법령을 전면 폐지하는 쪽으로 나아가려는 새 캠페인을 반영한 이름이었다.[19]

ALRA의 정치는 임신중지를 '불쾌한' 것으로 묘사해 이목을 끌었다.[20] 그리고 단체 대표 중 한 명의 말을 빌리자면, ALRA는 "누구나 어떤 형태의 생명에 대해서든 당연한 존중 의식이 있기 때문에 (…) 임신중지라는 발상을 정말로 좋아하는 사람은 아무도 없다"라는 발상을 거듭했다.[21] 앞서 말했듯, 임신중지 법 개혁은 오스트레일리아에서나 다른 나라에서나 임신중지를 사회적 선 혹은 도덕적 선으로 나타내면서 얻어진 게 아니다. 개혁을 외치는 이들은 불법적으로, 규제 바깥에서 행해지는 '뒷마당' 임신중지보다 규제 아래 이루어지는 치료적 임신중지가 더 나은 대안이라고 주장했다.

ALRA는 임신중지를 다른 선택지들과 차등적으로 비교해 이를 합리화하는 방식을 이어 갔다. 슬로건에도 자주 등장했듯 이 '모든 아이는 원해서 낳은 아이여야' 하므로, 임신중지는 원하지 않은 아이가 태어나는 일보다 더 바람직하다는 것이다. ALRA는 원하지 않았으나 태어난 아이들이 원해서 낳은 아이보다 더 심한 감정적·신체적 학대를 경험하며, 이 아이들이 '사회 부적응

자', '부적절한 양육자', '바람직하지 않고 불우한 시민'으로 자라
난다는 결과를 보여 주는 과학적 연구를 생산해 냈다.[22] 원치 않
은 임신으로 태어난 아이들의 자질이 형편없다는 내용을 근거로
임신중지를 지지하는 흐름은, 임신중지를 우생학적 이유로 옹호
하는 입장과 매우 맞닿아 있다. 우생학적 논리는 20세기 전반부
내내 초국적으로 일어난 산아조절birth control 운동에 퍼져 있던
것이다.[23]

　비록 원치 않은 아이가 태어나는 것이나 안전하지 않은 '뒷
마당' 임신중지보다는 낫다고 하지만, ALRA는 임신중지가 결코
피임법보다 더 바람직하지 않음을 확실히 했고, 여성들에게 원
치 않은 임신을 막아야 한다는 도덕적 책무를 씌웠다. 1970년대
초기에 대두된 슬로건대로 말하자면 "임신중지는 권리, 피임은
책임"이라는 것이었다. 이 슬로건은 임신중지를 다른 피임과 다
르게 구별 지으면서, 명확히 산아조절 방법 가운데 '차선책'이자
다른 피임법이 실패할 때 쓸 수 있는 '최후의 보루'라 표현했다.[24]
ALRA는 임신중지가 태아의 생명이 갖는 지위를 포함하는 문제
이며, 태아의 생명이 어떤 방식으로든 '당연한 존중'을 받아야 한
다는 프레임을 가지고 있었기에 임신중지를 긍정적으로 묘사하
지 않았다.

절박한 이들에 대한 연민

ALRA는 여성이 임신중지를 원하는 이유는 대체로 결혼하지 않
은 상태에서 아이를 낳는 수치를 피하기 위함이거나, 결혼해 이
미 아이를 여럿 둔 상태에서 빈곤을 겪는다든지 배우자와의 관
계가 폭력적이기 때문이라고 가정했다. 셀레스트 콘딧이 미국의
맥락에서 본 것처럼, 이른바 '문화적으로 그럴 만한' 이유가 있는
'무력한 피해자'라는 것이 임신중지의 이유가 되고, 이것이 '가족'

과 '모성'이라는 핵심적인 사회적 상징 안에 포섭됨으로써 임신 중지에 대한 지지를 이끌어 낼 담론 형태로 존재했다.[25]

1972년 ALRA가 발행한 『임신중지: 강제할 수 없는 법*Abortion: The Unenforceable Law*』은 사회복지사·심리치료사·정신과의·일반의가 집필에 참여해, 임신중지를 원하는 세 여성의 사례를 보여 준다. 이 세 여성은 모두 결혼해 아이를 두었는데, 경제적 곤란을 겪은 경우와 폭력적인 남편을 둔 경우가 각각 둘씩 있었다.[26] 이런 재현은 임신중지 여성을 스스로 통제할 수 없는 불운한 상황에 부닥쳐 괴로워하는 피해자로 묘사하는 데 영향을 주었다. ALRA가 여성이 임신중지를 원하게 되는 상황이라며 제시한 내용은 어떤 조건의 여성이 어머니 역할을 잘 수행할 수 있는지를 은근히 제한하고 있다. 그 조건이란 안정적인 관계에 놓인 중산층이었다. 법 개혁 논의 가운데 ALRA가 "아이를 낳고 싶은 엄마, 원해서 태어난 아이, 안정적인 가정"[27]으로 규정한 안정성은 앞서와 같은 특질로 이뤄진다. '임신중지를 원하는 절박한 여성'이라는 상은 '좋은 엄마'가 되고 싶은 욕망 때문에 임신중지를 원하는 여성의 모습과도 연결된다. 좋은 엄마란 태어난 아이 혹은 잠재적 아이를 보호하기 위해 행동하며, 아이가 빈곤을 겪는다든지 상시적으로 아버지 역할을 할 사람 없이 태어나지 않게끔 하는 인물이다.

임신중지 여성을 가난이나 남성(방탕한 남성, 가족을 건사할 의지나 능력이 없는 남성)의 피해자로 묘사하는 일은, 콘딧의 말을 빌리면 여성을 "'좋은', 적어도 자기 운명을 어쩔 수 없는" 인물로 나타내 대중으로 하여금 "해당 여성에게 유감을 느끼고 여성을 고통에 빠뜨린 힘에 분노"하도록 유도한다.[28] ALRA는 진보적인 법 개혁을 지지하지 않거나 여성이 임신중지를 원하는 이유를 사소하게 치부하는 이들에 대해 '수천 오스트레일리아 여성이 겪는 고통·절박함·모욕에 대한 연민이 부족하다'며 비난했다.[29] 여성의 고통을 강조하는 일은, 법 개혁을 반대하는 이들이 만들어 낸 '이기적인 임신중지 여성' 이미지에 대한 유용한 방어막이 됐다. 그러나 연민에 기대어 임신중지의 합법화를 요구하는 ALRA의 전략에서 임신중지는 여성의 완강한 권리가 아니라, 사회(사회의 법)와 의사들이 주는 선물로 표현된다. 임신중지란 임신한 여성의 고통을 경감해 주고, 나아가 미래 아이들을 미성숙하며 가난한 엄마 혹은 지나치게 부담을 떠안은 엄마로부터 구해 주는 수단이라는 것이다.

로런 버랜트는 연민에 바탕을 둔 정치가 '고통받는 이와 관객'의 관계를 만들며, 여기서 "방점은 관객이 연민을 느끼는 경험, 그리고 그 경험이 실질적인 정치와 관련해 갖는 중대함에 있다"고 본다.[30] ALRA의 활동을 추동한 연민이라는 감정은, 임신중지를 한 고통받는 피해자와 이들의 고통을 경감해 줄 지식, 기술, 영향력을 갖추고 그럴 만한 선의도 있는 관객(ALRA 구성원, 정치인, 의사) 사이에 위계적인 관계를 만들었다.[31] 피해자와 구원자의 관계는 젠더적인 가부장주의와 사회계층으로 설명할 수 있다. 남성 의사(ALRA 발행물에 참여한 의사는 모두 남성이었다)가 여성 환자를 돕고, 남성 의원들이 더 나은 법을 만들고, 중산층 ALRA 회원들[32]이 특권으로부터 소외된 이들을 보호한다. ALRA 발행물을 보면, 임신중지 여성은 이를 충분히 그럴 만한 일이라기보다는 감사한 일로 여기는 것처럼 나타난다. 예를 들어 여성에게 임신중지를 시행한 의사는 '직업적인 순교자'로 묘사되었다.[33] "여성들이 도움을 구하러 의사를 찾기" 때문에 의사가 보인 관대함은 감사를 받아 마땅하다는 것이다.[34] 연민은 선물인 만큼 거두어질 수도 있다. 연민은 "'좋은' 고통과 '비참한' 고통 간의 위계관계"를 만들어 낸다.[35] ALRA는 "심신에 문제가 있

고 경제적으로 곤란한 상황에 놓인 여성들의 고통"을 충분한 자
격으로 평가하며, 그럼으로써 중산층의 '이기적인 임신중지'를
침묵당한 타자로 두었다.[36]

    ALRA가 구사한 정치는 당시로서 일면 무척이나 진보적이
었다. 법적 규제 없는 임신중지라는 요구는 세계 대부분의 지역
에서 아직 실현되지 않은 목표였다. 독신 여성이 임신중지에 접
근할 수 있어야 한다는, 특정한 판단을 배제한 이런 주장은 여성
의 정숙함에 관한 당시 이데올로기를 깨뜨리는 도덕률을 표방
했다.[37] 하지만 ALRA는 임신중지를 당대에 지배적이던 사회·정
치적 가치들에 통합하는 방식으로 임신중지의 비범죄화를 주장
했다. 당대의 가치를 따르자면 임신중지는 부정적인 조치였으
며 임신에서 비롯하는 결과 가운데 문제없는 것은 모성이 유일
했다. 임신중지는 일탈적인 선택, 그러니까 다른 피임법이 실패
했을 때만 요구되는, 필요하긴 하나 바람직하지 않은 절차로 여
겨졌다. 임신중지 여성은 자율적인 선택의 주체라기보다 상황의
피해자로 묘사되곤 했다. 그에 따르면 이들은 모성을 거부할 생
각을 가진 것이 아니라, 이미 존재하는 혹은 잠재적인 아이를 극
심한 가난이라든지 '미혼모'라는 사회·경제적 지위로부터 보호
하기 위해 행동할 뿐이다. 입법자와 대중에게 연민을 호소하는
방식은, 임신중지 여성을 논쟁의 주체 자리에서 타인의 선의에
의해 구조받는 '절박한 여성', 즉 물질화된 객체로 탈바꿈했다.

여성중심의 임신중지 도덕

1970년대에 ALRA가 활동하는 동안 여성중심적 접근은 무척 늘
어나 이전에 주를 이루던 태아중심적 접근과 어깨를 나란히 했
다. 『임신중지: 강제할 수 없는 법』에는 오스트레일리아 페미
니스트 저메인 그리어Germaine Greer가 『여성, 거세당하다The

Female Eunuch』(1972)를 출간한 뒤 응한 라디오 인터뷰가 실려 있다.[38] 그리어는 임신중지를 의료화한 법에 뿌리박힌 공고한 가부장주의를 비판한다. 이 법은 "여성이 임신을 하면 스스로 미쳤다고 주장할 수밖에 없도록" 강요한다. 그리어는 "우리는 스스로 결정할 수 없는 머저리로서, 도덕적 불구자로서 싸워야 한다"라고 말한다. 법은 여성이 의학적으로 심신이 '위태로운' 지경에 놓인 경우에만 임신중지에 접근할 수 있게 하면서, 여성을 '비합리적인' 피해자로, 의사를 '합리적인' 구원자로 바라보는 젠더화된 이분법을 강화했다.[39] 그리어를 비롯한 여성해방론자들은, 임신중지가 법체계 안에서 심리적으로 안정된 상태에 있는 여성이 행하는 합리적인 결정으로 인정되어야 한다고 주장했다.

임신중지 정치는 1970년대 서방 사회를 휩쓴 페미니즘 정치의 새 물결 한가운데에 놓여 있었다. 임신중지 정치에 페미니즘이 개입하자, 임신중지 관련 논쟁에 쓰이는 말에도 중대한 변화가 있었다.[40] 불법 임신중지를 직접 경험한 여성들은 행동하기 시작했다. 활동가들은 임신중지를 제한하는 법이 지나치게 높은 사망률과 이환율을 야기한다고 지적했다. 법은 여성, 특히 가난한 여성을 임신중지에 접근하기 어렵게 만들었고, 여성들로 하여금 자신이 행한 임신중지를 한 개인이 도덕을 저버린 결과로 바라보게끔 했다. 의식고양Consciousness-raising은 여성해방론자들의 정치적 각성과 운동을 불러일으키는 중요한 열쇠였으며, 당시 개발된 이론적 도구 덕분에 여성이 개인적 경험을 더 넓은 범위의 권력구조와 연결할 수 있게 됐다.[41]

WLM은 임신중지에 대한 법적 금지와 이런 법을 지지하는 가치체계가 가부장제의 대표적 사례라고 보았다. 가부장제 아래서 남성은 직접적으로는 법을 통해, 간접적으로는 사회 풍습을 통해 여성의 삶을 자신들의 이득을 위해서 통제했다. 임신중

지를 제한하는 법을 통해 1960년대 '성 혁명'의 성차별주의도 수
면 위에 올랐다. 당시 성 혁명은 남성을 결혼이나 경제적 부양
의 의무에서 풀어 주는 한편, 남성이 여성에게 성적으로 접근할
수 있는 폭을 넓혀 주었다. 임신중지에 합법적으로 접근할 수 없
고 피임도 제한적으로만 가능했던 여성들은 원치 않은 임신이라
는 결과를 짊어져야 했다. 아이를 낳기로 한다면 아이에게 충분
한 뒷받침을 해 줄 수가 없었다.[42] WLM의 임신중지 캠페인은 여
성이 남성으로부터, 또한 '강제된 모성'을 주입하는 국가로부터
성적 주체라는 자율성을 확보하고자 하는 운동의 목표를 대중
에게 전달했다. 학자이자 활동가인 로절린드 페체스키Rosalind
Petchesky의 말에 따르면, WLM 활동가들은 "임신중지를 규제하
는 것이 모성을 강요하는 일이라는, 그리고 모성은 형벌이나 숙
명이 아니라 사회적 관계여야 한다는 강력한 아이디어"를 퍼뜨
렸다.[43] 동일임금, 보육, 성적 대상화 반대 등 다른 핵심적인 캠페
인도 같은 맥락에서 생겨났다.

　　오스트레일리아에서 WLM은 1972년 모든 임신중지 관련 법
폐지를 골자로 하는 WAAC Women's Abortion Action Coalition(여성
임신중지행동연맹)라는 이름의 단일의제 운동본부를 만들었다. 오
스트레일리아 여성운동가들은 자신들이 가부장제에 맞서, 그리
고 임신중지 같은 구체적인 의제에 맞서 전 세계 투쟁을 전개하
는 '해외의 자매들' 가운데 일부라고 생각했다. WAAC는 공히 세
계적인 운동이었다. "여성이여 단결하라: 임신중지는 우리의 권
리다"라든지, 발행하는 잡지 제목이기도 한 "임신중지는 여성의
선택권이다(선택할 권리!)" 등 정치 슬로건은 서방 세계 전반에 반
향을 일으켰다.[44] 활동가들은 캠페인 전략을 서로 공유하기도 했
다. 의식고양 활동이나 대중시위, "소리 높여 말하기"와 "나는 유
죄다" 같은 캠페인이 여기에 포함되었다.[45] 예를 들어 1973년 멜

버른에서 활약하던 활동가들은 시몬 드 보부아르Simone de Beau-
voir를 비롯해 저명한 프랑스 여성 수백 명이 임신중지를 고백한
일에 고무되어, 경찰 본부까지 행진하며 임신중지 법 위반에 따
라 체포해 줄 것을 요구했다.[46]

　여성해방론자들은 임신중지권이 다른 무엇도 아닌 '자신의
몸과 삶을 통제할 권리'로 여겨져야 한다고 믿었다.[47] WAAC 잡
지 『선택할 권리!Right to Choose!』는 WLM이 '결코 스스로를 우선
시하지 않고 주기만 하는 어머니의 이미지'를 비평하는 주된 장
이었다.[48] 활동가들은 임신중지에 가해지는 규제가 결혼과 가족
이라는 두 제도에 여성을 붙박아 둔다고 주장했다. 결혼과 가족
은 "여성을 남성보다 열등한 존재로, 남성의 소유물로 만들며 여
성이 해방되지 못하게 한다"고 말이다.[49] 임신중지에 접근할 권
리를 갖지 못하고서는 여성은 "생물학적으로 구속되고 핵가족
에 매이고 만다."[50] 여성은 "아이를 생산하는 단위"일 뿐이며,[51]
"강제된 모성이라는 20년 형"을 구형받는다.[52] WAAC는 여성이
"계획되지 않은 임신과 출산으로 자기 삶이 방해받지는 않으리
라는 것을 알지 못하고서는 재능과 기술을 자유로이 사용할 수
없다"고 보았다.[53] 여성이 자신의 생식력을 완전하게 통제할 수
없으면 교육적 성취가 빛을 보지 못하고, 고용주들이 여성에게
낮은 지위를 주거나 경력에 비해 낮은 임금을 주는 일이 정당화
된다.[54] 또한 여성의 내면에도 아내와 어머니 역할 말고 다른 데
서는 성취를 얻을 수 없게 하는 심리적 장벽이 생긴다.[55]

　WAAC는 남성이 임신중지의 모든 면을 통제한다고 단언했
다. 가톨릭 사제들은 임신중지를 태아의 생명에 근거한 도덕적
의제로 프레이밍했다. 남성 정치인과 판사 들은 임신중지의 법
적 지위를 정했고, 그 결과 임신중지 관련 법은 남성 의사에게 임
신중지 여부를 결정할 권리를 주었다. 『선택할 권리!』에는 입에

재갈을 문 임신부, 발치에서 졸라 대는 아이들로 지쳐 버린 어머니, 의사·판사·정치인·사제 등 남성의 판결을 기다리는 수동적인 임신부 같은 이미지가 널려 있었다. 이들 이미지는 "내 난소에서 네 묵주를 치워라"라든지 "교회도 국가도 아닌 여성이 여성의 운명을 결정해야 한다" 등 슬로건과 함께, 여성이 자기 삶에서 일어나는 결정에 종속된 위치임을 힘주어 묘사했다.

WAAC는 임신중지를 "매일같이 여성에게 자기 몸을 통제할 권리가 없다고 세뇌하는 반동적인 미디어·목회자·정치인"에게서 연유한 도덕적 비극이라고 보았다.[56] 남성중심적 재현 체계는 여성을 어머니로 정의하고, 임신중지를 타인에게 숨겨야 하는 수치스럽고 죄스러운 비밀로 여기도록 했다.[57] WAAC는 임신중지를 둘러싼 도덕이 태아의 생명과 피임 실패라는 관점에 치중해 있다고 보며, 이 도덕을 "우리 여성을 패는 몽둥이"[58]라 일컬으면서 임신중지 이슈를 '여성의 삶에 영향을 미치는 정치적 힘에 관한 것'으로 재구성했다.[59] 비록 WAAC는 안전하고, 무료이며, 널리 사용할 수 있는 피임기구를 알리기도 했지만, 피임기구가 여성 건강에 미치는 영향을 경고하면서 피임을 의무이기보다는 여성의 선택으로 규정했다.[60] 그럼으로써 임신중지를 겪은 여성은 "피임을 '실패'한 데 대한 난처함"을 느끼도록 강요받지 않았다.[61] WAAC는 "임신중지에 따라붙는 끔찍한 낙인을 극복"하기 위하여, "여성이 길에 나서서 자신이 임신중지를 했으며 임신중지가 모든 여성의 결정권이라고 믿는다고 외칠 필요"가 있다고 보았다.[62]

WAAC의 입장에서 임신중지는 사회적 선이자 정치적 필요였다. 임신중지는 여성이 강제된 모성이라는 족쇄 없이 독립적인 주체로 살아가기 위해 갖춰야 할 능력의 선행조건이었다. WAAC의 출간물에서 보듯 임신중지를 선택하는 자율적이고 해방된 주

체란 ALRA가 절박하게 임신중지를 필요로 하는 여성들을 앞세
운 데 대한 직접적인 도전이었다. WAAC가 내세운 것은 자기 삶
의 행로를 스스로 모색하는 주체로서, 특정한 욕망을 강요하는
세상에서 자기 자신의 바람과 욕망을 단호히 주장하는 존재였다.

안도

WAAC는 임신중지 수치와 죄책감이 '가부장제 구조에 의해 사
회적으로 조건화되어 있다'고 보았다.[63] 이들은 비록 '매우 넓은
감정의 범주'가 있을 수 있음을 인정하면서도, 임신중지를 '여성
에게 해방적인 경험'으로 재현했다. "임신중지 경험에 긍정적 가
치를 부여하는 자의식과 사회적 의식이 새로이 생겨났고, 사회
에서 미래 자기결정권을 행사할 수 있게 할 힘이 새로이 만들어
졌다"는 것이다.[64] 여성해방론자들은 임신중지가 모성보다 감정
적으로 이롭다는 관점을 전파했다. "당신은 임신중지를 해서가
아니라 아이를 낳고서 정신과에 갈 확률이 더 높다."[65] 이들은 임
신중지를 죽음과 등치하던 기존 관점을 뒤엎으면서, 임신중지를
'생명을 주는 행위'로 재현했고 임신중지를 원치 않은 아이를 낳
는 일과 대비했다. 원치 않은 아이를 낳는 일은 "희망의 죽음, 혹
은 창조적 정신의 실패라 할 수 있었다."[66] WLM은 원치 않은 임
신에 대한 긍정적인 해결책으로서 임신중지를 개념화하며, 기존
의 수치와 죄책감을 안도의 감정으로 대체했다.[67]

'안도'는 현재의 긍정적인 상태를 그에 앞선 부정적인 상태
와 대조할 때 유발되는 감정이다. 안도의 주체는 '사실과 반대되
는 사고'를 통해 '현재 어떠한지'를 '어떻게 될 수도 있었는지'와
대조한다.[68] 임신중지의 맥락에서 볼 때, 여성은 현재 임신하지
않은 상태를, 장차 임신을 지속해 아이를 낳아 기르는 일과 비교
해 긍정적인 대안으로 생각할 수 있었다. 임신중지를 겪은 여성

은 ALRA의 간행물에서처럼 연민의 대상인 고통받는 객체로 주로 재현됐는데, 그에 반해 임신중지로 인한 안도감은 임신한 여성에게 주체적인 위치를 새로이 부여했다. 임신과 출산을 원치 않았던 여성은 자율적인 자기결정을 통해서 자신의 욕망을 실현할 수 있었다. '양육하지 않기'를 여성해방의 주된 동력으로 위치시킨 WLM의 전략은 모성을 일부 여성만 누릴 수 있는 특권으로 구성한 계급과 인종 기반의 역사를 생략했다.

선택의 제한

WLM이 임신중지권을 모든 여성을 해방할 수단으로 삼았던 것은 여성 간에 존재하는 심각한 불평등을 적절히 인지하는 데 실패한 대표적인 사례였다. 실제 여성들의 관심사는 여기에 잘 반영되지 않았다. 여성들의 경험은 젠더를 일차적 억압의 축으로 여긴, 임신중지 운동을 이끈 백인 중산층 이성애자 여성들의 경험으로 수렴하지 않았기 때문이다.[69]

　활동가들은 '여성의 선택'에 초점을 맞추며, 여성들로 하여금 임신중지를 계속해서 서로 다르게 접근하도록 해 온 불평등에 대해서는 얼버무렸다. 국제적으로 활동가들 사이에서 임신중지 접근 문제에 관해 계급에 기반한 불평등이 중요게 부각된 것은, 미국에서 대부분의 임신중지 서비스에 지원되던 연방 재정이 '하이드 개정안'(1967)을 통해 삭감된 이후였다. 1979년 오스트레일리아에서도 스티븐 러셔Stephen Lusher가 유사한 법안을 발의했으나 입법에는 실패했다.[70] WAAC 구성원들은 임신중지에 대한 국가 재정 삭감 같은 협박에 대응하여, 해외 활동가들과 마찬가지로 "선택할 권리"라는 슬로건을 "요구에 따른 무료 임신중지"[71]로 바꾸도록 밀고 나갔다. 이들은 여성이 임신중지를 선택할 수 있는 법적 자유를 확보했다 하더라도, 임신중지는 여

성이 쉽게 이용하고 감당할 수 있어야 한다고 주장했다.[72]

레즈비언들은 WLM의 이성애중심주의를 비판했다. 이를테면 여성해방론자들은 "살아 있는 여성 가운데 원치 않은 임신이라는 문제를 맞닥뜨리지 않은 여성은 거의 없다"[73]라고 주장하며 여성에게 전제된 이성애를 강화했다. 이런 발화는 다른 성 정체성을 주변화했다. 그러나 임신중지 활동가들과 레즈비언 활동가들은 생식을 목표로 하지 않는 여성의 섹슈얼리티를 인정한다는 점에서 목표를 공유했다.[74]

유색인 여성은 '교차적intersectional' 접근을 촉구하는 움직임의 최전선에 있었다. 이 접근은 WLM 내부의 인종주의와 흑인 인권운동 내부의 성차별에 대항하기 위해 고안된 정치적 인식이자 이론적 틀이었다. 미국에서 임신중지의 계급적 비판을 선도하는 운동가들은 주로 아프리카계 여성이었다. 흑인 여성은 상대적으로 가난하고, 그들 말에 따르면 임신중지가 불법일 당시 '대다수' 여성이 "무능력한 임신중지 시술자의 손에 죽었다." 또한 이들은 '하이드 개정안'에 훨씬 더 큰 영향을 받았다.[75] 여성해방론자들이 '강제된 모성'에 자극을 받아, 피임과 임신중지에 대한 접근 측면에서 재생산의 자유를 정의한 것과는 대조적으로, 유색인 여성의 모성은 입양과 양자 제도, 불임수술 강요 등으로 모욕당하고 금지되기 일쑤였다(5장 참고). 흑인과 라틴계 인구의 재생산 능력을 제한할 방편이 고안되자, 1970년대 흑인과 라틴계 남성 운동가들은 일반적으로 피임을 인종 말살과 연결 짓고, 생식력 조절에 반대하면서 여성들에게 후대의 혁명가를 길러 내는 역할을 부여했다. 여성들은 이 운동에서 피임과 임신중지에 관한 방침을 성공적으로 바꾸어 놓는 동시에, WLM의 의제에 피임 강요와 강제 불임수술이라는 의제를 포함하도록 요구했다.[76]

오스트레일리아에서는 선주민 여성들이 바다 건너 흑인 페미니스트와 연대하면서, WLM에 내재한 백인중심주의를 비판하는 데 주된 역할을 했다. 1970년대 선주민 여성들의 주요한 정치적 요구는 가정이라는 규범에 부여된 정당성을 해체하려는 WLM의 목표와 정반대였다. 이들은 스스로가 가족과 공동체를 지킬 정당한 어머니로 인정되기를 원했다. 오스트레일리아의 인종주의적 정책은 선주민 공동체를 찢어 놓고 아이들을 어머니에게서 떼어 놓았다. 1970년대 선주민 의료 서비스에서는 데포 프로베라Depo Provera가 사용되었는데, 이 주사는 암을 유발할 수 있는 부작용 때문에 미국에서 금지되었고 오스트레일리아에서도 선주민 여성에 대한 피임기구로 사용되는 데 승인을 얻지 못했다.[77] WLM은 억압과 권력을 설명하는 틀로서 가부장제에 집중하며, 재생산 여부를 선택할 때 가장 걸림돌이 되는 것이 왜 백인 여성에게는 임신중지인 반면, 많은 선주민 여성에게는 임신해 출산한 뒤 아이를 기를 능력인가를 설명하지 못했다. WLM이 이 대조를 이해하려면 식민주의와 인종의 차별적 효과를 고려해야 했다. 그러나 많은 선주민 여성들이 주장하듯 WLM은 이 부분에서 실패했는데, 그러기 위해서는 백인 여성이 선주민 여성을 억압했음을 인정했어야 하기 때문이다. 선주민 여성들은 왜 자신들이 '흑인 여성의 강제 불임수술을 중단시키기 위해 싸우는 동안 백인 여성들은 임신중지의 권리를 위한 캠페인을 벌이는지' 이해하는 과정에서 인종적 특권에 주목했다.[78]

세계 각지의 여성해방론자들은 운동에서 임신중지에 관한 선택이 재생산에 관한 선택과 손쉽게 결부된다는 비판에 대응하고자, 임신중지권과 더불어 '강제 불임수술 반대'를 요구했다. 이 요구를 할 때 여성해방론자들은 선주민 여성과 유색인 여성이 제공한 초기의 교차적 접근 대신에, 가부장제로부터 여성의 해방을 나타내던 '자율적 선택'과 '자기결정권'이라는 언어를 사용했다.[79]

1970년대 이래, 백인 중산층 이성애규범 바깥에 있던 여성들의 요구는 포괄적인 재생산 정의라는 프레임이 한층 성장했음을 입증해 왔다. 그 목표는 여성이 아이를 언제 낳을지, 혹은 낳을지 말지를 결정할 능력과 함께 아이를 가질 능력을 보장받는 것이다.[80]

임신중지에 페미니즘적 주장이 도입되면서, 1970년대 말 '프로초이스'라고 하는 수사적 지형에 균열이 생겼다. 페미니스트 활동가와 학자 들에게 젠더를 인종·섹슈얼리티·계급과 교차하는 것으로 사고하라는 요구가 늘어나면서 이 균열은 가속화됐다. 1970년대 초반에 출현해 성장한 반임신중지 진영은 임신중지와 이를 겪은 여성에 대한 말하기가 또 한 번 확산되는 광경을 마주하게 되었다.

'살인이라는 선택'

임신중지 법이 자유화되기 전에, 임신중지에 반대하는 조직은 오직 가톨릭교회뿐이었다. 1973년 '로 대 웨이드 판결'이 난 지 몇 달 뒤, 교회로부터 자금 지원과 편달을 받아 미국 국가생명권위원회US National Right to Life Committee가 출범했다.[81] 미국을 따라 오스트레일리아에도 처음으로 최대 규모의 반임신중지 조직인 RTL이 1973년 가톨릭교회의 재정 지원을 등에 업고 설립됐다.[82] 반임신중지 운동은 미국의 활동을 중심으로 하며 전 세계에 지부를 두고 있다.[83] 태아의 생명과 임신중지를 겪은 여성에 관한 전략과 '원형적' 서사는 전 세계적으로 공유되었다. 이는 운동의 기저에 깔린 가치를 보편적 진실로 구성하는 초국적 흐름이었다.[84] 반임신중지 운동에 전념하는 활동가가 거의 없는 오스트레일리아 같은 나라에서도 이 운동의 국제적 성격 덕분에, 국내 운동이 더 커 보일 수 있었다. 또한 국내 운동의 규모에 비해 미디어와 정치에 미치는 영향력이 훨씬 지대했다.[85] 그 이유는 전부 가톨릭 신자인 소수의 정치인들이 정부 내각을 움켜쥐거나 의회에서 주도권을 가짐으로써 불균등한 정치적 영향력을 누렸기 때문이다.[86]

1970년대와 1980년대 초에 RTL의 정치는 극도로 태아중심적이었으며, "생명을 선택하라"라든지 "모든 임신중지는 아기를 죽인다" 같은 슬로건을 이용했다.[87] RTL은 임신중지를 살인으로 규정하면서, 정부에 인간 생명 보호의 범위를 태아까지로 확장하라는 청원을 했다. RTL은 계속해서 "'태아도 사람이다'라는 것을 명확히 보여 주는" 이미지를 이용했다.[88] 이런 이미지는 일부러 아기와 아기의 신체 일부가 쓰레기통에 담긴 모습을 보여 주기도 했고, 성인 손가락 두 개가 아기 발을 감싸고 있는 '소중한 아기 발' 배지도 있었다.[89] 태아 이미지 사용과 반임신중지 진영에 속한 의사들의 증언은 본래 신학적인 주장이던 것을 객관적인 유사과학으로 탈바꿈하고자 하는, 전 지구적 반임신중지 진영의 핵심 전략이었다.[90]

태아를 묘사할 때는 임신한 여성에 대한 재현이 늘 따라붙는다. 태아가 자율적 주체인 아기로서 상상될 때, 임신한 여성은 이미 어머니로 전제된다. 활동가들이 태아의 생명은 임신한 여성의 바람과는 상관없이 보호되어야 한다고 주장할 때, 여성은 타인의 생명을 실은 장치가 되고 만다.[91] 1970년대와 1980년대 초를 휩쓸었던 RTL의 태아 이미지에서 임신한 여성은 대체로 지워지고, 아기의 형상을 한 태아가 여성의 자궁 바깥으로 난데없이 등장한다. 또 여성의 몸이 빛나는 태아를 강조하기 위해 어둡게 처리되기도 한다. 1970년대와 1980년대 RTL의 로고는 얼굴 없이 어둡게 처리된 여성의 몸 안에, 어린아이처럼 생긴 태아가 탯줄 없이 서 있는 모습이었다. RTL 뉴스레터에 포함된 또 다른 그림은 모성에 관한 것으로, 아이들을 붙든 엄마들이 "어머니의 사랑" 혹은 "우리는 아기를 사랑합니다" 같은 문구와 함께 등장하는 이미지다.[92] 이렇듯 어머니가 아이를 양육하는 모습의 이미지와 정반대로, RTL 활동가들은 임신중지를 겪은 여성을 "엄마, 죽이지 마세요"[93]라는 반임심중지 슬로건에서처럼 아기를 죽인 어머니로 재현했다. RTL의 오랜 수장인 마거릿 티게Margaret Tighe에 따르면 "순수하게 이기적인 이유로" 태아살해를 자행하는 것으로 묘사했다.[94]

RTL의 간행물에서 임신중지를 한 여성은 '정서적 이방인'으로 등장한다.[95] 무아적인 양육자가 아니라 이기적인 살인자로 나타나는 것이다. 이들은 여성을 위한 적절한 감정 각본, 즉 모성애 바깥에 위치한다. 임신중지 여성에게 모성애가 없다는 이야기는, '신좌파'로 알려진 일련의 사회운동이 부상해 혁명적으로 질서를 위협하면서 뒤집힌 세계와 연결된다. 1981년 레이건이 미국 대선에서 승리를 거두자, 로절린드 페체스키는 반임신중지 운동을 두고 "1960년대와 1970년대 있었던 주요 사회운동의 흐름을 거스르는 것"을 목적으로 하는 '백래시backlash 운동'이라 명명했다.[96] 페체스키가 지적하듯 "임신중지 이슈는 태아의 지위를 넘어 가족이나 섹슈얼리티, 여성의 지위 등 여러 사회·정치적 의미와 공명하며, 따라서 조직적으로 임신중지에 반대한다는 것은 사실상 '단일 이슈' 운동이었던 적이 결코 없다."[97] 그러므로 RTL은 단순히 신좌파, 특히 WLM에 대응하는 것만이 아니라, 페미니스트들이 저격했던 제도들이 사양길에 접어들고 있음을 보여주는 일련의 인구통계학적 추세에 맞서는 것이기도 했다.

1970년대 중반에 남성 한 명이 생계를 부양하는 형태의 가족은 미국 내 가구 중 겨우 13.5퍼센트를 차지하며 급격한 쇠퇴를 맞고 있었다. 출생률은 줄어들고, 이혼율과 젊은 기혼 유자녀 여성의 고용률이 늘었으며, 결혼하지 않고 아이를 낳는 여성이 많아졌다.[98] 인구통계의 변화와 문화 변동이라는 맥락에서, 여성의 임신중지 접근권을 침식해 들어가는 일은 가부장제 핵가족, 생식을 목적으로 한 여성의 섹슈얼리티, 어머니와 돌봄자로서 여성의 역할에 기반한 젠더질서를 복구하리라는 데 희망을 주었다. 제니퍼 소머빌Jennifer Somerville이 임신중지에 반대하는 운동을 '다른 여성운동'이라 부른 까닭을 여기서 알 수 있다.[99]

WLM의 임신중지 활동을 견인한 젠더정치 역시 임신중지 하나로만 연결된 적은 한 번도 없었다. RTL과 WLM은 서로 반대되는 운동이었다. WLM은 임신중지를 겪은 여성을 '해방된 여성'으로 재현했다. 이 여성은 남성으로부터, 강제된 모성으로부터, 재생산과 연결된 섹슈얼리티로부터 자유로운 존재로서 더 평등한 미래에 대한 열망을 담고 있었다. RTL이 보기에 임신을 중지한 '해방된 여성'이란, 세계질서를 상징하는 '아이'에 대해 왜곡되고 병적이며 해로운 지향점을 갖고 있어 잘못된 쪽으로 나아가는, 자연의 법칙에 철저히 어긋난 존재였다. RTL에게 임신중지를 통해 재현되는 사회질서에 대한 위협은 이전까지 '눈에 띄지 않은' 정체성(백인 중산층 이성애자 남성)이 가진 특권의 상실 이상을 의미했다. 이는 반대론자들이 무척이나 추구하던 안정적인 정체성(자연히 존재하는 어머니라거나 가부장 등)의 상실이기도 했다. 여성해방론자들도 자기 자신과 다른 여성들을 위해 대안적인 정체성과 삶을 찾는 데 골몰했다.[100]

WLM과 RTL의 담론 프레임은 서로가 나눈 대화에서 곧잘 드러난다. WLM은 가부장적 역학관계와 사회가치는 보수적인 임신중지 도덕률을 만들어 냈다고 본다. 반면, RTL은 임신중지 도덕률이 '진실'과 '과학'의 산물이라고 주장했다. 예를 들어 시위에 쓰인 플래카드에는 "임신중지: 여성이 선택할 권리"라는 기존의 슬로건을 힐난하기 위해 '선택할'에 가위표를 치고 '죽일'이라는 문구를 넣었다. 다른 플래카드에서는 개인들에게 "생명을 선택하라"고 요구하며 "아기는 선택이 아니다"라고 주장했다.[101] RTL은 임신중지가 살인이며 임신중지 여성은 모성을 부정하고 자연의 법칙을 어기고 범죄를 저지르면서까지 '아기'의 안녕보다 자신의 이기심을 우선시한다고 보았다. WLM은 이와 반대로 임신중지가 여성을 가부장적인 성역할로부터 해방하는 선택으로 여겼다.

ALRA의 입장은 이 두 극단 사이 어딘가에 위치하고 있었다. ALRA는 임신중지를 갓 만들어진 인간 존재의 생명을 앗아 가는, 도덕적으로 애매한 행위라고 보면서 피임을 임신중지의 필요를 막아 주는 수단이라 칭송했다. ALRA는 안전하고 합법적인 임신중지가 안전하지 않은 '뒷마당' 임신중지를 막기 위해, 그리고 남성 파트너의 부재 같은 사회적 이유나 경제적 이유로 아이를 돌볼 수 없는 여성에게서 원치 않은 아이가 태어나는 일을 방지하기 위해 필요하다고 주장했다. ALRA의 임신중지 정책은 뚜렷하게 젠더정치를 담지하지는 않았다. 그러나 임신중지를 오로지 예외적인 상황에서 절박한 여성만이 내리는 결정으로 재현함으로써, 모든 임신한 여성에 대해 모성을 정규화하고 여성성에 부여되는 모성중심적 규범을 바꾸는 데 아무 역할도 하지 않았다.

이제 우리는 활동가들의 언어가 주류 정치계의 임신중지 논쟁으로 옮겨진 방식을 살펴볼 것이다. 나의 의도는 임신중지라는 선택이 공적 논의의 주제가 되던 바로 그 무렵, 반임신중지 정서가 그 선택에 어떻게 심어졌는지를 보는 것이다.

정치화된 선택

1970년대 각국 정부는 당대 법 개혁이 임신중지 지형에 불러온 변화에 대응하고 적응하려 여러 방면으로 시도했다. 영국에서는 하나의 의회 위원회(레인 위원회Lane Committee)가 출범해 7개 법안이 의회 안건에 올랐다(결국엔 모두 실패했다).[102] 캐나다와 뉴질랜드에서도 임신중지에 대한 주요 정부 조사가 이뤄졌다.[103] 임신중지 법이 주 정부 관할권에 속하는 오스트레일리아에서는 연방정부가 영토법, 왕립 위원회, 임신중지 정부기금 등을 통해 임신중지 정치에 개입하려 했다.

1970년대에 임신중지와 관련해 연방정부에서 벌어진 첫 번째 토론은, 1973년 ALRA 회원인 데이비드 매켄지David McKenzie와 토니 램Tony Lamb이 발의한 친임신중지 진영의 법안에 관한 것이었다. 매켄지와 램은 1972년 고프 휘틀럼Gough Whitlam이 이끌던 진보적 노동당 정부가 승리하며 의회에 입성한 초선 의원이었다. '의료시술 명료화 법안'(흔히 '매켄지-램 법안'이라 불린다)은 오스트레일리아 수도 준주에서 임신 23주차까지의 여성에게 의사가 행하는 임신중지를 법적으로 규제하는 방안이었다. 매켄지와 램은 이 법안을 통해 임신중지 이슈에 대한 전국적 논의를 촉발했다. 만일 법안이 채택된다면 당시로서는 세계에서 가장 자유주의적인 임신중지 법이 마련되는 셈이었다.[104] 결과적으로는 당시 정부보다 너무 앞서 나가는 법안이어서 채택되진 못했다.

그러나 법안을 둘러싼 논의는 1977년 왕립인사위원회Royal Commission on Human Relationships의 설립으로 이어졌다.[105] 이 위원회는 연방정부 차원에서 꾸릴 수 있는 최고 수준의 위원회로서, 공적 중요도를 고려해 세워진 것이었다. 위원회의 설립은 임신중지에 관한 사회 풍습이 변화함에 따라 정책적 혹은 법적 차원에서 대처할 필요가 있겠다는 정부의 인식을 반영했다. 여기에는 영국에서 레인 위원회가 만들어진 일도 지대한 영향을 미쳤는데, 왕립인사위원회의 최종 보고서 역시 레인 보고서에서 영향을 받았지만 권고사항에서는 그보다 더 진일보한 내용을 다룬다. 레인 보고서는 의료화된 임신중지를 유지하는 법을 권고하나, 이 보고서는 태아의 체외 생존 가능성의 기준을 보수적으로 잡아 임신 22주차부터로 보고, 그때까지는 임신중지가 다른 의료 조치와 동일한 방식으로 규제되어야 한다고 권고했다.[106] 하지만 이 권고사항은 연방정부나 국가 차원에서 임신중지에 대한 어떤 실질적 행동으로도 이어지지 못했다. 그 뒤로 1979년 임신중지에 반대하는 가톨릭 신자이자 보수 정당인 지역당Country Party의 일원인 스티븐 러셔가 내놓은 발의안은, 여성의 목숨을 살리기 위해 임신중지가 필요하다거나 여성이 '병리적 조건'으로 고통받는다는 것을 의사가 확인한 경우를 제외하고는 연방정부의 재정 지원을 중지한다는 내용을 골자로 한다.[107] '러셔 발의안'은 오스트레일리아의 공식적인 정치에 반임신중지 진영이 처음으로 개입한 사례다. '러셔 발의안'은 미국의 '하이드 개정안'(1976)에 기반하고 있으나 '하이드 개정안'과는 달리 압도적인 반대에 부딪혀 채택에 실패했다.

왕립인사위원회는 임신중지에 관한 토론이 전적으로 "태아의 생명이 형법으로 보호받아야 하는지, 사회가 인간 생명의 가치를 깎아내리지 않으면서도 태아의 파괴에 눈감을 수 있는지"를 중심으로 이루어진다고 공언했다.[108] 위원회는 임신중지를 "모두에게 심각한 중요성을 지니는 이슈"로 표현하면서, "새 생명을 끝내기" 때문이라고 그 이유를 설명했다.[109] 임신중지를 태아중심적으로 바라보는 프레임은, 임신한 여성이 임신을 지속해 엄마가 되려는 의지가 있는지를 중심에 두는 WLM의 입장을 배제했다. 위원회는 '태아를 확실한 인간 생명'으로 보게 해 준 RTL에 감사를 표했으나, '프로초이스' 조직에는 이에 상응하는 감사를 표하지 않았다.[110] 그러나 위원회는 태아의 생명이 출생 이후의 삶과는 '다른 속성'을 지닌다는 결론을 내며, 대부분의 절차를

비범죄화한다는 권고사항을 내놓았다.[111]

　　의원들이 '매켄지–램 법안'과 '러셔 발의안'을 두고 토론하는 과정에서 임신중지를 태아중심적 도덕이라는 렌즈로 바라보는 관점은 상식으로 더 굳어졌다. 임신중지 관련 토론이 전적으로 태아 생명의 도덕적 지위를 다룬다는 발상은 토론 곳곳에 스며들어 있었다. 의원들이 당파성보다 개인의 양심에 따라 투표하는 게 당연하게 여겨졌다. 이런 경우는 무척 드물었는데, '생사'에 관한 이슈를 가지고 토론할 때만 보통 해당되는 일이었다.[112] 의회의 어느 의원은 임신중지 토론이 "태아가 수정되는 즉시 인간이 되는지에 대한 가정"으로 좁아 들었음을 지적했다.[113] 임신중지에 대한 여성의 접근을 지지하는 의원들은 태아의 생명에 부여되는 가치란 "우선적으로는 여성과 의사의 (…) 양심의 문제"라 주장했다.[114] 임신중지 반대론자들은 태아가 이미 태어난 인간과 같은 도덕적 지위를 갖는다면서, 임신한 여성은 법 아래 자율적인 주체가 아니라고 주장했다. "이 선택의 문제에는 다른 사람이 관여되어 있다, 바로 태어나지 않은 아이다."[115]

　　의원들과 왕립인사위원회는 하나같이 임신중지를 무척이나 괴롭고 바람직하지 않은 조치라 표현했다. 매켄지는 자신의 법안에 대해 "누가 임신중지에 동의하느냐의 문제가 아니다. 나는 동의하지 않는다. 동의하는 사람은 거의 없다"고 말했다.[116] 위원회는 임신중지를 '양심에 반하는' 일이라 일컬었다.[117] 그리고 '러셔 발의안'에 반대한 어떤 이는 "이 자리의 영예로운 어느 누구도 임신중지를 도덕적으로 좋은 일로 여기지 않을 것"이라고 단언했다.[118] 의사가 행하는 임신중지에 대해 규제를 줄이거나 없애야 한다고 주장한 의원들은 피임의 필요성, 그리고 임신중지에 대한 요구를 경감시킬 사회복지 서비스의 필요성을 강조했다. 예를 들어 '매켄지–램 법안'에는 의사가 임신중지 여성에게 피임

상담을 해야 한다는 내용의 조항이 있다.[119] 위원회도 이와 유사하게 교육과 피임을 통해 임신중지 건수를 줄일 방법을 알아내려 했다.[120] '친임신중지' 정치인들은 강요되지 않은 임신과 모성, 위험한 '뒷마당' 임신중지, 원치 않은 아이의 출생이라는 대안에 비춰 볼 때 임신중지를 '차악'이라 보았다.[121] 따라서 정치인들은 임신중지를 예외적이고 '끔찍한 선택'으로 프레이밍할 때만 이를 수용했고, '시끄럽게 목소리를 높이며 비판하는 사람들'에게 강제로 임신중지를 해야 하는 '여성에 대한 진정한 연민을 보여 달라'고 탄원하는 투였다.[122] 이들의 연민이 향하는 대상은 절박하게 임신중지를 해야 하는 여성, 그리고 그에 따라 버려지고 아무도 원하지 않은 아이라는 형상이었다. 어느 의원은 "가난한 남자의 아이들을 낳아 지치고 과로한 어머니"로 묘사하기도 했다.[123]

1970년대에 미디어와 의원들이 주로 '친임신중지'라 이름 붙인 정치를 '프로초이스'라 부르는 일은 1980년대 이전에는 그리 흔하지 않았다. 리키 솔링거에 따르면, 미국 활동가들은 임신중지를 사회적 혹은 도덕적 선으로 받아들이지 않으려고 점차 자유주의적인 선택의 원칙을 채택하게 되었다.[124] 오스트레일리아의 활동가나 정치인도 마찬가지였다. 선택을 강조하는 일은, 임신중지 법 개혁을 지지하지만 임신중지 자체에 느끼는 불편함, '나는 친임신중지 진영에 속한 어느 누구도 알지 못한다'는 느낌에서 비롯했다.[125] '프로초이스'의 입장은 개인들이 자유주의적 임신중지 법을 지지할 수 있게 해 주었다. 임신중지 자체를 명시적으로 지지하지 않아도 그럴 수 있었다. RTL은 '프로초이스'이면서 '반임신중지'를 내세우는 애매한 접근을 기회로 삼았다.[126] '러셔 발의안'이 실패한 이후 RTL 뉴스레터에 실린 만화를 보면, 두 얼굴을 가지고 의회를 나서는 정치인이 묘사되어 있다. 한쪽 얼굴은 '친임신중지'를, 다른 쪽 얼굴은 '반임신중지'를 나타내는 그림이었다. 캡션에는 "나 개인적으로는 임신중지에 반대한다, 그러나…"라고 쓰여 있다.[127] 여기에는 임신중지에 찬성하거나 반대하는 것은 개인들이라는 함의가 있다.

　여성을 중심에 놓은 주장은 1970년대 정치 토론에서 거의 영향력이 없었다. 의회에 여성이 없는 상태에서 '여성 이슈'를 토론하는 데 불편함을 표현한 의원이 예외적으로 몇 있었지만, 대체로 의원들은 임신중지가 "오스트레일리아 공동체 차원에서 맞닥뜨린 가장 민감하고도 논쟁적인 이슈 중 하나"라고 주장했다.[128] 임신중지를 '여성 이슈'가 아닌 '공동체'라는 단어로 표현함으로써, 남성이 독점하다시피 한 기자·정치인 등 사회적 행위자들의 범주에서 권위를 갖고 해당 이슈에 대해 발언할 수 있게 됐다. 한편으로 토론할 때 여성에게 특별히 중요한 발언권이 있다는 생각은 배제한 채로 말이다.

결론

다수 의원들, 미디어, 일반 공동체는 러셔의 패배에 손을 들었으며 이는 국가가 어떻게 임신중지를 규제해야 하느냐는 이슈에 합의를 가져왔다. 이후 몇십 년 동안 오스트레일리아에서는 임신중지에 대한 입법 토론이 거의 이뤄지지 않았다. 오스트레일리아에서 임신중지는 여전히 기본적으로 불법이었다. 다만 여성이 의사에게 임신중지를 요구할 때, 원치 않은 임신을 지속할 경우 정신건강에 위협이 따른다는 진단을 받으면 임신 초기 3개월까지는 임신중지를 실시할 수 있게 되었다.[129]

　이 책의 '들어가며'에서 언급했듯, 오스트레일리아는 영국·뉴질랜드·캐나다와 마찬가지로 정치적·인구통계학적 조건이 갖춰지지 않아 미국처럼 임신중지의 본질을 두고 논쟁이 불타오르는 상황은 연출되지 않았다. 대신 임신중지에 대한 정치적 입장과 대중 여론은 1970년대부터 광의의 '프로초이스' 입장에 속했다. 1970년대 말, 필요한 경우 임신중지가 행해져야 한다고 생각하는 오스트레일리아인의 비율(30퍼센트)은 임신중지가 전면 금지되어야 한다고 생각하는 이들(8퍼센트)보다 세 배 이상 높았다. 대다수는 여성의 건강이나 사회적 악조건을 감안해 임신중지를 지지했다.[130] 이 여론조사에서 중요한 점을 알 수 있다. 이어질 2장에서 다루겠지만, 대부분의 오스트레일리아인은 임신중지를 절박한 상황에서 이루어진 예외적인 선택으로서 지지했다. 즉 ALRA와 프로초이스 정치인들이 임신중지에 대해 이야기하던 것과 같은 맥락이었다.

1970년대를 지나면서, 임신중지와 관련해 선택이라는 수사는 점점 대중적 어휘가 되어 갔다. '선택'의 의미가 매우 좁게 한정되었고, '임신중지'는 태아의 죽음으로서 규범화되었다. 임신중지 여성은 이기적으로 모성의 책무를 거부하는 존재, 혹은 어머니 역할을 잘 발휘할 수 없는 환경에서 절박하게 안도를 찾아 헤매는 존재라는 고정관념 속에 존재했다. 1970년대 임신중지 관련 선택에서 태아중심적 프레임이 부상한 것은 여성의 지위를 넓은 의미에서 포괄하는 정치 투쟁이 일어난 결과였다. 의원이나 활동가 등이 임신중지에 대해 말할 때, 이들은 이를 명시적으로 언급했느냐 아니냐에 관계없이 임신한 여성이 이미 어머니인지, 어머니가 되도록 강요되는지, 어떤 여성이 최고의 어머니가 될 수 있는지 논의했다. 또한 이들은 여성의 섹슈얼리티가 재생산과 결부돼 있어야만 하는지도 논의했다.

이 장에서는 '선택'과 '선택하는 주체'라는 개념이 경합하는 장면을 대략 보여 줌으로써, 선택을 자유와 동일시해 버리던 관점을 파헤치려는 목표의 출발점으로 삼고자 했다. 선택이라는 개념은 지극히 특정하고도 다양한 정치적 열망을 담을 수 있고,

선택은 개인의 역량이 되어 구체적이면서도 다양한 방식으로 그 선택의 주체를 구성해 낼 수 있다. RTL은 임신중지의 선택을 태 아살해와 연결했고, 뉴스레터에 실린 묘사를 통해 임신중지 여 성을 무아적인 '모성애'의 정반대에 위치시켰다. 이 담론의 반대 편에 WAAC가 있다. WAAC는 여성중심적 임신중지 정치를 구 사하면서, 남성중심적 재현 체계가 임신중지에서 태아중심의 도 덕률을 만들어 내고 이것이 임신중지를 비밀과 수치에 연결 지 어 여성을 어머니 역할에 묶어 두기 위함이라고 비판했다. 비록 ALRA는 임신중지 법의 전면 폐지를 요구했으나, 반임신중지 정 치를 뒷받침하는 이데올로기에 중요한 토양을 내주었다. ALRA 의 수사에서 선택은 자기결정권이기보다는 절망에 따른 결과였 다. 이들이 보기에 그런 선택은 끔찍하긴 해도 여성의 고통을 줄 이기 위해, 또 과중한 부담에 시달리며 잠재적으로 태만한 어머 니로부터 아이를 떨어뜨려 놓기 위해 필요한 것이었다.

　'절박한 여성'이라는 고정관념이 널리 퍼지면서, '이기적인 임신중지 여성'이라는, 임신중지 법 자유화 이전에 존재했으며 반임신중지 수사에 만연한 인물 유형에 대해 수사적인 차원에서 방어가 이루어졌다. 그러나 이 방어는 임신중지의 맥락에서 자 기 본위를 따르는 결정이 비정상이거나 일탈적이라는 생각에 힘 을 실었다. WLM은 여성에게 이기적일 것을 요구하려 했고, 모 성과 임신을 바라보는 대안적 관점을 도입했으며, 부분적으로 임신중지 안도라는 감정을 퍼뜨렸다. 이와는 대조적으로, RTL 은 임신중지에서 이기심을 과장했다. 이전까지 임신중지는 사 회·정치 질서를 위협하는 것으로 재현되었으나, 이후로는 임신 중지 여성의 비참한 정서상태가 한층 폭넓게 위협을 가져오는 것으로 재현되었다. '임신 초기 3개월' 내에 행하는 임신중지에 대해 임신한 여성의 권리보다 태아의 생명에 가치를 부여하는 시도는 1970년대 전환기에 임신중지 법을 자유화한 대다수 국가에서 유의미한 효력이 없었으나(여기서 두드러지는 예외는 미국이다), 나머지 장을 통해 우리는 여성의 이기심에 연연하는 것이 임신중지 절차에서 여성의 접근을 제한하는 일을 정당화하는 데 핵심적이었음을 보게 된다.

임신중지에 합법적으로 접근하기란 여성의 재생산 관련 자유에서 필수적이다. ALRA와 WAAC가 이 목표에 도달하지는 못했지만, 두 단체는 임신중지에 대한 여성의 접근을 발전시키고 변화시켰다. 1970년대 전환기에 도입된 새로운 법은 가능한 한 자유롭게 적용되었다.[131] 이는 ALRA가 사용한 프레임의 정치적 영리함 덕분이기도 했다. ALRA는 '임신중지 선택'을 기존의 문화적 가치와 연결 지었다. 설레스트 콘딧이 말하듯, 변화를 추구하는 담론이 '오래된' 신념 체계와 새로운 문화적 열망 사이에 중요한 다리를 놓음으로써 1960년대와 1970년대 일어난 정치·법·문화 영역의 변화를 가능케 했다.[132]

그러나 법 개혁을 주장하는 일은 임신중지의 적법함보다는 적법하지 않음을 전제하는 데 너무 치우쳐 있었다. 임신중지에 선택이라는 수사가 따라붙던 바로 그때부터, 그 맥락에서 임신중지의 예외성이 이야기되었다. 1970년대 주류 프로초이스 정치는 임신중지를 기본적으로 적법하지 않은 선택으로 재현했다. 선택을 정당화하려면 여성의 절박함, 그리고 적어도 그들의 위치가 잠재적으로 어머니가 되기에 부적절함을 언급해야 했다. 정치인이나 활동가 등은 '절박한 이를 위한 연민'을 호소했다.[133] 이는 도덕적으로 의심스럽고 불쾌한 임신중지라는 선택을 정당화하기 위한 언어였고, 임신중지 여성을 자율적으로 결정하는 주체가 아니라 공적 토론에서 다루어지고 타인의 선의가 향하는 대상으로 변모시키고자 하는 시도였다. 임신중지에 대한 공적

담론에서 페미니스트의 목소리가 실질적으로 부재했다는 사실
은, 1980년대 중반 미국의 상황을 바라보며 로절린드 페체스키
가 말했듯 "페미니스트들이 전투에서 이겼으나 전쟁에서 이기지
못했다"는 것을 의미했다.[134] 비록 임신중지는 합법적으로 접근
가능했으나, 임신중지를 프레이밍하는 방식은 셀레스트 콘딧의
말을 빌리면 "'사회적으로 선한 용서'를 내리는 문제이지 여성의
바람과 욕망에 따른 결과"는 아니었고,[135] 임신중지 활동가와 임
신중지를 겪은 여성을 수세에 몰아 각각에게 그들의 결정을 설
명하고 정당화하기를 요구했다.

　내가 이 장에서 역사화한 임신중지의 애매성이란, 임신중지
가 필요하기는 하지만 불완전하고 바람직하지 못한 선택으로 여
겨졌음을 나타낸다. 이 시대 임신중지 정치의 심장부에 위치하
는 이 속성을 두고 학자들은, 임신중지에 낙인찍기 혹은 임신중
지를 '끔찍한 일로 만들기'라 부른다.[136] 임신중지 법이 자유화되
었더라도, 임신중지가 여성에게 유해하고 끔찍하며 도덕적으로
의심스러운 조치라는 상식은 팽배하다(3장 참고). 1960년대와
1970년대 임신중지를 '필요악'으로 프레이밍하던 방식은 이후
정치적·법적 논쟁의 향방을 정했다.

　폭넓은 차원에서 이데올로기적·정치적 전쟁의 장으로 여성
의 몸을 이용하는 일은 2017년 1월 도널드 트럼프 미 대통령이 취
임한 직후 전면적으로 펼쳐졌다. 트럼프는 취임한 지 2주도 되
지 않아 '국제금지규정global gag rule'의 확장판을 다시 도입했다.
이 규정은 임신중지나 임신중지 상담과 관련된 비정부기구에 미
국의 지원을 금한다는 내용이다. 의회는 '하이드 개정안'(1976)을
영구적인 법으로 만드는 법안을 통과시켰고 트럼프는 대법원에
반임신중지 인사를 임명했다. 이는 '로 대 웨이드 판결'을 뒤집겠
다는 목표를 분명히 하는 결정이었다.[137] 영국에서 임신중지 상

담과 '성별 감별' 임신중지에 대한 논의가 지속되면서 대체로 임신중지를 원하는 여성의 동기와 '문제점'에 한층 더 초점을 맞추었다.[138] 오스트레일리아에서는 비교적 평탄하게 몇십 년이 흐르다가, 1996년 새로 출범한 하워드John Howard 정부가 반임신중지 진영의 한 무소속 의원과 정치적으로 손잡고, 오스트레일리아 국제 원조에 '국제금지규정'을 도입하며 자국 내에서 의료적 임신중지를 효과적으로 금지했다(이후 두 조치는 폐지되었다).[139]

이어지는 두 장에서는 1970년대 이후 임신중지 찬성 운동(2장)과 반대 운동(3장)의 발전을 살핀다. 1970년대 이후 몇십 년간 임신중지 찬반 양측 진영 모두 커졌다.[140] 나는 1980년대 이후의 운동사를 전반적으로 해설하기보다는 운동의 주요 흐름을 선별할 것이다. 2장에서는 감정 연구에 더 초점을 맞추고, 특히 모성적 행복을 집중적으로 다룬다. '이기심'은 규범적인 감정을 드러내는 데 실패한 여성에게 씌워지는 혐의다. 흔히 임신중지는 여성이 자기가 낳을 미래의 아이보다 자기 자신의 이익을 앞서 추구하는 행위로 비치며, 실제로도 많은 여성이 의식적으로 그렇게 하는데, 여성의 이기심은 바로 그 임신중지의 맥락에서 가장 많이 지탄받는다.

2장에서 살펴볼 프로초이스라는 수사는 임신중지를 묘사할 때, 자아를 드러내지 않고 그저 자신의 잠재적 아이를 위해 내리는 최선의 선택으로 나타냄으로써 '이기적인 임신중지 여성'이라는 다분히 악의적으로 정형화된 유형에 맞선다. 그러나 이런 전략은 여성의 모성적 자아를 구체화하면서, 임신중지를 또다시 예외적이고 몹시 힘들며 잠재적으로 해로운 선택으로 만들어 버린다.

행복한 선택

2장

[프로초이스 운동은] 1970년대 '생물학은 운명이다'
(인류 혹은 개별 개체의 행동·형질이 역사·문화적 차이와
관계없이 생물학적 요인으로 결정된다는 주장으로서
오랫동안 비판받아 왔다―옮긴이) 같은 식의, 실제로는
사실이 아닌 주장에 갇혀 있는 셈이었다. (…)
더 나은 발상이 가능한 이 세상에서, 편안히 앉아 그런
개인주의적인 태도를 보일 수는 없다. 타인에게 영향을
미치는 문제를 두고 '이건 내 권리고 나는 이렇게 할
거야'라고 말할 수는 없다.
― 린지 비턴[1]

자기 본위를 중시하는 개인으로 자처하는 여성은
'이기심'이라는 비난에 직면한다. 이는 실패한 여성성의
환유 같다. 스스로 가져서는 안 될 자아를 갖고 자기
자신을 만들었다며 비난받는 이들 여성은, (무아적인)
양육 본성에서 벗어난 괴물로 형상화된다.
― 웬디 브라운[2]

위 글에서 웬디 브라운Wendy Brown은 '이기적인 여성'을 '실패한
여성성의 환유'로 나타낸다. 규범적 여성성에서는 모성이 계속
중심에 놓이기 때문이다. 1장에서 보았듯이, WLM의 임신중지
정치는 '강제된 모성'과 '무아성'이라는 통치 방식을 비틀고자 했
다. 여성해방론자들은 모성이 여성에게 규범으로 존재하는 한,
임신중지에는 '끔찍한 선택'이라는 실체가 부여되리라고 주장했
다. 여성의 무아성이라는 규범과 보수적인 임신중지 정책은 상
보적이다. 오스트레일리아 재생산건강연맹Australian Reproduc-
tive Health Alliance의 대변인인 린지 비턴Lindsay Beaton이 WLM
의 임신중지 정치를 이기적이며 개인주의적이라 규정하고, 타인
중심적인 프로초이스로 입장을 옮겨 갈 것을 옹호한 사실이 놀
랍게 느껴질 수 있다. 그러나 크게 봤을 때 비턴의 말은 나름대로
일관성이 있다.

　　1990년대 초부터 여러 이름난 프로초이스 활동가들이 WLM
의 정치와 명확히 선을 그었다. 이들은 여성이 자신의 필요와 욕
구를 채우기 위해서가 아니라 타인, 특히 잠재적 아이를 책임지
기 위해 임신중지를 원하는 것이라고 주장했다. 또한 임신중지가
기본적으로 이기적이기보다는 무아적으로 내리는 선택이며, 자
기결정, 신체의 온전성, 강제된 모성 같은 개념은 임신한 여성과
태아의 관계를 왜곡한다고 지적했다. 나는 이런 프로초이스의 수
사를 '모성적maternal'이라고 부르는데, 여기서 임신중지 여성은
잠재적 아이를 위해 최선의 선택을 하는 어머니로 그려진다.

　　모성적 프로초이스 정치는 임신중지 여성이라는 인물형을
규범적 여성성에 다시 연결한다. 이 장에서 이야기하겠지만, 이
런 재배치는 여성이 (임신중지를 비롯한) 무한한 선택지에서 어
떤 것이든 고를 수 있다고 보는 포스트페미니즘적 계약의 일환
이다.[3] 이는 WLM의 급진적 젠더정치를 부적절하고 고루한 것으

로 만들었다. 많은 모성적 프로초이스 활동가들이 WLM의 임신 중지 정치를 거부하면서 그런 논리를 펼쳤다. 앞으로 볼 테지만, 여성성을 모성에서 해방시키는 대신, 젊은 여성을 선택의 주체로 호명하는 일은 사실상 선택을 통해 여성을 모성으로 다시금 자연화하는 결과를 낳았다. 여기엔 담론적으로 다양한 방법이 존재하는데 모성적 프로초이스 정치도 그중 하나다.

이를 뒷받침하는 흔한 이야기가 있다. 여성은 다양한 선택지를 갖고 있음에도 자신의 삶과 정체성을 모성에 집중시키려 한다는 것이다. 왜냐하면 모성이 그들에게 행복을 가져다주기 때문이다. 모성이 행복과 연결되고 나면, 1970년대 초반에 그랬듯 모성은 더 이상 여성의 숙명이 아니라 여성의 욕망으로 간주된다. 모성이 숙명이었을 때, 임신중지를 포함해 모성이 아닌 다른 선택지는 여성의 인생행로에서 별로 고려할 만한 게 아니었다. 그러나 여성이 선택할 수 있다는 것, 특히 임신중지를 선택할 수 있다는 것은 욕망으로서 모성이라는 환상을 유지하는 데 필수적이다. 미디어, 정부 정책, 정치 담화 등 다양한 맥락에서 여성의 행복을 규범화하는 전제는 선택이라는 관용어를 통해 모성을 다시금 자연화한다. 모성이 임신한 여성에게 허락된 유일하게 행복한 선택일 때, 임신중지는 여성에게 괴롭고도 가슴 찢어지는 선택이 된다.

이 장은 어떻게 행복이 여성을 모성으로 이끄는지를 강조하면서, 임신중지의 문화적 재현을 통해 감정에 더 확실히 주목하고자 한다. 임신중지의 재현을 추적하는 가운데 어떻게 행복이 모든 여성 주변을 떠도는지, 특히 '행복의 대상'으로 형상화된 태아나 아이에게로 임신한 여성을 이끄는지를 살필 것이다.[4] 이기적인 여성, 그중에서도 임신중지를 하는 이기적인 여성은 자신의 의지나 잘못된 판단 때문에 미래 아이에게서 행복을 찾길 거부한 채 길을 잃은 존재다. 모성적 프로초이스 정치는 임신중지를 겪은 여성을 규범적이거나 '올바른' 방향으로 다시 인도함으로써 임신중지를 정당화한다.

나는 먼저 임신중지에 대한 모성적 프로초이스 접근에 주로 나타나는 주장의 특징을 간추릴 것이다. 그다음에는 이런 접근이 어떻게 임신한 여성에 대한 모성적 정체성을 강화하는지, 또 그럼으로써 임신중지와 이를 행한 여성에 대한 생각을 만들어내고 궁극적으로 반임신중지 이데올로기를 북돋는 역할을 하는지를 밝혀 줄 이론적 틀을 소개할 것이다. 이어서 임신중지에 대한 여성의 접근을 법적으로 자유화할지 말지를 두고 의원들이 논쟁할 때 사용하는 언어를 살펴볼 것이다. 내가 주장하건대, 의원들이 여성의 접근에 규제를 푼 것은 임신한 여성을 자율적 주체로 혹은 자율적 주체여야 한다고 믿어서가 아니다. 오히려 그들은 임신중지를 감정경제를 통해 재현하면서, 임신한 여성의 행복을 보장할 유일한 선택이 모성이라 여겼다. 더 큰 문화적 서사로 보자면, 의원들은 임신중지를 여성이 잠재적 아이에 대한 사랑이나 의무감 때문에 감내하는 '어려운 선택'으로 재현했다. 이 서사에서 임신한 여성은 역설적이게도 임신중지를 할 때조차 어머니로서 선택을 하는 셈이다.

모성적 프로초이스 정치: 돌봄에서 비롯한 살해

'이기적인 임신중지 여성'이라는 전형은 적어도 20세기에 들어설 무렵부터 존재했다.[5] 1970년대 여성해방론자들이 주장하길, 임신중지 여성에게는 '이기적'이라는 꼬리표가 붙는데 왜냐하면 '여성을 타인에 의해 결정되는 존재로 규정하는 문화적 정의'에 비추어 그들은 실패한 존재이기 때문이다.[6] 페미니스트들은 여성의 자기결정권을 주장했다는 이유로 대중문화에서 급속히 '이기적'이라는 전형성을 얻었다.[7] WLM이 임신중지권을 밀어붙인 일은 운동에 만연한 나르시시즘을 보여 주는 예로 소환되었다. 레베카 클래치Rebecca Klatch가 "페미니즘을 전적인 자기만족과 등치시킬 때 임신중지는 궁극적으로 이기적인 행위로 해석되고, 어머니의 욕망이 아이의 생명보다 우위에 선다"라고 말한 것처럼 말이다.[8]

'이기적인 임신중지 여성'이라는 전형은 오늘날 임신중지의 성격을 반복적으로 특징짓는 과정에서 구성되었다. 미국 사법부의 말을 인용하면, 임신중지는 "편의에 따른 자의적인 결정"이다.[9] '편안한 임신중지'라는 관념에는 여성이 하찮은 이유 때문에 임신중지를 한다는 의미가 들어 있다. 이를테면 2010년 영국 인쇄매체에서 임신중지를 주목할 주제로 다루며 '라이프스타일을 선택'하는 문제로 묘사하기도 했다.[10] 이런 특징짓기는 임신중지를 제한하거나 감시할 목적을 띤 조치를 정당화한다. 1장에서 보았듯이, 임신중지에 대한 접근을 넓히고자 캠페인을 진행한 활동가들은 이기심이라는 전형에 다양한 방식으로 대응했다. ALRA는 '절박한 여성'이라는 수사, 그리고 여성에게 궁극적으로 바람직하지 않은 임신중지라는 선택을 강제하는 사회·경제적 상황을 강조했다. 반면 WLM은 강제된 모성으로부터 벗어날 권리를 요구하며 자기중심적인 혹은 이기적인 정체성을 주장했다. 모성적 프로초이스는 임신중지가 꼭 절박한 선택은 아니지만 이기적인 선택도 아니라고 주장하는 방어책을 썼다. 이들은 여성이 잠재적 아이를 비롯해 자신을 둘러싼 주변의 이익을 위해 임신중지를 한다고 주장했다.

'모성적' '프로초이스'라는 수사는 태아의 생명에 주어져야 하는 모든 형태의 '가치'를 인정하거나 심지어는 칭송한다.[11] 이는 ALRA의 운동(1장 참고)과는 다른데, 왜냐하면 WLM의 젠더 정치에 직접적으로 답하는 방식을 취하기 때문이다. 모성적 프로초이스는 여성이 몸으로 혹은 감정적으로 겪은 임신 경험을 통해, 임신을 둘러싼 선택에서 태아중심의 프레임을 뒷받침한다. 이 입장이 처음 나온 것은 미국 작가 린다 프랭크Linda Francke의 『임신중지의 양면성 The Ambivalence of Abortion』(1978)에서다. 저자는 이렇게 썼다. "아이를 가진 여성이라면 누구나 팽팽하게 부은 가슴에서 오는 느낌과, 미약하지만 꾸준히 이어지는 자궁의 통증으로부터 생명이 도착했다는 신호를 알아챌 수 있다."[12] 캐나다 작가 캐슬린 맥도널Kathleen McDonnell 역시 일찍이 이런 흐름을 보여 주는데, 『쉽지 않은 선택: 임신중지 다시 보기 Not an Easy Choice: Re-examining Abortion』(1984)를 통해 "[프로초이스 정치에서] 여성의 임신중지 경험은 이야기되지 않는다. (…) 아무도 임신중지를 좋아하지 않는다. (…) 무엇보다 임신중지로 양면성이 심하게 고취된다. 이는 여성에 대한 특정 표현에서 찾을 수 있다"라고 했다.[13] 좀 더 태아중심적인 프로초이스 정치를 호소하는 흐름은 나오미 울프Naomi Wolf와 저메인 그리어(3장 참고)를 비롯한 몇 학자들의 저작이 발표되면서 1990년대까지 계속 이어졌다.[14]

　1970년대 후반 이래 프로초이스 활동가들은 태아의 생명을 더욱 인정하는 방식으로 WLM의 임신중지 운동에 답했다. 그러나 이 역사는 모성적 프로초이스 정치를 언급할 때 대개 지워져 있다. 일반적으로 모성적 프로초이스는 기존 운동에 대한 신선한 비판으로 여겨진다. 즉 여성중심적 접근에 대해서는 도덕적으로 결함이 있으며 방향이 잘못됐다고, 젠더에 초점을 두는 방식에 대해서는 낡았다고 지적하는 입장으로서 말이다. 예를 들어 2005년 '선택을 위한 가톨릭 신자들Catholics for Choice'의 대표 프랜시스 키슬링Frances Kissling은 "태아의 생명에 일말의 가치도 인정하지 않으려는 프로초이스 커뮤니티의 무능력 혹은 의지박약 때문에, 이들에 대한 강력한 반감이 사회 곳곳에 팽배하다"라고 말했다.[15] 미국의 생명윤리학자 버사 앨버레즈 마니넨Bertha Alvarez Manninen은 키슬링의 비판을 확장해, "태아를 그저 '세포 덩어리'나 '조직'"이라고 하는 발상은 여성에게 "예비된 운명이 (…) 어머니나 주부 역할"이던 시절에서 왔다고 지적한다. 그래서 당시 페미니스트에게는 태아와 임신한 여성의 도덕적 지위를 구분할 전략적인 필요가 있었다는 것이다. 그러나 마니넨은 오늘날 젊은 여성이 "이전 세대 여성에게 가해지던 억압이나 고통이 사라진 세상에서 살고 있다"며[16] 프로초이스 커뮤니티가 "임신중지의 도덕적 복합성과 모호성"을 인정해야 한다고 말한다.[17] 나아가 그는 임신중지를 겪은 여성이 "자신의 감정을 인정받기를 (…) 갈망하며, 임신중지를 결정한 것은 태아 생명의 가치를 폐기하려는 게 아니라 그 가치를 인정하면서도 임신중지권을 수호하는 관점을 가지려는 뜻"이라고 주장한다.[18]

마니넨은 프로초이스 정치가 '친임신중지'가 아니라는 익숙한 주장을 다시 불러오면서(1장 참고) 로널드 드워킨Ronald Dworkin이 임신중지를 "인간 생명의 낭비이며 (…) 그러므로 일어날 수 있는 나쁜 일이자 수치"라고 한 바를 지지한다.[19] 마니넨은 임신중지를 '권리'로 보기는 했지만, '더 낮은 빈도로 일어나야' 하는 일이라고 주장했다.[20] 이는 임신중지를 불유쾌하지만 필요한 일이라 칭하는 일반적인 묘사를 다시 한 번 반복한 것이며(1장 참고), 1990년대 빌 클린턴Bill Clinton 정부 시기에 국제적으로 유명해진 슬로건에 담긴 논리를 따른다. 임신중지는 "안전하고, 합법적이며, 드물게" 일어나야 한다는 것이다.[21]

마니넨의 주장에서 눈여겨보고 싶은 지점이 몇 군데 있다. 우선 마니넨은 여성이 이전 시대의 고정된 젠더역할로부터 자유로워졌다고 말하며, 고정된 젠더역할에 집중하는 페미니즘의 관점을 시대착오적이라 규정한다. 또한 그는 임신중지에 대한 모든 여성의 경험이 유사하다고 보면서, 그들이 느끼는 감정은 태아의 생명이 지니는 '가치'에 대한 반응이며, 그 가치를 '폐기'하는 일은 반윤리적이라고 말한다. 결국 마니넨의 프로초이스 정치는 임신중지에 대한 노골적인 혐오를 통해 완성된다.

모성적 프로초이스 활동가와 학자 들은 임신중지의 도덕률을 인정할 것을 촉구하는 동시에 이를 철저히 태아중심적 용어로 규정한다. 캐슬린 맥도널의 다음 같은 평이 전형적인 예다. "우리 [페미니스트들은] 임신중지에 관한 도덕적 논의가 일어날 때 직무를 유기해 왔다. 그리고 생명권 이데올로기가 그 빈 공간을 채웠다."[22] 결과적으로 임신중지의 도덕률을 태아의 생명이라는 관점에서 프레이밍하는 일은 반임신중지 운동에 담론상 우세한 위치를 넘겨주었다. 물론 임신한 여성이 출산 때까지 강제로 임신을 지속할 수 없다는 관점은 도덕적 금칙이다. 그런데 임신중지를 '나쁜 일', '수치'로 보는 관점은 태아를 임신이라는 상상 속에 특권화된 위치로 만드는 한편, 주체의 자리에 있으며 임신중지를 삶을 긍정하는 '좋은 일'로 여길 수도 있는, 원치 않게 임신한 여성을 지워 버린다.

모성적 프로초이스 정치는 임신중지를 갓 생겨난 인간 존재의 삶을 망가뜨리는 행위로 프레이밍하면서, ALRA가 그랬듯이 (1장 참고) 여성에게 임신중지를 강제하는 요인으로 주의를 돌린다. 그 요인들은 임신중지가 모성적 희생에서 비롯한 행위라는 관점을 에워싸고 있다. 여성은 자신을 생각해서가 아니라, 미래 아이의 안녕을 위해 임신중지를 한다. 이런 접근은 레슬리 캐널드Leslie Cannold의『임신중지 신화The Abortion Myth』(1998)에 뚜렷이 드러난다. 이 책은 모성적 프로초이스 텍스트에서 자주 말하

96

듯, 프로초이스 운동에는 견고한 도덕적 기반이 없다는 전제에서 출발한다.[23] 그러고 나서 '이기적인 임신중지'라는 신화를 해체하는 도덕률을 만들고자 시도한다. 캐널드는 임신중지가 자기결정권을 행사하는 행위라는 관점에 맞서, 여성이 "사려 깊게, 슬픔에 잠겨, 임신의 숭고함을 존중하면서, 그리고 자신의 아이가 될 수 있었던 태아에 대한 사랑으로" 임신중지를 한다고 주장한다.[24] 여성이 '책임감 있게 행동'하고, '돌봄에서 비롯한 살해'를 하는 결정이란 '도덕적 순환고리' 안에 안착한다.[25] 이와 반대로, '순전히 잘못된' 결정이란 "여성이 자신의 아이가 되었을 존재와 삶의 다른 중요한 이들에게 갖는 '감정'과 '사랑'을 반영하지 않으며, 사랑하는 이들을 보호하려는 관심과 돌봄에서 나온 것이 아니다."[26]

　　캐널드의 관점은 심리학자인 캐럴 길리건Carol Gilligan이 발전시킨 여성적 '돌봄의 윤리'에 상당 부분 의존한다. 길리건은 1990년대 초반의 임신중지 결정 과정을 연구하며, 여성에게 "선택의 여지가 없고 책임지기 어려운 상황에서, 임신중지는 오로지 희생적인 행위, 필요에 어쩔 수 없이 복종하는 행위로서만 정당화된다"고 결론 내린다.[27] 길리건은 임신중지를 자율적 선택이 아니라 자기희생과 '필요에 대한 복종'으로 재현한다. 여기서 여성은 타인에 대한 책임감 때문에 그 행위를 견딘다. 이런 타인 중심의 추론을 특히 여성적인 것으로 간주한 길리건은, 생물학이 아닌 발달심리학 이론을 통해 주장을 펴기는 했으나 젠더역할을 본질적으로 만든 점에서 비판받는다.[28] 이와 비슷하게 캐널드 역시 본질적으로 여성에게 모성이 있다고 보며, 이렇게 말한다. "모성에 대한 욕망이 온전히 문화적으로 구성되었다는 생각은 여성이 자신의 선택에 가져갈 책임을 약화시키고, 여성의 선택에 실릴 존중과 힘을 축소한다."[29] 여성은 적어도 내면의 일부

나마 모성에 얽혀 있는 존재라서 그 선택을 존중받아야 한다는 캐널드의 주장에는, 임신중지가 고통스럽고 어렵고 본능에 반하고 심지어 부자연스러운 선택이며, '자신의 아이가 되었을 존재에 대한 사랑'에서 나온 행위일 때에만 정당화될 수 있다는 의미가 담겨 있다.

선택으로서 모성

모성적 프로초이스 정치는 페미니즘의 급진적 젠더비평과 거리를 두는 포스트페미니즘 운동이다. 이는 선택의 원칙을 내세우면서도 오직 모성만이 임신한 여성의 진정한 선택임을 재확인함으로써 예전의 흐름을 되풀이한다. 로절린드 길과 크리스티나 샤프Christina Scharff는 포스트페미니즘을 "페미니즘이 '고려되는' 동시에 거부당하는 (…) 동시대 문화의 커다란 부분"을 특징짓는 감수성이라고 설명한다.[30] 포스트페미니즘은 급진적 젠더정치에 대한 적대감을 수반하며 페미니즘에 대한 단순한 백래시 이상의 것이 된다.[31]

그런데 오히려 페미니즘은 여성이 자기 삶을 결정할 수 있는 전례 없는 기회를 주고, 여성을 이전의 굴레에서 해방시킨 성공적인 운동으로 널리 칭송되고 있다. 페미니즘은 할 일을 다한 것으로, 또 젠더와 젠더화된 역학관계는 더 이상 여성이나 남성의 삶을 구조화할 수 없는 것으로 보인다. 대신에 젊은 여성은 선택의 주체로 거듭났다. 그러나 이런 반문은 여성성을 엄격하게 틀짓는 지침에 새로 덧붙여진 현상을 정당화해 왔다.[32] 젊은 여성의 여성성은 백인중심주의와 이성애규범으로 아로새겨지며 성적 매력을 갖추거나 남편감을 찾는 데 집중된다. 여성들이 이렇게 짜인 규범을 따르는 것은 사회적 관습이나 금지 탓에 억지로 하는 것이 아니라 자유롭게 선택한 결과처럼 비친다.[33]

규범적인 젊은 여성성이란 어머니 역할을 위한 준비 단계다. 좋은 파트너를 찾아 자격을 갖추고, 이후 모성을 수행할 수 있는 커리어를 시작하면 국가의 복지 계획에도 부담이 되지 않는다.[34] 이때 여성의 선택은 모성을 중심축에 두고 규범적으로 구성된다. 모성은 여성의 선택을 평가하는 기준이기도 하다. 팸 로Pam Lowe가 보았듯이, '올바른' 여성이란 "자기 자신의 욕망이나 선택보다 아이의 안녕을 앞세운다. 이 아이는 태어났을 수도, 자궁에 착상하거나 아직 수정되지 않았을 수도 있다. 모성적 희생이라는 발상은 여성의 행동을 평가하는 강력한 기표다."[35] 탈산업 경제에서 여성 노동이 갖는 중요성과 일하고자 하는 여성의 욕망은 가정주부와 생계부양자라는 고도로 젠더화된 역할이 WLM 이전과 같을 수 없음을 뜻했다.[36] 그러나 모성은 여전히 여성성의 중심에 있다. 모성적 희생이라는 이데올로기가 여성의 행동을 통제하며,[37] 부모됨의 문화적 의미는 젠더에 따라 다르다.

예를 들어 대중매체에서는 '고학력자이지만 일을 그만두고' '집에 있는' 어머니를 높이 산다. 그러나 이는 파트너가 이들을 재정적으로 지원할 능력이 되는 백인 중산층 엘리트에게만 해당하는 이야기다.[38] 다른 맥락에서 보자면, 여성은 양육의 요구에 부응하기 위해 직업적 삶을 조정해야 한다. '일/삶'의 균형이나 '탄력근무제' 같은 말이 자꾸 돌고 돌면서 일하는 어머니의 삶을 묘사하는 데 쓰인다(하지만 아버지의 삶은 대개 그런 식으로 묘사되지 않는다). 게다가 여성은 아이를 돌보기 위해 일하는 시간을 줄이는 경향이 남성보다 훨씬 높다.[39] 최근 오스트레일리아의 한 연구에 따르면, 핵가족에서 어머니가 온종일 일하고 아버지가 집에 있는 경우에도 아이를 돌보는 데 할애하는 시간은 어머니가 아버지보다 조금 더 많게(주당 2시간) 나타났다(오스트레일리아에서 남성 배우자가 집에 있는 비율은 4퍼센트이며, 여성 배우자

가 집에 있는 비율은 31퍼센트다).[40]

부모됨의 이데올로기와 실천은 몹시 젠더화되었는데, 이 젠더화는 '선택'이라는 수사 뒤에 주로 숨겨져 있다. 선택은 왜 여성이 아이를 갖고 또 아이를 돌보기 위해 일하는 패턴을 바꾸는지를 묘사하는 데 가장 자주 쓰이는 설명적 도식이다. 예를 들어 영국의 사회학자 캐서린 하킴Catherine Hakim은 많은 여성이 아이가 태어나면 모성에 집중하고자, 고용돼 보수를 받는 일을 포기하려 한다고 주장한다. 이들은 탄력근무를 하는 대신 '하급 저임금 일자리'에 만족한다.[41] 하킴의 연구는 사회과학계에서 매우 비판받았다.[42] 그러나 오스트레일리아에서 존 하워드 총리가 이끌던 보수 연방정부(1996~2007)는 하킴의 "현실적이고 매력적인" 연구를 몇몇 정책 담화에서 인용하고, 2003년 하킴의 오스트레일리아 방문을 지원했다.[43] 하킴의 '선호 이론'으로 무장한 하워드 총리는 "오스트레일리아 여성을 위한 선택의 원칙과 선택의 자유"에 충실한, 전업주부에게 우호적인 정책을 내놓았다.[44] 당시 정책에는 여성의 육아휴직을 거부하는 내용, 외벌이 혹은 본원소득에 의존하는 유자녀 이성애중심 가족에게 상당한 세제 효과를 주는 수입 분산 내용이 포함되었다.[45]

2000년대 초반 영국의 핵심 정책 문건 두 건을 보면 '선택 증진', '선택과 경쟁력'이라는 제목처럼 하나같이 '선택'이 강조되었다. 이 정책은 여성에게 허락된 선택의 폭을 넓히거나, 선택을 용이하게 만들거나 혹은 없애 버림으로써, 홀로 아이를 키우는 여성은 일자리를 찾고, 반대로 남성 배우자가 있는 여성은 세제 혜택을 받게 했다. 한 문건에는 "일을 그만두고 싶은 어머니는 (…) 그 결정이 더 쉬워질 전망"이라고 적혀 있다.[46] 개인의 선택이라는 수사는 일과 가족이라는 영역에서 여성과 남성을 다르게 위치 짓는 구조적 장벽과 문화적 규범을 은폐한다. 그런 장벽·규범에는 돌봄의 젠더화, 높은 양육비와 양육시설 부족, 성별 임금격차, 가정과 재생산 영역의 책임에 얽매이지 않은 '이상적인 노동자' 모델 등이 포함된다.[47]

젠더가 여성과 남성의 노동 패턴을 이해하는 데 설명력을 잃은 상황은 페미니즘의 급진적 젠더정치를 폐기함으로써 가능했다. 1990년대 중반부터 페미니즘은 오로지 개인의 커리어 발전에 관한 운동으로 치부되었다.[48] 그렇게 된 까닭은 여성이 형식적 평등과 선택의 자유를 누렸기 때문이다.[49] 또한 페미니즘은 여성 대부분이 갖는 모성중심의 욕망과 접속할 수 없는 것으로 여겨졌다.[50] 이렇게 서로 얽힌 주장을 통해 '엄마 전쟁mummy wars'이라는 문화적 표현이 만들어졌다. 이것은 페미니즘을 비난하는 초국적인 서사로서 미디어에 통용되었다. 칠라 벌벡Chilla Bulbeck이 지적하듯 "여성들에게 커리어와 모성을 '모두 가졌다'고 말해 주려고 아이 없는 커리어우먼, 스트레스받는 워킹맘, 멸시당하는 전업주부 세대를 만들어 내는 것"이다.[51]

이런 담론을 보여 주는 사례가 있다. 오스트레일리아 저널리스트 버지니아 하우세거Virginia Haussegar는 책과 신문 기고를 통해 앞 세대 페미니스트들을 비난했다.[52] 그 이유는 그들이 모성을 말하는 대신 "여성의 성취는 가죽 서류가방에서 온다"라며 자신을 설득했기 때문이다. "나는 아이가 없다. 그리고 분노한다. 내 페미니스트 어머니들의 말을 복음처럼 여긴 게 너무나 어리석었기 때문에 분노한다."[53] 다른 이름난 오스트레일리아 여성들도 하우세거의 공세에 합류했다. 이타 버트로스Ita Buttrose는 오스트레일리아에서 가장 유명한 '커리어 맘'이다. 버트로스는 "어머니가 아이에게 느끼는 죄책감"을 "여성해방 무렵에 '선택'을 거머쥔" 탓으로 보았다. 그 선택 때문에 여성들이 '모든 여성의 꿈'인 전업주부 어머니 상으로부터 마음을 돌렸다는 것이다.[54] 저널리스트 앤 만Anne Manne은 호평을 받은 저서와 몇몇 저널 기고를 통해, 아이는 어머니의 돌봄을 종일 필요로 한다고 말했다.[55] 만은 이 주장을 이끌어 내기 위해 캐널드와 마찬가지로 길리건의 '돌봄의 윤리'를 끌어온다. 그러면서 그는 페미니스트들이 대체로 여성성, 즉 자신을 비우고 타인을 보살피려는 자연스러운 감정을 평가 절하했다고 주장한다.[56]

　여성에게 선택은 모성 아니면 커리어, 두 개의 양립 불가능한 선택지가 따라오는 일로 재현되곤 한다. 각각의 선택은 여성이 무아적 감수성에 잘 들어섰는지, 아니면 여성답지 않게 자기 본위를 앞세웠는지를 나타낸다.[57] 여성의 인생행로는 일련의 선택으로 축소된다. 여성의 선택은 모성을 중심으로 돌고, 이 선택을 통해 모성은 다시금 자연스러운 것이 된다. 여성의 행복에 대한 요구는 이 새로운 여성성의 핵심이다. 페미니즘은 여성을 잘못된 행복의 대상인 커리어로 이끄는 한편, 유일하고도 진정한 행복의 원천인 모성으로부터 떨어뜨려 놓는 것으로 흔히 이야기된다. 임신중지의 선택 가능성은 이 전반에 걸쳐, 포스트페미니즘이 모성적 정체성을 재각인하는 데 필수적이었다.

　지금부터는 행복이 어떻게 여성을 규범으로 이끌었는지를 고찰할 이론적 틀을 발전시킬 것이다. 그럼으로써 여성이 임신중지를 선택할 때조차 어떻게 모성이 여성의 선택으로서 실체화되었는지를 이해할 렌즈를 제공할 것이다.

행복한 선택

행복이 개별적 성공과 개인적 만족을 측정하는 궁극의 척도라는 말은 상식으로 통했다. 행복은 우리 삶에 질서를 만들고, 목적과 의미를 부여한다.[58] 나는 사라 아메드를 따라, 행복의 개념화가 행복이 실제로 무엇인지와 상관없이 행복에 규범적 정당성을 부

여한다고 주장할 것이다. 행복은 사람이나 대상에 깃든 속성이
아니다. 행복은 확실히 행복을 줄 것으로 인식되는 대상에게로
우리를 끌어당기는 힘이다. 행복의 대상은 개인이 그것을 행복
으로 경험하기도 전에 '행복'으로 규정된다. 따라서 행복은 일종
의 약속처럼 기능한다. '당신은 이걸 하거나 이걸 가지면 행복이
따라올 것이다'라는 믿음을 주며 개인을 이끈다.[59] 아메드는 행
복이라는 각본을 "이미 줄 세워진 것을 일직선으로 정렬하는 장
치"라 일컫는다.[60] 여기서 '이미'라는 말은 예정된 인생행로에 순
응하도록 우리에게 동력을 주는, 세계의 지극히 규범적인 전망
을 뜻한다. 행복이라는 약속은 사회규범을 사회적 선으로, 사회·
문화적 규범성을 개인의 욕망으로 바꿔 놓는다. 또한 권력의 사
회적·구조적·문화적 메커니즘을 개인화하고 탈정치화한다.[61]

　　아메드는 결혼과 재생산을 여성에게 주어진 핵심적인 '행복
의 대상'이라 지적하면서, '행복한 가정주부'라는 인물형에 주목
한다. 가정주부는 가사노동을 한다. 남들이 시켜서가 아니라 가
정이 여성에게 행복을 주기 때문이다. 행복이라는 약속은 여성을
결혼과 모성으로 이끈다. 아메드는 이렇게 주장한다. "여성은 행
복하다. 그리고 이 행복은 여성이 젠더화된 형태의 노동을 정당
화하기 위해 수행하는 일 뒤에 숨어 있다. 본성·법·의무의 산물로
서가 아니라 집단적 소망과 욕망의 표현으로서 말이다."[62]

　　포스트페미니즘 담론에서 돌고 도는 '여성의 행복'이라는 규
범은 아이를 여성, 특히 임신한 여성에게 가장 큰 행복의 대상으
로 자리매김한다. 이렇듯 임신한 여성에게 (담론적으로 각인된)
태아란 '일단의 약속'으로 채워진 환상의 인물이다.[63] 태아는 여
성의 행복, 개별적 성공, 개인적 성취와 관련된다. 행복, 그리고
아이(와 태아)를 행복의 대상으로 개념화하는 것은 여성을 '자연
발달 서사'로 정렬하는 계기를 준다. 책의 '들어가며'에서 이야기

했듯 이 서사는 젊은 여성을 모성이라는 궤도에 올려 두고, 임신한 여성을 이미 어머니로 묘사한다.[64] 행복이라는 각본에 숨은 노동을 지적하는 페미니스트는 '흥을 깨는' 인물로 재현된다.[65] 페미니스트는 아이를 행복의 근원으로 여기는 지향점을 공유하지 않겠다 하고, 하우세거의 말대로라면 여성을 잘못된 행복의 대상, 즉 커리어로 이끄는 바람에 여성의 행복이 쪼그라들었기 때문이다.

모성적 프로초이스라는 수사는 여성이라면 누구나 행복의 대상인 자기 아이를 원하게 마련이라고 전제한다. 그러나 어떤 상황에서는, 어머니가 되려는 욕망을 '아이가 될 수 있는 존재'의 이익을 위해 단념해야 한다. 버사 앨버레즈 마니넨에 의하면, "많은 여성이 좋은 어머니가 된다는 게 무슨 의미인지를 구체적으로 생각하며, 오늘날 그들은 스스로 그 이상에 미치지 못함을 정직하게 드러낸다."[66] 여성이 임신중지라는 언뜻 역설적인 선택을 통해 모성 욕망을 표출할 수 있다는 생각에는 잠재적 아이를 위해 자기 행복을 유예해야 한다는 판단이 들어 있다. 이런 판단은 모성적 행복을 인종·연령·계급 등 몇 가지 축에 따라 계층화하는 데 바탕을 둔다.

가족적 행복

> 좋은 여성을 어떤 면에서 좋다고
> 하느냐면 (…) 자신의 행복과 타인의 행복을
> 정렬하는 방식 때문이다.
> ─ 사라 아메드[67]

사라 아메드는 '행복'과 '선'의 연결고리에 대해 썼다. 그에 따르

면 행복한 사람은 선한 사람이기도 한데, 이유는 이렇다. "행복
에 대한 생각에는 사회적이면서도 도덕적인 구분이 들어 있다.
다시 말해 '올바른 방식으로' 행복할 수 있고 그럴 가치가 있는
사람이 누구인가 하는 생각에 기대는 것이다."[68] 행복을 아이/태
아에서 찾으려는 거듭된 시도는 모든 여성을 모성으로 이끈다.
이런 사회적 상상 속에서, 어떤 어머니가 아이에 대한 행복을 제
대로 누리지 못한다는 건 여성들이 모성적 행복이라는 환상을
서로 다르게 점유함을 뜻한다. 어머니는 아이에게 행복을 줄 때
만 진정 행복하고 선하고(무아적이고) '좋은' 사람이 된다. 선한
어머니는 사회계급이나 연령 같은 표식을 통해 다른 어머니들,
즉 어머니 될 자격이 없고, 미성숙하고, 나쁘거나 이기적인 이들
과 구별된다. 여성 행복의 경제에서, 태아는 여성을 모성으로 이
끄는 행복의 대상이자, '좋은 어머니'의 산물인 행복의 주체로 나
타난다.

　　신자유주의적 정치의 합리성이 자유주의적 민주주의 내에서
부상하며, '복지맘welfare mums'(보조금을 목적으로 아이를 낳아
기르는 어머니—옮긴이)은 나쁜 모성을 대표하는 예가 되었다.[69]
앞서 말했듯 '선택'이라는 수사를 통해 재생산노동과 가사노동
이 개별화된다. 여기서 복지 혜택의 대상이 되는 개인은 실패자
로 간주된다. 복지 혜택을 받는 어머니들에게 '일로 복귀하라'며
강요하는 고압적 국가정책에 이 점이 잘 드러난다.[70] 싱글맘을 겨
냥한 차별적이고 고압적인 정책은 복지 혜택에 의존하는 어머니
가 왜곡된 방식으로 행복을 추구한다는 믿음 아래 정당화된다.
여기에는 그런 어머니가 아이의 행복을 보장할 리 없다는 전제가
널리 깔려 있다. '십 대 엄마'라는 부정적인 인물형은 국가를 막론
하고 비참한 모성으로 형상화된다. 이 또한 복지에 대한 좀 더 일
반적인 조롱의 맥락에서 보아야 한다.[71] 맥로비는 "중산층이라는

괜찮은 위치에서는 일찍 엄마가 되지 않기를 요구한다"라고 지적한다. 왜냐하면 젊은 여성이란 무릇 "어린 나이에는 모성을 뒤로 미뤄 둠으로써, 취업으로 얻는 경제 효과와 직업 정체성을 통해 복지 위기를 해결하는 데 기여"해야 하기 때문이다.[72]

레즈비언과 독신 여성이 인공수정 기술에 접근하지 못하게 법으로 규제하는 것, 다시 말해 아이를 갖지 못하게 하는 것도 이른바 아이의 행복을 빌미로 합리화되었다.[73] 아이러니한 일이다. 2008년까지도 영국에서 이런 차별적 법을 뒷받침한 논리는 '아이에게 아버지가 필요하다'는 것이었다.[74] 2000년 오스트레일리아 정부도 그런 주장을 가져와, '성차별금지법(Cth)'(1984)을 바꾸고 레즈비언과 독신 여성의 인공수정 비용을 국가가 부담하지 못하게 하려 했으나 결국 실패했다.[75]

정착형 식민주의 맥락에서 보면, '좋은 어머니'는 식민주의적 기획 속에 재현되어 있다. 좋은 어머니는 선주민이 아닌 백인이고, 선주민 공동체에서 양육자가 아동을 방임한다는 담론을 통해 구성된다.[76] 이런 일반적인 경향 가운데 근래 특히 악명 높은 사례가 있었다. 2007년 오스트레일리아 정부는 노던 준주의 73개 선주민 공동체에서 벌어진 신체적·성적 학대를 자세히 다룬 보고서와 관련해, 국제법과 '인종차별금지법(Cth)'(1975)에 있는 의무 사항을 어기면서까지 일련의 긴급 입법 조치를 취했다. 이 법안에는 학대 징후가 있는 16세 미만 아동을 강제 조사한다는 내용이 들어 있었다. 정부는 "정상적인 공동체 기준과 양육 행동"의 붕괴를 언급하며 이런 침해를 정당화했다.[77]

'아동방임' 담론은 망명 신청자에 대한 비인간적 조치를 정당화할 때도 쓰였다.[78] 오스트레일리아의 맥락으로 돌아가 보면, 2001년 연방정부는 망명 신청자들이 바닷가에 가서 아이들을 물에 빠뜨려 정치적 난민의 지위를 얻으려 했다는 거짓 주장을 폈다. 존 하워드 총리는 라디오에서 "그런 유형의 사람들이 오스트레일리아에 오기를 원치 않는다"라는 유명한 발언을 했다. 그는 부모에 의해 사나운 바닷속에 버려진 아이라는 충격적인 이미지를 사용하며, '그런 유형'의 사람들을 오스트레일리아에 사는 '우리'와 강력히 구별지었다.[79] '우리'의 행복한 아이들을 '그들'의 불행한 아이들과 구별하고, '불행한 아이'라는 상을 선주민과 망명 신청자 가족에게 연결 지으면서, "인권을 부정하는 정부 정책을 도덕적으로 정당화"한 것이다.[80]

여성 행복의 경제에서, 아이로부터 얻는 여성의 행복은 규범상 오로지 무아적인 것(선하고 좋은 것), 이기심과 반대되는 것으로 여겨진다. 단, 이때 여성은 아이의 행복을 보장할 수 있어야 한다. '모성적 행복'의 경제는 어떻게 여성이 모성 욕망 때문에 임신중지에 이르는지를 보여 준다. 여성은 아이를 원한다. 그러나 이미 낳은 아이를 보호하기 위해, 혹은 장차 아이의 행복을 보장하는 데 필요해 보이는 자원을 축적하기 위해, 자기 자신을 내려놓고 임신중지를 한다.[81] '가족적 행복'의 경제는 1장에서 소개한 '절박한 임신중지 여성'이라는 전형과 더불어, 다른 식으로는 정당화될 수 없는 임신중지라는 선택을 정당화할 조건을 제공한다.

이후 이 장에서는 '모성적 프로초이스'와 '가족적 행복'의 경제 등 이제까지 스케치한 개념들을 임신중지에 관한 의회 토론에 적용할 것이다. 또한 국가적 맥락을 얼마간 초월해 존재하는 '임신중지에 관한 상식'을 풀어헤칠 것이다. 여기에는 여성이 임신중지를 하는 이유에 대한 선입관, 또 '이기적인 임신중지'라든지 '어려운 선택' 같은 전형이 포함된다.

신자유주의적 임신중지

임신중지가 더 넓은 공동체에서 담론적 의미를 얻는 순간을 의

회 토론에서 포착할 수 있다. 의원들은 임신중지를 겪은 여성이
라든지 태아 등 법의 주체를 구성해야 한다. 이는 입법상 변화에
관한 자신들의 입장을 정당화하기 위해서다. 그리고 법적 담론
은 "강압적인 국가권력을 다른 어휘들은 제쳐 두고 특정 어휘 뒤
에 배치한다."[82] 법적 담론과 공적 담론의 관계를 생각해 보면, 의
회 토론이 현시대의 두 가지 최고 권력을 뒷받침하는 모종의 근
거에 대해 통찰을 준다는 것을 알 수 있다. 두 권력은 바로 사법
권과 생산력이다. 사법권은 개인에게 부과되는 외부 제약으로
서, 처벌의 위협을 통해 특정한 행동을 하도록 강제한다. 생산력
은 규범적인 행동양식으로서, 개인이 사회적 기대와 이런 기대
를 좇는 이들에게 주어지는 보상에 따라 자신의 행동을 점검하
게 한다.[83]

　현대와 후기근대 학자들은 사법권에서 생산력으로의 권력
이동이 일어났다고 주장한다.[84] 이런 통찰은 권력의 어떤 생산양
식이 여성의 임신중지 행위를 통제하는 방법으로서 법의 자리를
대체했는지를 생각하게 한다. 나는 오스트레일리아에서 임신중
지 법이 자유화된 까닭을 이렇게 본다. 바로 의원들이, 여성은 예
외적인 경우에 '최후의 보루'로서만 임신중지를 할 것이라고 자
신했기 때문이다. 그들의 자신감은 임신한 여성이 태아를 행복
의 대상으로 추구하기 마련이라는 가정에 기초한다. 따라서 임
신중지란 여성이 몹시 어렵게 내리는 결정이다. 달리 말해, 여성
은 임신중지에 관한 자신의 행동을 스스로 통제하므로 규제를
가하는 법이 불필요하다고, 의원들은 대체로 그렇게 믿었다.

　이 책의 '들어가며'에서 말했듯이, 오스트레일리아의 사례
연구는 임신중지 자유화 법의 규범적 전제를 살펴보는 데 특수
한 맥락을 제공한다. 오스트레일리아에서 임신중지를 논의하며
의원들이 사용한 언어는 다른 데서도 동일하게 쓰였다. 예를 들

어 엘리 리Ellie Lee는 영국 의원들이 '인간수정 및 태생 법'(1990)을 두고 토론할 때, 임신중지를 겪은 여성을 "공감받을 만한 존재"라 표현하고, "임신중지에 대한 여성의 필요는 좋은 어머니가 되려는 이들의 욕망을 호소함으로써 정당화되었다"라고 말하는 데 주목한다.[85] 의원들은 임신중지를 '비극'[86]으로 묘사했다. 임신중지는 여성이 '고심해서 하는'[87] 결정이며, '절박한 상황에서 취하는 절박한 조치'[88]이고, '고통스럽게' '견디는'[89] 무언가다.[90] 2017년 영국 의회에 임신중지 비범죄화 법안을 제출한 다이애나 존슨Diana Johnson은 동료 의원들에게 "현행법에 의해 부당한 대우를 받는 취약한 여성들"의 이해를 우선해 달라고 요청했다.[91] 오스트레일리아 의원들은 '취약함'이라거나 '어려운 결정' 같은 말을 사용해 임신중지 자유화 법을 지지하는 자신들의 입장을 정당화했다.

임신중지 관련 의회 토론을 고찰할 때는, 사실상 국가가 법으로 여성의 임신중지를 통제할 수 없음을 강조하는 게 중요하다. 법은 임신중지의 빈도에 영향을 줄 수 없다. 오직 임신중지가 안전한지, 경제적으로 부담할 수 있는지, 이를 위해 어떤 방법을 채택할지에만 관여한다.[92] 앞으로 다룰 토론을 보면, 많은 의원이 임신중지 실시에 미치는 법적 지배력이 제한적임을 분명히 인지하면서, 현행법이 의료 현실과 동떨어져 있다고 주장한다. 그 반대 입장인 이들은 법에 매달리는 것처럼 보이는데, 신체적인 조건 때문에 그들이 결코 완전히 통제할 수 없는 과정을 통제하겠다는 착각을 무심코 드러낸다.[93] 두 법안을 지지하는 입장과 반대하는 입장은 몹시 젠더화되었다. 대다수 여성 의원이 지지하는 입장인 반면, 반대하는 입장은 절대 다수가 남성이었다.[94] 임신중지 결정에 가해지는 제약은 여성 개인이 아니라 의료·법 등 남성이 전통적으로 지배해 온 사회제도의 통제를 (실제로는 아니더라도 형식적으로) 받는다.[95] 법은 잘못된 행동을 처벌하는 제도일 뿐 아니라, 사회의 규범적 도덕성을 규정하고 공식화한다.[96] 따라서 의원들은 여성의 임신중지를 법적으로 금지해야 하는지 여부를 토론하는 대신, 임신중지가 규범적이고 이상화된 세계관에 맞아떨어지는지 아닌지, 맞아떨어진다면 또 어떻게 맞아떨어지는지에 관심을 두곤 한다.

무아적 결정

2000년대 오스트레일리아에서는 임신중지에 관한 공적 논의가 1970년대 이래 본 적 없던 규모로 강하게 일었다.[97] 여기서 다룰 의회 토론은 임신중지 정치에서 보수파가 점차 우세해지는 상황에 법안으로 대응하는 과정을 보여 준다(5장 참고).

　오스트레일리아에서는 임신중지 약물인 RU486의 수입을 금지하는 법안이 1996년 가결된 바 있다. 이것이 2006년 연방의회에 제출된 일반 의원 발의 법안으로 뒤집혔다. 2002년부터 오스트레일리아 수도 준주(2002), 빅토리아 주(2008), 태즈메이니아 주(2013) 그리고 노던 준주(2017) 등 네 곳의 의회에서 임신중지를 비범죄화했다. 그중 연방의회와 빅토리아 주 의회에서 진행된 토론을 살펴볼 텐데, 연방의회의 경우 전국적인 단위이고 빅토리아 주 의회의 경우 임신중지 비범죄화 토론에서 정치인들이 사용한 수사의 예를 잘 보여 준다.[98] 특히 빅토리아 주는 인구 밀도가 가장 높고, 태즈메이니아나 오스트레일리아 수도 준주에 비해 의원 수가 세 배나 많아 토론이 가장 팽팽하게 이뤄졌다. 두 군데 법안을 함께 다루는 이유는 의원들이 토론 당시 임신중지를 겪은 여성을 재현하며 일으킨 시너지를 강조하기 위해서다. 더 놀라운 것은 이 시너지가 법안을 지지하는 입장과 반대하는 입장 사이에서 일어났다는 점이다.

　　법안을 지지한 의원들은 여성이 임신중지를 하는 이유를 매우 강조했다. 이들은 태아에게서 심각한 이상이 발견됐다든지 강간이나 근친상간으로 임신했을 경우, 여성의 심신 건강을 지키기 위해 임신중지를 행해야 한다는 데 만장일치를 보였다. 반면, 이른바 '사회적' 이유로 행하는 임신중지에는 대다수가 불편함을 드러냈다. 빅토리아 주 입법회의의 한 의원은 이렇게 말했다. "임신중지가 응급상황이나 어려운 상황을 제외하고는 일어나지 않기를 바란다. 내가 이 법안을 의논한 사람 대다수는 같은 생각이다."[99] 심지어 이렇게 말하는 이도 있었다. "근친상간이나 강간일 경우, 혹은 태아가 산전검사 때 생존하지 못할 정도의 이상을 보일 경우" 임신중지를 "이야기하기가 쉽다."[100] 임신중지의 맥락에서, 강간이나 근친상간은 논의하기에 '쉬운' 지점으로 불린다. 왜냐하면 임신이라는 결과를 낳은 성기 삽입에 여성의 욕망이나 자기 본위는 존재하지 않기 때문이다. 태아의 건강상태 때문에 하는 임신중지는 미래에 태어날 아이의 행복을 끌어들여 합리화될 수 있다. 일반적으로 태아 상태와 모체 건강에 따른 임신중지를 묘사할 때면, 여성이 스스로 원하고 갈망하던 임신을 끝내는 것으로 재현된다. 그리고 태아/아이는 행복의 대상으로 남아 있다.

　　법안 지지자들은 이른바 '사회적' 이유로 행하는 임신중지에 대해서도, 여성이 행복의 대상인 태아나 미래의 아이 때문에 그런 결정을 한다고 보기를 고수했다. 그러면서 절박한 상황이 여성을 임신중지라는 결정으로 내몬다고 주장했다. 이런 상황은 '절박한'[101] '심적 외상을 입히는'[102] '끔찍한'[103] '비극적인'[104] '불행하고 후회스러운'[105] '소름 끼치는'[106] '전혀 고려해 본 적 없고 자초하지 않은'[107] 것으로 묘사된다. 이들은 주로 여성을 임신중지로 모는 조건을 '결여'로 프레이밍했다. 예를 들어 임신중지 여성은 교육을 다 마치지 않았거나, 사회적 지지를 충분히 확보하지 못했거나, 재정적 자원이 부족하거나, 피임에 실패했거나 "한 명의 아이를 더 감당할 수 있는 신체적·감정적·정신적·재정적 혹은 다른 여력이 없다"는 것이다.[108]

　여성이 임신중지를 하는 이유를 강조하는 프로초이스 의원들은 임신중지 여성의 '유형' 즉 연령·가족관계·종교 등 요소와 임신중지의 이유에 관한 공중보건 연구를 근거로 삼았다.[109] 여러 사람이 지적하듯이, 이런 방식의 연구는 임신중지 여성을 규범에서 일탈한 자로 만들고, 임신중지로 이끄는 변수를 조작하기 위해 해당 여성을 임신중지 '위험군'에 넣는다.[110] 따라서 연방의회와 빅토리아 주 의회 토론에서 주된 주제가 여성이 임신을 지속하도록 뒷받침할 수 있는 대책이었음은 당연하다. "의회는 임신중지 여성을 처벌하는 대신, 여성으로 하여금 임신중지를 결정하게 강제한 문제와 우려 지점을 줄이고자 열과 성을 다해야 한다."[111]

　여성이 원하던 임신을 경제적 이유로 끝내지 않게끔 더 많은 지원 서비스를 갖출 필요는 분명 있다. 그러나 이 토론에서 의원들이 임신중지 사유의 맥락을 강조한 것은 보건복지 서비스의 확장을 지지하기 위해서가 아니라, 여성이 "임신중지 말고는 다른 선택지가 없기 때문에"[112] '억지로'[113] '강제된'[114] 선택을 했음을 나타내기 위해서였다. 강제라는 말은 '상황이 달랐더라면 임신을 지속하고 싶어 할 여성'과 '상황에 관계없이 임신하고 싶지 않고 어머니가 되고 싶지 않거나, 또 다른 아이를 키우고 싶지 않은 여성'의 구분을 흐려 놓는다. 국가가 임신한 여성에게 임신중지를 강제하는 '문제와 우려' 지점을 줄이겠다는 제안은, 임신한 여성 가운데서도 배아나 태아의 어머니가 되고 싶어 하지 않는 여성이 있을 여지를 두지 않는다. 이 맥락에서는 임신중지를 자유롭게 원하고 선택하기가 불가능하다. 이 점은 어느 하원의원이 임신중지를 지지하며 "임신을 원하지 않았다는 이유만으로 (…) 임신중지를 선택할 사람은 없다"라고 단언한 데서도 드러난다.[115] 임신중지는 임신을 지속하려는 선택과 동등하게 취급되지 않는다. '모든 여성에게 최후의 보루'로서 존재한다.[116] 그리고 임신중지를 '끔찍한 일로 만들기'는 여전히 공고하다.

의원들은 여성이 임신중지를 결정할 때 "저마다 놓인 상황과 입장에 기반해야 한다"고 공언하며,[117] 여성이 '사려 깊은 숙고'를 한 이후라야만 공식적으로 임신중지를 선택할 권리를 부여했다.[118] 법안 지지자들은 레슬리 캐널드가 말한 '돌봄에서 비롯한 살해'의 윤리에 근거해 여성이 적절하고 책임 있는 결정을 할 것으로 믿었다. 오스트레일리아의 가장 유명한 여성 정치인인 타냐 플리버섹Tanya Plibersek은 프로초이스 정치가 "대부분의 여성에게 임신중지가 지독히 어려운 결정이지만, 우리는 여성을 존중하는 만큼 여성이 스스로를 위해 그런 결정을 내릴 능력과 권리가 있다고 믿는다"라는 신념에 바탕을 둔다고 설명했다.[119] 법안 지지자들은 여성 대다수에게 임신중지가 '지독히 어려운' 결정이라고 주장하며, '고통'의 측면에서 접근해야만 이해할 수 있는 것으로 보았다. 또한 임신중지가 여성에게 '강제되었다'고 말할 근거로, 모성을 수행하기에 가장 알맞은 '유형'의 여성을 만들어 내기도 했다. 십 대 여성이라든지, 아이를 기르는 데 국가의 보조가 필요한 여성의 임신중지는 극도로 가시화된다. 그에 반해 이성애 관계를 안정적으로 유지하는 성인 중산층 여성의 임신중지는 비가시화된다.

사회적 이유로 행하는 임신중지가 용인되는 범위는 '가족적 행복'의 경제에 의해 정해진다. 이때 인종에 대한 이야기는 음소거되어 복지 의존도 관련 논의 안에 들어가 버린다.[120] 강간·근친

상간, 태아나 모체 건강상 문제로 이루어지는 임신중지와 사회
적 임신중지 간의 구별짓기, 그리고 '정당한'(극도로 가시화되는)
임신중지와 '정당하지 않은'(비가시화되는) 이유로 행해지는 사
회적 임신중지 간의 구별짓기는 일반 대중이 임신중지에 보이는
태도와 일치한다. 여론조사에 따르면 오스트레일리아인 대부분
이 '여성의 선택권'을 지지하지만, 모체 건강, 태아 기형, 가정폭
력, 빈곤을 이유로 하는 임신중지가 아닐 경우 이를 지지하는 비
율은 절반을 웃도는 정도다.[121] 미국[122], 영국[123], 캐나다[124] 여론
조사에서도 비슷한 패턴을 보인다. 여론조사에 참여한 이들은
대개 스스로 임신중지의 정당성을 판가름할 수 있다고 여긴다.
그러나 팸 로가 지적하듯 여기서 정당성의 기준이란, 여성이 "아
이의 이익을 최우선에 둘" 수 있을 때까지 모성을 미뤄 놓는 게
'좋은 임신중지'[125]이고, 반면 "자신의 삶을 태아의 삶보다 우선
시하여 여성으로서 적절히 행동하는 데 실패한" 결과가 '나쁜 임
신중지'[126]라는 것이다.[127] 캐사 폴릿은 이런 태도에 깃든 논리를
따져 보며 이렇게 말한다. "여론조사원에게 한 말이 진심이라면,
'생명'에 대한 당신들의 존중이란 철저히 조건적이다. 그건 배아
나 태아의 특질이 아니라(물론 그 점이 당신들의 승인 기준에 부합
한다면 기꺼이 언급할 테지만), 당신들이 임신한 여성에게 내리는
판단으로 좌우된다."[128]

　　토론에서 빈곤, 어린 나이, 불안정한 관계라는 요소는 수용
가능한 '사회적' 임신중지의 경계를 만든다. 수용 가능성이라는
서사는, 두 여성 의원이 빅토리아 주 의회의 임신중지 비범죄화
법안을 지지하며 개인적인 임신중지 경험을 기술하는 언어에서
재차 확인된다. 린 앨리슨Lyn Allison 상원의원은 18세 때 경험한
임신중지를 언급했다. "나는 남자친구가 있었지만 그와 결혼하
고 싶지는 않았습니다. (…) 우리 둘 다 돈이 없었습니다. 그리고

내 가족은 혼외 임신을 받아들이지 않았습니다."[129] 입법회의 의원인 콜린 하트랜드Colleen Hartland는 '빈곤의 순환'에서 벗어나기 위해 22세 때 임신중지를 했다고 말했다.[130] 아울러 임신중지를 원하지 않았던 심정을 빅토리아 주 의회 토론에서 강조했다.

> 프로초이스를 지지한다고 해서 임신중지를
> 좋아하는 것은 아니라 믿습니다. 임신중지를
> 겪었던 여성은 임신중지를 좋아하지 않습니다.
> 임신중지는 여성에게 쉬운 선택이 아닙니다.
> 그러나 우리는 임신중지가 안전하게 이뤄지기를
> 원하고, 여성이 스스로를 범죄자처럼 여기지
> 않을 수 있도록 임신중지가 합법화되기를
> 바랍니다.[131]

임신중지의 법적 제약을 줄이는 데 지지를 표한 의원들은 여성을 자율적인 선택의 주체가 아니라, 취약하고 무력한 상황의 피해자로 재현했다. 그런 이야기는 ALRA의 활동에 내재되었던 가부장주의와 흡사해 보인다(1장 참고). 이들은 여성이 임신중지 외에 다른 선택을 할 수 없는 상황이 있다고 주장하며, 임신중지 선택을 정당화한다. 이 주장은 다소 역설적인데, 그때 임신중지란 선택이라기보다 필요이기 때문이다. 여성에게 재정적·사회적 혹은 그 밖의 결여를 통해 정당한 임신중지임을 보이라고 하는 사회적 지령은, 1970년대 전환기의 임신중지 의료화 법에 명시된 '필요성 검사'의 변주나 다름없다. 의원들은 임신중지를 정당화 없이도 가능한 여성의 선택으로 내세우지 않았고, 여성이 극단적인 상황에서만 임신중지를 한다고 가정했다. 이때 "저마다 놓인 상황이란 전부 고유하므로" 여성은 자신이 임신중지를 해

야 하는지를 가장 잘 결정할 수 있는 위치에 놓였다.[132]

'프로초이스' 의원들은 임신중지의 원인을 외부 상황에 돌림으로써, 임신중지 여성을 스스로 행복해질 수 있는 일에 일시적으로 '제지된' 상태로 재현했다. 임신중지 여성은 이상적인 상태에서 빗겨나 갈피를 잃은 존재다. "여성은 자기 잘못이 아닌 일로 이탈할 때가 많다"거나 "이탈을 선택하지 않았다"는 정서는, 이미 '줄 세워진' 질서(임신한 여성이 행복의 대상인 태아를 원하게 마련이라는 규범)에 임신중지 여성을 다시 들여놓는 재설정 기술이다.[133]

'이기적인 임신중지'인가 '어려운 선택'인가

여성이 임신중지를 하는 이유를 강조하는 것은 '이기적인 임신중지 여성'이라는 전형에 맞선 방어 전략이다. 그 전형에 기대어 "나는 그게 이기적인 변덕으로 일어나는 과정이 아니라고 진심으로 믿는다"[134] 같은 말이 횡행하자, 법안 지지자들은 방어 태세를 갖추었다. 그러나 '무아적 임신중지'를 강조함으로써 임신중지와 이기심의 연결고리를 끊기는커녕 오히려 이를 역으로 되풀이하는 담론이 생겨났다.[135] 임신중지와 이기심의 수사적 연결은 토론의 주요 질문을 프레이밍했다. 과연 각각의 법안으로 여성에게 임신중지가 더 쉬워져, 더 많은 임신중지, '요구대로' 행하는 임신중지 내지는 '편리한' 임신중지가 이뤄질 것인가?

활동가들은 '요구대로' 행하는 임신중지와 '임신중지권'을 목표로 캠페인을 벌여 왔지만, 내내 부정적인 함의에 시달렸다.[136] 임신중지에 대한 법적 제약을 없애려는 정치적 목표를 담아 '요구demand'라는 말을 쓴 것인데, 여기에는 규범적 여성성과 불화하는 흔들림 없이 완고한 욕망이 들어 있었다. 그 때문에 젠더정치를 표방하지 않으면서 임신중지권을 지지하는 이들은 이 용어를 피했다. 예를 들어 1971년 ALRA는 '요청request에 따른 임신중지'를 지지하며, '요구'가 '불필요하게 권위적인 의미'를 담고 있다고 보았다. 1977년 왕립인사위원회도 이와 유사하게, 요구대로 행하는 임신중지를 "여성이 의사의 전문적 소견과 무관하게 임신중지를 할 권리를 주장하는" 행위로 정의했다.[137] 레슬리 캐널드도 '요구대로'라는 말이 "원치 않은 임신을 맞닥뜨린 여성이 겪는 복잡하고 어려운 의사결정 과정"을 설명하지 못한다고 보았다.[138] 반면 WAAC는 '요구'라는 개념이 수동적·모성적 여성성과 불화한다는 이유로 그것을 포용했다.[139] '요구대로'라는 말은 '편리한 임신중지'라는 개념과 자주 포개지면서, 임신중지에 대한 여성의 접근을 법적으로 제약하는 것을 정당화하는 데 동원되곤 했다. 몇몇 정치인과 기자가 앞서 말한 두 법안에 반대를 표하며 이런 말을 거듭 들먹이기도 했다.[140]

알아듣거나 받아들일 만한 경제적·사회적 '이유' 없이 임신중지를 행한 여성은, 위 두 법안의 지지자들 사이에서 가시적이지 않은 반면, 반대자들 사이에서는 극도로 가시화된다. 반대 진영은 여성이 임신중지에 '아무런 제약 없이 접근'하리라는 기존의 공포를 반복해서 부각한다.[141] 다시 말해 임신중지가 현대사회에서 아이·부모의 상품화 조짐을 나타내는 라이프스타일이나 편의와 관련된 '일상적 선택'이 되리라는 것이다. 오스트레일리아 여성이 RU486에 접근할 수 있게 된 것은 "세상에서 가장 위대한 소명이 사회적 편의"로 전환했다는 공포를 자아냈다.[142] 이는 "우리 시대 오스트레일리아인의 방종하고, 편리하고, 현대적이고, 손쉬운 라이프스타일 속에서 아이들은 이제 일부 영역의 소비자로, 해를 유발하는 존재로, 혹은 그저 골칫거리로 여겨진다"는 신호였다.[143] 법안의 반대자들은 여성이 그저 특정한 형식으로 여성의 자율성을 행사하기 위해 임신중지를 하며, 심지어 임신도 그렇게 한다는 뜻을 내비쳤다.

> 여성이 그 누구의 명령도 들을 필요가 없다는
> 게 그들의 관점이다. (…) [그리고 임신중지에
> 반대하는] 이들은 "비켜, 임신은 여성의 권리야.
> 임신중지는 여성의 권리야. 내가 원하는 대로
> 살 권리에 네 뜻을 가져다 대지 마"라는 말을
> 듣는다.[144]

반대자들은 수술과 마취(연방의회), 범죄성(빅토리아 주 의회)이 여성과 여성이 바라는 임신중지 사이를 가로막고야 만다고 주장했다. 빅토리아 주 의회 토론에서는 임신중지 비범죄화가 여성에게 "어떤 이유에서건 아무런 제약 없는 (…) 무제한 접근의 자유"를 준다며 두려워했다.[145] 임신중지는 오로지 '어머니의 고집'대로 행해질 텐데, 그럴 경우 "여성이 임신중지를 단순히 일종의 절차라 여기고 거쳐 갈 것이다, 이는 이 시점에서 임신중지를 지지할 뿐 아니라 거의 조장하려는 시도에 가깝다"라는 얘기였다.[146]

연방의회 의원들은 의료적 임신중지가 가능해지면 임신중지에 대한 접근이 늘어나고, 이 절차가 더 편안하고 손쉬워지며, 따라서 여성이 주저 없이 임신중지를 하게 될 것이라고 우려했다. 자유당의 한 의원은 "여성이 의사를 찾아가면 의사가 여성에게 숙고하고 생각을 바꿀 틈을 준 다음에 수술 절차를 밟아야 한다고 본다"라고 말했다.[147] 또 다른 의원은 RU486이 시판될 경우 "우리 공동체가 임신중지에 한층 무관심하고 무디다는 (…) 강력한 메시지를 줄 것"이라고 주장했다.[148] 반대파의 한 노동당 의원도 비슷한 수사를 썼다. "누군가는 RU486이 (…) 여성에게 임신중지를 더 쉽게, 더 접근 가능하게 하는 하나의 선택지가 되리라고 말한다. (…) [그러나] 내게 '더'와 '쉽게'는 꼭 더 나은 상태를 의미하진 않는다."[149] 이런 반응은, 많은 의원들이 법안에 반대한 이유가 임신중지란 접근하기 어렵고, 공동체에서 낙인찍혀야 하고, 뭔가를 침해하고, 불편한 선택이어야 한다고 믿었기 때문임을 말해 준다. 그래서 임신중지에 대한 여성의 접근을 막으려 하고, 나아가 임신중지를 행한 여성을 처벌하려 한 것이다. 타냐 플리버섹은 법안 반대자들이 임신중지를 "최대한 어렵게 만들어 여성들을 가르치려 들며 (…) 생식을 염두에 두지 않은 섹스를 한 데 대한 벌"로 여기게끔 하려고 애를 썼음을 지적했다.[150]

이에 대해 법안 지지자들이 임신중지는 편안하고 손쉬운 절차가 되어 여성이 쉽게 접근할 수 있어야 한다고 반박한 일은 거의 없다. 지지자들은 절차상 의사의 역할이 중요하며, 나아가 임신중지가 여성에게 쉬운 일이어서는 안 되고, 단순히 자기 편의를 위해 임신중지를 하는 여성은 없다고 주장하기도 했다. 연방의회 토론에서 야권 지도자인 제니 매클린Jenny Macklin은 "임신중지를 쉬운 선택으로 여기는 여성을 한 명도 알지 못한다. 임신중지는 늘 어렵고 감정적인 결정이다"라고 말했다.[151] 많은 의원들은 임신중지가 특별히 어려운 결정이며 트라우마를 낳는 절차임을 명백한 사실로 보고 법안을 지지했다(3장 참고). 두 토론에서 지지자 대다수가 임신중지가 어려운 결정이라는 생각을 거의 의무 조항처럼 진술했다. 예를 들어 자유당 의원 웬디 러벌Wendy Lovell은 빅토리아 주 의회 토론에서 이렇게 말했다. "나는 임신중지를 한다는 결정이 (…) 여성을 고통스럽게 하는 것이라 믿는다. 가슴 찢어지는 결정을 내린 여성은 그에게 마땅한 보호를 제공해 주는 법안으로써 지지받아야 한다."[152] 이 논리에는 여성이 임신중지를 결정할 때 방해받아서는 안 될 이유가 이미 "자신의

양심에 따라 충분히 처벌받았기 때문"이라는 함의가 있다.[153]

반임신중지의 정치적 관점은 여성이 생물학적으로 모성을 위해 설계되었다는 신념에 보통 들어맞는다.[154] 여성이 이기적인 이유로 임신중지를 한다는 법안 반대자들의 주장은 이 경향에 반하며, 오히려 모든 여성이 무아적으로 모성을 추구하지는 않는다는 얘기처럼 들린다. 그러나 반대자들은 여성이 임신중지를 '자유롭게 선택하지 않는다'고 주장하면서 그런 함의를 뒤집었다.[155] 여성은 임신중지 지지자, 가족 구성원, 배우자에게 임신중지를 강요당한다. 여성은 임신중지라는 '문화적으로 조건화된' 선택을 한다.[156] 왜냐하면 오스트레일리아의 "편리하고, 즉각적이고, 첨단기술로 무장한 사회"[157]가 "양육이 바랄 만한 일이 아니며, 양육자나 어머니가 되는 건 모욕적이라고 젊은 여성들에게" 언질을 주기 때문이다.[158]

법안 반대자들이 보기에는, 법적 제약을 유지하는 게 여성이 임신중지 문제를 '올바른 방향'으로 고려하도록 다시 이끄는 데 도움이 된다. 올바른 방향이란 아이를 행복의 대상으로 재설정하는 일이다. 여성들이 자신의 진정한 바람이나 가장 이로운 길을 거스르고 임신중지를 한 것이라는 생각은 어느 나라에서든 임신중지 정치에 두드러지게 나타난다. 이로써 반대자들은 임신중지에 제약을 가해야 실제로 여성의 올바른 선택을 도울 수 있다고 주장한다.[159] 이들은 '심히 갈등을 빚으며 취약한' 여성을 다른 이들의 강요로부터 보호해야 한다고 목소리를 높인다.[160] "나는 여성이 스스로 선택할 권리가 있다고 믿는다. 그러나 불행히도 임신중지를 최우선으로 고려하라는 압박, 여성에게 덧씌워진 압박이 종종 여성으로 하여금 후회할 선택을 하게 하는 것 같다."[161]

의원들이 임신중지를 전혀 쉽거나 편리하지 않은 결정으로 나타내건, 절대로 그래서는 안 되는 조치로 나타내건 간에, 임신중지를 여성이 자유롭게 요구할 수 있어야 하는 손쉽고 편리한 절차로 재현하는 방식은 지워지거나 정당하지 않게 여겨진다. 두 법안에 대한 찬성과 반대 의견은 서로 힘을 실어 주며, 임신한 여성이 다들 태아를 행복의 대상이라 여기고 이를 좇으리라는 규범적 도식을 더욱 합리화한다. 반대자들은 여성의 선택에 형식적 제약을 둠으로써 그 규범을 강화하려 하고, 지지자들은 여성이 이미 그리고 언제나 모성적 행복의 도식에 들어가 있으므로 제약이 불필요하다고 여긴다. 지지와 반대 어느 쪽이든 모성 규범을 어기고 임신중지를 하는 여성에 대한 처벌을 말한다. 지지자들에게 임신중지 여성은 항상 스스로를 벌주고 고통스럽게 만든다. 반대자들에게 임신중지의 범죄화나 수술을 통한 임신중지는 임신중지가 쉽거나 편리하지 않음을 확실히 해 두는 조치다.

의원들은 임신중지 여성이 취약하며 보호가 필요하다는 데 만장일치를 보였다. 다만 법안 지지자들은 임신중지에 대한 제약을 줄일 것을, 반대자들은 유지할 것을 주장했다. 양측 모두 각자 다른 방식으로 여성이 임신중지를 강요당한다고 주장했다. 지지자들은 여성 스스로 통제할 수 없는 외부 요인 탓으로, 반대자들은 문화적 조건화나 강요 탓으로 여겼다. 지지자들이 소환한 '정당하게 임신중지를 하는 여성'은 '가슴 찢어지는' 임신중지 결정 때문에 고통받는다. 반대자들이 소환한 '정당하지 않게 임신중지를 하는 여성'은 강압을 받은 결과, 일탈적인 자기 본위의 욕망을 움켜쥐고 있다.

역사적으로 켜켜이 쌓여 온, 고통받는 '좋은' 여성과 이기적인 '나쁜' 여성의 이분법(1장 참고)이 임신중지 문제에서도 다시 등장한다. 이런 이분법은 원치 않게 임신한 여성의 주체로서의 위치, 그리고 자기 본위로 행하는 임신중지의 정당성을 퇴색시킨다. 임신한 여성이 곧바로 임신하지 않은 몸이 되는 것, 아이가 없는 것, 혹은 더는 아이가 없는 것이 임신중지를 통해서만 얻을 수 있는 행복일 수 있다는 생각은, 입 밖에 낼 수 없게 된다.

정서적 이방인

여성을 중심에 놓은 임신중지의 도덕률은, '강제된 모성'과 '신체의 온전성'이라는 주제를 통해 논쟁에 오른 바 있다.[162] 그러나 법안을 지지한 의원들은 정치적이거나 도덕적인 '프로초이스' 프레임을 거의 언급하지 않았다. 이런 회피 전략이 가능했던 것은, (임신중지 법에 비춰 보면 놀라울 정도로 낯선 이야기지만) "이미 20년 전에 임신중지와 여성의 선택권에 대한 투쟁이 이뤄져 승리로 끝났다"는 주장이 통용되었기 때문이다.[163]

　　의원들은 '프로세스'라는 측면에서 법안을 지지하는 것이라고 했다. 연방의회 토론에서는 오스트레일리아 내 임신중지 약물의 시판을 두고, 빅토리아 주 의회 토론에서는 임상적 실시와 공동체의 태도에 맞춰 법을 정비하는 것을 두고 지지를 표했다는 것이다. 국민당의 피오나 내시Fiona Nash 상원의원은 공동발의 법안을 소개하며 "이것은 임신중지 자체에 대한 법안이 아니다. (…) 우리는 임신중지가 합법화된 사회에 살고 있다. (…) 이 토론은 '프로초이스'냐 '프로라이프'냐에 대한 것도 아니다"라고 말했다.[164] 이와 유사하게, 빅토리아 주 의회 토론에서 야권 지도자는 다음과 같이 말했다. "이것은 선택이냐 아니냐에 관한 토론도 아니고 (…) 임신중지 찬성이냐 반대냐에 관한 논쟁도 아니다. (…) 여성의 선택권은 존재한다. (…) 오늘의 토론 주제는 임신중지가 보건법이나 형법 아래서 다뤄져야 하느냐는 것이다."[165] 법안 지지자들은 의사가 법에 명시된 상황 이외에도 임신중지를 실시한다는 사실을 인정하면서, 임신중지를 비범죄화함으로써 그런 일을 더 효과적으로 규제할 수 있다고 주장했다.[166]

이와 대조적으로, 두 법안의 반대자들은 '도덕적 십자군'을 자처하며, 반임신중지 정치가 태아의 생명에 대한 신념에 기초함을 천명했다.[167] 연방의회 토론에서, 반대자들은 RU486이 치료용 약물이 아니라고 주장했다. 토니 애벗Tony Abbott 보건부 장관에 따르면 "이 약은 삶을 개선하지도 않고 확장하지도 않는다. 이 약은 아기가 태어나는 것을 막는다."[168] 그리하여 오스트레일리아 내에서 RU486의 시판 허가 여부를 판단하는 주체가 '얼굴 없는 관료'인 식약처가 아니라, 공중을 대표하는 공무원이어야 한다는 주장으로 흘러갔다.[169] 빅토리아 주 법안 반대자 가운데 상당수도 비슷한 주장을 폈는데, 임신중지는 의료 조치가 아니라 도덕적 악이며, 완전히 금지되거나 여성의 생명이 위험할 때만 실시돼야 한다고 보았다.

반대자들은 임신중지에 대해 공동체가 취하는 태도 이상으로 두 법안이 급진적인 법적 변화를 야기하리라고 주장했다. 그러면서 이 극단주의가 "임신중지라는 문제에 대한 분별 있는 논쟁을 흐려 놓은 페미니스트들의 자매애" 탓이라며 몰아세웠다.[170] 앞서 언급한 포스트페미니즘의 감수성대로, 반임신중지 진영 의원들은 페미니즘이 젠더평등을 전제로 한, 현실과 무관하며 광적인 '당파 갈등'이라고 묘사하곤 했다.

> 사회의 가부장적 압제에 대항하는 페미니스트의
> 투쟁은 우리 사회를 놀랍게 바꿔 놓았다. 그러나
> 과도한 정체성 정치는, 특히 이것이 광기로 변해
> 갈 때라면, 무척 비이성적이고 추잡해진다.
> (…) [이런 법안은] 도그마에 뿌리를 둔 극단적
> 급진주의를 낳는다.[171]

'페미니스트' 혹은 '이기적인 여성'과 '임신중지 여성' 사이에 가로놓인 환유의 비탈은, 임신중지를 여성이 개인적 권력을 주장하고자 일으키는 행동으로 나타냈다. 법안 반대자 중 다수는 임신중지란 여성이 "그저 임신중지를 자기 권리로 생각하기 때문에" 선택하는 '여성 임파워링'이라며 비웃었다.[172] 토니 애벗은 임신중지를 "과거의 압제자로부터 해방되었음을 알리는 훈장"으로 여기는 여성들을 규탄하면서, 스스로를 페미니스트로 규정하는 여성만이 임신중지를 하며 이들은 이미 평등한 사회에서 더 많은 권력을 얻으려 한다고 말했다.[173]

심지어 법안 지지자들조차 여성이 모든 상황에서 임신중지를 할 수 있어야 한다는 건 '극단적'인 접근이라면서, 임신중지에 대한 '합리적'이고 '이성적'인 입장은 태아의 생명과 여성의 자율성을 균형적으로 고려하는 것이라 주장했다.[174] 온건한 접근법은 이미 빅토리아 주 의회에서 논의된 법안에 명시되어 있었다. 해당 법안은 태아의 체외 생존 가능성을 기준으로 여성의 임신중지 선택권을 제한하는 내용인데, 기준선은 임신 24주였다. 빅토리아 주 정부는 2008년 주 법개혁위원회에서 권고한 '주수 제한 없음'을 너무 과격하다고 보았다. 임신 주수와 상관없이 여성의 요청에 따라 임신중지를 실시하기를 요구한 의원은 거의 없었다. 여성 의원들은 두 법안을 의회에 들여, 거의 예외 없이 찬성표를 던졌다. 따라서 두 법안은 여성 정치인들이 남성 정치인에 맞서, 공동체 내의 여성을 위해 재생산 자유를 확보하고자 뭉친 성공적인 사례였다.

그럼에도 페미니즘의 정치적 정당성은 토론에서 확언되지 않았고, 여성중심적 프로초이스 입장도 전혀 이야기되지 않았다. 이에 반대자들은 임신중지를 주장하는 입장을 '여성의 선택'에 대한 추상적 요구로 일축하는 한편, 토론을 '편의냐 신념이냐'

로 프레이밍했다.[175] "임신중지 선택을 이론의 여지 없이 명백한 권리로 추앙하는 일은, 철학이나 생명 가치에 관한 더 완전한 토론 대신에 금송아지를 숭배하는 것과 같다."[176] 임신중지 논의에 페미니즘적·여성중심적 주장이 등장하지 않은 것은 영국[177]·미국[178]·뉴질랜드[179]에서도 마찬가지였다.

논쟁에서 페미니즘이 삭제되거나 중상모략을 당한 것과 대조적으로, 이른바 '세속 국가'의 몇몇 의원은 가톨릭주의의 위상을 공식적 정치에 공고히 했다. 녹색당 상원의원 케리 네틀Kerry Nettle이 YWCA Young Women's Christian Association(기독교여자청년회)에서 협찬한 티셔츠를 입고 연방의회 토론에 등장한 일이 있었다. 티셔츠에는 "애벗 씨, 내 자궁에서 당신의 묵주를 떼시오"라고 쓰여 있었다. 이 티셔츠는 명백히 WLM의 슬로건에 바탕을 두었으며, 토니 애벗이 오스트레일리아의 공적·정치적 영역에서 반임신중지 정서를 부추긴 데 대한 저항의 의미였다(5장 참고). 토니 애벗은 자신의 가톨릭적 신념을 내세워 이 같은 입장을 거듭 설명하고 정당화했다.[180] 보건부 장관이던 토니 애벗은 오스트레일리아에 RU486이 수입되는 데 반대표를 던졌고 그 입장을 가장 떠들썩하게 외치는 인물이었다. 네틀의 행동은 "불필요하고 도움이 되지 않는다. 나쁘게 보면 공격적이었고 잘 봐줘야 유치했다",[181] 또 "파벌에 기초해서 (…) 대부분의 기독교인, 특히 가톨릭 신자에게 비웃음을 안기고 공격하는 모욕 행위였다"[182]라며 조롱당했다. 연립내각 구성원들은 보건부 장관으로서 애벗의 업적을 칭송했고, 양당 의원들은 그의 신실한 종교적 신념을 칭찬했다.[183]

네틀의 정치를 폄하하는 담론은 페미니즘을 가톨릭주의와 나란히 놓았다. 주요 양당 정치인들과 양측 토론자로 참가한 의원들은 네틀과 페미니즘을 유아적으로 보고, 네틀의 정치적 입

장, 여성과 여성성에 관한 젠더화된 용어를 미성숙하고 비이성
적인 것으로 간주하며, 가톨릭주의의 도덕적 권위를 강화했다.
그들은 네틀의 행위를 "오스트레일리아 의회의 상원의원으로서
전적으로 부적절한" 것이라 일컬었다.[184] 그러면서도 "애벗 장관
이 '자기 양심'을 위한 것이라며 행하는 일"은 "그의 권리"라며 지
지했다.[185]

유아적인 것과 성숙한 것, 비이성적인 것과 이성적인 것이라
는 이분법은 페미니즘과 가톨릭주의를 구별짓는 명칭이었다. 그
에 따라 각각은 여성을 행복의 대상인 아이에게로 이끄는 감정
각본에 따라 정렬되었다. 가톨릭주의에는 이 감정 각본이 공고
히 뿌리내린 반면, 페미니즘은 거기서 일탈했다. 논쟁에서 '페미
니스트', '임신중지 여성', '이기적인 여성'이라는 상은 전부 정서
적 소외자로서, 비이성적인 존재다. 사라 아메드의 말을 빌리자
면, 비이성적인 존재라 함은 이성적인 다수에게는 감성이 없다
는 뜻이 아니라, 비이성적이라고 하는 이들의 감정적 감수성이
"정서적 공동체의 경계 바깥에" 위치한다는 뜻이다.[186]

결론

포스트페미니즘의 맥락에서, 페미니즘 같은 해방적 정치 기획은
고리타분하고 현실과 무관하다는 평가를 받았다. 그러나 자기
본위의 결정을 내리는 자율적이고 자기충족적인 선택의 주체란
허상이다. 그런 존재는 아이돌봄자나 청소부 등 여성화된 노동
자에게 외주를 주지 않고 일가족 단위 내에서 일어나는 무급 노
동에 전적으로 의지한다. 이때 무급 노동자도 대개 여성이며, 무
아적이고 타인지향적이며 규범적인 여성성을 영구히 갖춘 인물
로 그려진다.[187] 자유를 개인의 선택과 같게 놓을 수 있으려면, 규
범적 여성성에 기본적으로 맞지 않는 자율적 주체가 필요하다.

그 역도 마찬가지다.

자율적인 선택과 재생산하는 여성 신체 사이의 긴장은 '선택권을 가진 여성'이라는 인물형을 통해 담론적으로 해소된다. 그 여성은 행복의 대상인 아이에게로 나아가며, 이것이 모성이라는 선택으로 그를 이끈다. 행복은 규범적 여성성을 개인의 욕망 수준으로 각인한다. 또한 행복은 모성 욕망을 만들어 낸 물질적·담론적 제약을 숨김으로써 재생산노동의 공급을 보장한다. 다른 말로 하면 '모성적 행복'의 경제란, 모성이 '선택'을 통해 재자연화함으로써 '개인의 자유'라는 표현으로 재현되는 기술이다. 임신중지에 대한 토론에서는 '선택'이 임신한 여성에게 특히 강렬한 방식으로 의미하는 바가 무엇인지를 배열하고 또 해석한다. 이런 토론은 오늘날 규범적 여성성이라는 도식을 규명하고 질문하는 주요한 장이기도 하다.

프로초이스 정치에 두드러지는 경향이 있다. 바로 '태아의 생명'에 관한 질문을 임신중지에 깃든 유일한 도덕적 이슈로 보는 관점을 강화한다는 것이다. 모성적 프로초이스 정치는 태아를 임신중지 논쟁의 주체로 여기면서, 임신한 여성이 행복의 대상인 태아에게로 향하는 것은 불가피하다고 주장한다. 그럼에도 임신을 중지할 때가 있다면, 그건 미래의 아이를 위시한 주변의 안녕을 지키기 위함이라는 것이다. '가족적 행복'의 경제는 어떤 여성이 임신중지를 통해 역설적으로 모성 욕망을 표현한다고 볼 근거를 제공한다. 그리고 그 경제 내에서는 모성적 행복을 아이의 행복과 부합시킬 자원을 쥔 여성이 따로 있다고 믿는다. 모성적 행복이 사회적 선(무아성)으로 연결되는 것은, 오로지 어머니가 아이를 행복의 주체로 만들 능력이 있다고 여겨질 때만이다. 이렇게 '행복한 아이'를 재현함으로써 인종·계급·연령·섹슈얼리티라는 축을 따라 '좋은 어머니'가 만들어진다.

이 장에서는 여성 행복에 관한 규범적 설명을 개괄하고 배열했다. 이는 내가 '모성적'이라 이름 붙인 프로초이스 정치의 흐름 속에서 반임신중지 정서를 살펴보기 위해서였다. 이 수사를 활용하는 활동가와 정치인 들은 임신중지를 여성에게 괴로운 결정(예외적으로 여성이 미래 아이의 행복을 보장하지 못할 때 내리는 극적이고 어려운 결정)으로 묘사함으로써, 임신중지에 대한 여성의 접근을 지지한다. 모성적 프로초이스 정치 내에서, 임신중지는 모성에 대한 거부라든지, 임신한 여성이 모성 바깥에서 행복이나 성취를 찾으려는 정당한 조치로 비치지 않는다. 오히려 임신중지라는 결정은 모성으로 향하는 여성 자신의 여정을 잠시 미뤄 두는 조치가 되고, 모성적 행복은 임신중지라는 선택을 통해 끊임없이 다시 입에 오른다.

오스트레일리아에는 전 세계적으로 가장 자유화된 임신중지 법이 있다. 그런데 이는 공동체나 의회에서 자기결정권이라든지 신체의 온전성 같은 원칙을 지지해서가 아니다. 여성의 선택에 대한 법적 제약을 없애야, 임신중지를 결정하는 여성을 비롯해 임신한 여성을 행복의 대상인 아이에게로 인도할 수 있다는 게 주된 논지다. 그에 따르면 법의 규제는 필요가 없다. 왜냐하면 여성은 자신의 임신중지 행위를 반드시 스스로 통제하기 때문이다. 따라서 최근 오스트레일리아의 법 개혁은 원치 않게 임신한 여성을 주체로 인정해서가 아니라 오히려 부정하기 때문에 일어난 것이다.

모성적 행복이라는 약속에 깊이 뿌리내린 '규범적 임신'하에서, 임신중지는 태아만이 아니라 임신한 여성에게도 해로운 선택이다. 태아가 여성에게 행복을 약속한다면, 임신중지로 잃어버린 태아는 애통한 존재가 된다. 다음 장에서는 임신중지가 여성에게 해롭다는 규범적 관점을 살펴보며, 임신중지 경험이 재현될 때 그 주위를 맴도는 '애통함'에 눈을 돌릴 것이다. 앞으로 보겠지만 '애통함'은 '행복'과 더불어, 임신중지라는 선택을 통해 여성의 행동을 규제한다.

3장

선택의

애통함

부정적인 의미에서,
아이는 내가 죽을 때까지 나와 함께할 것이다.
— 『디 에이지』에 실린 '데비'의 기고[1]

그들은 자신을 따라다니는 아기의 그림자를 느낀다.
— 멜린다 탱커드 레이스트[2]

다시 한 번 [임신중지라는] 이슈가 마치 축구공처럼 공원
여기저기를 누볐다. 그러는 와중에 (…) 수천 명의 여성이
(…) 온 나라에서 어떤 기억을 애도하며
조용히 전율을 느꼈다. 어느 날, 시간 속에 굳어진 어느
한 순간, 끝이 안 보이는 루프 위를 내달린다, 다른
결과를 희망하며. 결코 생겨나지 않은 생일을 세는 것.
발설되지 않은 상실의 외로운 애통함.
— 트레이시 허친슨[3]

흔히들 여성이 임신중지 이후 태어나지 않은 아이의 죽음을 영원히 애도할 것으로 기대한다. 내가 '태아중심적 애통함'이라 부르는 이 감정은 자신의 임신중지 경험을 이야기하는 여성('데비Debbie'), 저명한 반임신중지 캠페인 활동가(멜린다 탱커드 레이스트Melinda Tankard Reist), 오스트레일리아의 유명 프로초이스 저널리스트(트레이시 허친슨Tracee Hutchinson)처럼 서로 다른, 언뜻 상반된 관점을 가진 이들에게서 발화되어 임신중지를 말할 때 지배적인 위치를 갖는다.

태아중심적 애통함은 다양한 담론장을 가로질러 반복적으로 나타난다. 이 감정이 중요한 까닭은 임신한 여성을 이미 자궁 안에서부터 자율적인 '아이'의 어머니로 만들고, 임신중지를 여성에게 도덕적으로 문제적이며 해로운 것으로 지칭하기 때문이다. 태아중심적 애통함은 반임신중지의 수사가 숨어들어 그 규범적 효과를 증폭시킨 강력한 수단이다. 이때 정치는, 임신중지에 무엇이 뒤따르며 여성이 어떻게 임신중지를 경험하는지를 말해 주는 진실로 둔갑한다.

1980년대 초반 이래 초국적 반임신중지 운동은 '태아'의 생명을 보호하는 것으로부터, 임신중지가 '여성'에게 미치는 영향을 대등하게 고려하는 것으로 그 수사의 초점을 옮겨 갔다. 태아중심적 애통함은 미국의 반임신중지 운동에 등장해, 임신중지에 대한 제약을 늘리는 형태로 미국 대부분 주에서 입법적 성공을 거뒀다. 취지는 여성을 임신중지의 해로움에서 보호한다는 것이었다.[4] 학자들은 오스트레일리아[5]·캐나다[6]·뉴질랜드[7]·영국[8]에서 '여성중심적' 주장을 하는 반임신중지 운동의 궤적을 좇았다.

이 장에서는 '태아중심'에서 '여성중심'으로 관점을 옮긴 것이 반임신중지 정치 안에서 어떻게 일어났는지 보여 주는 지도를 그릴 것이다. 특히 오스트레일리아를 한 사례로 활용해 훨씬 더 폭넓은 경향을 살펴보고자 한다. 1980년대 중반부터 점차 반임신중지 운동은 선택에 반대하는 주장으로는 더 이상 정치적·공적 공감을 얻을 수 없었다. 대신 그들은 임신중지라는 선택을 처벌로 보이게 하는 방식으로 이동했다. 그들은 태아중심적 애통함을 이용해, '대중'을 임신중지 여성에게로 이끄는 규범적 지향을 빚어내는 감수성, 즉 '연민'과 함께 갈 수 있었다. 1970년대 말 '프로초이스' 입장에서는 주로 여성에게 임신중지를 강요하는 상황에 연민을 호소했으나, 임신중지 반대론자들은 임신중지 뒤 여성의 감정생활로 연민의 방향을 틀었다. 이 장은 태아중심적 애통함이 반임신중지 운동에서 나타난 다음, 그 정치적 효과가 어땠는지를 살핀다. 이후 태아중심적 애통함은 반임신중지 진영 바깥으로 뻗어 나가 임신중지가 여성에게 '실제로 어떠한지'를 문화적으로 상상해 냈다.

태아중심적 애통함은 1970년대 전환기에 임신중지 법이 자유화되고 나서 점차 활발히 유통되었다. 감정을 경제로 생각한다면, 즉 기호와 대상 사이를 순환하며 특정 몸체에 달라붙기도 하고 그런 몸체를 만들기도 하는 것으로 본다면, 대상이 특정 감정을 통해 읽힐수록 그 감정은 대상에 고유한 것처럼 느껴진다. 임신중지가 애통함이라는 감정을 통해 읽힐 때도 마찬가지다.[9] 오늘날 공적 담론에서 임신중지를 말할 때 애통함이나 트라우마 이야기는 빠지지 않는다.

최근 반反낙인 운동에서 임신중지에 대한 대항서사가 확산하고 있다(4장 참고). 이는 여성이 임신중지를 통해 애통함을 표하리라는 강한 기대에 대한 응수이자, 임신중지를 통해 느끼는 태아중심적 애통함의 불가피성으로부터 한발 멀어지려는 신호일지 모른다. 그러나 여전히 태아중심적 애통함은 임신중지를 재현하는 데서 자동적으로 등장하며, 자세한 설명도 없이 이 감정을 생산하는 역사·정치로부터 분리되어 나온다. 이 장에서는 그런 여세를 일으킨 역사·정치를 가시화할 것이다. 태아중심적 애통함이라는 담론은 애통함·트라우마·슬픔·후회·불행이라는 이질적인 심리·감정적 상태를 하나로 뭉쳐 놓는다. 다양한 감정들 사이에서 일어나는 미끄러짐은 임신중지를 상실, 특히 물질적이고 자율적인 태아의 죽음을 통한 상실로 구성하는 데 일조한다. 심각한 심리 상태(트라우마)와 자주 경험되는 감정(슬픔)이 합쳐지면서, '임신중지 후 애통함'은 가장 가닿기 쉬운 자리에 놓이는 동시에, '상실'은 심오하며 영원한 것이 된다.

반임신중지 운동은 입법상 거의 성과가 없었고 오스트레일리아나 영국 같은 나라에서는 대중적 지지도 얻지 못했다. 그러나 이 운동을 추동한 규범은 임신한 여성을 이미 자궁에 아이를 품은 어머니로 만들었다. 이는 여성성과 임신에 관한 더 폭넓은 이데올로기에 부합한다. 공적 논의와 반임신중지 운동에 등장하는 임신 규범의 유사성을 보면, 왜 임신중지 후 애통함이 반임신중지 운동 바깥에 호소력이 있었는지를 알 수 있다. 태아적 모성이라는 규범은 태아 이미지나 초음파 기술의 확산을 통해 굳건해졌고, 태아의 자율성이라는 이데올로기에 시각적 형태와 문화적 권위를 부여했다.[10] 이후 인공수정 기술과 대리모 사업이 점차 발달하고 늘어나면서, 태아와 물리적으로 구별되는 '임신한 몸'에 대한 상상이 확보됐다.[11] 태아중심적 애통함은 기술적 진보와 맞물려 등장했다. 이 장에서 나중에 설명하겠지만, 태아적 모성과 태아중심적 애통함은 서로를 강화한다. 즉 한쪽은 다른 한쪽을 통해 자연적인 것이 된다.

태아중심적 애통함은 임신에 대한 규범적 설명에서 나온 것이라, '유산'을 이해할 때도 이 감정이 고루 스며들어 있다. 미국의 학자 린다 레인Linda Layne은, 원하던 임신의 상실을 이야기하는 데서 페미니즘의 목소리가 부재하다는 사실은 반임신중지 정치를 떠받치는 수사가 그 영역을 지배했음을 증명한다고 지적한다. 유산은 자율적인 아이를 잃은 것으로 널리 재현된다. 그러나 레인은 태아를 그 자체로서가 아니라 타자와의 사회적 관계를 통해 인격을 갖추는 존재로 봐야 한다고 주장한다. 임신을 바란 여성은 모성적 정체성을 갖고서 미래의 아이와 함께하는 세계를 상상하기 시작한다. 따라서 유산에 대한 그들의 경험은 원치 않은 임신을 자발적으로 끝낸 여성의 경험과 매우 다르다.[12]

이와 유사하게 역사학자 캐서린 케빈Catharine Kevin[13]과 젠더학자 레베카 스트링어Rebecca Stringer[14]는 유산이 주는 애통함의 대안적 모델을 오스트레일리아 법에서 발견한다. 이 법에서는 폭행이나 극심한 신체적 해로움에 따른 유산이 자유의지를 가진 태아를 상실한 게 아니라 여성에게 상실이 온 것으로 규정하는데, 미국의 '미출생 폭력 희생자 법'(2004)에도 그런 내용이 있다. 오스트레일리아에서 가장 인구가 많은 주인 뉴사우스웨일스 주는 미국식 법을 도입하려는 시도를 해 왔다. 또한 사우스오스트레일리아 주에서는 사산의 범위를 임신 12주 이후 태아의 유산까지로 확장하려는 시도가 있었다.[15] 두 법은 폭력으로 희생된 태아(뉴사우스웨일스 주의 '조 법')나 유산된 태아(사우스오스트레일리아 주의 '제이든 법')에게 부모가 붙인 이름을 따 만들어졌는데, 당시 법체계가 이들 태아의 생명을 인정하지 않았기 때문에 부모, 특히 어머니의 애통함이 크다는 전제 아래 제안된 것이다. 이런 법적 움직임은 오스트레일리아에서 임신손실pregnancy loss을 설명할 때 태아중심적 애통함이 점차 규범화되었음을 나타낸다.

이 장에서는 임신중지의 애통함이 어떻게 재현되는지에 초점을 맞출 것이다. 이는 임신과 태아의 다양한 의미가 태아적 모성이라는 모델로 축소되는 더 큰 궤도의 일부다. 태아적 모성이 주체의 자리에 설 때, 태아중심적 애통함은 유산이나 임신중지로 임신이 중지되는 경험에서 여성이 유일하게 인식할 수 있는 감정이 된다.

임신중지의 '해로움', 태아에서 여성으로

1장에서 언급했듯이, 1970년대 오스트레일리아 등의 나라에서는 모종의 합의가 일어나고 있었다.[16] 저널리스트인 클로드 포렐 말을 빌리면, 임신중지를 겪은 '절박한 여성에 대한 연민'이 반임신중지 운동에 결여돼 있다는 것이었다.[17] RTL은 임신중지를 겪은 여성을 냉담하게 무시한다는 비난에 대응하여, 임신중지의 폐해로부터 여성을 보호한다는 명분을 내세워 태아중심적 활동을 보충했다.

20세기 내내 '해로움'은 임신중지와 연결되었다. 비교적 최근까지도 이 해로움은 심리적인 것이기보다 신체적인 것이었다.[18] 임신중지 법이 자유화되기 전에는, 임신중지가 여성에게 신체적으로 해를 끼친다는 문화적 기대가 있었다. 그래서 임신중지 이후 재생산 건강에 문제가 생기면, 사실 여부와 관계없이 전부 임신중지 탓으로 돌렸다.[19] 바버라 베어드는 이런 유의 경험을 '체현된 일탈'이라 불렀다. 이는 "일탈적인 사회적 행위가 신체의 물성으로 나타난다는 (…) 역사적·문화적으로 구체화된 신념"을 일컫는다.[20]

프로초이스 활동가들에게는 옷걸이(임신중지가 불법인 폴란드 등 유럽 국가에서 자가 임신중지 도구로 쓰인 역사가 있다—옮긴이) 이미지가 강한 상징으로 남아 있긴 하나, 역사가들은 '뒷마당 도살자'라는 전형을 소환해 임신중지가 합법화되기 전 여성들에게 임신중지를 제공하던 숙련된 시술가 네트워크가 광범위하게 존재했음을 논증했다. 달리 말하자면, 대부분의 여성은 법이 개혁

되기 전에도 안전하게 임신중지를 했고, 이 시술은 철저히 의료화되어 있었다.[21] 1970년대에서 1980년대에 임신중지가 신체에 미치는 영향은 심리적 영향보다 훨씬 더 크게 언론의 주목을 받았다.[22] 비록 1970년대 이래 임신중지의 부작용은 극히 드물었지만[23] 불임이나 유방암 등 다른 질병을 유발한다는 대중적 믿음이 지속되었고[24] 반임신중지 운동은 그런 주장을 계속 펴 나갔다.[25] 그러나 임신중지의 해로움은 심리적인 차원에서 점차 부각되었다.

임신중지의 심리화는 임신중지를 임신한 여성의 건강이나 심리적 복지 차원에서 바라보는 법에서 점차 뚜렷해졌다. 임신중지가 여성에게 돌이킬 수 없는 트라우마를 안긴다는 주장은, 임신중지가 여성에게 심리적·감정적으로 이로울 수 있다는, 법으로 공식화된 주장과 부딪혔다.[26] 엘리 리는, 임신중지의 심리적 영향에 점점 주목하는 현상이 정신건강 범주가 확장되는 현상의 일환이기도 했으며, 인간 경험의 총체를 심리학적으로 진단하는 것이라 지적한다. 20세기 '증후군 사회'를 거치는 동안 일탈적 행위는 죄악에서 범죄로, 마침내 병리적인 것으로 재정의됐다.[27] 일상생활을 광범위하게 심리화하는 이 현상과 더불어, 1970년대와 1980년대에 임신중지 심리학 연구도 폭발적으로 늘었다.[28] 연구자들은 임신중지가 단기적·장기적으로 여성에게 불가피하게 미치는 심리적 영향이 없다는 결론을 내렸다. 그러나 보다 대중적인 포럼에서 임신중지 심리적 영향은 계속 토론의 주제가 되고 있다.

임신중지에 대한 법적·사회적 논의에서 심리학이 중요해진 무렵, 한편에서는 여성이 임신중지에 합법적으로 접근하는 것을 막으려는 캠페인이 효과를 거두지 못하고 있었다. 초국적인 반임신중지 운동 진영은, 임신상담센터를 설립하는 방식으로 '아기를 구하기 위한 새로운 전략'을 위한 캠페인을 시작했다.[29] 예컨

대 1980년 PAC Pregnancy Aid Centre(임신원조센터)가 멜버른 내 최
초의 임신중지 병원 옆에 문을 열었고, 빅토리아 주에는 1983년
지역 센터가 설립되었다. PAC는 임신중지를 고려하는 여성을 유
인하기 위해 일부러 중립적인 입장의 상담센터인 것처럼 가장했
다.[30] 1982년 멜버른 신문 『디 에이지 *The Age*』에 따르면, 대중교통
수단과 전화번호부에서 "임신했나요? 걱정되나요? 우리가 도울
수 있습니다. 무료 임신 테스트. 30분이면 결과가 나옵니다. 예약
없이 이용 가능"[31]이라는 광고 문구를 본 여성들이 매주 50명씩
센터를 찾았다고 한다. PAC는 RTL과의 관계를 불명확하게 한 채
로, 1981년 정부 보조금을 얻고[32] 2001년 전화번호부 앞표지에 응
급 연락처로 등재되었다.[33] 처음에 PAC의 주요 목표는 임신한 여
성에게 '모든 임신중지는 아기를 죽인다'고 알리는 것이었다. 그
밖에도 여성에게 심각한 (날조된) 건강 위험을 경고했다.[34]

여성의 심리적 복지를 근거로 임신중지에 반대한다는 주
장은, 1980년대 초 '여성중심적' 반임신중지 활동 단체가 만들
어지며 탄력을 받았다. '임신중지 피해자 Victims of Abortion'와
WEBA Women Exploited by Abortion(임신중지로 착취당한 여성)가 여
기 들어간다.[35] 미국 WEBA의 창립자가 1983년 대회를 연 뒤
로 오스트레일리아에서 RTL 구성원들이 WEBA를 설립했다.[36]
WEBA의 목표는, "임신중지가 산 사람을 죽인다는 진실", 그리
고 "아직 태어나지 않은 자기 아이를 죽게 한 여성의 마음에 트라
우마를 남긴다는 진실"에 관하여 '침묵의 공모'를 끝낸다는 것이
었다.[37] WEBA 회원들은 임신중지를 겪었다고 주장하며, 개인적
경험에 의거해 반임신중지 정치를 정당화하려 했다. 이들은 자
신들이 "거기 있었다"고 계속 강조했다.[38]

WEBA는 임신중지 후 해로움을 널리 퍼뜨리기 위해 24시간
직통전화를 운영했다. 임신중지 전후의 여성들을 전화로 상담하

면서, 각 여성이 "내 '아기'가 실제로 존재했고 나는 애도할 권리가 있다"[39]라고 인식하는 데 도움을 줬다. 또한 학교와 이익집단에는 팸플릿에 공적 발언자와 정보를 담아 메시지를 전했고, 회원들이 신문에 정기적으로 편지를 보냈으며 텔레비전과 라디오에도 출연했다.[40] 이런 봉사 캠페인에서 WEBA의 주된 목표가 무엇인지 알 수 있다. 바로 여성이 임신중지를 하지 못하게 하는 것인데, 이는 "아기들의 생명"을 구하고 "심신의 피해가 실제로 일어나는 것"을 막기 위함이라고 했다.[41] RTL의 경우 가톨릭교회와 가까운 사이였고 구성원 대부분이 가톨릭 신자여서, 뉴스레터에 기독교적 어휘와 정서가 이따금 등장했다. 그러나 WEBA는 특정 종파에 속하지 않는 기독교 단체로 활동을 시작했다. WEBA는 매년 '태어나지 않은 아이'를 위한 기독교 행사를 열어 임신중지를 겪은 여성이 자신의 상실을 헤쳐 나가기를 '도왔다.'

레슬리 캐널드는 다음과 같이 주장한다. "여성중심적 안티초이스 전략에서 핵심은, 죄책감이 투영된, 자기혐오적인, 애통함을 야기하는, 피해자가 되고 비난당하는 '임신중지로 상처 입은 여성'을 종래 태아가 있던 자리에 가져다 놓고, 합법적 임신중지에 뭔가가 잘못되었음을 함축하는 이미지로 활용했다는 것이다."[42] WEBA의 뉴스레터는 임신중지 여성이 아직 태어나지 않은 자기 아이를 죽였고, 그 결과 영원한 죄책감과 애통함을 느낀다는 단일한 메시지를 전달했다. 초창기 WEBA는 임신중지를 겪은 여성을 착취당한 피해자라는 프레임으로 바라보며, "공모자들에 의해, 임신중지에 관한 사회의 사고방식에 의해, 임신중지 의료제공자들에 의해" 임신중지로 내몰렸다고 간주했다.[43] 1991년 WEBA는 WHBA로 단체명을 바꿨다. 즉 '임신중지로 착취당한exploited 여성'에서 '임신중지로 상처 입은hurt 여성'이 된 것이다. 많은 여성이 임신중지를 자유롭게 선택하지만 반드시

그 뒤에 애통함을 느끼게 된다는 전제에서였다.[44]

WEBA는 언론을 통해 RTL과 분리된 것처럼 홍보하며 오직 여성을 구하는 데에만 관심 있다는 듯 행세했으나[45] RTL 뉴스레터를 통해서는 '태어나지 않은 아이의 생명'을 구한다는 것을 강조했다.[46] 빅토리아 주 정부는 1988년 WEBA에 공공자선단체라는 지위를 주고 기부금 전액을 면세했다.[47] 1991년 WHBA로 명칭을 바꾼 뒤에는 전화번호부의 '지역 응급지원 서비스' 분야에 등재되어 '임신중지의 엄청난 심신 후유증과 관련한 보건 종사자들'로 승인받았다.[48]

1980년대 중반, 미국의 반임신중지 운동에서는 임신중지의 심리적·감정적 효과를 둘러싼 여러 주장을 PAS라는 진단명으로 집약했다. PAS는 1988년 WEBA와 RTL이 오스트레일리아의 반임신중지 커뮤니티에서 공동 컨퍼런스를 조직하며 유명세를 얻었다. 멜버른의 세인트빈센트 가톨릭병원에서 일하는 반임신중지 정신과 의사 에릭 실Eric Seal은 PAS를 "우울, 공격성 증가, 인격 변화를 [야기하며] (…) 증상이 늦게 혹은 천천히 나타나고, 길게 이어지거나, 때때로 만성이 되는 애도증후군"으로 정의했다. 이 정의는 증상을 겪는 이가 "아기를 죽이기로 한 결정에 큰 역할을 했을 것"이라는 지식과 결부되었다. 에릭 실은 임신중지를 한 모든 여성이 스스로 인지했든 아니든 간에 PAS를 겪는다고 주장했다.[49] 임신중지 트라우마를 부정하거나 억제하는 것은 PAS의 주요 증상으로, 임신중지 후 몇 년 혹은 몇십 년까지도 심각한 결과가 일어날 수 있다고 여겨졌다. 이런 주장은 임신중지 반대론자들로 하여금, 임신중지의 단기적 경험으로 보건대 예상되는 심각한 감정 반응을 찾을 수 없다는 기존의 과학적 연구 결과를 넘어서게 해 주었다.[50] PAS의 프레임 안에서, PAS로 고통받지 않는 임신중지 여성의 경험은 허위의식 탓으로 돌려졌다. 또한 여

140

성이 자신의 임신중지와 자동적으로 연결 짓지 않는 방식, 이를 테면 세상에 대한 전반적인 분노 같은 감정으로 표출되는 것으로 설명됐다.

비록 WEBA가 발행한 첫 번째 뉴스레터에서는 RTL의 수장인 마거릿 티게를 '태어나지 않은 아이들의 어머니'라 부르며 칭송했지만, 1990년대에 들어 WHBA는 반임신중지 입장에 선 이유가 오로지 "임신중지가 줄어들수록 상처 입은 여성이 줄어들기 때문"이라고 주장했다.[51] 같은 시기에 RTL은 임신중지 이후 생겨나는 해로움을 활용해 자신들의 정치를 정당화했다. 1990년대 무렵, RTL 뉴스레터와 플래카드에는 "엄마와 아기를 돕자"라든지 "임신중지: 사망자 한 명과 부상자 한 명" 같은 슬로건이 등장해, '임신중지 살인'을 언급하는 더 전통적인 슬로건과 함께 쓰였다.[52] 반임신중지 정치는 정부의 재정 지원과 공동체의 공감을 얻었고, 점점 더 많은 단체가 여성의 임신중지 접근권을 제한하겠다는 의제를 숨긴 채 등장했다. RTL의 태아중심 정치는 단체명에 여전히 남아 있지만, WHBA가 초기에 세웠던, 태아의 생명을 구하겠다는 목표는 임신중지 여성에 대한 관심 뒤로 점점 숨어들었다. 그러나 WHBA는 태아중심적 의제를 겨우 감췄을 뿐이다. 아이와 엄마의 이미지는 단체 뉴스레터 곳곳에 가득했다. 예를 들어 아이를 안은 성모를 그린 다빈치의 그림이 뉴스레터 뒤표지에 있었다. WHBA의 교육 비디오인 「다른 희생자The Other Victim」는 대학생과 사제를 대상으로, 또 RTL 컨퍼런스에서도 상영되었다. 그 내용은 태아가 임신중지의 주된 희생자라는 WHBA의 신념을 저버리는 것이었다.[53]

오늘날 임신중지에 반대하는 여성중심적 주장은 표면상으로는 임신중지를 거의 규탄하지 않는다. 반임신중지 컨퍼런스 이후, 2004년 창립된 WFAWomen's Forum Australia(오스트레일리아 여성 포럼)은 이 전략을 잘 보여 준다. WFA의 정치는 창립 멤버인 멜린다 탱커드 레이스트가 쓴 『슬픔에 언어를 주기*Giving Sorrow Words*』(2000)에 가장 잘 드러난다. 이 책은 널리 알려졌으며 인쇄매체에 호의적인 리뷰가 실렸다.[54] WFA는 설리나 유잉Selena Ewing의 리포트, 『여성과 임신중지: 증거에 기초한 리뷰*Women and Abortion: An Evidence-Based Review*』(2005)를 태아중심적 애통함과 트라우마의 사례로서 의원들에게 전달했다. 이 리포트를 '주목할 가치가 있다'며 추천한 두 의사의 말은 2006년 임신중지에 대한 상원 조사에 인용되었고[55] 반임신중지 웹사이트 몇 군데에서도 책을 계속 홍보했다.[56]

　　레이스트와 유잉은 자신들을 임신중지 경험에 중립적·객관적인 관찰자이자 연구자로 재현했다. 레이스트는 연구를 널리 홍보한 뒤 250개의 응답을 받았다고 주장했다. 그러나 사실 그는 WHBA를 포함한 보수 기독교계 출판물이나 WHBA 뉴스레터 등 반임신중지 간행물에만 홍보했고, 특히 "임신중지에 따른 고통·상실·후회를 경험한" 여성을 대상으로 했다.[57] 임신중지로 해를 입은 여성들의 증언을 담은 반임신중지 간행물은 세계 곳곳에 있는데, 『슬픔에 언어를 주기』는 그중 오스트레일리아 버전이었다. 비슷한 간행물로 데이비드 리어든David Reardon의 『임신중지를 겪은 여성들: 더 이상 침묵하지 않는다*Aborted Women: Silent No More*』(1987)와 낸시 미셸Nancy Michel의 『여성의 임신중지 회복을 돕기*Helping Women Recover from Abortion*』(1988), 멜라니 시먼즈Melanie Symonds의 『그리고 그들은 여전히 눈물을 훔친다: 사적인 임신중지 이야기*...And Still They Weep: Personal Stories of Abortion*』(1996)가 있다. 유잉의 의학·심리학 연구인 『여성과 임신중지』는 데이비드 리어든의 작업을 바탕으로 한다. 리어든은 미국의 엘리엇연구소Elliot Institute라는 반임신중지 연구기관의 책임자이며 PAS에 근거를 마련한 주요 인물이었다.[58] 미국 사회학자 댈러스 블랜처드Dallas Blanchard는 임신중지에 대한 리어든의 연구를 "미리 예상된 결론을 뒷받침하기 위해 사용된 유사과학의 훌륭한 사례"로 묘사하며 이렇게 덧붙였다. "저자는 사회학이나 사회연구의 훈련을 전혀 받지 않은 공학자다."[59]

레이스트는 『슬픔에 언어를 주기』를 '아이를 잃은' 여성들을 위한 포럼으로 나타냈다.[60] 또한 "아이를 여의고 상실감에 젖은, 적막하고 고립된"[61] 이들의 경험이 주류 미디어와 페미니스트, 임신중지 의료제공자 들에게 무시되었다고 했다. 레이스트의 상상 속에서 여성은 임신중지의 후폭풍에 대한 어떤 경고도 받지 못한 채 임신중지를 하도록 강요받고, "임신중지가 별일 아니라는 관점"으로 잘못 인도되며, "임신중지 후 트라우마를 겪는 여성에게 불명예를 안기는" 공동체 안에 있다.[62] 유잉의 리포트에는 임신중지의 심리적·신체적 부작용의 범위 안에 트라우마·우울·조현병·PAS·자해·자살·알콜중독·마약남용이 포함된다고 쓰여 있다.[63]

유잉과 레이스트는 임신한 여성을 '어머니', 태아를 '아기'라 부르며 임신중지·유산·사산의 경험을 합쳐 놓았다. 유잉은 "임신중지는 그것이 선택해서 일어난 일이라 하더라도 출산 전후로 일어난 상실이다"라고 확언했다.[64] 레이스트는 WHBA의 치료 가이드라인을 모방해, 임신중지를 겪은 여성이 스스로 아기를 잃었음을 인정하고, 지워지지 않는 애통함을 줄이기 위해 잃어버린 아기를 추모해야 한다고 주장했다.

많은 여성이 밤에 아기 우는 소리를 듣고
아기를 찾는다. 여성은 자신을 따라다니는
아기의 그림자를 느낀다. 여성은 자기 내부에

있던 생명의 실재를 인정하고 (…) 신발이나
테디베어를 묻음으로써 (…) 그 존재에게 작별
인사를 해야 한다.[65]

위에 언급한 것 같은 추모 의식은 유산 자조모임에서 흔히
볼 수 있다. 이런 의식은 특히 임신한 여성과 다른 이들이 아기를
위해 준비한 물건을 통해서 이루어진다.[66] 원치 않게 임신해 임
신중지를 하려던 여성이 미래 아기를 위한 옷이나 다른 물건을
구입함으로써, 태아를 아기로 실체화하려는 행위는 있을 법한
일이 아니다. 레이스트의 표현은 묘사라기보다 제시에 가깝다.
레이스트는 화장터로 향하는 행위라든지 아기 모양의 발자국과
몸을 통해, '임신중지'를 '원하던 아기의 상실'로 연결한다. 그리
하여 유잉과 마찬가지로 배아·태아·아기의 구분을 흐려 놓는다.
게다가 레이스트와 유잉은 임신한 여성의 선택을 제약하는 대인
적·구조적 조건은 물론, 여성의 주체적 임신 경험(여성이 임신을
원하는지, 임신을 유지하고 싶어 하는지, 어머니가 되고 싶어 하는
지)까지도 깡그리 무시했다.

'진짜 선택'

임신중지는 수많은 여성에게 부정적 영향을
끼친다. 여성은 부당한 외부 압력 없이, 정보를
갖춰 결정을 내릴 수 있어야 한다. 따라서 여성의
복지와 자유를 고민하는 사람이라면 이를 위한
공공 정책과 구조적·문화적 변화가 필요하다는
데 주목할 것이다.
— '노력 포럼' 회원 설리나 유잉[67]

임신중지에 반대하는 여성중심적 주장은 극단적인 반임신중지 정치 대신에 개인의 지지를 유도한다. 인용된 유잉의 말처럼, 이들은 여성의 선택을 금하기는커녕 그 선택을 활용한다. 다만 이들은 자율적인 선택에서 '정보를 갖춘 선택' 혹은 '진정한 선택'으로 초점을 옮겼다. '진정한 선택Real Choices'은 2007년 설립된 반임신중지 단체의 이름이다. 이 단체는 자신들이 "직업교육과 훈련 서비스"를 제공하는 단체이지 "로비스트나 활동가 집단이 아니"라며, "종교나 정치적 연결관계가 없다"고 주장한다.[68] 단체가 표방하는 중립성은 임신중지가 여성에게 미치는 끔찍한 효과에 대한 메시지를 승인한다. 이런 식으로 여성에게 '진정한 지지와 진정한 선택'을 제공한다는 이른바 '진정한 정보'가 구성된다.

레이스트는 임신중지를 강요받았다고 느끼는 여성을 위해 WHBA 뉴스레터(1997) 등에 광고를 내걸었다. 또한 자신의 책 『슬픔에 언어를 주기』에서 임신중지를 "의무와 복종, 즉 타인을 기쁘게 하려는 행위, 대의를 위한 모성적 희생"으로 재현했다.[69] 레이스트가 임신중지를 모성적 희생에 따른 행위로 그린 것은 모성적 프로초이스 정치와 유사하다(2장 참고). 그러나 레이스트는 임신중지 여성이 임신중지를 강요받았다고 단언하며, 이때 '강요'는 자유주의적 수사 내에서 '선택'의 안티테제로 기능한다. 레이스트는 '선택'의 언어가 1990년대 중반 임신중지 논의에서 중요한 상징성을 띤다는 데 주목한다. 당시 임신중지 반대론자들은 '선택' 담론에 '강요' 담론으로 맞서 성공을 거두지 못했다. 대신에 여성의 선택에 따른 심리적·감정적 결과에 초점을 맞춰 점차 선택을 정치적 기획에 포함했다.

반임신중지 운동의 수사가 태아에서 여성으로 바뀌던 바로 그 무렵, 정책 목표도 새로 설정됐다. 반임신중지 활동가들은 임신중지를 다시 범죄화해 여성의 선택을 막는 대신, 임신중지를 더 제약하는 데 집중했다. 그런 법적 제약이 여성에게 '정보를 갖춘' '진정한' 선택을 가능케 하리라는 전제에서였다. 예를 들어 '고지된 동의informed consent'에 관한 법은, 임신중지 관련해 다퉈 볼 심리적·신체적 위험성을 의사가 여성에게 경고할 것을 의무화하는 내용이다.[70] 유잉이 앞서 인용문처럼, '임신중지의 부정적 영향'을 언급하며 '부당한 외부 압력 없이, 정보를 갖춰 결정을 내리도록 하는 정책 변화'를 요구했을 때는 바로 그런 법을 암시한 것이다.[71] 마리아 콜필드Maria Caulfield 의원도 비슷한 수사를 동원해 영국의 임신중지 비범죄화 법안(2017)을 비난했다. 즉 "어리고 취약한 여성"이 "위험한 절차"로부터 보호받아야 하는데, 조직적인 프로초이스 운동은 "여성이 정보를 갖춰 선택하도록 돕는 데 전적으로 방해가 된다"는 것이다.[72]

제약을 늘리는 일은 미국에서 특히 입법상 성공을 거뒀다. 2017년 7월, 미국 35개 주에서 여성이 임신중지 전 상담을 받도록 의무화했다. 그 가운데 29개 주에서 상담자가 여성에게 제공할 정보의 내용을 구체화했으며, 27개 주에서 상담과 임신중지 절차 사이의 시차를 명시했다. 시차는 대개 24시간이었다. 또 25개 주에서 여성이 임신중지의 위험에 대한 정보를 받게 했는데, 여기에는 의료적으로 부정확한 정보가 포함되었다. 이를테면 임신중지가 이후 임신 가능성에 미치는 영향(4개 주), 유방암에 미치는 영향(5개 주), 그리고 여기서 가장 유의미한 증상인, 부정적인 감정적 영향(6개 주) 등이었다.[73] 이제는 많은 주에서 여성들에게 배아나 태아의 초음파를 보게끔 하며, 2개 주에서는 의사가 초음파에서 무엇이 보이는지를 설명해야 한다.

이런 법은 여성이 임신중지에 들어가기 전, 자신의 배아/태아가 어떻게 생겼는지를 '알 권리'가 있다는 구실로 정당화된다. 임신한 여성은 태어나지도 않은 아이의 어머니로 상정되며, 이 관점을 강요받고 태아중심적 애통함이라는 부수적 감정을 끄집어낸다. 캐럴 생어는 "'여성의 알 권리 법'이 아이의 죽음을 상상하거나 목도하는 모성적 상실의 순간과 관련 있다"고 지적한다.[74] 법은 여성이 '만삭 의례'에 참여하도록 요구한다.[75] 그리고 태아 이미지는 "곧 닥칠 상실의 조짐을 나타낸다. 이건 태아를 진짜 아기로 만들어 주는 오늘날 기술 덕분이다."[76] 이런 법의 목표는 "여성에게 경각심을 불러일으켜" 임신중지를 막거나, 이에 실패할 경우 "임신중지보다 확실히 트라우마가 먼저라며 트라우마의 연대기"를 거꾸로 뒤집어 임신중지를 한 여성을 벌하는 것이다.[77] 한편 여성에게 태아를 묻을지 화장할지 선택하도록 하는 법도 있다.[78] 인간의 유해를 처리하고 애도 의식을 치르는 방식으로써, 임신중지를 한 여성을 아이를 잃고 애도하는 어머니 역할에 데려다 놓으려는 것이다.

오스트레일리아에서 임신중지를 더 제약하는 법은 사법 관할구역 세 곳에 도입되었다(이후 한 곳을 제외하고는 철회되었다).[79] 가장 극단적인 예는 1999년부터 2002년까지 오스트레일리아 수도 준주에서 유효했던 '오스본 법Osborne Act'이다. 이 법은 임신중지가 '정말로' 무엇인지 알 수 있도록 의사가 여성에게 태아의 발달과정 사진을 보여 줄 것을 의무화했다. 임신중지 상담에 관한 이슈도 오스트레일리아[80], 영국[81], 캐나다[82]에서 반복적으로 정치적 논쟁의 주제가 되었다.

오스트레일리아 언론에서는 제약을 늘리는 게 여성에 대한 관심이라며 이를 '온건'하다고 표현했다. 또한 그것이 임신중지 '문제'에 대한 일리 있는 대응이라고 보았다.[83] 임신중지 결정 과정에 그 결과를 비롯한 정보가 갖춰져야 한다는 주장은 비교적 문제없어 보인다. 그러나 이는 사실상 새로운 방식의 가부장주의를 만들어 낸다. '고지된 동의'에 관한 법은 이미 의료 행위를

통제하고 있으며, 임신중지는 의료 절차에 추가 단서가 붙는 매
우 드문 경우다. 여성이 나중에 후회할 선택을 하지 않도록 국가
가 보호해야 한다는 전제는 여성을 취약하고, 약하고, 착취당할
수 있는 잠재적 피해자의 위치에 놓는다.[84] 이런 조치는 "여성의
판단을 신뢰할 수 없다"는 뜻이며,[85] 여성이 임신중지를 적극적
으로 바란다기보다 수동적으로 '동의'하는 것이라고 전제한다.[86]
임신중지를 고려하는 여성은 상담을 받고 국가에서 주는 정보를
받아야 한다, 반면 임신을 지속할 여성은 그럴 필요가 없다, 이런
식의 전제는 모성이 임신에서 문제없이 도출될 유일한 결과라는
규범적 관점을 반영하며, 이를 재차 말한다.

    태아중심적 애통함의 법적 파급력은 이미 다른 연구에서 구
체화해 비판했다.[87] 그러니 이 장의 나머지 부분에서는 그 애통
함의 정치적 효과와 규범적 영향을 살필 것이다.

트라우마와 애통함

임신중지의 진실을 알린다며 심리적·감정적 경험을 이용하는 것
은 중립적인 설명 행위가 아니다. 여기에는 정말로 뭔가를 일으
키는 힘, 지극히 정치적인 메시지를 자연적인 것으로 만드는 힘
이 있다. 임신중지에 대한 개인적 증언은 소샤나 펠만Shoshana
Felman과 도리 라우브Dori Laub가 더 폭넓게 기술한 바 있듯이,
"그 발언을 진실의 물적 증거로서 말하고, 약속하고, 만들어 낼
것을 맹세하는" 일이다.[88] 책의 '들어가며'에도 언급했는데 감정
상태를 이용하면 증언의 진실성이 높아진다. 윌리엄 레디William
Reddy의 문구를 인용하자면 감정은 "개인의 현실을 보여 주는 시
금석"으로 여겨지기 때문이다.[89] 따라서 감정은 주체의 '진실'을
만들며, 주체에 깊이 내면화된 생각, 개인사, 미래를 향한 열망을
자동반사적으로 드러낸다고 흔히들 믿는다.[90]

감정이 개인에게서 비롯한다고, 모든 여성이 임신중지를 비슷하게 경험한다고 할 때, 임신중지의 주체들은 본질을 공유하는 셈이 된다. 그 본질은 임신중지를 겪은 여성의 감정 경험을 하나로 만들며, 기본적으로 모성적이다. 태아중심적 애통함은 임신중지를 죽음·파괴와 단단히 엮으면서, 한편으로 여성의 임신을 두 자율적 주체가 통합된 관계, 자연적이며 깨지지 않는 어머니–아이 유대에 의한 관계로 만든다. 임신과 임신중지의 이런 맥락을 이어 주는 것은, 여성(어머니)이 태어나지 않은 아이를 상실했다는(죽였다는) 임신중지의 애통함이다. 레이스트는 임신중지의 애통함이라는 경험을 이렇게 설명했다. "여성은 임신, 그리고 태어날 수도 있었던 아기를 결코 잊지 못한다. (…) 아기는 살과 피를 가진 존재였다. 그 여성에게, 아기는 임신중지 때문에 죽은 것이다."[91]

임신중지가 여성의 모성성에 반한다는 신념은 1970년대 이래 반임신중지 활동에 동력이 됐다(1장 참고). 그런데 태아중심적 애통함을 설명할 때 여성이 모성적 숙명을 가진 어머니가 아니라, 선택권과 역량을 가진 주체로 호명되는 일이 더 많아졌음은 대단히 중요하다(2장 참고). 태아중심적 애통함은 태아나 출산 증진pro-natal 의제를 명시하지 않고도, 임신한 여성을 어머니로, 태아를 아기로 만든다. 사실상 우리가 보았듯이, 반임신중지 활동가들은 임신중지의 결과에 호소한 덕분에, 프로초이스 정치와 현시대의 자유 개념에 모두 관여하는 중심 담론을 활용할 수 있었다. 그 담론이 바로 '선택'이다.

임신중지는 여성에게 감정이나 정신건강 면에서 예측할 만한 확실한 결과를 가져오지 않는다.[92] 앞서 유산의 애통함을 연구한 학자들이 보여 주듯, 여성이 애통해하는 것은 곧 자율적 태아의 상실을 경험하는 것이라는 전제에도 문제가 있다. 애통함이 꼭 사랑하는 사람의 죽음으로 생기는 감정은 아니다. 애통함은

이상이나 신념의 상실에서도 온다.[93] 따라서 만일 임신중지로 애
통함을 경험한 여성이 있다면, 이는 임신에 대한 환상 때문일 수
있다. 그 환상에는 (어머니로서, 혹은 사랑하는 이가 있는 공동 양
육자로서) 상상하던 미래가 있을 것이다. 그 환상에는 여성이 태
아를 자신과 분리된 존재로 그려 보았다는, 불가피하진 않은 가
능성이 있을지 모른다. 애통함은 임신과 모성에 관해 내면화된
이데올로기의 결과일 수 있다. 이를테면 태아적 모성이라는 이상
을 개인의 임신 경험 안에 넣음으로써 애통함이 생겨날 수 있다.
반임신중지 운동은 임신중지 경험을 다양하고 복합적인 감정에
열어 두는 대신, 임신중지를 애도하지 않는 여성의 목소리와 애
도하는 여성의 복잡다단한 목소리를 삭제한다. 임신중지의 애통
함은 태아의 사망을 중심으로 발생하며 여성의 아이가 사망했다
는 프레임으로 둘러싸여 있다. 따라서 이 경험에는 오직 하나의
각본, 하나의 설명만 제공된다. 레이스트와 임신중지 반대론자들
은 '슬픔에 언어를 주는' 대신, 슬픔에 거의 언어를 주지 않았다.

　　안티초이스 진영은 임신중지의 애통함을 병리적이며 멜랑콜
릭한 애통함으로 재현한다. 레이스트는 임신중지 여성이 "자신
을 따라다니는 아이의 그림자를 느낀다"라고 주장했다.[94] 이는
프로이트가 멜랑콜리아를 "자아에 드리워진 대상의 그림자"로
표현한 것을 모방한 말이다.[95] 따라서 그렇게 전치된 태아는 여성
의 삶에 지속적이면서도 부재하는 존재가 되어, 잘못된 결정을
내렸다며 여성을 끊임없이 심판한다. 임신중지 여성(어머니)과
잃어버린 태아(아이) 사이의 신랄하고, 자책하고, 멜랑콜릭한 관
계는 임신중지를 여성의 자아감이 영원히 손상되는, 잊을 수 없
는 중대한 경험으로 만든다. 이것이 레이스트가 "아기의 탄생이
영원한 사건인 만큼 임신중지도 그러하다"라고 주장한 토대다.[96]
　　과거를 떨칠 수 없는 멜랑콜리아의 속성, 또 그게 일상생활

에 자꾸만 침입하는 현상은 프로이트가 정의한 트라우마와 유사하다. 그런데 멜랑콜리아가 일상적인 상실에서 비롯할 수 있는 반면, 트라우마는 대체로 "인간 경험치를 벗어난 사건"에서 비롯한다.[97] 임신중지는 여성 세 명 중 한 명이 경험하는, 예외적이기보다 일상적인 사건이다. 임신중지를 트라우마로 설명하는 것은 PAS를 '외상 후 스트레스 장애'에 기반해 설명하는 데서 가장 잘 드러나는데, 이는 설명적이기보다는 수행적이다. 이런 설명은 임신중지를 규범적이지 않은 사건, '죽음의 위기'를 포함해 삶을 위협하는 폭력적인 침입 사건으로 만든다.[98] 임신중지의 애통함을 설명할 때, 임신중지에 포함된 '죽음의 사건'은 명백히 태아의 죽음을 가리킨다.[99] 태아의 죽음은 또 다른 죽음을 중대하게 알리는 신호다. 바로 임신중지 여성이 가진 모성의 죽음, 그리고 어머니-아이 유대의 죽음이다.

트라우마를 가지고 설명할 때, 임신중지는 "기억된 과거, 살고 있는 현재, 기대되는 미래 사이를 연결해 주는 진행 중이던 서사를 끊음으로써 자아를" 분열시키는 행위가 된다.[100] 따라서 모성은 임신중지가 끊어 놓은 자아감과 기대된 미래가 거주하는 공간으로서 자연화된다. 반임신중지 논리에 따르면 여성이 임신중지 뒤에 아이를 갖기를 강하게 열망하는 이유가 바로 이것이다. 필요하다면 유괴 같은 폭력적인 방법을 써서라도 말이다. 레이스트의 말을 빌리면 이들은 "아기를 죽인 자"보다는 "생명을 주는 자"라는 느낌을 간절히 원한다.[101] 오직 모성만이 여성을 임신중지 후 트라우마 상태로부터 떨어뜨릴 수 있다. 임신중지가 본질적으로 애통하고 트라우마적이라는 설명은 다음의 순환논리를 만든다. 임신중지 여성은 태아의 어머니다, 따라서 임신중지는 본질적으로 트라우마적이다, 임신중지의 애통함과 트라우마를 인식하는 것은 불가피하다, 따라서 임신중지 여성은 어머니일 수밖에 없다.

임신중지 법이 자유화된 이래로 임신중지를 하는 여성 수는 비교적 일정하게 유지돼 왔다. 주체를 규제하는 양식으로서 태아중심적 애통함도 그 수에 영향을 주지 않은 듯하다.[102] 여성의 임신중지 경험 또한 영향을 받지 않았다. 말했듯이 이 경험은 극도의 애통함으로 특징지을 수 없다. 대신에 여성성을 둘러싼 상반된 양상은 태아중심적 애통함을 통해 화해한다. 한쪽에는 여성의 자유에 관한 포스트페미니즘 담론이 있다. 그 자유는 '선택'을 통해 활성화된다. 다른 한쪽에는 엄격히 제한된 젠더규범이 있다. 그 규범은 모성을 여성의 정박지로 고정한다(2장 참고). 따라서 태아중심적 애통함의 주된 기능은 '복구'다. 발레리 하르투니Valerie Hartouni가 PAS에 관해 썼듯, 태아중심적 애통함에서 "모성은 여성의 '진정한' 열망이자 관심이며, 타고난 필요로 되풀이된다."[103] 우리는 주디스 버틀러를 따라, 젠더표현이 젠더화된 주체에서 나온다기보다 오히려 그 주체를 생산한다고 볼 수 있다.[104] 그렇다면 태아중심적 애통함을 인용하는 것은 임신중지 여성에게 문화적 생명력을 복구해 준다. 임신한 여성이 임신중지를 선택할 때조차, 역설적으로 모성을 선택한 게 된다.

여성 개개인의 감정상태에 의거해 임신중지를 정당하지 않은 (혹은 정당한) 것으로 만드는 기획은, 임신중지를 개별화하고 탈정치화하는 방법이다. 이는 재생산과 양육을 사회·경제적 영향과 무관한 결정으로 설명하는 데 일조한다.[105] 나아가 더 넓은 맥락의 개별화와도 맞아떨어진다. 여성은 스스로 피임을 통해 생식력을 통제할 수 있는 존재, 효과적으로 아이를 양육할 만한 사회·경제적 자원을 축적할 때까지 그럴 책임이 있는 존재로 여겨진다(2장 참고). 임신과 모성이 자율적이면서도 책임 있는 여성의 '선택'에 다시금 각인되면서, 임신중지는 나쁘거나 무책임한 일련의 선택에서 비롯한 결과가 된다. 이 관점에서 태아중심적 애통함은 경고로 여겨질 수 있다. 의도치 않게 임신하고, 임신중지를 한다면 지울 수 없는 애통함이 뒤따를 것이라고 말이다. 애통함은, 에릭 실의 말마따나 "아기를 낙태시키는 결정에서 큰 역할"[106]을 한 것만이 아니라, 책임감 있는 행동에 실패한 데 대해서도 속죄 혹은 처벌로 작동한다. 따라서 "애통해하는 임신중지 여성"은 "타락한 여성"의 현대적 각색일지 모른다.[107] 성적으로 도덕적으로 품행이 단정치 않은 결과, 끔찍한 삶을 대가로 얻은 여성 말이다.

임신중지의 애통함이 첫째로 불가피하고, 둘째로 태어나지 않은 아이의 삶을 끝장낸 여성이 치르는 결과라는 전제는, 임신중지에 대해 생각할 수 있는 폭을 좁혀 임신중지 반대론자들의 정치와 목표를 지지해 준다. 임신중지는 원치 않은 임신을 끝낸 행위라기보다는 자율적 존재를 살해한 행위로 나타난다. 그리고 임신중지 여성은 적어도 살면서 한 번은 모성에 '아니요'라고 말한 여성이라기보다는 불가피하게 그리고 언제까지나 어머니인 존재로 비친다. 반임신중지 운동 안에서 보자면 태아중심적 애통함의 함의는 더 투명해진다. 그러나 우리가 확인했듯이, 임신중지의 애통함과 트라우마를 알리는 데 전념하는 조직은 자신들의 반임신중지 의제를 숨기곤 한다. 게다가 태아중심적 애통함은 임신중지 경험의 서사를 더 일반적으로 지배하게 됐고, 아마 가장 놀랍게는 프로초이스 활동에 얼마간 반복적으로 나타났다.

모성적 프로초이스의 애통함

태아중심적 애통함은 모성적 프로초이스 입장을 구성하는 주된 감정인 '모성적 행복'(2장 참고)과 함께 간다. 모성적 프로초이스 지지자들은 임신한 여성에게 태아를 '행복의 대상'으로 구체화하고, 태아의 생명을 임신중지 정치에서 유일하게 시급한 도덕적 이슈로 보는 관점을 강화한다. 이들은 태아중심적 애통함이 임신중지에 대한 불가피한 반응일 뿐 아니라, 종종 단 하나의 윤리적 반응이라고 본다.

엘런 허먼Ellen Herman은 캐슬린 맥도널의 『쉽지 않은 선택』 (1984)에 부친 에필로그에서, 책이 전하는 중심 메시지를 "임신중지에는, 자유를 행사하고 고통을 경험한다는 두 가지 주제가 있다"라고 요약한다.[108] 맥도널에게 '고통'은 여성이 임신중지의 '자유'를 위해 치르는 대가다. 저명한 페미니스트인 나오미 울프는 1991년 『아름다움의 신화The Beauty Myth』(2016년 출간된 한국어판 제목은 『무엇이 아름다움을 강요하는가』이다—옮긴이)라는 책을 출간해 유명세를 얻었다. 또 1995년 『뉴 리퍼블릭The New Republic』 사설란에 의견을 실으며 학계와 더 넓은 페미니스트 커뮤니티에서 유의미한 논쟁을 일으켰다. 여기서 그는 임신중지의 애통함은 불가피하게 나오는 것이 아니라, 여성의 윤리적 의무라 주장했다. 울프는 프로초이스 활동가들이 '임신중지 이슈를 둘러싼 도덕적 프레임'을 포기했다는 익숙한 주장을 반복하고, 이들이 '일련의 자기망상·거짓말·회피'를 통해 날조된 '임신중지에 관한 수사'에 계속 매달린다고 주장했다. 아울러, 임신중지가 본질적으로 이기적이고 죄짓는 일이며, 자율적 인간 생명을 파괴하는 행위임을 인정하는 데에 프로초이스 운동이 실패했다고 지적했다. 울프는 임신중지를 계속 지지하면서도 다음과 같은 세계를 상상했다.

> 모든 젊은 미국 여성이 자연적 욕망을
> 알고 이해하며, 이를 보석처럼 아끼는 (…)
> 진정한 성평등이 (…) [이뤄진 세계에서라면]

임신중지라는, 트라우마를 일으키기 마련인
희소한 사건이 무엇인지에 대하여, 우리는
매우 다른 언어를 쓸 것이다. 그 언어는
존중·책임감·애도·애통함을 요할 것이며 (…)
태어나지 않았고 결코 태어날 수 없었던 존재를
생명에 관한 정직한 언어로 묘사할 것이다.
그리고 그 세계에서 열정적인 페미니스트들은
임신중지 진료소 앞에 촛불을 들고 (…)
죽은 이를 추모하며 작별 인사를 건넬 것이다.[109]

울프가 묘사한 임신중지는 PAS가 재현되는 방식과 유사한데가 있다. 모성 욕망이 자연화되고, '태어나지 않은 존재'라는 인물이 등장하며, 임신중지의 애통함과 트라우마가 되새겨지고, 추모와 기념은 임신중지를 속죄하는 유일한 방법이 된다.

레슬리 캐널드는 울프의 사설 이후 『임신중지 신화』(1998)를 출간한다. 이 책에서 캐널드는, 여성이 임신중지에 접근하고 경험하고 기억할 때 일어나는 감정이 그 결정의 정당성을 판가름한다고 보았다(2장 참고). 캐널드는 "임신의 신성함에 대한 존중을 담아 사려 깊게, 슬픔에 잠겨, 그리고 아이가 될 수 있었던 존재에 대한 사랑으로" 내려진 결정을,[110] "아이가 될 수 있었던 존재에 대한 여성의 '감정'과 '사랑'을 반영하지 않았"기에 "그저 잘못된" 결정과 나란히 놓았다.[111] 임신중지 반대론자들에 반하여, 캐널드는 여성의 임신중지가 "돌봄을 통해 살해"를 하는 것이며, 이건 자기 본위에 무지해서도 아니라고 가정했다.[112]

근래 버사 앨버레즈 마니넨은 캐널드의 연구에 기초해 "프로초이스의 애도 의식은 (…) 태아의 죽음이 하나의 결과임을 (…) 그리고 태아의 생명을 파괴하는 일이 여성 신체의 다른 부위를 파괴하는 것과는 매우 다름을 인정해야 한다"고 주장했다.[113] 마니넨은 태아를 '여성 신체의 일부'로 보면서도, 임신중지에 불가피하게 애통함이 따르고 이 애통함이 태아의 상실에서 온다는 전제를 반복하기도 한다. 원치 않은 임신을 끝내는 경험이, 팔이나 눈 같은 신체 일부를 잃는 경험보다 더 심각하다는 이야기다. 이런 주장은 태아(여성의 아이 혹은 잠재적 아이)의 본질적 타자성에 대한 신념, 그리고 여성이 미래 아이와 공유하는 모성적 유대에 대한 신념으로 뒷받침되는 논리 안에서만 타당해진다. 마니넨의 정치에서 삭제된 것은 원치 않게 임신한 여성의 주체로서의 위치다. 그들은 임신중지를 환영하거나 이로운 선택으로 여길 수도 있었다.

　　이때 우리는 안티초이스와 프로초이스 활동이 여성의 심리적·감정적 경험과 태아중심적 애통함의 불가피성에 대한 신념으로 확실히 초점을 옮겨 가는 흐름을 볼 수 있다. 태아중심적 애통함은 일반적으로 미디어에서 임신중지를 재현할 때 파다하게 등장했다.[114] 이 장에서는 오스트레일리아 신문에 태아중심적 애통함이 점차 오르내리는 데로 관심을 돌릴 것이다.[115] 우선 활동가들이 신문에서 자신들의 정치를 알리고자 태아중심적 애통함을 점점 활용했다는 데 주목할 것이다. 다음으로는 임신중지 경험을 더 일반적으로 재현한 데로 초점을 옮길 것이다.

애통함의 정치

오스트레일리아 신문은 1970년대와 1980년대 임신중지에 관한 여성의 개인적 경험을 거의 언급하지 않았다. 오늘날과 달리, 여성의 경험은 임신중지 정치에서 눈에 띄지 않았다. 그리고 신문 기사는 주요한 사건(법 개혁, 정부 조사), 활동가와 교회 관계자, 기타 공인들의 관점에 주목했다.

1984년 WEBA 창립총회와 더불어 임신중지 경험에 대한 구체적 언급이 처음 등장했다. 신문 기사는 '임신중지를 세 번 강요받은 헬렌의 이야기, 그 결과 자궁경부 이상에 따른 유산, 진행 중인 트라우마와 죄책감, 가톨릭주의로의 개종, RTL의 임신행동문제센터Action Problem Pregnancy Centre를 통해 구한 용서와 치유'[116]를 언급했다.[117] 기사에는 임신중지 상담사들이 '임신 12주차에 임신중지를 하면 태아의 뼈가 부서지고, 그 뒤 사지가 절단되고 두개골이 으스러진다'는 사실을 말해 주지 않아, 여성들로하여금 임신중지에 죄책감을 느끼지 않도록 부적절하게 방어했다는 저메인 그리어의 논평이 실렸다. 그리어는 이런 정보가 없어서 여성들이 임신중지를 잘 애통해하지 않는다는 의견을 내놓았다. 그가 주목한 임신 12주 이후 임신중지는 비교적 흔하지 않지만, 임신중지와 (아기 형상을 한) 태아의 죽음을 연결시키는 데 성공했다.

1990년대 초, 그리어의 임신중지 정치는 모든 여성이 임신중지를 애통해한다고 주장하며 약간 변화했다. 그리어는 1992년 오스트레일리아에서 가장 대규모로 발행되는 신문인 『시드니모닝 헤럴드The Sydney Morning Herald』 사설에서 이렇게 설명했다. 임신중지란, 여성의 양육자 역할을 거의 지원하지 않는 사회에서, 여성이 '애통함과 굴욕'으로 받아들여야 하는 '고통스럽고 슬프고 짐스러운 책무'라고 말이다. 그리어는 왜 임신중지가 '선택이 아닌 것들 중 제일 끝에 위치하는데도 여성에게 특권처럼 묘사되는지'를 물었다. 그는 선택이라는 수사 밑에 감춰진 구조적 한계, 이를테면 양육에 포함된 노동 등에 초점을 맞추고, 임신중지의 애통함을 보편화함으로써 그 불가피성을 확언했다.[118] 그러니 멜린다 탱커드 레이스트가 『슬픔에 언어를 주기』에서 그리어를 길게 인용한 것도 놀라운 일이 아니다.[119]

1995년 나오미 울프의 기고는 오스트레일리아 언론에서 임
신중지 경험을 성찰하고 논쟁할 기회를 주었다. 오스트레일리아
의 프로초이스 평론가들은 울프가 임신중지를 묘사하는 방식이
윤리적·도덕적으로 의심스럽다며 강하게 반박했다.[120] 그렇다고
해서 임신중지가 여성에게 주는 이로움을 칭송하진 않았다. 대
신에 이들은 울프가 단언한, 여성이 임신중지를 애통해해야 한
다는 주장과 반대로, 레슬리 캐널드의 말처럼 임신중지가 이미
그리고 피할 수 없이 '여성에게 크나큰 애통함과 고통'을 유발한
다고 주장했다.[121]

    저명한 페미니스트인 저메인 그리어와 나오미 울프가 캐널
드의 『임신중지 신화』와 더불어 임신중지 이슈를 다시 꺼낸 일
은, 1990년대 후반에 모성(2장 참고)과 태아중심적 애통함이 서
로를 강화하는 서사가 공적 담론과 프로초이스 정치를 지배했음
을 보여 준다. 따라서 1998년 웨스턴오스트레일리아 주 의회에
서 법안 반대자들(넓은 의미의 '프로초이스')이 임신중지를 결정
하는 여성의 이유를 사소하게 취급하자, 오스트레일리아의 유명
저널리스트인 버지니아 트리올리Virginia Trioli는 "여성건강 진
료소에서 일하는" 지인이, 임신중지 이후 여성들이 "비통해하며
흐느껴 운다"고 고백했음을 언급했다.[122] 2004년 '편리한 임신
중지'를 꾸짖는 연방 보건부에 대응하여, 한 여성은 『디 에이지』
의 편집자에게 편지를 썼다. 이 여성은, 임신중지에 관한 잘 알려
진 이야기와 달리 "이 일을 편하게 여길 수 없었다. (…) 임신중지
는 내 마음을 찢어 놓았고 지금도 애통하지만, 내게 옳은 선택이
었음을 알고 있다"라고 말했다.[123] 빅토리아 주 법안이 2008년
임신중지를 비범죄화하는 데까지 이르는 동안, 두 명의 유명한
정치인이 임신중지 경험을 고백했다.[124] 저널리스트인 멜린다 휴
스턴Melinda Houston은 이 이야기를 들어 오스트레일리아 공동

체가 임신중지를 겪은 여성들을 연민해야 한다고 주장했다.

> 임신중지가 트라우마적임을 인정한다는 게
> 임신중지를 인정하면 잘못이라는 얘기는
> 아니다. 이는 단지 임신중지가 내리기
> 어려운 결정이고, 여성들이 지지받아야 하는
> 결정이라는 사실을 인정하는 것뿐이다.[125]

일부 프로초이스 지지자들은, 임신중지가 애통함을 계속 불러일으키는 트라우마적 사건일 수밖에 없다는 보고에 공공연히 이의를 제기했다.[126] 이를테면 2008년 민주당 상원의원 린 앨리슨은 몇 년 전 자신이 겪은 임신중지가 감정적 문제를 유발하기보다 오히려 해결했다고 말했다. 그러나 애통함 자체와 애통함이 임신중지의 맥락에서 하는 일―구체적으로는 이 감정이 물적인 태아의 '죽음'을 통한 상실과 어떻게 즉시, 명백히 연결되는지―을 묻는 경우는 거의 없었다.

태아중심적 애통함은 프로초이스와 반임신중지를 잇는 가교 역할을 했다. 2000년 『슬픔에 언어를 주기』가 출간되며 여성중심적 반임신중지 주장이 언론에 실리는 계기가 됐다. 멜버른에서 가장 잘 팔리는 신문인 타블로이드판 『헤럴드 선 Herald Sun』은 레이스트의 반임신중지 입장을 언급하진 않았으나 그 주장을 가감 없이 수용하고 반복하여 수사적 힘을 실었다.

> 임신중지는 여성에게 (…) 누군가의 운명의
> 주인이 될 (…) 기회로서 팔린다. 이것이
> 1960년대 페미니즘과 더불어 진화한 노선이다.
> 그러나 여성이 선택할 권리가 있다면, 그 선택의

의미를 온전히 알 권리도 있다. 멜린다 탱커드
레이스트가 나선 지점이 바로 여기다.[127]

여성을 중심에 놓고 임신중지에 반대하는 주장은, 2000년대
오스트레일리아 등지에서 임신중지에 대한 법적 제약을 줄이는
데 공개적으로 반대하는 운동의 지배적 방식이 되었다.[128] 2006
년 오스트레일리아에서 임신중지 약물인 RU486의 시판을 허가
하는 움직임이 일었을 때, 임신중지 반대론자들은 태아의 생명
을 걱정하지 않았다. 대신, 여성이 자기 몸에서 추방된 '태아의
신체와 조직'을 보리라는 데 우려를 나타냈다.[129] 이런 주장은 자
율적 태아의 인격을 강조한다. 또한 약물 임신중지로 탈락되는
조직이 대체로 배아 단계(생리혈과 비슷해서 여성에게 충격을 줄
리 없다)이기 때문에 결코 아기 형상이 아니라는 사실을 은폐한
다.[130] 이후 멜버른 가톨릭 교구의 생명존중국Respect Life Office
국장은 빅토리아 주에서 일어난 임신중지 비범죄화 흐름에 반
대한다며, 그 흐름이 '애통함의 쓰나미'를 일으킬 것이기 때문
이라고 했다. "우리는 법이 임신중지의 해로움으로부터 취약한
여성과 아이를 보호하게 해야 한다. 임신중지를 형법에서 제거
할 필요가 없다. 여성은 임신중지보다 더 나은 대우를 받아야 한
다."[131] 이와 유사하게 반임신중지, 안티페미니스트 조직인 '노력
포럼Endeavour Forum'의 창립 멤버, 찰스 프랜시스Charles Francis
QC는 2007년 "임신중지론자들이 여성에게 가하는 심신의 해로
움이야말로 우리 의원들이 정말로 우려할 바"라고 했다.[132]

1980년대부터 반임신중지 운동은 전략을 바꿔 태아에서 여
성으로 중심을 옮겨 갔다. 그리하여 안티초이스와 프로초이스
지지자들은 계속되는 애통함과 트라우마를 임신중지의 불가피
한 결과로 재현하는 데 골몰했다. 임신중지의 애통함과 트라우

마는 뚜렷한 정치 의제 없이도 지배적인 설명이 되었고, 개중엔 경험담이 많았다. 중립성을 가장해 임신중지가 여성에게 '정말로 어떠한지'를 묘사하면서 자신들의 주장을 강화한 것이다.

경험의 증거

1992년 8월 『디 에이지』에 '임신중지의 심적 고통'이라는 제목으로 실린 이야기는 이렇게 시작한다. "데비는 여성들이 감히 언급하지 않는 것을 이야기하려 한다. (⋯) [그] 결정이 삶을 망가뜨려 놓았다는 것이다." 네 아이의 어머니인 데비는 "태어나지 않은 아이의 생명을 끝내는 고통은 거의 이야기되지 않는다. (⋯) 부정적인 의미에서, 아이는 내가 죽을 때까지 나와 함께할 것이다. 다섯째 아이는 항상 존재할 것이다"라고 말한다.[133] 이와 비슷하게 애나 킹 머독Anna King Murdoch이 한 임신중지 이야기도 자신이 끊어 낸 '아이'의 유령을 강조한다. 머독은 1994년 오스트레일리아에서 RU486의 시판을 계획한 데 대해, 자신이 임신중지 직후 이런 상상을 했다고 적었다.

> 팔다리를 갖춘 섬세한 형태 (⋯) 나는 그날을
> 잃어버렸다. (⋯) 그 비밀스럽고 본능적인
> 깨달음이 아마도 내 삶에서 가장 심오한
> 일이었다. 상실은 헤아릴 수도 잊을 수도 없다는
> 것, 이게 진실이다. 영원히.[134]

머독은 데비와 달리 임신중지를 후회하지 않았다. 그러나 데비의 이야기와 비슷하게, 임신중지의 '진실'을 여성의 모성 본능과 자신이 '섬세한 팔다리'를 가진 아기를 '잃었다'는 명백한 사실을 통해 그려 냈다.

결코 사그라들지 않는 애통함은 아래 '앨리슨Allison'의 회상 전반을 지배하는 정서이기도 하다. 이 글은 1996년 연방정부에서 임신중지 재정 지원을 삭감한다는 루머가 떠돌 무렵에 나왔다.

> 내가 느끼기에 (…) 그건 누군가의 삶을 위해
> 다른 누군가의 삶을 희생하는 일이었다. (…)
> [그리고] 전날 밤 나는 [태아에게] 작별인사를
> 했다. (…) 2~3년이 흘러 내가 임신중지를
> 매일같이 생각하고 있다는 걸 알았다. 나이가
> 들어도 더 나아지는 건 없었다.

한편 무척 다른 이야기를 하는 여성도 있었다. "여러분은 감정적일 때 좀 울겠지만, 나는 결코 뒤돌아보지 않았습니다. 나는 이게 아기를 죽이는 일이라 보지 않았습니다. 왜냐하면 내가 아기를 가졌다고 생각한 적이 없기 때문입니다." 그러나 전문가들이 한 증언은 앨리슨의 서사에 힘을 실었다. 모내시Monash 대학 산부인과 과장인 데이비드 힐리David Healy 교수는 "모든 여성이 후회하는 면이 있다. 임신중지는 어느 여성에게나 비극이다. 아무도 이를 부인할 수 없다"라고 주장했다.[135]

2002년 5월, 오스트레일리아의 인기 드라마 「우리의 비밀 생활The Secret Life of Us」 주인공인 의사 알렉스 크리스텐슨(유명 배우 클로디아 카반Claudia Karvan이 연기했다)이 극 중에서 임신중지를 했다. 『디 에이지』에 따르면 임신중지가 텔레비전에서 처음 다뤄진 것이다. 드라마 속 화자이자 알렉스의 하우스메이트인 이반은 이렇게 말한다. 임신중지 이후 "알렉스는 내가 전에 본 적 없는 얼굴을 보였다. 어제까지만 해도 없던 슬픔을 띠었다." 그러나 알렉스는 심각한 심리적·감정적 괴로움을 겪지 않았

162

다.『디 에이지』기사는 대체로 긍정적이었으나, 임신중지에 대한 부정적 정서에 눌려 '고통스러운' 그리고 '절망적인' 같은 단어로 해당 에피소드를 나타냈다.[136]『디 에이지』편집자에게 그 에피소드가 임신중지를 비교적 솔직하게 그려 냈음을 칭찬하는 편지들이 도착했다. 한 여성은 드라마 내용이 혼란과 고통에서 풀려난 자신의 임신중지 경험과 유사하다고 말하기도 했다.[137] 그러나 '낙담한 의사 알렉스를 보여 주는' 데 실패했다며 비판하는 사람도 많았다.[138] 레이스트는 긴 사설에서 이렇게 물었다. "알렉스는 '그저 내 아기를 안아 보고 싶다'며 울고 또 울 것인가?"[139]

진저 엑슬먼Ginger Eksleman의 임신중지 경험담은 레이스트를 기쁘게 했을 것이다. 엑슬먼은 과거 자신이 젠더학을 전공하는 페미니스트로서 임신중지를 '통과의례'로 겪으려 한 게 무지했다며 개탄한다. 그러고 나서 그건 "내가 죽인 나의 아기"였음을 고통스럽게 깨닫는다.

> 임신중지 이후 나는 전에 살던 삶으로
> 돌아가거나 그 삶을 이어 갈 수 없었다. (…)
> 나는 깨달았다. (…) 나는 잘못된 정보를 알았던
> 것이다. (…) 아마도 페미니즘적인, '편향되지
> 않은' 정보와 언어는 내게 힘이 되지 않았다.
> 그것은 내 진실을 부정했다.[140]

엑슬먼은 임신중지를 하기 전 자신이 쾌락을 추구하고 임신중지에 목마른 페미니스트였다고 재현한다. 그 내용은 엑슬먼이 '고지된 동의'에 관한 법을 은근히 암시하는 내용과 더불어, 반임신중지 운동 진영에서 언급되었다.[141] 엑슬먼은 적어도 WFA 같은 반임신중지 조직과 소통했을 것이다. 그러나『디 에이지』는 엑슬먼의 이야기를 실으면서 편집자에게 온 편지 몇 통도 함께 실었다. 편지의 내용은 '임신중지에 대한 강력하고 진실된 통찰'을 나눠 주어 엑슬먼에게 고맙다는 것이었다.[142]

> 보통 우리가 듣는 이야기는 원치 않은 임신이
> 끼어들어 삶이 중단됐던 데서 손쉽게 그 삶으로
> 돌아가는, 그 경험에서 쉽게 벗어나는 이들의
> 이야기다. 그러나 그런 여성은 예외적이다.
> 임신중지는 삶을 바꾸는 사건이다.[143]

여성의 임신중지 경험담은 언론에 별 문제없이 등장한다. 엑슬먼의 이야기가 실린 지 일주일 만에 신디 테벨Cyndi Tebbel이 자신의 '빠르고 고통 없는' 임신중지, 우호적이었던 진료소 직원에 대해 쓰면서 이렇게 단언했다. "결국 나는 그저 안도할 뿐이었다. 후회는 없다."[144] 그러나 이런 내용은 편집자에게 보내는 짤막한 편지, 혹은 언론에서 부정적 경험과 균형을 맞추려고 긴 기사의 일부로 싣는 정도에 그친다. 반면 바버라 베어드가 지적하듯 "임신중지로 고통받는 여성의 재현은 넘쳐난다."[145] 임신중지 뒤 끔찍하게 고통받는 여성의 이야기는 지난 30여 넌간 신문에서 다뤄졌다. 임신중지에 대한 특정한 감정이 공론장에 할애되는 양상은 정치적 성격을 띤다. 태아중심적 애통함은 단연 반임신중지 정치다.

임신중지에 애통함이 들러붙는 것은 『디 에이지』와 『헤럴드 선』 논설에도 나타난다. 『헤럴드 선』은 오스트레일리아에서 RU486의 시판을 허가한다는 내용의 연방의회 법안(2006)을 지지하며, "최근 몇 주 동안 의원들이 공유한 개인적 경험은 임신중지에 따르는 감정적 상처를 보여 주었다"라고 밝혔다.[146] 또한 『디 에이지』는 "임신중지 이슈는 격정을 불러일으키기 마련이며, 여성에게 트라우마를 유발하는 경험이 될 수 있다"라고 평했다.[147] 임신중지가 자동적으로 부정적 정서를 불러일으킨다고 하며 임신중지-트라우마-애통함의 미끄러짐을 보여 주는 것이다. 논설에서 임신중지가 부정적 경험이 될 수 있다고 한 말에는 어떤 경우 그렇지 않을지 모른다는 함의도 있다. 그러나 임신중지에 계속 부정적 정서가 따라다니면서, '될 수 있다'에 깃든 불확실성은 가려졌다.

임신중지를 재현하는 데서 태아중심적 애통함이 두드러지는 것이 여성 각자의 임신중지 경험으로 자동 옮겨지진 않는다. 이 책의 '맺음말'에서 보겠지만, 임신중지 후 여성의 '안도'를 강조하는 대항담론도 생겨났다. 이런 대항서사의 발달은 태아중심적 애통함이 담론상 규범화되었음을 반영한다. 이는 여성에게 꼭 인용해야 하는 강력한 서사 각본을 제공한다. 즉 규범적 여성 주체를 구성하는 명료한 프레임 안에서 여성이 자신의 임신중지를 만회하게끔 하는 것이다. 여성이 임신중지에 그다지 영향받지 않았다고 느끼는 경우, 스스로 '적절한' 정서가 결여돼 있음을 설명하거나 정당화해야 한다는 압박을 너무 많이 받는다. 태아중심적 애통함이라는 서사는 바버라 베어드가 말하는 '체현된 일탈'이다. 그것은 신체적 영역에서 심리적·감정적 영역으로 넘겨진 것이다. 태아중심적 애통함의 서사는 여성이 추후 경험하는 모든 부정적인 심리적·감정적 느낌을 임신중지 탓으로 돌린다. 그렇게 해서 임신중지에 기대되는 심리적·감정적 해로움이 유연하게 멀리까지 닿는다.

태아중심적 애통함은 원치 않은 임신을 겪은 여성에게, 임신중지를 통해 재생산적 행복과 멀어진다면 고통을 받으리라는 경고로 작동한다. 임신중지와 관련해 애통함은 행복의 반대편에

있다. 2장에서 보았듯, 태아는 임신한 여성에게 늘 '행복의 대상'
으로 자리하기 마련인데, 임신중지를 통해서 (혹은 태아의 죽음
으로 일축된다는 면에서 비슷한 상실의 형태인 유산을 통해서) '애
통함의 대상'이 된다. 행복과 애통함은 태아/아이 있음 혹은 없
음으로 특징지어지는 선택의 경제를 만들어 낸다. 선택의 경제
는 임신한 신체 규범을 강화한다. 이 신체는 (적절한 모성 욕망, 그
리고 아이와 모성이라는 결과를 낳을 임신상태를) '가진' 것으로 재
현된다. 그리고 '가진' 상태는 행복을 확보하기 위해 필요한 자질
(무아성)이나 열망(모성)을 '결여'한 임신중지 여성이라는 이미지
를 통해 강화된다.

　　나는 어떻게 모성적 행복이 임신중지의 애통함과 나란히 놓
여, 임신중지의 감정경제를 형성하는지 간략히 살펴보면서 이
장을 마무리할 것이다. 이를 위해 여성이 약물 임신중지에 접근
할 수 있어야 하는지(연방의회), 임신중지가 비범죄화되어야 하
는지(빅토리아 주 의회)를 논한 2000년대 중반 의회 토론(2장 참
고)으로 돌아가 볼 것이다.

임신중지의 감정경제

> [임신중지는] 이걸 겪은 누구에게나 가장 큰
> 트라우마를 안기는 과정이다. 나는 여기에
> 장기적인 정신·신체의 위험이 따름을 알고
> 있다. 그러니 분명, 여성은 단지 임신을 원하지
> 않았다는 이유만으로 임신중지를 선택하진 않을
> 것이다.
> ― 셰퍼튼 시 소속 의원 지넷 파월[148]

임신중지의 애통함과 트라우마는 2006년과 2008년 연방의회 토론과 빅토리아 주 의회 토론에서 눈에 띄는 주제였다. 법안 지지자들은 이 감정 각본을 인용해, 입법의 맥락과 별개로 여성은 임신중지가 일으킬 끔찍한 효과 때문에 그 조치를 피할 것이므로, 임신중지에 더 잘 접근할 수 있어야 한다고 주장했다.

이를테면 빅토리아 주 의회 의원이자 보수당인 국민당 의원 지넷 파월Jeannette Powell이 자유주의적 임신중지 법안을 지지하며 밝힌 이유가 그렇다. 즉 임신중지가 '가장 큰 트라우마를 안기는 과정'이고 '장기적인 정신·신체의 위험'을 수반하기에, 어떤 여성도 '단지 임신을 원하지 않았다는 이유만으로 임신중지를 선택하진' 않을 것이라는 얘기였다.

그런데 우선 임신 초기 석 달 내에 실시하는 임신중지는 임신을 지속하거나 출산을 하는 일보다 안전하다.[149] 또 말했다시피 임신중지가 여성의 정신건강에 꼭 위협을 가하진 않는다. 나아가 여성 대부분은 정말로 원치 않았기 때문에 ('계획하지 않아서'나 '의도하지 않아서'가 아니라) 임신중지를 한다. 파월이 애통함과 트라우마에 보이는 태도는 바로 그 가능성을 줄이고 감춘다.

두 법안의 반대자들은 국가가 여성을 임신중지로부터 보호해야 한다고 주장하면서, 그 근거로 '해로움'의 서사를 들어 "임신중지가 심리적 손상이나 우울증, 심지어 자살도 일으킬 수 있다는 증거가 많다"고 설명했다.[150] 게다가 연방의회 토론에서 반대자들은 "연구자들에 의하면 (…) 외과적 수술보다 더 큰 심리적 트라우마를 안긴다는" 약물 임신중지로부터 국가가 여성을 보호해야 한다고 제안했다.[151] 그 트라우마란 "집에서 죽은 배아를 처리한 결과"를 가리킨다.[152] (여기서 기억할 점은 약물 임신중지가 생리혈이 많을 때와 겉보기에도 느낌도 비슷하다는 사실이다.)

의원들은 임신중지와 정반대로, 임신과 부모됨이 '삶에서 가장 큰 기쁨'이라며 입을 모았다.[153] 두 법안을 지지하는 몇몇 의원은 임신과 부모됨의 기쁨으로 법안 지지를 벌충하려는 듯했다. 한 의원은 이렇게 말했다. "모성은 내게 삶에서 가장 큰 기쁨을 주었으며, 아름다운 세 살 아들의 어머니로서 인간 생명이 실제로 얼마나 귀하고 가치 있는지 깨달았다."[154] 반대자들은 아이 이미지를 '삶의 귀중한 선물'로 상기시켰다. 그럼으로써 태아의 인간성, 그리고 임신을 통해 이어지는 여성과 아이의 고유하고 때로 성스러운 유대를 전했다.[155] 모성과 어머니–아이 유대라는 주제가 되풀이된 점은 토론의 중심에 어머니로서 여성 정체성이 있음을 말해 준다. 임신중지의 부정적 효과를 과장하면서 임신·출산·양육의 부정적 효과를 언급하지 않는 이중전략은, 모성이라는 규범적 행복과 임신중지의 애통함 모두를 구체화한다. 빅토리아 주 토론 당시 한 여성 의원은 임신중지 비범죄화를 지지하며 긍정적 감정과 부정적 감정을 뚜렷이 대조했다. "나를 포함해 아이를 낳는 순수한 기쁨을 경험한 사람에게는 (…) 어떤 이유로든 어떤 상황에서든 임신을 끝내는 일이 큰 고통을 야기할 것이다."[156]

행복과 불행의 원인을 대상에게 돌리는 일은 단순히 특정 감정상태를 설명하는 것 이상의 역할을 한다. 여기엔 그 대상이 우리에게 좋은가 해로운가 하는 판단이 들어 있다.[157] 쾌락을 극대화하고 고통을 최소화하는 공리주의적 윤리는 어떻게 '좋은 삶'을 살 것인가라는 일상의 주문이 되었다.[158] 사라 아메드는 이 모든 '감정 단어' 가운데 행복이 윤리와 가장 가깝게 붙어 있다고 보며 그 이유를 이렇게 설명했다. "누군가에게 좋은 삶은 행복한 삶이다. 선한 사람은 행복한 사람이다. 최고의 사회는 가장 행복한 사회다."[159] 따라서 행복의 논리 안에는 '불행의 원인이라는 말로 무엇이든 공격할 수 있다'는 의미가 있다.[160] 단순하게 보자면, 모

성을 행복으로 재현할 때 모성은 여성에게 좋은 것이 되고, 임신
중지를 불행으로 가정할 때 임신중지는 여성에게 나쁜 것이 된
다. 모성적 행복과 임신중지의 애통함은 임신중지 여성을 모성
적 주체로 만드는 일로 수렴한다.

'애통한 임신중지'와 '즐거운 모성'이라는 감정경제는 아이
를 갖지 않은 여성을 '아이 없는childless' 여성으로 부르는 식의
담론을 통해 힘을 얻는다. '아이로부터 자유로운childfree'이라는
대안적 명칭과 비교했을 때, '아이 없는'이라는 말에는 아이 없이
사는 삶이 상실과 불완전에 가깝고, 아이가 있어야 완전함이 가
능하다는 전제가 깔려 있다. '아이 없는'은 남성보다는 여성에게
붙는 형용사인데, 완전함에 관한 전제가 특별히 젠더화되어 있
기 때문이다.[161] 이와 대조적으로 '아이로부터 자유로운'이라는
형용사는 양육할 때 생기는 시간·돈의 제약 조건을 인지하면서,
모성을 (이를테면 이전의 독립성에 대한) 상실로 다시 상상할 여
지를 준다. 단언컨대 모성에 대한 후회나 상실은 사실상 입 밖에
낼 수 없는 감정이다.[162]

'아이 없는' 여성을 영원히 상실한 자로 설명하는 것은 반임
신중지 프로파간다에서 임신중지를 겪은 여성이 '아이에 굶주
린' 것으로 그리는 서사와 매우 흡사하다. 이 초국적 서사가 오스
트레일리아에서 두드러지게 나타난 예가 있다. 2000년 저메인
그리어는 두 번의 임신중지에 관해, 그리고 아이를 품에 안는 것
이 '삶에서 가장 행복한 경험'이리라는 것을 몰랐던 젊은 날에 관
해 썼다. 그리어는 비탄에 젖어 말했다. "비록 나는 아이가 없지
만, 여전히 임신하는 꿈을 가지고 있다. (…) 나는 여전히 기다린
다."[163] 중년에 접어든 몇몇 저명한 오스트레일리아 여성은 '모성
갈망'이라는 주제를 집어 들었다. 그중 가장 많이 인용되는 것은
2002년 소피 커닝엄Sophie Cunningham이 쓴 사설이다.

> 30대 초반, 아이에 대한 나의 갈망은 상상
> 이상으로 강렬했다. 나는 고통스러웠고,
> 아기를 볼 때마다 울었다. (…) 내게 이것은
> 화학반응으로 일어나는 것만 같은 갈망이었다.
> 내가 아이를 갈망하거나 말거나는 선택할 수
> 없다고 느껴졌다.[164]

　임신중지를 애통해하는 여성이 후회하지 않는 여성보다 대중적 관심을 많이 받는다. 마찬가지로, 한 번도 가져 보지 않은 아이를 갈망하는 여성은 아이를 낳지 않고 가임기를 마무리한 여성 가운데 가장 두드러지는 인물형이다. 생물학적으로, 그러니까 보편적이며 몰역사적으로 그려진 아이에 대한 욕망은 두 서사에 모두 힘을 싣는다. 커닝엄은 모성 규범을 성취하지 못해서 오는 고통과 두려움을 설명하며, 그 감정이 어떻게 우리를 '좋은 삶'이라는 환상으로 이끄는지 증명한다.[165] 모성에 대한 환상이 여성을 모성으로 끌어당겨 문화를 화학반응처럼 느끼게 한다. 임신중지의 감정경제는 모성적 행복이라는 약속과 임신중지의 애통함을 포함한다. 이것이 규범적 여성성에 대한 비슷한 정서적 애착을 불러일으킨다.

결론

1980년대 중반, 반임신중지 운동은 태아의 생명을 지키겠다는 목표를 더욱 숨긴 채, 임신중지를 한 여성을 염려하는 듯이 활동했다. 그때부터 태아중심적 애통함이 반임신중지 운동 진영을 넘어 임신중지에 대한 대중적 논의를 지배했고 다른 해석의 여지를 막았다. 태아중심적 애통함은 임신중지—자율적 생명을 파괴하는 행위이자, 여성이 태어나지 않은 아이를 영원히 애도하게

만드는 행위—의 해로움에 관한 반임신중지 주장을 강력히 수호
하는 규범적 전제를 주관한다.

임신중지가 애통함을 유발하는 것으로 자꾸 설명됨에 따라
임신중지는 차츰, 자연히 애통함을 유발하는 경험으로 담론상
굳어졌다. 임신중지 여성은 태아중심적 애통함을 끌어다 쓰면서
태아적 모성이라는 규범으로 돌아간다. 이는 왜 우리가 계속 임
신중지 서사에서 여성의 모성 욕망과 본능을 보게 되는지를 말
해 준다. 또한 모성에 대한 여성의 '투자'를 '욕망'으로 자꾸만 귀
속시키는 것은, 모성의 안정성을 유지하는 데 드는 노동뿐 아니
라 모성의 산물도 제거해 버린다. 태아적 모성과 태아중심적 애
통함은 각각 서로를 통해 자연화한다. 태아중심적 애통함을 역
사화해 보면, 임신중지에 대한 광범위한 비난을 비롯해 임신에
대한 사회적 단속을 합리화하는 주체의 위치를 확인할 수 있다.

애통함은 행복과 나란히 작동해, 임신에 관한 좋고 나쁜 선
택을 만들어 낸다. 이 시대 오스트레일리아에서 임신중지 선택
의 감정경제는 존재와 부재의 관계로 구조화된다. 즉 아이를 갖
는 것은 규범적이고, 여성에게 행복을 약속하는 일이며, 그 궤도
에서 일탈하는 것은 상실·애통함·후회·갈망으로 얼룩지는 일
이라고 말이다. 이 감정경제는 모성 욕망을 자연화해 읽음으로
써 발생하며, 그런 읽기를 뒷받침하기도 한다. 또한 임신한 여성
을 이미 어머니로 만들며, 다른 여성들 또한 어머니, 대기 중인 어
머니, 결코 가질 리 없는 아이를 갈망하는 어머니로 만들어 낸다.
이 서사가 임신을 그려 내는 유일한 방법인 한, 임신중지는 자연·
질서·윤리·행복·올바름을 거스르며 비자연·파괴·혼돈·트라우
마의 편에 서게 된다. 임신중지 반대론자들은 임신중지를 '말할
수 없는 상실'로 묘사한다. 그러나 내가 주장했듯이, '상실'은 임
신중지의 문화 지형을 지배하고 있고, 오히려 모성이 가져온 상

전승환 지음 | 값15,300원

2019년 **라**이언이 주는
가장 **확**실한 **행**복

#라확행

출간 즉시 베스트셀러!

"내가 좋아하는 이야기부터 하나씩 시작해볼게.
이젠 나를 읽어줘."

라 이 언, 내 곁 에 있 어 줘

책을 지키려는 고양이
나쓰카와 소스케 장편소설 | 이선희 옮김 | 14,000원

책을 좋아하는 모든 이에게 묻는다.
"책이 정말 세상을 바꿀 수 있다고 생각해?"

이 세상의 책을 구하러 떠난 한 사람과 한 마리의 기묘한 모험!
돈 이야기는 그만두고 오늘 읽은 책 이야기를 합시다!

보기왕이 온다
사와무라 이치 장편소설 | 이선희 옮김 | 값 14,000원

제22회 일본 호러소설대상 대상 수상작
"그것이 오면 절대로 대답하거나 안에 들여선 안 돼!"

행복한 신혼부부 히데키와 가나의 집에 정체를 알 수 없는 괴물 '보기왕'이 찾아온다. 대답을 해서도, 문을 열어서도 안 된다. 평범한 현실 속 뒤틀린 인간 심리를 건드리는 메타 호러의 걸작. 숨도 쉴 수 없는 극한의 공포가 온다!

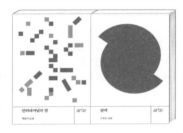

손안의 가장 큰 세계
아르테 한국 소설선 '작은책'
인터내셔널의 밤 | 박솔뫼 소설 | 값 10,000원
안락 | 은모든 소설 | 값 10,000원

가볍게 지니지만 무겁게 나누며
오래 기억될 소설

곰탕 1~2
김영탁 장편소설 | 각 13,000원

'가장 돌아가고 싶은 그때로의 여행이 시작되었다.'
〈헬로우 고스트〉〈슬로우 비디오〉 영화감독 김영탁 장편소설

가까운 미래에 시간 여행이 가능해진다.
하지만, 그 여행은 목숨을 걸어야 할 만큼 위험했다.

실, 이를테면 모성 바깥의 삶에 대한 상실이야말로 실제 말해질
수 없는 것이다.

임신중지 선택의 감정경제는 임신과 임신한 주체에 대한 특
정 시각에 바탕을 둔다. 그리하여 성취 혹은 파괴를 약속하며, 임
신중지에 관한 선택으로써 여성에게 모성적 정체성을 부여한다.
여성은 모성적 행복이라는 환상을 벗어날 수 없다. 그 환상은 여
성에게 용인되는 척도를 타인중심적 정체성과 모성중심적 열망
으로 좁게 한정한다. 임신중지는 살면서 한 번이라도 어머니가
되지 않기를 선택하는 행위인데, 이마저 규범적 프레임 안에 들
어온다는 것은 모성적 행복이라는 이데올로기가 얼마나 유연하
고 강력한지를 보여 준다.

모성적 행복은 생물학적 결정론에 대한 WLM의 급진적 공격
과 임신중지 선택의 규범화가 진행되는 와중에도 살아남았고(1
장 참고), 선택을 칭송하는 신자유주의를 통해 재발명되었다(2장
참고). 오늘날 모성은 임신중지를 선택한 여성에게조차 여성이
선택한 결과가 되었다. 모성적 행복과 임신중지의 애통함이라는
감정은 여성의 임신중지 경험에서 생겨나지 않았다. 도리어 사실
(수많은 여성이 임신중지를 한다는 사실)을 이상·이데올로기(모성
과 모성 욕망의 자연화)를 통해 담론적으로 복구했다. 이렇게 모
성 욕망이라는 이데올로기는 여성들의 삶과 욕망의 이질성에도
불구하고 문화적 정당성을 얻을 수 있었다.

4장에서는 임신중지의 감정경제에 '수치'라는 감정을 더하
고자 한다. 여러 연구는 임신중지에 대한 여성의 경험이 다양하
며 '안도' 같은 긍정적 감정으로 기억되는 경우가 부정적 감정을
유발하는 경우보다 많다는 결과를 끊임없이 보여 준다. 그럼에
도 왜 애통함과 모성적 행복이 임신중지의 재현을 계속 지배하
는지, 4장에서 알 수 있을 것이다.

수치나 수치당하는 공포는 여성이 공개 석상에서 임신중지에 대해 말하지 못하게 한다. 이 말은 임신중지가 실제로 임신중지를 겪은 적 없는 사람들(종종 남성)에 의해 재현되곤 한다는 뜻이다. 따라서 '여성' 주체가 임신중지를 어떻게 경험할 것이며 어떻게 경험해야 하는지에 대한 생각은 임신중지 서사에 힘을 싣는 여성성 전형·규범·이데올로기를 만들어 낸다.

수치스러운
선택

4장

'셋 중 하나' 캠페인은 임신중지에 대한 새로운 대화를
시작하려는 풀뿌리운동이다. 우리의 언어로 우리
이야기를 하자는 것이다. 우리가 함께 낙인찍기와
여성에게 강요된 수치심을 끝장낼 수 있다.
— '셋 중 하나' 캠페인[1]

  임신중지 낙인은 임신중지의 문화적 의미를 말해 주는
  협소하고 젠더적인 전형에 뿌리를 둔다. '여성다움', 즉
  여성의 재생산적 섹슈얼리티, 어머니가 되려는 여성의
  타고난 욕망 등의 전형적 구조물이 여기 포함된다. (…)
  임신중지는 생식을 욕망하지 않고 하는 섹스, 어머니가
  되고 싶어 하지 않는 마음, 어머니-태아 유대의 결여 등
  다양한 위반을 나타내는 신호일 수 있다.
  — 케이트 콕릴과 아디나 내크[2]

지난 10년간 임신중지에 대한 낙인은 임신중지 활동·연구에서 두드러진 주제였다.[3] 반낙인 운동은 미국에서 등장했는데, 부분적으로는 국내의 법적 제약이 점차 늘어나는 추세에 대응하는 것이었다. 이 운동은 웹상의 포럼이나 트위터 내에서 국경을 넘어 커져 갔다. 오스트레일리아[4]와 캐나다[5]처럼 세계에서 가장 자유주의적인 임신중지 법이 있는 나라는 물론, 임신중지가 심각하게 범죄화돼 있는 아일랜드[6] 같은 나라로도 옮겨 갔다.

반낙인 운동이 초국적으로 진행된 데는 법이 임신중지 규제에 한정된 지분을 갖고 있다는 인식이 일부 작용했다. '임신중지 낙인'은 임신중지를 제한하는 법을 만들고 합리화하는 데 일조한다. 또한 임신중지가 합법인 나라에서도 적절한 임신중지 시설을 보장하려는 정부 노력을 부족하게 하고, 임신중지 의료 서비스 영역의 훈련된 의료 전문가의 사기를 떨어뜨린다.[7] 낙인은 여성으로 하여금 임신중지를 남에게 숨기고, 그 경험을 개개인이 규범에서 일탈한 것으로 보게끔 부추긴다. 또 잠재적으로는 임신하거나 임신중지를 한 일을 여성 자신의 개별적 과실이라는 기호로 보게끔 한다.[8] 반낙인 운동·학계는 임신중지를 정상화하려는 열망이 있다. 예를 들어 활동가들이 만든 웹 포럼 '셋 중 하나1 in 3'는 살면서 임신중지를 겪을 것으로 예상되는 여성의 비율에서 그 이름을 따왔다. 임신중지가 빈번하다는 사실, 그리고 그 경험이 공유되는 성격에 주목을 끌려는 시도였다.

반낙인 운동·학계는 WLM의 급진적 임신중지 정치(1장 참고)와 공명한다. 반낙인 활동가들은 여성과 모성의 가부장적 결합, 그리고 재생산과 결부된 여성의 섹슈얼리티가 여성으로 하여금 임신중지를 수치스럽고 죄책감 드는 비밀로 바라보게 하며, 이를 다른 사람에게 숨기도록 강요한다고 주장했다.[9] 이들은 "임신중지에 들러붙은 끔찍한 낙인을 극복하기" 위해, "여성이 거리에 나와 스스로 임신중지를 했다고, 그게 모든 여성의 결정권임을 믿는다고 이야기할 필요"가 있다고 여겼다.[10] #*ShoutYourAbortion*과 '셋 중 하나'를 비롯한 최근 캠페인은 개별적·공개적 스토리텔링을 통한 '의식고양'(이 용어는 더 이상 쓰이지 않지만)에 집중한다. WLM과 마찬가지로 오늘날 연구자들도 임신중지 낙인을 역사상·맥락상 우연히 나오는 '여성다움의 전형적 구조물'[11]에 위치시킨다. 아누라다 쿠마르Anuradha Kumar·릴러 헤시니Leila Hessini·엘런 미첼Ellen M. H. Mitchell의 영향력 있는 연구에 따르면, 임신중지 낙인은 "임신중지를 하려는 여성에게 부여된 부정적 귀인이며, 여성을 여성성이라는 이상에 내면·외면상 열등한 존재로 만든다."[12]

'임신중지 수치'는 부분적으로는 임신중지 낙인을 내면화한 것이자, 앞으로 보겠지만 시간과 맥락에 따라 바뀌는 여성성 규범의 결과물이다. 이 장에서는 임신중지 수치의 역사와 규제 효과를 점검하고, 이 감정을 탈자연화할 것이다. 수치는 개개인을 사회 풍습을 거스른 실패자로, 또 그 실패에 개인적 책임이 있는 존재로 만든다. 임신중지와 원치 않은 임신에 대한 책임감을 개인화하는 것은 임신중지 수치에 필수적인 전제조건이다. 임신중지 법이 1970년대 전환기에 자유화될 당시, 임신중지는 수치의 근원으로 널리 여겨졌다. 독신 여성이 성관계를 안 하고 기혼 여성이 아이를 원하리라는 규범적 기대가 여전했기 때문이다. 임신중지는 이런 규범적 기대를 저버린 실패의 기호였다. 혼전 성관계가 표준화되면서부터는 임신중지 수치를 이끌어 내는 규범도 바뀌었다. 여성이 결혼을 했든 안 했든 간에 피임을 통해 생식력을 조절하여, 임신할 경우 출산까지 담보해야 한다는 기대가 생긴 것이다.

이 장은 임신중지 수치를 지탱하는 규범의 지도를 그릴 것이

다. 아울러 수치의 다양한 양상이 어떻게 인종·연령·계급이라는
축을 따라 재생산적 신체와 연결되는지 고민할 것이다. 그렇게
하여 '수치', 즉 사회적 기대와 규범을 거스른 데 대한 깊이 내면
화된 실패감으로부터 '수치 주기'로 초점을 옮기려 한다. 수치 주
기는 수치의 감정을 그 대상의 내면에서 이끌어 낼 목적으로 일
어나는 행동 혹은 제스처다. 이 책은 수치에서 수치 주기로 논의
를 옮겨 감으로써, 임신중지 여성이 어떻게 '젠더화된 개별 주체'
로 재현되는가에서 어떻게 '공동체 구성원'으로 재현되는가(이
주제는 5장으로 이어진다)로 관심을 옮길 것이다. 수치 주기의 양
상은 임신한 여성이 속한 공동체가 잠재적 아이에게 어떤 가치를
매기느냐에 따라 달라진다. 어떤 여성은 임신중지를 해서, 어떤
여성은 아이를 너무 많이 낳아서 수치를 당한다.

　여성이 임신중지를 합법적으로 선택할 수 있고 여기 접근할
수 있을 때조차, 이를 선택하는 사람은 '실패자' 혹은 '패배자'로
재현된다. 수치와 수치 주기의 이중 과정이 여성에게 그런 느낌
을 심는다. 수치와 수치 주기는 임신중지를 겪은 여성을 처벌하
려 하며, 임신중지 관련 선택을 통해 이들의 품행을 단속하고, 재
생산을 기준으로 선택·선택자의 위계구조를 만든다. 수치, 그리
고 수치에 걸려든 임신중지 재현·경험을 간략히 살펴보는 것으
로 이 장을 시작하려 한다.

임신중지 수치

프로초이스 활동가들은 '수치'와 '수치 주기'가 임신에 대한 여성
의 결정권을 축소한다고 오래도록 인식해 왔다. 그러나 이 감정
은 연구되지 않은 채로 있었다. 수치는 누군가가 사회적 존재로
서 처참히 실패했음을 나타내며, 따라서 지극히 개인적인 동시
에 사회적인 감정이다. 수치스러워하는 주체는, 스스로 인지하

는 자기와 이상적 타자, 즉 되고 싶은 자아상 사이의 단절을 겪는
다. 그는 그 자아상을 향해 가려는 한편, 자기를 거기에 반한다
고 평가한다.[13] 심리학자 실반 톰킨스Silvan Tomkins에게 수치란
"내적 고통이자 영혼의 병처럼 느껴지는" 것이다.[14] 엘스페스 프
로빈도 이와 유사하게 "수치는 우리가 스스로를 누구라 생각하
는지의 핵심에 가닿는다. (…) [수치는] 우리의 가치·소망·열망을
구체적으로 드러낸다"라고 했다.[15] 자기가 자기를 부정적으로
평가할 때, 주체는 주체인 동시에 수치의 대상이 된다. 사라 아메
드는 다음과 같이 썼다.

> 수치에는 주체를 주체 자체로 돌려놓는 타자,
> 즉 목격자로서 타자가 요구된다. (…) 그러므로
> 이 타자 앞에서, 실패란 전적으로 나 자신에
> 대한 나 자신의 실패다. 수치스러워하는 나는,
> 이상화된 타자의 시선을 통해 내가 실패자임을
> 나 자신에게 드러낸다.[16]

  이상화된 타자는 공동체들을 묶는 사회규범과 연관해 형성
된 주체의 자리에 있다. 따라서 수치는 가슴 깊이 느껴지고 내면
화되는 동시에 '첫 번째 사회적 감정'이기도 하다.[17] 우리가 공동
체에 '속한' 정도, 내지는 공동체로부터 소외된 정도를 가늠하는
것이다. 사회인류학자 마리 파디Maree Pardy는 수치의 "핵심은
사회적 유대를 만들고 유지하는 (…) 탁월한 소속감"이라고 지적
했다.[18]
  사라 아메드의 말마따나 수치는 "규범적 존재의 각본을 따르
지 않아서 치르는 정서적 비용"일 수 있다.[19] 수치는 공동체에서
공유하는 규범·가치·이상을 위반한 개인에게 신호를 보낸다. 그

리고 "거부하는 타자에 대한 강한 애착, 즉 그 개인을 무엇보다 수치에 취약하게 만드는 애착"을 이끌어 낸다.[20] 수치를 느끼는 주체는 스스로 실패한 이상이나 규범에 다시 통합될 수 있다. 왜냐하면 그가 모방하는 데 실패한 사회적 이상에 대한 애착이 곧 수치이기 때문이다.[21] 모든 비규범적(백인·이성애자·중산층·남성이라는 비가시적 기준에 반하는) 신체는 수치를 통과한다. 여자아이는 수치를 거쳐 성인이 되며, 규범적 여성다움에 실패(임신했으나 임신중지를 원하는 등)하면 이후 수치를 겪게 된다.[22] 여성은 수치에 '영속적으로 조율'된다. 여성 신체가 비규범적이어서만이 아니라, 여성 신체가 육체성·섹슈얼리티·섹스라는, 수치를 주기 특히 쉬운 것들을 통해 규범적으로 읽히기 때문이다.[23]

개인의 수치감은 수치 주기라는 공적 행위와 무척 다르다. 엘스페스 프로빈은 수치 주기를 "축구공, 혹은 심지어 상대편에서 훔쳐 온 수류탄"이라 일컬었다.[24] 수치 주기의 목표는, 공동체나 국가에 부응하지 못했다고 여겨지는 대상 안에서 수치를 만들어 내는 것이다. 그러나 수치 주기가 반드시 수치로 이어지진 않는다. 수치는 자기를 실패자로 지각하는 일에 관련 있고, 죄책감guilt과 비슷한 점이 많아 후속 연구에서는 죄책감을 함께 다룬다. 이 두 감정 모두 사회적 기대·규범·가치에 대한 주체의 실패감을 반영한다. 그러나 수치는 죄책감보다 더 '강렬하고 혐오스러운 경험'이어서, 주체가 원인을 더 감추려 들고 고립감과 열등감을 더 크게 느낀다.[25] 또 수치를 설명하는 것은 죄책감을 설명하는 것보다 덜 자유롭다. 수치는 주체의 자아를 반영하는 반면, 죄책감은 주체의 행동을 이야기하기 때문이다.[26] 임신중지와 관련지어 보자. 죄책감의 원인은 여성의 임신중지다. 이는 자아의 일탈을 알리는 신호다. 반면 수치 안에서 여성은 스스로 책임감을 붙든다. 이때 임신중지라는 일탈은 결점 많고, 부적절하고, 비도덕적이거나 병리적인 자아를 반영한다.

그러므로 수치는 여성적인 감정이다. 비규범적 신체, 특히 섹스와 여성 신체에 들러붙어 사회적 존재로서 개인의 실패감을 드러낸다. 이런 정의를 통해서만 왜 임신중지가 특히 수치와 수치 주기가 일어나기 쉬운 장소인지를 알 수 있다. 수치에는 개인적 실패감이 들어 있다. 따라서 임신중지 수치와 수치 주기를 지속하려면, 원치 않은 임신에 대한 책임을 반드시 개별화해야 한다. 원하지 않고 계획하지 않은 임신을 개개인 탓으로 돌리는 일은 1970년대 임신중지 법 자유화 이후로도 꾸준히 일어났다. 다만, 앞으로 보겠지만 자책을 유도하는 규범은 '혼전 순결'을 이상화하던 데서, 피임을 통해 여성이 생식력을 조절할 수 있고 그래야 한다는 기대로 바뀌었다.

수치, 비도덕, 무책임

> 대다수 사회가 지금까지도 임신중지에
> 대한 죄책감을 전통적 사회통제 시스템의
> 일부로서 일부러 유도하고 있다. 이런 상황에서
> [임신중지] 환자가 죄책감을 경험할지는 물을
> 필요도 없다. 그건 자명한 일이다.
> — 레이먼드 일슬리와 매리언 홀[27]

죄책감은 임신중지가 여성에게 미치는 심리적·감정적 영향을 연구하던 학자들이 우선으로 강조한 감정이다. 레이먼드 일슬리Raymond Illsley와 매리언 홀Marion H. Hall(각각 의료사회학과 의학을 전공했다)의 1976년 임신중지에 대한 심리학 문헌비평은, 임신중지 죄책감이 거의 모든 사회에서 '일부러 유도'되고 있으며, 결국 여성이 임신중지에 죄책감을 가질 수밖에 없게 된다고 결론지었다. 당시 다른 연구자들처럼[28] 일슬리와 홀도 임신중지 죄책감이 사회통제의 핵심 양식이며, 특히 여성의 성적 품행을 단속하는 수단이라 주장했다. 그리하여 재생산을 목적으로 한 결혼에서 일어나는 섹스만이 정당하다는 생각을 지지한다는 것이다.[29]

여성 삶의 규범적 궤적은 '혼전 순결'에서 출발해 기혼자의 모성을 향해 갔다. 그 각 단계에는 임신중지 죄책감과 수치의 서로 다른 양태가 따랐다. 죄책감에는 혼전 성관계가, 수치에는 기혼 여성의 모성 거부가 연결된다. 이 패턴은 오스트레일리아를 비롯해 서방 영어권 전역에 나타났다.[30] 1975년, 멜버른 최초의 합법적 임신중지 진료소에서 임신중지를 한 여성을 대상으로 연구가 진행됐다. 이에 따르면 독신 여성은 임신한 사실에, 기혼 여성은 임신중지에 죄책감을 느끼는 것으로 나타났다. 죄책감의 근원은 독신 여성의 경우 임신, 더 정확히는 임신으로 이어진 섹스였고, 기혼 여성의 경우 아이를 원하지 않는 상태였다. 그러나 임신중지에는 죄책감이 불가피하다는 통념과 반대로, 겨우 3분의 1에서 3분의 2에 해당하는 응답자만이 죄책감을 느낀다고 밝혔다.[31] 이 결과는, 여성이 임신중지에 죄책감과 수치를 느끼리라는 강한 기대에도 불구하고 많은 여성이 이 감정을 내면화하지 않음을 보여 줬다. 앞으로 밝히겠지만 기대와 경험 사이에 괴리가 있는 것이다.

2000년대에 위 데이터를 연구한 조 웨이너Jo Wainer는 남편 버트럼 웨이너Bertram Wainer와 진료소를 연 유명한 활동가다. 그는 1970년대에 "결혼반지 없는 임신이 많은 이들에게 일탈로 간주"되고, 결혼하지 않고 임신한 여성이 흔히 비도덕적이고 심지어 죄지은 것으로 여겨진 데 주목했다.[32] 1975년 여성선거로 비Women's Electoral Lobby 단체도 "젊은 독신 여성은 혼전 성관계를 잘못된 것으로 배운다"라고 강조하며 왕립인사위원회에 의견을 제출했다. 비혼 여성에게 임신은 수치의 근원이었으며, 임신중지는 그런 식의 사회적 배척을 줄이거나 거기서 벗어나려는 하나의 수단이었다.[33] 한 여성은 임신중지 후 몇 년이 지나, "혼전 임신을 해서 나쁜 사람이 된 것 같았다"라고 회고했다.[34] 이와 대조적으로 결혼한 여성은 아이를 원할 것으로 기대되었기에, 임신중지는 1977년 한 여성이 왕립인사위원회에 보고했듯 "임신하거나 아이를 갖고 싶지 않다는 데 끔찍한 수치를 느끼게" 했다.[35]

결혼한 여성이 그저 아이를 원치 않아 임신중지를 한다는 생각은 사실상 임신중지에 대한 공적 논의에 오를 수 없었다. 일반적으로 공적 논의상 임신중지 여성은 독신으로 정형화되었다.[36] 오스트레일리아에서 집계된 통계를 보면 그런 정형화에 한계가 있음을 알 수 있다. 즉 1970년대에 임신중지를 한 여성 가운데 비혼 여성(반드시 '독신'은 아니다)은 58퍼센트에서 65퍼센트밖에 되지 않았다. 이 비율은 2000년 말까지 비교적 안정적으로 유지됐다.[37] 빈곤한 기혼 여성이 전에 낳은 아이의 안녕을 위해 하는 임신중지는 정당화되었다(1장 참고). 그러나 이는 수치에서 풀려난 게 아니라 수치가 임신중지에서 가난으로 옮겨 간 셈이다.

1970년대 전환기의 법 개혁 이후 임신중지가 늘어나면서 당대 사회·문화적 전환이 일었다. 이는 이른바 '미혼모'와 성 도덕에 대한 태도를 바꿔 놓았다. 또한 피임약에 대한 접근 확대, 싱글맘에 대한 보조금 도입, 정부 지원 가족계획 서비스, 조산시설 폐지도 잇따랐다.[38] 1970년대에 임신중지 심리 연구자들은, 당시 전통적 젠더질서가 유동하고 있었고 이것이 여성의 임신중지 경험에 영향을 미쳤을 것으로 보았다. 연구에서 두드러진 경향은, 임신중지를 한 여성이 자신의 성적 위반에도 불구하고 여성의 섹슈얼리티에 대한 전통적 관점을 내면화했으리라는 주장이다. 연구자들은 '성적 죄책감'이 높은 수준으로 내면화된 비혼 여성이 피임법(성적 능력과 노하우를 포함해)을 사용하지 않았거나, 혹은 효과적으로 사용하지 못해 원치 않은 임신이나 임신중지로 이어진다고 주장했다.[39] 레이 로젠Raye Rosen과 로이스 마틴데일Rois Martindale은 정반대의 관점을 제시했다. 이들은 미시간 주 임신중지 사례 연구에 기초해, 임신중지를 한 여성이 "자신의 성적 행위에 대한 수용, 자신의 권리에 대한 뚜렷한 관심 등 페미니즘 성향이 있다"고 보았다.[40] 결과적으로 그 여성들은 임신중지를 일반 수준의 감정으로 받아들이며 죄책감을 거의 느끼지 않았다.

이 연구들은 임신중지 죄책감의 원인에 대한 폭넓은 해석을 제공하지만, 죄책감이 임신중지와 관련해 주요한 감정이라는 관심을 공유한다. 여기서 임신중지 죄책감은 여성 섹슈얼리티에 대한 규범적 기대, 당시 강렬한 변화를 겪고 있던 기대와 연결된다. 그러나 연구자들은 여성의 비생식적 섹스에 가해지던 제재를 대신할 새로운 규범의 힘을 예상하지 못했다. 그것은 바로 원치 않은 임신을 막기 위해 피임을 해야 한다는 여성의 '책임감'이다.

개인의 재생산적 신체를 통제해야 한다는 명령은 20세기를 거치며 '소망'에서 확실하게 젠더화된 '사회적 의무'가 되었다. 캐럴 스마트Carol Smart는 19세기 영국에서 현대식 피임기구가 등장하던 초기 역사를 추적한다.[41] 당시에는 의학적·법적·과학적 담론이 똘똘 뭉쳐 여성의 섹슈얼리티를 다루기 힘든, 따라서 훈육하고 통제할 필요가 있는 것으로 보았다. 오늘날 이런 훈육·통제의 양식은, 레알 룰Lealle Ruhl이 '의도된willed 임신'으로 명명한 집단적 환상을 통해 지극히 정상적인 게 됐다.[42] '가족계획'이나 '산아조절' 같은 개념으로 설명되는 이 환상은 임신을 합리적이고 의도적인 선택의 결과로 나타낸다. 피임에 대한 책임이라는 체제 아래, 여성은 아이를 원하지 않으면 임신해서는 안 된다. 그리고 나중에 이야기하겠지만 여성은 아이에게 재정적·감정적 안녕을 보장할 수 있어야 한다. 임신은 방지할 수 있는 것으로 프레이밍되며, 그런 방지는 책임감 있고 성공적인 여성성을 반영하는 것으로 여겨진다.[43] 따라서 피임 영역에서 여성에게 '선택'이란, 피임할지 말지가 아니라 피임법을 선택하는 개념으로 설정된다.[44]

여성의 피임법 사용 규범이 늘어난 데에는 일상적인 요인도 이면에 작용했다. 예를 들어 1970년대 오스트레일리아 등지에서는 피임기구 광고를 법으로 제한했다. 의사나 약사가 비혼 여성에게 피임약 처방을 거절하는 일도 비일비재했다.[45] 그 뒤로는 여성용 피임기구 종류가 늘어나(물론 남성용 피임기구가 같이 발달한 일은 전혀 없다), 더 부담 없이 널리 이용할 수 있게 됐다.

피임기구 사용은 임신중지의 공적 가시성 및 접근 가능성과 함께 정상화되었다. 임신중지에 대한 법이 1970년대 전환기를 맞아 자유화되면서 프로초이스 활동은 임신중지 비범죄화 요구를 기조로 삼았다. 이때 임신중지 절차는, 원치 않은 아이의 출생을 막는 방법으로 더 권장되던 피임에 필수적인 '최후의 보루'로 재현되었다.[46] ALRA의 주요 슬로건은 "임신중지는 권리, 피임은 책임"이었다. 피임기구 사용이 늘면 임신중지에 대한 요구가 줄어들리라는 가정과 더불어, 임신중지는 프로초이스 활동의 흐름 안에서 흔히 문화적 후진성의 기호로 프레이밍됐다.[47] 여성해방론자들은 "책임감 있는 피임에 대한 프로파간다"가 "악영향을 줄 것"이라며 경고했다. "원치 않은 임신을 개인적 실패의 가시적 증거"로 여길 경우, 임신중지를 겪은 여성은 수치·죄책감, 혹은 적어도 "임신중지를 필요로 한 데 대한 당황스러움"을 느낄 것이라는 얘기다.[48]

피임으로 결국 임신중지가 거의 필요 없어지리라는 열망은
프로초이스 수사의 흐름에 단단히 박혀 있다. 임신중지는 "안전
하고, 합법적이며, 드물게" 이뤄져야 한다는 슬로건이 한 예다.[49]
이 슬로건은 1990년대 클린턴 정부 시기에 대중화되었으며 국제
적 이목을 끌었다. 이를테면 2013년 오스트레일리아의 선거운
동 당시 임신중지에 대한 토니 애벗의 공식 입장도 그랬다.[50] 애
벗은 이 선거로 총리가 됐는데, 2003~2006년 보건부 장관을 지
낼 때도 반임신중지를 거리낌 없이 말한 사람이다(5장 참고). 임
신중지가 "안전하고, 합법적이며, 드물게" 이뤄져야 한다는 슬
로건은, 정치인들로 하여금 여성의 임신중지 접근 제한에는 반
대하면서도 임신중지가 바람직하지 않다는 관점을 가질 수 있게
했다. 이는 임신중지가 사회적 선이기보다는 '필요악'이라는 확
립된 관점을 재확인하는 것이었다(1장 참고). 이 슬로건은 여성의
책임에 대한, 서로 맞물리는 두 가지 암묵적 규범을 힘주어 되풀
이한다. 첫째로 성공적인 피임을 통해 여성의 재생산적 신체를
훈육하는 것이고, 따라서 둘째로 여성이 수태한 모든 배아에 대
해 모성적 책임을 진다는 것이다.

프로초이스 활동가들은 피임과 임신중지를 분리함으로써,
자연적이지도 필연적이지도 않고 역사적 조건에서 빚어진 그 구
별에 일조했다.[51] 바버라 브룩스Barbara Brookes에 따르면, 영국
의 '사람에 대한 범죄 법'(1861)이 영국에서 임신중지를 범죄화했
고 이것이 오스트레일리아 법의 기초를 닦았다. 이 법은 언제부
터 생명이라고 할 수 있는지에 대한 대중적 시각이나, 생리를 '유
발'하려고 임신중지 약물을 널리 복용하는 일상과 동떨어져 있
었다.[52] 20세기 초 임신중지와 피임은 "대중의 마음속에서 산아
조절이라는 단일한 범주 안에 섞여 있었다."[53] 초기 산아조절 지
지자들은 임신중지와 피임을 물리적·도덕적으로 구별했다. 예

를 들어 1929년 마거릿 생어의 『산아조절 리뷰*Birth Control Review*』 편집자들은 산아조절의 열 가지 이유 중 한 가지를 '임신중지와 영아살해 철폐'라고 했다.[54] 양차 대전 사이 기간 동안, 의료 관련 직종에서는 여성에게 임신중지의 '잘못'과 '위험'을 경고하기 위해 산아조절 운동에 합류했다.[55] 1994년 유엔 국제인구개발회의 공식 보고서는 임신중지와 피임의 구별을 국제 기준으로 채택해, "어떤 경우에도 임신중지가 가족계획의 방법으로 권유되어서는 안 된다"라고 명시했다. 임신중지에서 피임이 분리된 역사적 사건은 연구의 초점을 수정을 막는 새로운 피임 기술의 발전으로 돌렸다. 그게 아니었다면 비벌리 위니코프Beverly Winikoff가 썼듯이 "임신중지를 규탄했을지 모른다." 그 결과, 여성이 매일 같은 시간 적량을 복용해야 하는 피임약처럼 상대적으로 엄격한 자기조절을 요하는 기술이 다른 기술보다 선호되었다. 여기서 다른 기술이라 함은, 위니코프가 말하듯 "여성이 원한다고 하는 바에 완벽히 부합하는" 것, 즉 "효과적이고, 안전하고, 비싸지 않고, 원상회복이 가능하고, 이용에 최소한만 요구되는 무언가"다.[56]

임신중지를 드문 일로 만들려면 임신한 사람이 대부분 아기를 낳아야 했다. 정책 결정자들은 임신중지에 대한 토론에서 이를 담보할 어떤 책임을 가정했다. 그 책임의 방식은 고등학교에 콘돔 자판기를 놓을지, 아니면 순결을 강조할지 하는 식으로 종종 충돌했지만, 궁극적으로 이성애 섹스를 하는 여성 개개인에게 원치 않은 임신을 막을 책임이 부과됐다. 피임에 대한 학술연구는 대체로 여성 주체에게 초점을 맞췄다. 그 목표는 뚜렷했는데, 2014년 초 발표된 연구에 언급되듯 "의도하지 않은 임신을 막기 위해, 효과적인 산아조절 이용의 일관성과 접근의 용이성"을 증진하는 것이었다.[57] 2000년대 초 실시된 연구는 생식이 가능하고 남성과 섹스를 하는 오스트레일리아 여성의 95퍼센트가 어떤 방식으로든 피임을 한다는 결과를 내놓았다.[58] 여성은 단지 원치 않은 임신을 막기 위해서만이 아니라 다양한 이유로 피임을 한다. 그럼에도 타인 혹은 자기 스스로가 피임을 해야 한다고 보기 때문에 피임하는 경우가 많다. 피임 효과가 높아지고 이용도가 늘어나 여성이 임신 여부를 조절할 수 있는 능력이 증진되면서, 여성은 효과적·효율적으로 피임할 규범적 의무를 갖게 됐다. 따라서 섹슈얼리티의 재생산 규범으로부터 좀 더 자유로워진 동시에 제약조건(피임기구를 쓰라는 문화적 의무의 형태)도 따랐다. 그러나 피임기구 확산에 동반되는 훈육 제도는 질문되지 않은 채로 있거나, 숨겨진 측면도 있다. 왜냐하면 피임기구 사용 및 확산은 20세기 서방 여성의 자유와 가장 긴밀히 연결된 발전이었기 때문이다.[59]

　　피임법의 실패 가능성, 피임기구 부작용, 여성이 피임법을 사용할 때 느끼는 불편함은 '피임할 책임'이라는 규범으로 가려진다.[60] 보건 전문가들은 여성에게 피임이 미치는 부작용을 모조리 밝히는 데 종종 실패한다. 이는 팸 로에 따르면, 여성이 피임기구를 포기하는 대신 "피임기구를 사용함으로써 '올바른' 혹은 '합리적' 결정"을 내릴 수 있게 된다.[61] 피임할 책임이라는 규범은 피임과 그 이용을 사회관계와 권력의 영역 바깥에 놓는다. 남녀의 친밀한 성적 관계는 젠더화된 권력관계의 그물에서 일어난다. 예컨대 여성이 남성 파트너와 안전한 섹스를 협상하는 게 어려울 수 있다는 얘기다. 피임기구의 엄격한 사용이란, 제약 없는 즉흥적 섹스 등 보다 광범위한 섹스 이데올로기와 불일치하기도 한다.[62] 이때 피임기구 사용에 대한 젠더화된 책임이 덧씌워져, 이성애 관계에서 여성에게 재생산 능력을 통제하라고 하는 것이 남성에게는 같은 정도로 적용되지 않음을 볼 수 있다. 여성이 원치 않은 임신으로부터 자신을 보호해야 한다는 이야기는, 여성의 섹슈얼리티가 여전히 재생산과 모성에 결합돼 있다는 뜻이다. 이는 남성의 성적 신체에서 재생산을 지우는 한편 쾌락을 특권화함으로써 가능해졌다.

여성에게 피임을 하라거나, 임신중지가 합법인 나라에서 피임이 실패하면 임신을 지속하라는 법 또는 강제력은 존재하지 않는다. 그렇다면 어떻게 책임감 있는 임신한 몸, 즉 자신의 재생산 능력을 통제해 수정된 배아를 무조건 출산까지 담보하는 여성이 단속의 대상이 될 수 있을까? 한 가지 메커니즘은 역사적으로 조성된, 피임과 임신중지의 위계다. 여기서 임신중지는 피임과 질적으로 구별되고 궁극적으로 잘못된 것으로 여겨진다.[63] 임신중지는 잘못이고 피임은 옳다는 인식은 '태아적 모성'이라는 규범에 남아 있다.[64] '태아적 모성'은 '의도된 임신' 규범과 나란하게, 전반적인 재생산 도식을 만들어 낸다. 그 도식 아래서 모든 임신은 출산으로 이어져야 하고, 임신한 여성과 태아는 각각 어머니와 아이라는 정체성을 자동적으로 부여받는다. 또한 피임기구는 자기 자신의 책임을 뜻하고, 임신중지는 개인적 책임의 실패로 나타난다. 이상적인 여성의 성적·재생산적 신체는 통제되고 억제돼 있다. 그와 반대로 임신중지 여성의 성적·재생산적 신체는 과도하며 억제돼 있지 않다.[65] 이런 대조를 통해 피임의 필요성, 그리고 여성이 아이를 원치 않는다면 성적 행위를 일절 하지 않아야 한다는 발상이 서로 이어져 있음을 알 수 있다. 성을 억제한다는 것은 더 이상 금욕이 아니라 바람직한 피임 행위를 뜻했다.

임신중지를 겪은 여성이 스스로 효과적 피임의 책임을 저버렸다고 느끼는 경우는 '극히 흔하다.'[66] 이 개인적 실패감은, 임신중지를 비난받아 마땅한 것으로 놓고 이런 비난을 탈맥락화·개별화하려는 임신중지 수치와 수치 주기의 전제조건이다. 임신중지 여성은 여러모로 책임감이 없다며 수치를 당한다. 유명한 프로초이스 슬로건 가운데, 임신중지가 "안전하고, 합법적이며, 드물게" 일어나야 한다는 것과 "임신중지는 권리, 피임은 책임"은 수치 주기의 기술이다. 성교육 프로그램을 증진하고 피임기구 접근을 확대해 원치 않은 임신을 막을 수 있고 그래야 한다는, 따라서 임신중지도 막을 수 있고 그래야 한다는 널리 퍼진 신념 역시 마찬가지다. ALRA를 필두로, 1970년대 무렵 정치인들은 임신중지에 대한 자유로운 접근을 대체로 지지했다. 이들은 성교육 프로그램 증진과 피임기구 접근 확대를 함께 지지하면서 임신중지가 안전하고, 합법적이며, 드물게 일어나야 한다고 이야기했다.[67]

　　임신중지에 관한 여러 공중보건 연구는 효과적 피임으로 임신중지에 대한 필요가 없어지리라고 가정했다. 예컨대 임신중지 통계를 근거로 "피임기구를 더 잘 사용하도록 계속 강조할 필요가 있다"고 주장한 연구가 전형적이다.[68] 이와 유사하게, 국가 보건 정책은 번번이 임신중지를 "피임에 관한 건강관리를 제공해 해결할 수 있는 문제"라 보았다.[69] 임신중지를 겪은 여성은 임신중지 절차에 정례화된 피임 상담을 통해 실패자로 묘사되었다.[70] 최근 스코틀랜드 임신중지 서비스를 기준으로 보면, 60퍼센트의 여성이 '가장 효과적인 피임법'을 듣고 임신중지 진료소를 떠난다.[71] 이런 결과를 의도하지는 않았더라도, 임신중지 절차에 피임 상담이 포함된 것은 무책임한 품행에 대한 질책이자, 훗날 책임감 있게 행동할 것을 다짐받는 일이라 볼 수 있다.

　　임신중지 여성을 독신으로 전형화하는 것, 그리고 어려서 성경험이 부족하리라고 보는 꾸준한 믿음은 같이 간다. 그런 탓에 임신중지를 겪은 여성은 자신의 임신에 대해 바보같이 죄를 지었다고 느끼게 된다. 이 잦은 일반화는 지난 40년간 언론인과 의원

190

들이 임신중지를 겪은 여성에게 붙인 수식어에 잘 드러난다. '지독하게 무책임한'[72] '어려서 피임에 대해 태평스럽게도 무지한'[73] '어리석은 실수를 하는 어리고 바보 같은'[74] 사람들. 오늘날 임신중지 여성이 성공적인 피임으로 자기 책임을 다하는 데 실패했다는 생각은, 모르는 사람들이 여성을 심판하고 비난하는 데 발판을 준다. 녹색당 의원 콜린 하트랜드는 언론에 자신의 임신중지 사실을 이야기하면서 2008년 빅토리아 주 임신중지 비범죄화를 주도한 인물이다. 그는 임신중지 당시 아이를 재정적으로 뒷받침할 수 없어 그런 결정을 했다고 말했다. 그러자 멜버른의 신문 『디 에이지』 편집자에게 이런 편지가 도착했다. "그녀가 피임에 대해 들어 보았는지 의문이군요. 아니면 그저 너무 가난했을지도 모르겠네요."[75]

선택해서 한 임신이라는 이상은 임신중지 수치와 수치 주기의 주요한 근원이다. 그러나 여성이 수치로 내면화하는 부정적 판단은, 원치 않은 임신 자체를 여성의 과실로 보진 않더라도, 의도치 않게 임신했고 그리하여 임신중지를 한 데 여성에게 비난의 소지가 있다는 생각과 관련 있다. 오스트레일리아와 미국을 비롯해 세계적으로 약 40퍼센트의 임신이 '계획하지 않은 채' 이루어진다.[76] 계획하지 않은 임신이 출산으로 이어질 때는 여성이 죄책감이나 수치를 느끼지 않는다. 임신중지에 관한 의학 연구에서 "임신중지의 불가피한 결과인 '죄책감'"을 우려한 것과는 대조적이다.[77] 과학 연구에는 임신중지의 '심리적 후유증' 내용이 주를 이룬다.[78] 반면에 계획하지 않은 임신을 지속하는 여성의 경험은 비슷한 정도의 연구를 요하는 '문제'로 구성되지 않는다. 따라서 효과적 피임에 실패했다는 감각에서 생겨난 수치는 여성이 임신중지를 선택할 때만 활성화된다. 임신중지란 그 이상의 실패, '모성적이지 않고 이기적인 존재임'을 상징하기 때문이다.

실패한 어머니

나는 2장에서 '이기적인 임신중지 여성'이라는 전형을 살펴보았다. 그러면서 임신중지가 잠재적 아이에 대한 최선의 이익을 고려해 내리는 몹시 어려운 결정이라는 서사가 개개인으로 하여금 임신중지를 임신한 여성에 대한 모성적 무아성 규범에 복귀시킨다고 주장했다. 나는 여기서 그 주장을 다시 펼침으로써, 여성이 자신의 임신중지에 대해 말할 때 어떻게 이 서사를 내면화하는지 살펴볼 것이다. 또한 이것이 '이기적인 임신중지 여성'이라는 전형에 동반되는 죄책감과 수치를 약화시키거나 관리할 방도로 읽힐 수 있음을 보일 것이다.

매기 커크만Maggie Kirkman 등은 8개 나라를 대상으로 임신중지 여성의 경험을 연구한 논문 19편(1996년에서 2008년 사이에 출판)을 리뷰하고, 이런 점을 발견했다. "임신중지를 한다는 결정은 종종 좋은 부모가 되려는 욕망에 영향을 받았다. (…) [임신중지 여성] 자신의 필요가 잠재적 아이의 필요와 동일시되었다."[79] 커크만 등은 후속 연구에서 이 결론을 지지했다. 2007~2008년 멜버른 왕립여성병원의 임신자문서비스Pregnancy Advisory Service에 참석한 여성 60명을 대상으로 인터뷰를 진행한 결과, 많은 여성에게 임신중지가 "모성에 준비되어 있지 않을 경우 한 가지 해결책"이었다는 것이다.[80] 커크만 등은 철학자 캐럴 길리건을 인용해 여성에게 임신중지 결정이 "관계에서의 돌봄과 책임감 문제"라 주장했다.[81] 여성들이 직접 표현한 바에 따르면, 임신중지 여성은 스스로 "따뜻한 감정을 갖고 있으며 타인을 위해 자신의 필요를 희생해야 한다는 것을 아는" 대신에, '잔인한' '비정한' '냉정한' '냉담한' '초연한' '단절된' 기존의 이미지와 맞닥뜨릴 것을 걱정하곤 했다.[82]

사회과학적 연구에서는 조사하려는 문제를 구성한다. 여기

서 연구자의 질문, 연구 목적, 연구자가 보고, 분석하는 경험에서
나온 결과가 완전히 해소되기란 불가능하다.[83] 커크만 등의 연구
는 여성이 임신중지를 하는 이유에 초점을 맞춘 연구에 해당한
다. 이 연구 영역에서 여성이 남들에게 임신중지를 정당화하는
일은 더 극대화되며, 그 정당화에 따라 각 여성의 선택에 대한 더
폭넓은 사회적 수용과 문화적 승인이 결정된다. 커크만 등의 연
구는 모성적 프로초이스 정치에서 영향을 받았다. 모성적 프로
초이스 정치는 '이기적인 임신중지'의 가능성을 지워 버림으로써
임신중지를 지지하고, 여성이 미래 아이에 대한 모성적 책임감
때문에 임신중지를 한다고 주장한다(2장 참고). 커크만 등은 레
슬리 캐널드와 캐럴 길리건 같은 학자들에 의지해 "좋지 않은 때
에 임신한" 여성들을 그리는데, "그 여성들에게 임신중지는 복잡
한 문제를 푸는 어려운 해결책으로 여겨진다."[84] 커크만 등은 원
치 않은 임신을 '좋지 않은 때에' 한 임신이라며 임신중지가 여성
에게 몹시 어렵고 복잡한 결정이라는 서사를 강화한다. 이런 수
사적 제스처는 임신한 여성에 대한 모성적 규범을 영속화하고,
임신중지를 일탈로 재위치시켜 결국 수치와 수치 주기의 장소가
되게 한다.

커크만 등의 연구는 임신중지를 한 여성이 여성적 무아성 규
범에 대한 실패감을 내면화하며, 이는 임신중지를 잠재적 아이
의 최선의 이익을 위해 내린 어려운 결정으로 프레이밍하는 데
대한 여성의 우려로 입증된다고도 주장한다. 임신중지를 무아성
으로 나타내는 것은 임신중지를 이기적 결정으로 보는 기본 입
장에 대응한 것이다. 임신중지는 무아성(여성이 타인중심적 규범
에 실패했음을 보여 주는 기호)에 붙어서 수치를 일으킨다. 수치
는 임신중지 여성의 자기평가를 (적어도 남들이 인지하는 한에서
는) 이기적이고, 무책임하고, 신경질적인 것으로 나타낸다. 잠재

적 아이에 대한 책임감 때문에 어렵사리 임신중지를 한다는 서사가 여기 대응하는 데 도움이 된다. 커크만 등의 말처럼 임신중지가 '복잡한 문제를 푸는 어려운 해결책'이라는 서사는 수행적이며, 비슷한 복구 방식이 애통함 같은 데서도 작동한다(3장 참고). 이 서사를 통해 여성은 규범적 기대와 이데올로기, 특히 모성에 관한 이데올로기에 부합한다. 임신중지 수치는 아메드의 문구를 다시 인용하자면, 원해서 한 임신과 임신한 여성의 모성이라는 규범 준수에 실패한 데 치르는 '감정적 비용'이다. 그러나 수치를 통해, 여성은 "사회적 이상을 따르는 데 대한 실패가 일시적임을 (…) '보여 줄' 수 있다."[85] 이렇게 해서 수치는 경멸적인 동시에 복구적일 수 있다. 임신중지를 겪은 여성은 수치를 통해 실패를 드러내고 인지한 다음, 자신을 무아적 모성이라는 이상과 동일시함으로써 복구를 시도한다. 그리하여 자신이 실패했던 가치와 규범에 스스로를 재배치한다.

'은폐'는 여성이 임신중지 수치와 수치 주기에 적용하는 또 다른 방법이다. 수치는 깊이 내면화된 감정으로, 수치의 역동은 임신중지라는 근원을 '말할 수 없는 것'으로 만든다. 임신중지 수치를 가장 잘 가늠하게 하는 것은 남들에게 임신중지를 숨기는 여성의 비율이 높다는 사실이다. 여성 대부분은 임신중지 사실이 알려지면 타인에게 부정적 평가를 받으리라 예상한다. 그래서 수치당할 두려움과 내면화된 수치감을 거쳐 임신중지를 선택적으로만 알리며, 보통은 친구나 가족에게도 숨긴다.[86] 임신중지를 비밀에 부치면서 여성에게 그 일은 더욱더 고립되고 외롭고 비정상적인 사건으로 자리매김한다.[87] 임신중지를 겪은 여성의 목소리는 임신중지에 대한 공적 토론에서도 흔히 부재하다.

사실 임신중지는 별일도 아니고 빈번히 행해진다. 임신중지를 비밀에 부치면 그런 사실에 위협받는 규범을 수호하는 데 도움이 된다. 예컨대 임신중지에 대한 '침묵'은 혼전 성관계가 도덕적 일탈이라 여겨짐에도 이를 행한 여성의 비율이 높다는 사실을 숨겼다. '속도위반 결혼'이나 아이를 입양 보내는 조치는 은폐의 또 다른 도구였다.[88] 오늘날 임신중지에 대한 침묵은 임신했다고 해서 다들 어머니가 되고 싶어 하진 않으며, 어머니가 되고 싶다고 해서 임신을 그냥 '선택'하지도 않는다는 사실을 숨긴다.

임신중지 수치에서 비롯한 침묵 때문에 여성들은 임신중지 담론을 인용하거나 재인용하지 못한다. 그런데 이 재인용을 통해 젠더규범은 불안정성과 '해체 가능성'에 열려 있게 된다.[89] 임신중지를 겪은 여성들은 그들 개인의 생각과 기억 내에서 반복·재인용·재배치 과정을 수행할 수 있다. 반낙인 운동의 목표는 '침묵을 깨는 것'이며, 많은 여성이 공개적으로 특히 온라인상에서 이야기하게끔 북돋았다.[90] 그럼에도 임신중지는, 개인의 경험을 포함하더라도 이를 직접 겪지 않은 사람들에 의해 재현된다. 그들은 여성의 전형, 그리고 여성이 임신중지를 어떻게 경험할 것이며 경험해야 하는가라는 전제를 중대하게 만들어 사회·문화적으로 재현해 낼 수 있다. '비밀에 부치기'도 마찬가지다. 캐럴 생어의 말을 빌리면, 이는 "입법의 질을 떨어뜨린다. 만일 임신중지가 불명예스럽고 감춰진 문제가 아니었다면 나왔을 정보를 공적 관심사에서 죄다 누락시킴으로써 말이다."[91] 임신중지에 대한 재현과 임신중지에 관련된 법안은 여성성 규범을 다시 강화하고 규제한다.[92]

규범성, 수치, 비밀로 이어지는 순환적이고 자기영속적인 관계는 깨기가 쉽지 않다. 임신중지를 가득 채우는 수치는 이를 비밀에 부치도록 부추기며, 사실상 자주 위반되는 규범('의도된 임신'과 '태아적 모성')을 유지하는 데 일조한다. 이로써 임신중지는 일상적이기보다 예외적인 일이 된다. 수치-침묵-예외성-수치의 순환은 규범적 여성성과 임신중지 담론(감정의 기록 등)이 서로를 영속시키는 또 다른 순환을 만들어 낸다. 모성적 여성성은 애통함과 수치가 뒤따르는 어려운 임신중지라는 서사를 유도하고, 애통함과 수치는 모성적 여성성을 자연화하는 근거가 된다. 이 자기영속적 순환고리는 왜 똑같은 감정이 다양한 담론장을 가로질러 임신중지에 자꾸만 들러붙는지를 설명하는 데 도움이 된다. 임신중지의 비규범성이 만든 은폐와 비밀에 부치기는 애통함과 수치가 유연하게 이동하고 변화할 수 있도록 한다.

임신중지는 여성의 재생산적 삶에서 일상적인 요소다. 여성이 타인에게 임신중지 경험을 자주 숨긴다는 사실은, 그 경험을 타인이 수용하지 않을 비정상적이고 일탈적인 것으로 내면화했음을 나타낸다. 임신중지는 흔히 일련의 나쁜 선택에서 나온 결과로 인식된다. 피임기구와 성적 선택, 그에 따른 원치 않은 임신, 결국 임신중지라는 이기적인 선택. 임신중지에 대한 여성의 필요는 너무나 개별화되고, 임신중지 결정과 그 절차는 다른 사회·경제적 맥락에서 떨어져 나온다. 수치는 임신중지 여성이 임신중지를 나쁘게 보도록 할 뿐 아니라, 자기 자신을 부정적으로, 즉 이기적이고 무책임한 실패자로 보도록 한다. 이는 일종의 자기처벌로 기능한다. 따라서 수치는 행복·애통함과 함께 작동하면서, 임신중지에도 불구하고 여성의 선택을 통해 여성의 책임감 있는 모성적 이상을 규제한다. 수치는 규범적 여성성의 경계를 정찰하며, 임신중지 여성이 규범 위반에 침묵함으로써 자기 행동을 규제하도록 부추긴다. 그리하여 임신중지를 겪은 여성이 많은데도 모성적 여성성은 지속된다.

내가 지금껏 주장했듯이, 지난 40여 년간 임신중지 여성이 자타를 막론하고 거슬렀다고 하는 규범이란 혼전 순결 및 기혼자의 모성으로부터, 피임할 책임 및 '의도된 임신'이라는 이상으로 옮겨 왔다. 피임할 책임이라는 체제 아래 모든 여성은 수태한 모든 아기가 태어날 수 있도록 효과적으로 피임하라는 요구를 받았다. 따라서 여성이 원치 않았거나 계획하지 않은 임신은 수치의 조건이 되었고, 임신에 대한 책임은 개별화되었다. 다만 임신중지를 결정하지 않을 경우 수치가 꼭 발동하지는 않았다. 여기엔 내가 언급하긴 했으나 깊이 들여다보지 않은 다른 요소가 있다. 바로 아이를 잘 키울 만한 재정적·사회적·교육적 자원을 충분히 확보할 때까지 피임을 하는, 책임감 있는 여성 주체라는 규범이다. 그 결과, 어떤 임신은 그것이 출산으로 이어지든 임신중지로 이어지든 상관없이 무책임하고 문제적인 것으로 여겨진다. 어떤 여성의 임신이 그 여성에게 할당된, 더 넓은 공동체에 대한 재생산적 책임에 비추어 어떻게 정렬되는지에 따라, 임신에 수치를 주는 방식도 달라진다.

국가의 수치

> 모든 임신중지는 비극이다. 그리고 임신중지가
> 한 해 10만여 건에 이른다는 사실은 이 세대가
> 남긴, 이루 말할 수 없는 수치의 유산이다.
> — 토니 애벗[93]

정치인 등 영향력 있는 공적 논평가들은 임신중지를 '국가의 수치'라고 자주 말한다. 그리고 이 감정은 임신중지가 '너무 많이' 일어난다는 담론을 통해 전달된다. 오스트레일리아 보건부 장관(2004~2007)이었던 토니 애벗의 말에 따르면, 임신중지는 이 세대의 '이루 말할 수 없는 수치'다. 애벗은 반임신중지 진영에서 공통적으로 쓰는 몇몇 가정을 되풀이한다. 이를테면 '이 세대가 국가의 임신중지 비율에 책임이 있다'는 생각은, 임신중지에 대한 여성의 접근을 법으로 승인하기 전까지 임신중지가 훨씬 적었다는 환상에 기초한다. 이런 발상이라든지, '국민' 혹은 '국민의 임신중지 비율' 차원에서 임신중지를 논할 때 그 이면에 숨겨진 정치에 대한 논의는 5장으로 미뤄 두겠다. 이 장의 나머지 부분에서는 국가에 수치를 안긴 특정 신체를 겨냥한 수치 주기의 기술로서 '너무 많은 임신중지'라는 담론에 초점을 둘 것이다.

　　바버라 베어드는 '너무 많은 임신중지'가 일어난다는 선언이 "임신중지를 했거나 하고 싶어 하는 여성 각각의 몸에, 용인될 수 없는 과도함으로서 새겨져 있다"고 보며, 이렇게 반문했다. "여성이 아니라면 그 누가 이 '너무 많다'는 현상에 기여하겠는가?"[94] 이 '너무 많다'라는 담론은 임신중지를 한 모든 여성에게 수치를 주는 기술이다. 그러나 재생산 실패에 대한 수치 주기는 일반적으로 계급·인종에 기초한 논리를 따라 배치된다. 즉 여기서 말하는 임신중지란 사회체social body에 현실적으로 문제가 된다고 하는, 특정 인구통계학 내의 임신중지인 것이다. '이십 대 이상 백인 중산층 여성'은 아이를 너무 적게 낳고 임신중지를 너무 많이 한다며 수치를 당하고, 이 기준 바깥의 여성은 반대로 아이를 너무 많이 낳는다며 수치를 당한다.

　　재생산적 신체를 성공리에 통제하는 것으로 보이는 덕목, 즉 성적 억제와 책임감은 역사적으로 이십 대 이상 백인 중산층 여성과 연결돼 왔다. 예를 들어 1977년 오스트레일리아 왕립인사위원회는 이 범주의 여성이 피임을 효과적으로 하리라고 전제하는 한편, 이주 여성, 선주민 여성, 십 대 여성을 '피임할 특별한 필요'를 가진 개인으로 묶었다.[95] 1970년대부터 '십 대 엄마'라는 인물형은 유독 '과도한 재생산적 신체'로 비난받았다.[96] 십 대 엄마는 성적 미성숙이나 무책임과 연결되며, 특히 신자유주의적 통치가 확산됨에 따라 복지에 의존하는 계층화된 몸이 되었다(2장 참고). 임신중지 법의 자유화가 진행된 이래 십 대 임신중지·모성 이라는 국가적 '수치'를 해결할 방책으로는 성적 억제라든지 피임기구 사용을 다루는 도덕교육이 제안됐다.[97]

십 대 임신을 막겠다는 발의들은 임신한 십 대가 아이를 낳든 임신중지를 하든 상관없이 실패자라고 전제한다. 임신중지를 사회문제로 구성하곤 하는 토니 애벗은 이런 수사를 사용했다. "십대의 난잡한 성생활을 억제하고 '속도위반' 하는 십 대를 막는 데 노력을 기울인다면 임신중지도 줄고, 따라서 트라우마를 겪는 젊은 여성도 줄고, 역기능 가정dysfunctional family도 줄어들 것이다."[98] 여기서 애벗은 모든 십 대(여성)의 성적 행동을 '난잡'하다고 보면서, 순결을 옹호하고 피임을 회피하는 듯하다. 이는 보수적이고, 반임신중지적인 발화의 전형이다. 애벗은 여성의 무책임한 성적 모험이 임신중지로 이어져 트라우마 경험(3장 참고)으로 끝나지 않는다 해도, 자신이 건조하게 '역기능'으로 프레이밍한 십 대 모성으로 이어지리라고 전제했다. 그는 임신중지를 십대의 몸과 연결함으로써, 나아가서는 임신중지를 미성숙과 무모함에 연결했다.

토니 애벗은 십 대 임신이 임신중지로 이어지든 모성으로 이어지든, 그것을 수치 주기의 장으로 나타냈다. 그러나 모든 임신중지에 반대하진 않는 이들은 임신중지를 덜 수치스러운 대안으로 보곤 했다. 이는 빅토리아 주에서 임신중지 비범죄화를 지지하던 한 의원의 연설에 함축되어 있다. "고층의 공공 임대주택에 사는 가난한 여성들은 (…) 아주 젊은 경우가 많은데, 이십 대 초반에 이미 아이가 둘셋씩 있다."[99] 정치인들을 포함한 공동체는 복지에 의존하거나 십 대인 여성의 임신중지를 그 외 여성의 임신중지보다 훨씬 더 잘 수용한다(2장 참고). 모성은 복지에 의존

하는 여성, 특히 십 대 여성에게 가해지는 사회적 수치의 정확한
근원이다. 정치인과 언론은 그런 여성이 아이를 감정적·재정적
으로 뒷받침할 수 없다고 여긴다.

　　교육(중산층 품위의 기호)의 낮은 수준이나 복지 의존도와 연
결 지어진 '십 대 엄마'들은, 이모겐 타일러가 "너무나 눈에 잘 띄
는 '더러운 백인' (…) 가난에 오염된 백인성"이라고 한 글에서처
럼 국가적 상상 속에 형상화된다.[100] '더러운 백인'이라는, 과도
한 재생산적 신체와 동행하는 것은 비백인 여성의 신체다. 인종
적으로 특징지어지는 여성은 어머니가 되기에 부적격이라며,
아이를 '너무 많이' 가진다며 모욕당하기 일쑤다.[101] 예를 들어
미국에 설립돼 2010년 영국으로 옮겨 간 '예방 프로젝트Project
Prevention'는 알코올이나 마약 복용자들이 장기작용가역피임
법LARC을 실시하도록 비용을 지불하거나, 미국의 경우에 한해
불임수술을 지원했다.[102] '임신한 마약 복용자'나 '마약 하는 엄
마'라는 형상에는 인종과 계급의 함의가 가득하다.[103] 예를 더 들
자면, 2006년 오스트레일리아 정부가 '베이비 보너스Baby Bonus'
라고 하는 정책을 개정해 노던 준주의 외딴 선주민 공동체에 사
는 18세 이하 모든 여성(선주민 여성과 비선주민 여성)이 모성 수
당을 일시불이 아닌 분납금으로 받게 되었다. 정부는 이 정책 개
정이 해당 공동체의 무책임한 재생산 행위에 변화를 주리라고
주장했다.[104]

　　하워드 정부는 '베이비 보너스'를 오스트레일리아 출생률 저
하에 대처하는 인구 증가책으로서 도입했다.[105] 정부는 십 대 및
일부 선주민 여성에게 주는 보조금을 제한함으로써, 출산을 장려
하려는 더 보편적인 인센티브에서 이들을 확실히 배제했다. 출생
률 저하를 지적할 때면 무슬림 여성이 아이를 너무 많이 낳는다
는 주장도 함께하곤 했다. 샤키라 후세인Shakira Hussein이 말하

듯 "인구통계학적 경쟁은 무슬림과 이슬람에 대한 국제적 논의에서 두드러지는 주제"가 되었으며, 무슬림 여성은 "적 무리를 양산하는 번식가"로 재현되곤 했다.[106] 자유당 의원이었던 대나 베일Danna Vale은 2006년 무슬림 여성 대 비무슬림 여성의 출생률 비교와 관련해 임신중지 정치를 공포로 몰아넣은 것으로 악명이 높다. 당시 베일은 오스트레일리아가 무슬림 국가로 변하리라 예견하며 "우리는 우리 존재 자체를 낙태시킬 지경"이라고 했다.[107] 그는 무슬림을 '오스트레일리아인' 범주에서 삭제했다는 비판에 대응하여, '주류' 오스트레일리아 여성의 저조한 출생률과 무슬림 여성의 과한 출생률을 구분해 힘주어 말했다. "[나의 발언은] 주류 오스트레일리아를 겨냥한 것이지 오스트레일리아 무슬림 공동체 구성원에 대한 말은 아니었다. (…) 아이를 충분히 낳지 않는 이들은 비무슬림 오스트레일리아인들이다."[108]

2003년 출생률 저하에 대처해 마련된 애들레이드의 인구회담Population Summit에서 또 다른 자유당 의원 맬컴 턴불Malcolm Turnbull(2015년 10월 총리가 되었다)은 서방 국가에 보이는 낮은 출생률과 제3세계 국가, 특히 '무슬림 국가'에서 재생산이 과도하게 이뤄지는 현상을 비교했다. 턴불은 "기술적 성취가 최고치에 달한 지금 서방 세계가 재생산 의지를 잃은 것처럼 보이는" 현상을 경고하면서, 낮은 출생률이 "서방 사회에 가장 심각한 위협"임을 덧붙였다.[109] 턴불은 국제세계에 역사적으로 공고하며 국지적인 공포를 이식했다. 바로 베일이 말한 '주류 오스트레일리아인', 즉 무슬림도 선주민도 아니고 아마도 백인인 이들이 충분히 아이를 낳지 않는다는 것, 그리고 '제3세계' 여성의 과도한 생식력을 가진 몸이 서방 문명 자체를 위협한다는 것이었다.

'더러운 백인'과 인종적으로 특징지어진 여성의 과도한 생식력에 대한 국가적 우려는 중산층 백인 고학력 여성의 출생률 저하에 대한 응답이다. 후자의 여성은 이모겐 타일러의 말에 의하면 "계속 순결을 지키며 '커리어를 모성보다 앞세우면서' '너무 늦게' 아이를 가지려 한다."[110] 반면 과도한 재생산적 신체, 즉 비백인이며 복지에 의존하거나 십 대인 몸은 아이를 너무 많이 가졌다는 이유로 수치를 당한다. 따라서 '너무 많은 임신중지'라는 담론은 암묵적으로 이십 대 이상 중산층 백인 여성 신체의 낮은 생식력을 겨냥한다. 재생산 실패에 대한 수치 주기가 다르게 나타나는 것은 백인성whiteness의 위기를 나타내는 징후다.

'의도된 임신'이라는 이상이 참고하기도 하고 만들어 내기도 하는 것이 백인 신체이기 때문에, 재생산에 관한 선택은 임신중지든 다른 피임 형태든 간에 국가가 재생산하고자 하는 바로 그 신체와 연결된다.[111] 이후 서방에서 여성의 자유를 이야기할 때 사용된 담론 중에는 그 자유를 박탈하는 씨앗이 들어 있다. '의도된 임신'이라는 이상은 무척 세속적이며 근대성·교육·여성의 자유와 결합된 서방 담론으로 나타난다. 서방 사회에서 출생률 감소와 더불어, '의도된 임신'이 규범화됨에 따라 '잘못된 여성', 즉 종교적이고, 인간 본성을 그대로 갖고 있고, 교육받지 못하고, 억압되었으며, 사적 영역과 영속적 재생산에 틀어박힌 여성이 아이를 너무 많이 낳는다는 공포가 생겼다.[112]

'계층화된 재생산'[113]이라는 도식을 놓고 볼 때 임신중지가 국가의 수치라는 발상은, 사회·문화적으로 백인이 점유하는 정도가 줄어들고 있음을 받아들이면서, 그 공포를 개인의 병이나 임신중지 여성의 과도함으로 변환하려는 시도로서 읽힌다. 여기서 사라 아메드가 정립한 '국가적 수치'를 적용해 보면, 임신중지를 하는 백인 여성은 국민의 후손을 재생산하는 데 실패하여 "다른 식으로 수치스럽게 된다. 이들은 좋은 시민과는 거리가 멀다."[114]

결론

임신중지 여성은 임신중지 수치와 수치 주기의 그물에 걸려든다. 수치는 공동체에 대한 소속감, 사회적 존재로서 성공을 가늠하는 지표다. 임신중지는 여성이 여러모로 이에 실패했음을 알린다. 그런데 소속감과 성공의 척도는 사회적·역사적 맥락에 단단히 매여 있어서, 임신중지 여성이 실패한 바로 그 규범은 시간이 지나며 변하기 마련이다. '혼전 순결'과 기혼 여성의 모성으로부터 피임에 대한 책임으로 이상이 바뀌면서, 임신중지 수치의 지형도 지난 50여 년간 바뀌었다. 임신중지 수치를 유발하는 요인 또한 역사적으로 변화하는데, 이는 임신중지가 그 자체로 수치의 근원이 아님을 말해 준다. 그러나 임신중지 수치가 임신중지 자유화 이래 지속되었다는 것은, 임신중지가 여전히 적절하고 책임감 있는 여성 규범의 정반대편에 놓여 있다는 얘기다.

임신중지 수치와 수치 주기는 법 같은 외부 규제력 없이도 품행을 단속한다. 그 방법은 개별화와 탈정치화를 통해 규범적 가치·실천·신념을 강력하게 자연화하는 것이다. 수치가 법 바깥에서 일어나긴 하지만, 수치와 수치 주기는 임신중지를 범죄화하고 임신중지를 겪은 여성을 범죄자로 나타내는 사법 관할구역 안에서 강화된다. 법이 규범적 도덕성을 성문화하고, 따라서 범죄화는 수치 주기의 강화된 양식으로서 작동한다.[115] 그러나 임신중지 비범죄화 이후에도 임신중지를 한 여성은 계속 국외자로 지목됐다. 그 이유는 재생산과 계속 결부된 여성의 섹슈얼리티, 임신한 여성에 대한 모성적 정체성, 인종·연령·계급 같은 축을 따라 여성의 재생산 선택의 가치를 다르게 매기는 다양한 벡터 때문이다. 수치를 통해 임신중지의 비규범성이 개인적 실패감으로 변환되면서, 임신중지 여성은 실패한 개인으로 체현된다.

이 장에서 수치가 여성의 '비밀에 부치기'를 통해 측정될 수 있다고 주장했다. 그러나 수치가 다른 경험적 지표 없이도 사실상 경험이나 재현의 영역에 속할지 고민해 볼 만하다. 수치는 임신중지 애통함, 모성적 행복과 나란히 작동하며, 사회적 이상과 기대에 따라, 특히 여성 섹슈얼리티와 모성에 관련해 임신중지 여성을 담론적으로 재정렬한다. 피임과 임신에 관한 규범은 여성이 임신중지에 죄책감과 수치를 경험하리라는 기대를 만들지 모른다. 그러나 거꾸로 여성이 임신중지 경험을 의미 있게 만들어 대안적인 이상과 기대를 아주 잘 내면화할 수도 있다. 우리는 여성이 임신중지를 했다는 이유로 여러모로 수치를 당한다고 확신할 수 있지만, 여성이 그런 수치 주기를 수치로 내면화하는 게 과연 일반적일지는 판단하기 더 어렵다.

침묵은 임신중지에 따르는 수치 주기를 최소화하기 위해 여성이 채택한 관리 전략이다. 여성은 이 책에서 개괄한 감정경제─임신중지는 잠재적 아이를 위시해 주변 사람들의 안녕을 위해 내린 어려운 결정이다, 애통함·수치·죄책감 등 부정적 결과를 낳는다─를 재인용해 자신의 임신중지를 서사화하고, 그럼으로써 수치 주기를 관리할 수도 있다. '여성이 어떻게 임신중지를 경험해야 하는가'를 말하는 유력한 서사가 있을 때, 여성은 임신중지에 대해 침묵하라는 선동 탓에 그 서사를 대체할 다른 서사를 단념하고 만다. 수치가 아니더라도, 수치 주기에 대한 방어 역시 규범적 여성성이 득세하며 임신중지 담론을 통해 확고해지는 영속적 관계를 부채질한다. 임신중지 선택은 이를 통해 제한되는 규범적·모성적 여성성과 더불어, 수치와 수치 주기의 근원으로 (재)생산된다. 그리하여 순환은 지속되고, 임신중지는 계속해서 개별적 무책임에 따른 결과로 프레이밍되며 임신한 여성이 하는 비규범적·예외적 선택으로 남는다.

이 장은 젠더 및 젠더화된 주체성에 관한 광범위한 규범·이데올로기 측면에서 임신중지를 고찰하는 데서부터, 국민과 국민 정체성 형성에서 임신중지 담론이 수행한 역할을 고찰하는 데로 초점을 옮겨 갔다. 나는 임신중지와 국민 정체성의 관계를 들여다보며, 재생산적 신체 가운데 어떤 몸은 국민에 귀속시키고, 어떤 몸은 국민에서 배제하는 사회·정치적 도구로서 '수치 주기'를 생각했다. 5장에서는 임신중지 담론의 국가주의적 문법을 살펴보면서, 어떻게 재생산에 대한 통제가 국가의 인구 규모·구성을 관리하려는 시도의 핵심이 되는지를 알아볼 것이다.

5장

국가의

선택

라켐바 모스크의 한 이맘imam(이슬람 교단 조직의 예배 지도자—옮긴이)은 오스트레일리아가 50년 안에 무슬림 국가가 될 것이라고 실제로 말했다. (…) 당시 나는 그를 믿지 않았다. 그러나 출생률을 보면 (…) 매년 10만여 건의 임신중지로 우리 인구가 줄고 있다. 여기에 50년을 곱해 보면 앞으로 사라질 오스트레일리아인 인구가 500만여 명임을 알 수 있다.
— 연방의회 의원 대나 베일[1]

2030년까지 영국에서 태어날 아이 대다수는 분명 제3세계 이민자 출생일 것이다. (…) 영국은 자궁을 경유해 내부적 식민화에 맞닥뜨렸다.
— 2016년 영국 국민당

재생산은 '국민 만들기nation building' 프로젝트의 핵심이다. 태어나는 사람(임신중지의 경우 태어나지는 않겠으나)의 수와 '유형'이 정치체body politic의 규모·구성에 곧바로 영향을 미친다. 따라서 국가주의자들은 '바람직한' 시민과 '바람직하지 않은' 시민의 출생률과 임신중지 건수를 비교한 결과에 거듭 우려를 나타냈다.

영국 국민당BNP(British National Party)은 캠페인 후원 기금을 요청하는 웹페이지에서 '제3세계'와 '선주민 영국' 출신의 출생 건수를 비교하고 '자궁을 경유한 식민화'를 경고했다. 웹페이지에는 푸른 눈의 백인 아기 이미지가 영국 깃발에 새겨져 있고, "멸종위기종 경고"라는 슬로건이 걸렸다. 이런 유의 수사는 고전적인 전도轉倒다. 맹렬한 팽창주의 제국을 통해 '제1세계 국가'라는 입지를 얻은 영국이, 자기가 식민화한 바로 그 나라들의 침략 위협에 놓였다고 보는 것이다. 한편 오스트레일리아의 전 의원 대나 베일은 '계층화된 재생산'[2]을 인종화한 논리를 공유하며 '오스트레일리아인'과 '무슬림' 출생률을 비교해 "우리[오스트레일리아인]는 우리 존재 자체를 낙태시킬 지경"이라고 경고했다.

두 예시에서 모두 '무슬림'과 '제3세계 이민자' 같은 범주에 공통으로 속하는 사람들은 국가로부터 배제되는 동시에 국가에 위협으로 비친다. 여성도 정치체의 존폐를 담보하는 특정한 역할을 한다. 바로 '국민의 양육자' 아니면 '타자의 양육자'라는 것이다. 그리하여 모성의 젠더화된 역할은 미래를 향한 국가주의적 열망과 연관되는데, 여기서 '미래'는 인종주의적이고 인종화된 어조로 설명된다.

지금까지 이 책은 이데올로기와 젠더·인종·계급 규범으로 임신중지의 문화정치를 살펴보았다. 우리는 어떻게 '모성적 행복'과 '재생산 수치'라는 발상이 '좋은 어머니'라는 전형에 따라 재생산적 신체와 각각 다르게 결부되는지를 보았다. '좋은 어머니'는 그에 대비되는 병리적 타자를 통해 계속 확언된다. '좋은 어머니'란 백인이고, 국가 보조 없이도 어머니 역할을 잘 해내는 데 필요한 사회·경제적 자원을 보유한 여성이다. 이 전형은 모성이든 임신중지든 임신한 여성이 재생산에 관해 내리는 선택을 문화적으로 수용하는 정도에 결정적으로 작용한다. 앞 장에서 '좋은 어머니' 전형에 따라, 아이를 '너무 많이' 가진 여성, 그리고 아이를 너무 적게 가진 여성 즉 임신중지를 '너무 많이' 하는 여성이 구별된다고 주장했다. 이 장에서도 계속 임신중지를 재생산이라는 보다 넓은 국가적 도식 측면에서 살펴볼 것이다. 개념상으로는 임신중지율에 대한 국가적 토론, 종종 '너무 많은 임신중지'라는 상투어로 표현되는 바에 초점을 둘 것이다.

국가의 임신중지율을 줄여야 한다는 발상은 프로초이스 진영에서 자주 인용된다. 미국 전 대통령 버락 오바마Barack Obama의 말에 따르면 안티초이스와 프로초이스 세력이 동일한 목표로 묶이는 '공통 배경'이 있다.[3] 4장에서 '너무 많은 임신중지'가 수치 주기의 기술임을 보았는데, 이번에는 임신중지 건수와 국민 임신중지율을 가지고 임신중지 논의를 추동하는 공포의 문화정치에 주목할 것이다. 그리하여 임신중지의 문화적 토양에서 어떻게 태아가 임신한 여성의 '아기'일 뿐 아니라 국가의 시민으로도 재현되는지를 고찰할 것이다.

오스트레일리아의 임신중지를 연구한 바버라 베어드는, 임신중지에 관한 토론이 어떻게 국민 만들기 과정에 일조하는지 생각해 볼 여지를 준다. 그는 임신중지에 관한 국가주의적 토론에서 백인 국가 재생산을 위해 백인 여성의 재생산적 신체를 훈육하려는 시도가 보인다고 주장한다. 임신중지 '문제'를 토론하는 것은, 베어드의 말에 따르면 "불안해하는 백인 국가주의자들이 백인 권력을 수행적으로 회복할 수 있는 전치 행위"이기도 하다.[4] 개인들은 임신중지에 대한 불안과 더불어, 임신중지율 감축 행동에 대한 희망을 표출한다. 그리하여 여성의 재생산적 신체를 걱정스럽고 관리해야 하는 대상으로, 한편 자신들은 그런 관리를 수행할 힘이 있는 행위자로 둔갑시킨다. 이는 물론 통제에 대한 환상일 뿐이다. 궁극적으로 임신중지를 할지 말지 결정하는 것은 임신한 여성 각자이기 때문이다.[5]

베어드는 임신중지율에 대한 우려와 백인 국가주의의 연관성을 규명했다. 이 장의 내용은 여기에 기초한다. 인종화된 '국민 만들기' 와중에 재생산이 수행하는 역할을 살펴보는 데서 출발해, 어떻게 불안과 공포가 '태아-시민'이라는 상을 만들어 내는지 윤곽을 그릴 것이다. 그런 다음 이 이론적 프레임을 오스트레일리아의 구체적 맥락에서 살펴볼 것이다. 오스트레일리아에서 1970년대와 2000년대 중반이라는 두 시기에 임신중지를 둘러싸고 일어난 도덕적 공황moral panic, 그리고 그 기저를 들여다볼 것이다.

내 주장은, '국가적 위기'라고 했을 때 임신중지 실태 자체보다도 임신중지를 하는 여성이 공포를 견인하는 요인이 된다는 것이다. 임신중지 여성에게서 감도는 공포란, 백인 이성애 가족이 위협받고 있고 장차 사회조직 내에서 유력한 형태로 남아 있을 수 없다는 것이다. 이는 기본적으로 관리될 수 없는 불안과 연관된다. 임신중지를 하는 백인 여성은 '백인의 취약성'이라는, 역사적으로 형성된 공포를 실어 나르는 역할을 한다. 이 취약성은, 국가적 이상으로서 백인 이성애 가족을 증진하는 일, 그리고 그 이상이 지속될 수 있도록 젠더화·인종화된 일련의 특권을 보호하겠다는 의지와 불가분 관계를 맺는다.

백인 국가를 재생산하기

인종화된 '국민 만들기' 양식의 하나로서 임신중지 정치를 살펴보려면, 인종·재생산과 국가의 연결관계를 규명해야 한다. 여기에는 두 단계가 필요하다. 먼저 인종과 국가 간 연결, 다음으로 재생산과 인종-국가 간 연결을 알아보는 것이다.

'국민'은 정치체에 누가 속하며 누가 배제되는지를 끊임없이 경계 짓는 과정에서 주조되는 사회·역사적 구성물이다.[6] 그런 포섭과 배제의 기술은 여러 가지다. 공식적으로는 어떤 이들이 법적 권리를 갖고 시민으로서 보호받을 수 있는지를 정하는 데서부터, 비공식적으로는 공유되는 가치·전통·역사·미래를 설정해 국민성을 규범적으로 구성하는 데까지 아우른다. 이때 공식적인 기술과 비공식적인 기술은 함께 작동한다. 이를테면 망명 신청자를 의무적으로 구금하는 나라에서 인신보호영장을 거부하는 일이 있다. 이런 일은 망명 신청자를 '가짜 망명 신청자', '테러리스트', '새치기하는 사람'으로, 즉 시민 자격이 없고 국민에게 잠재적으로 해를 끼치는 전형으로 묘사함으로써 합리화된다.[7]

인종과 국민 개념은 같은 시대에 만들어졌다. 둘은 서로를 구성하는 요소다. 인종은 가상의 단일체를 형성하고, 국가적 소속을 나타내는 관념들이 그 단일체 주변을 돌며 인종 관념과 소통한다. 오스트레일리아[8]·캐나다[9]·뉴질랜드[10]·영국[11]·미국[12]에서 '소속됨'에 대한 국가적 발상은, 갓산 하지Ghassan Hage가 '백인 국가 환상'이라 부른 개념을 통해 형성된다.[13] 이는 "백인에 의해 통치되는 국가라는 환상, 백인 우월의 환상"으로서, "국가를 백인 문화 중심으로 구조화되는 공간"으로 보는 것이다.[14] 여기서 문화적 매체, 의회와 법체계의 불균형한 재현 등을 통해, 백인은 국가라는 공간을 통제하고 인구통계학적으로 지배할 것이 마땅한 존재로 위치 지어진다.

인종은 원래 생물학적 용어였다. 20세기 후반부터 백인성은 '앵글로색슨다움Anglo-ness'을 통해 이야기되는 일종의 문화자

본으로서 작동했다. 지금은 생물학적 특성이 아니라(흰 피부는 분명 백인성의 중요한 표식이기는 하지만), '민주주의, 관용, 언론 자유'가 본질이 됐다.[15] 문화적 인종주의는 어떤 공동체를 병리적이라든지 역기능적이라고 지목하며 작동한다.[16] 국가주의적 논리에 따르면, 그런 공동체는 국민으로부터 배제되어야 한다. '배제'란 이주를 통제하는 경우처럼 문자 그대로의 의미일 때도 있고, '부르카 금지' 같은 동화정책을 통해 '그들'을 국민인 '우리'처럼 만들려는 목적을 가질 때도 있다.

인종은 재생산과 결부된다. 흔히 인종을 한 세대에서 다음 세대로 전해지는 '본질'이라 보기 때문이다.[17] 이때 본질은 생물학적인 것으로서, 피부색 같은 표식을 통해 전해진다. 또한 문화적 가치(종교 등)와 행동 패턴 등 한 세대에서 다음 세대로 넘어간다고 하는 것들을 형성하기도 한다. 예컨대 미국의 맥락을 볼 때, 스티븐 마티놋Steven Martinot은 범죄행위가 아프리카계 미국인 공동체 내에서 세대 간에 전수되는 일종의 학습된 행동으로 인식되곤 한다고 주장한다.[18] 이런 식으로 아프리카계 미국인은 사회적 소외를 자기 탓으로 돌리며, 더 넓은 차원의 구조적 불평등은 비가시화된다. 흑인 어머니는 특히 비난의 대상이 된다.

재생산의 생물학적 과정은 여성적인 것으로 젠더화된다(4장 참고). 여성은 아이를 길러 문화적 가치와 사회 풍습을 세대 간에 전수하는 데 주된 책임이 있는 것으로 여겨진다.[19] 국민이란 '재생산 가능한 인종 구성'으로 인식되기 때문에,[20] 여성의 재생산노동은 국가 자원이며, 인종화된 국가 공동체를 만들어 가는 기획의 동력이 된다. 마티놋은 미국의 맥락에 관해 이렇게 서술한다. "미국의 백인성과 국가 정체성은 인종으로 특징지어진 여성 신체를 통과하고 가로질러 수렴한 곳에서 탄생했다."[21] 여성의 재생산노동은 몇 가지 방법이 맞물려 관리된다. 예를 들어 20세기 초·

중반 오스트레일리아, 미국, 캐나다에서는, 국가 공무원이 '동화'를 목적으로 선주민 가족에게서 아이를 떼어 놓는 일이 일상적이었다.[22] 미국에서는 선주민 여성이 (라틴계·아프리카계 미국인 여성과 더불어) 1970년대 강요된 피임과 안전하지 않은 피임, 강제 불임수술을 당하기도 했다.[23]

도로시 로버츠Dorothy Roberts는 『흑인 신체를 살해하기Killing the Black Body』(1997)라는 기념비적 텍스트에서, 1980년대와 1990년대 기분전환용 마약 검사에 양성반응을 보인 임신한 흑인 여성이 징역 아니면 임신중지를 택해야 했던 제도적 절차를 규명한다.[24] 마약을 복용한 흑인 여성도 형사사법제도 아래 형량 증가 아니면 노플란트Norplant 가운데 하나를 택해야 했다.[25] 노플란트는 장기작용가역피임법의 하나로, 시력상실과 뇌종양이라는 심각한 부작용 때문에 2002년 시장에서 철수했다.[26] 미국 내 흑인 여성과 백인 빈곤층 여성이 이용하던 또 다른 장기작용가역피임법, 데포 프로베라 역시 1970년대 후반에 암과 불임을 포함한 부작용 때문에 금지된 바 있다. 그럼에도 보건 전문가들은 영국 내 흑인 여성과 빈곤층 백인 여성(1980년대), 오스트레일리아 내 선주민 여성(1970년대)에게 데포 프로베라를 처방했고 그 위험을 고지하지 않았다.[27] 데포 프로베라는 1990년대 미국에 다시 도입되어 선주민과 아프리카계 미국인 사이에서만 사용됐다.[28] 최근 영국과 미국의 복지체계가 바뀌어 피부양 아동 수에 따라 복지비 상한선을 두었다. 이 또한 '일탈적' 인구의 재생산 능력을 통제하거나, 적어도 아이를 '너무 많이' 낳은 이들을 처벌하려는 것이다.[29]

임신중지에 대한 국가적 통제는 '국민 만들기'를 목표로, 여성의 재생산 능력을 관리하려는 한 가지 수단이다. 이는 법을 통해 현실화된다. 중국은 목표 인구를 달성하기 위해 임신한 여성에게 임신중지를 강요하기로 악명 높다.[30] 인도는 1971년 거의 모

든 지역에서 임신중지가 법적으로 자유화됐는데, 역시 인구성장
을 억제하기 위한 전략이었다.[31] 한편 서방 영어권에서는 '국민
의 양육자'로 지목된 이들에게서 출생률을 끌어올릴 방법으로,
임신중지에 대한 제약이 역사상 합리화되어 왔다. 19세기 미국에
서 임신중지가 범죄화된 이유 가운데 하나가 백인 인구의 미래에
대한 우려였다. 이런 우려는 한편으로 비非앵글로계 이주자가 늘
어나는 것을 막고, 이들의 출생률을 낮추는 데 동력이 됐다.[32] 오
스트레일리아에서는 20세기 전반부 동안 두 왕립 위원회가 국가
의 미래 인구통계를 조사했다. 여기서 임신중지는 '국가 손실'로
개념화됐으며,[33] (백인) 오스트레일리아 여성이 하는 임신중지는
'국가에 대한 의무를 저버리는 일'이라며 책망받았다.[34] 영국에
서는 의원들이 '임신중지법'(1967) 아래 의사들의 힘으로 '바람직
한' 여성이 임신을 지속하도록 북돋울 것을 희망했다.[35] 이런 상
이한 사례들은, 여성이 어디에 사는지, 여성의 몸이 '국가주의적
모성'이라는 도식을 통해 어떻게 읽히는지에 따라, 임신중지를
하거나 하지 않음으로써 국가를 위기에 몰아넣는 존재로 인식됨
을 보여 준다.

'국가주의적 모성'이라는 발상·이데올로기는 '좋은 어머니'
라는 문화적 상상을 통해 합리화된다. 서방 영어권 전반에 걸
쳐 '좋은 어머니'는 백인 중산층으로 구성되어 있다. 그 밖의 어
머니들은 미국의 경우 '복지의 여왕'이라 불리는 흑인 여성이라
든지[36] '크랙 베이비crack baby'의 어머니,[37] 영국의 경우 '차브
맘chav mum'[38]처럼 태만하거나 병리적인 이미지가 계속 나돌았
다. 오스트레일리아[39]·캐나다[40]·미국[41]에서 선주민 어머니는 병
리화된 모성의 예가 되었다. 20세기를 거치며 우생학적 담론이
'역기능 공동체'라는 담론으로 합리화되는 동안, 규범적 모성과
일탈적 모성 도식은 식민주의적 기획에 얽혀 잔존했다.

여성의 재생산적 신체는 '소속됨'에 대한 국가적 논쟁을 실어 나르는 매개였다. 이 신체는 어떤 여성에게는 아이를 낳도록, 어떤 여성에게는 생식력을 억제하도록 부추기는 인구조절 조치의 타깃이다. '인구의 임신중지율'처럼 국민이나 인구 측면에서 임신중지를 논하는 것은, 본질적으로 '생명정치적'이다. 생명정치라는 푸코식 용어는 '권력이 통제권을 쥐고 생명을 지배하는 것'을 말한다.[42] 이런 논의에서 태아는 국가의 미래 시민으로 구성된다. 이제 나는 태아적 시민권과 그에 얽힌 국가적 사랑·공포·불안이라는, 이 장에서 주요하게 다룰 감정을 살펴볼 것이다.

태아적 생명정치

'좋은 삶'이라는 국가주의적 비전에는, 한 번도 있던 적 없는, 백인 핵가족으로 구성된 행복한 국가를 향한 향수 어린 열망이 들어 있다.[43] 그 '좋은 삶'의 비전을 국민이 실현하지 못할 때, 누군가는 국가의 미래에 힘을 싣고 미래에 투자하는 쪽으로 옮겨 가곤 한다. 미래는 국가에 대한 사랑을 보답받을 장소가 된다.[44]

백인 아이·태아라는 상은 '좋은 삶'이 미래에 구현되리라는 약속을 포함한다. 따라서 이들은 사회적 상상에서 주요한 위치에 놓인다.[45] 특히 백인 태아는 미래에 대한 공유된 비전을 향해 나아가도록 공동체를 묶어 주는 '행복의 대상'으로 여겨진다.[46] 영국 국민당이 백인 아기를 '멸종위기종'으로 묘사한 날것의 상상으로 돌아가 보자. 이 선전문구는 2030년 백인('선주민')으로 채워진 이상적인 영국, 그리고 백인 대신 이민자로 들끓는 영국을 나란히 놓고서 백인 인구에게 호소하려 든다. 이런 식으로 태아/아이는 '일군의 약속'을 함의하게 된다.[47] 로런 버랜트가 말하듯 "[국가의] 미래를 (…) 이끄는 게 누구의 주체성, 누구의 친밀성 및 이익 형태, 누구의 신체와의 동일시, 누구의 영웅적 서사일

지"에 대한 불안을 전시하는 것이다.[48]

따라서 태아-시민을 낳는 것은 국가적 사랑만이 아니라, 국가에 대한 정서적 애착과 더불어 나타나는 공포·우려이기도 하다. 여기서 '공포'란 개인의 경험보다는(공포가 경험에서 생겨나긴 하지만), 정치적으로 국민의 윤곽을 만드는 '감정 정치affective politics'를 나타내는 것이다. 공포라는 감정은, 국민인 '우리'가 보존하려는 가치·환상을 위협하는 이들로부터, '우리'를 떨어뜨려 놓는다.[49] 인종화된 국외자들에 대한 공포는 국민인 '우리'를 단일한 실체로 구성하는 바로 그 핵심 메커니즘이다.[50] 공포는 '불안'과 밀접한 감정이기도 하다. 이 둘은 잠재적 상실·손실에 대한 느낌이라는 면에서 이어진다. 그런데 불안은 고정된 대상이 없기 때문에, 불안정과 취약함이라는 감각을 더 널리 퍼뜨린다. 사라 아메드가 말하듯, "우리가 누구인지 모를수록 세계는 더 공포스럽게 느껴진다."[51]

아메드는 울리히 벡Ulrich Beck의 테제 안에서 공포의 문화정치를 연구했다. 울리히 벡은 후기근대의 국가 정체성이 필요에 의해서라기보다는, 위협과 불안정을 공유하며 생긴 연대에서 빚어진 것으로 보았다.[52] 갓산 하지의 표현에 따르면, '걱정'은 국가에 대한 어떤 애착을 표현하는 주요한 수단이었다.[53] 후기근대 국가에 일반화된 '사회적 불안정'[54]의 핵심 양상은 국가를 위협하는 역할을 맡는 인물형을 만들어 낸다는 것이다. 이를테면 '가짜 망명 신청자'라든지 '새치기하는 사람' 같은 국가적으로 비참한 인물형, 또 '소수민족' 같거나 '제3세계 사람처럼 생긴' 이민자 등이 있다.[55] 이들은 비자도 없이 와서 국경을 위협한다든지, 복지·보건 서비스에 부담을 줘 국가의 자원을 위협하는 존재로 재현되곤 한다. 2015년에 시작된 '이민 위기'와 이로써 가시화된 '구멍 뚫린 국경'은 지구화의 징후이자, 그 증상의 악화이기도 하다. 이런 현상이 주권국가의 통합성에 도전하자, 국경안보를 다시 강화하고, 한 번도 존재하지 않았던 국가적 동질성이라는 이상을 구체화하려는 시도가 이어졌다.[56] 브렉시트Brexit, 도널드 트럼프의 당선, 유럽·오스트레일리아에서 부흥한 국가주의적 정당은, '재국가화re-nationalisation'를 더 폭넓게 시도하려는 (부분적인) 징후다.[57]

재생산 관리도 재국가화의 한 방식이다. 이와 나란히 가는 것이, '임신한 망명 신청자'나 '소수민족 이주자 여성' 등 국가적으로 비참하게 묘사되는 인물형을 통해, 이주를 통제하는 일이다.[58] 국가 주권에 대한 위협을 근거로 국경안보를 다시 강화하는 일이 정당화되듯이, 이모겐 타일러의 말대로 "위기의 젠더화된 효과"로서 "재생산의 안보화"가 존재한다. "[그 지점에서] 외국인의 재생산력이 위협이라는 전제 아래, 국민국가가 상상된다."[59] 비백인 '외국인'은 과하게 재생산하는 것으로 비칠 때가 많고, 백인 여성은 낮은 생식률 때문에 비난받을 때가 많다. 앞으로 이야기하겠지만 임신중지율에 대한 국가주의적 공황에서, 임신중지는 그런 위기의 신호이자 징후로 읽힌다.

이주·재생산 관리와 또 함께 가는 것이, 한층 더 생명정치적 기술인 '부인否認'이다. 영국의 맥락에서 부인은 '식민주의적 실어증', 즉 '지식의 폐색'이자 '망각'이다. 폭력적이고 착취적인 대영제국에 대해 말할 어휘를 찾아 '입 밖에 내는 데 애를 먹는다'는 뜻이다.[60] 오늘날 영국은 그 대영제국이라는 기초 위에 전 지구적 경제와 지정학적 위치를 세워 놓았다. 이런 부인은 침입적인, 탈식민적post-colonial 시민-이주자의 신체를 통해 영국을 재구성하는 전환논리를 통해 얻어졌다. 폴 길로이Paul Gilroy에 따르면, 이때 영국은 "식민주의적 지배의 주된 수혜자가 아닌 주된 희생자"가 된다.[61] 정착형 식민지에서 백인은 선주민에게 영토와 주

권을 빼앗아 그곳 국민이 되었다. 이때 부인은, 그처럼 백인이 국
민에 속하게 된 배경을 제도적으로 망각하는 일을 뜻한다.[62]

배제·재생산·부인의 기술은 서로 얽혀, 인종화된 국가의 창
조·재창조 과정에서 서로를 강화한다. 대나 베일 의원은 스스로,
나아가 백인 오스트레일리아인에게 '국민의 양육자' 역할을 요
구하며, 선주민 주권을 부인했다. 또한 누가 국민에 속하며, '국
민생활' 참여의 속성에 부합하는지를 통제하려 했다.[63] 베일은
무슬림을 국민인 '우리' 반대편에 놓고, 무슬림을 전체 정치체에
서 배제했다. 그리고 마침내 비무슬림(백인) 여성에게 '국민 재생
산'을 촉구했다. 영국 국민당 웹페이지에서도 제국의 폭력을 부
인했다. '제3세계 이민자'에게 '자궁을 경유한' 식민지 개척자 역
할을, '선주민' 영국인에게 그 이민자들의 희생자 역할을 부여한
것이다. 영국 국민당은 여성을 재생산하는 신체기관에 한정하면
서, 재생산을 통해 침략자들로부터 국민을 해방시킬 것을 '선주
민' 영국 여성에게 요구했다.

배제(국민으로부터 특정 신체를 배제), 재생산(백인 중산층 여
성의 재생산), 부인(식민화 내지는 선주민 주권의 부인)은 국가적
불안을 관리하는 교차적 기술이다. 국민은 바로 그 구성 자체 때
문에 불안을 준다. 국민은 한 번도 '만들어진' 바 없기에, 이를 '다
시 만드는' 과정이 계속된다. '국민 만들기'의 과정은 결코 끝이
없다. 그리고 여기서 국가 주권의 취약함이 드러난다.

불안은 고정된 대상이 없다. 따라서 '관리'에는 국민이라는
것의 일반화되고 근본적인 불안을, 특정한 공포의 대상으로 변
환하는 일이 포함된다. 이 변환은 모종의 봉쇄를 유지한다는 환
상을 가능케 한다. 즉 국가가 공포의 대상을 관리하거나 정치체
에서 추방함으로써, 위협받는다고 여겨지는 대상 혹은 이상을
보존한다는 것이다.[64] 어떤 공포는 시간이 흐르며 변화한다. 이

를테면 거의 20세기 내내 오스트레일리아의 백인 국가주의자가 상상하던 '노란 위협'이라는 공포는, 21세기에 접어들어 '무슬림' 형상으로 변화했다.[65] 어떤 공포의 대상은 다시 등장하기도 한다. 19세기 후반과 20세기 전반부, 임신중지를 '인종 자살'로 설명하는 초국적 담론이 오스트레일리아, 캐나다, 뉴질랜드, 미국에 나타났다. 이후 이런 담론은 '임신중지를 하는 백인 여성'을 국가에 대한 위협으로 삼는 정부 인구보고서에 담겼다.[66]

'임신중지를 하는 백인 여성'이 국가에 위협이 된 까닭은 이렇다. 국가적 사랑이 호혜 관계로 프레이밍될 때, 즉 국가가 시민에게 노동력을 대가로 '좋은 삶'을 약속할 때,[67] 백인 여성에게 요구되는 노동이란 재생산노동일 것이다. 임신중지 여성은 이 계약서에 불복하고, 임신을 출산까지 지속하지 않을 것이다. 그저 국가를 위해서라면 더더욱 말이다. 임신중지를 하는 백인 여성이라는 상은, 백인성이 미래에 재생산되지 않으리라는 불안이 물적 대상으로 전치되는 도관이다. 이 전치는 비백인으로 이뤄진 미래를 두려워하는 데 정당한 요인이 된다. 또 한편으로는 위협을 누르고 백인 국가를 보존할 수 있다는 잠재성을 마련해 준다. 이런 과정은 임신중지율에 골몰하는 가운데 일어난다.

이 장의 나머지 부분에서는 오스트레일리아의 사례 연구를 들어, 임신중지율에 대한 관심이 국가의 미래 인종 구성에 대한 우려가 극심할 무렵에 떠올랐음을 보일 것이다. 그 우려에 따라 배제·재생산·부인의 복합적인 생명정치 기술은 확실히 가시화됐다. 이처럼 국가주의적·인종주의적 시도가 임신중지 정치를 견인했으며, 임신중지 정치와 이주 등에 관한 다른 국가주의 정치가 연결됐음을 입증해 나갈 것이다.

정치적 문제의 탄생: 1970년대

1970년대 전환기에 임신중지 자유화 법이 마련된 나라들을 보면, 그다음 10년간 새로운 현상을 받아들이거나 관리하기 위한 시도로서 의회 토론과 정부 보고서가 줄을 이었다(1장 참고). 나는 오스트레일리아의 세 가지 조치(두 가지 의회 법안과 왕립인사위원회 설립)가 어떻게 임신중지를 국가적 우려 사안으로 만들었는지에 주목할 것이다. 또한 임신중지율을 국가에 대한 잠재적 위협으로서 편향되게 보는 시각이 늘어났음을 그려 낼 것이다.

1973년의 의료시술 명료화 법안(매켄지-램 법안)을 둘러싸고, 오스트레일리아 수도 준주에서 임신 초기 3개월의 임신중지 비범죄화를 모색하는 토론이 이어졌다. 의원의 입장을 보면, 이 의료 절차가 너무 흔하기 때문에 법으로 적절히 규제해야 한다는 게 중론이었다.[68] 많은 의원이 임신중지 건수를 줄여야 한다고 말했다.[69] 다만 이는 당시 토론에서 두드러지는 주제는 아니었다. 해당 법안은 일반의원이 발의했고 하원을 통과하지 못했다. 그러나 결과적으로는 1977년 왕립인사위원회 설립으로 이어졌다. 의원들이 임신중지를 유의미하게 논의하려면 정확한 데이터가 필요하다고 느낀 것이 주로 작용했다. 이 위원회는 오스트레일리아에서 임신중지가 연간 약 6만 건 발생한다고 추정했다.[70]

'6만 건'이라는 수치는 1979년 '러셔 발의안'에 관한 토론에서도 계속 언급됐다. 1979년은 의원들의 소속 당이나 임신중지에 대한 개인적 견해와 무관하게 임신중지가 중심 논의가 되었을 때다. 발의안을 지지한 의원 대다수는, 오스트레일리아의 임신중지율을 특히 출생률과 비교하며 '깊은 우려'를 나타냈다. 이들은 임신중지에 대한 정부 재정을 삭감하려 했고, 정부 재정 지원이 중단되면 임신중지 발생 건수가 줄어들 것이라고 주장했다. 스티븐 러셔도 자신의 법안을 비슷한 말로 프레이밍했으며,[71] 수정안에는 다음과 같은 정서를 뚜렷이 담았다. "하원은 임신 세 건 중 한 건이 임신중지로 이어진다는 데 깊은 우려를 표한다."[72] 임신중지율을 판단하는 데 감정적이고 우려스러운 언어가 동원됐다. 이를테면 PAS와 '오스트레일리아 시민들 사이에서 임신중지라는 사고방식이 꾸준히 늘어나는 상황'을 앞세워, 임신중지율 증가를 '우려'스럽고 역겨운 일로 공표한 것이다.[73]

발의안 지지자들은 정부 재정 문제를 겨냥하는 데 더해, 토론 자체가 주 법을 거스르는 폐단이라며 프레이밍했다. 특히 인구밀도가 가장 높은 뉴사우스웨일스 주와 빅토리아 주에서는, 해당 토론이 '대량학살'과 '공개처형'을 승인하는 것이며, "요구대로 행하는 임신중지에 문을 열어 주었다"고 주장했다.[74] 한편 여러 반대자는 임신중지율에 대해서는 비슷한 우려를 나타냈으나, 발의된 법안이 임신중지율에 영향을 미치지 않으리라고 봤다.[75] 한 의원은 "나는 임신중지를 혐오한다. (…) 그리고 막을 수 있다면 무엇이든 할 것이다"라고 말했다.[76] 또 다른 의원은 발의안에는 반대하지만, 이것이 "임신중지 건수라는, 이 나라에 계속되는 심각한 문제를 오스트레일리아 인구에게 상기시키고 경종을 울릴지 모른다"라고 하며 치켜세웠다.[77]

오랫동안 RTL 대표를 맡아 온 마거릿 티게는, 임신중지를 "대규모의 국가적 비극"이라 일컬으며 '러셔 발의안'에 대한 RTL의 지지를 보냈다.[78] '국가적 비극'이라는 말은 그 뒤로 25년이 지나, 연방 보건부 장관이던 토니 애벗이 임신중지에 대한 국가적 토론에서 다시 언급하며 유명해졌다. 애벗의 발언은 임신중지에 대한 공적·정치적 관심이, '러셔 발의안' 이래 전례 없던 규모로 강하게 집중되던 시기의 도래를 예고했다.

국가의 비극: 2000년대

반임신중지를 정치 의제로 내세운 보수 가톨릭 신자, 토니 애벗
은 2003년 3선에 성공한 하워드 정부 시절에 보건부 장관으로
임명되었다(훗날 2013~2015년 오스트레일리아 총리를 지냈다).
그는 보건부 장관에 취임한 뒤 첫 연설에서, "왜 여성 10만여 명
이 임신중지를 한다는 사실이 국가적 비극으로 여겨지지 않는
가"라고 물으며 언론의 주목을 받았다.[79] 애벗의 연설 이후 웨스
턴오스트레일리아 주(1998), 오스트레일리아 수도 준주(1998),
태즈메이니아 주(2001)에서, 임신중지 관련 법을 명료화하고자
들썩이던 시기가 이어졌다. 그 결과, '고지된 동의' 등 일련의 조
항을 통해 임신중지 절차에 대한 의료적 통제가 확고해지고 엄
격해졌다.

　　그러다 (통제가 강화되던 짧은 시기를 지나) 마침내 오스트레
일리아 수도 준주가 오스트레일리아에서 최초로 임신중지 비범
죄화 관할구역이 되었다.[80] 애벗은 임신중지 정치에 개입했다.
이로써 주로 주 법의 문제였던 것이 연방정부의 정치 의제로 떠
올랐다. 그의 연설은 임신중지율을 둘러싼 열렬한 토론을 이끌
어냈고, 정치인과 기자 들이 그 우려에 공명했다.[81] 『디 에이지』
의 저널리스트 아만다 던Amanda Dunn은, 합의에 진전이 있다고
하던 장면을 포착했다. "임신중지 토론에 임한 양측 모두 오스트
레일리아에서 일어나는 임신중지 건수가 너무 많다는 데 동의한
다. 그렇다면 무엇을 할 수 있겠는가?"[82] 놀랄 일은 아니지만, 저
명한 반임신중지 정치인과 조직 들은 임신중지에 대한 대중의 관
심을 확보했다. 예를 들어 상원의원이던 바나비 조이스Barnaby
Joyce(이후 보수 국가당 대표와 오스트레일리아 부총리를 지냈다)
는 2005년 RTL 컨퍼런스에서 '오스트레일리아에서 일어난 임신
중지라는 비극'에 대해 연설했다.[83]

애벗의 연설을 계기로 잠에서 깬 보수적 임신중지 정치는, 오스트레일리아 식약처에서 행한 임신중지 약물 RU486의 자국 내 시판 승인에 대해 토니 애벗이 보건부 장관으로서 행사한 거부권을 해제하려는 일반의원 발의 법안, 그리고 임신중지 비범죄화를 위한 빅토리아 주 법안을 중심으로 행해졌다(2장 참고). 오스트레일리아에서 임신중지가 '너무 많이' 일어난다는 공포는 두 토론에 스며들었고, 임신중지에 대한 정치적 동맹, 그리고 의원들의 관점에 따라 움직였다. 두 토론에서 거의 모든 발언자가 임신중지 건수를 언급했다. 자유주의적 임신중지 법 지지자들은 그 법 때문에 임신중지율이 오르진 않을 것이라 주장했고, 반대자들은 임신중지율이 올라갈 것이라 말했다.

두 법안의 지지자와 반대자는 입장이 갈리긴 했지만, 그 사이에 다리를 놓는 것이 있었다. 바로 임신중지 건수에 관한 논의, 그리고 임신중지율이 줄어야 한다는 암묵적 전제였다. 이게 진실로 받아들여졌다. 예를 들어 빅토리아 주의 어느 자유당 의원은 임신중지 비범죄화에 반대하며, "여기 모든 의원과 우리 공동체는 너무 많은 임신중지가 행해진다는 데 동의할 것"이라고 단언했다.[84] 법안을 지지한 어느 노동당 의원도 비슷한 반응을 보였다. 그는 의원들에게 "이 문제에 대한 우리의 양극화된 관점을 미뤄 두고, 임신중지율을 줄이는 데 함께 힘쓸 것"을 촉구했다.[85] 지지자와 반대자는 오스트레일리아의 임신중지율을 규탄하는 데 비슷한 언어를 썼다. 당시 연방의회 법안에 반대한 존 하워드 총리는 현재 임신중지율 때문에 "오스트레일리아 공동체가 불행하다"라고 말했다.[86] 법안을 지지한 의원들도 오스트레일리아의 임신중지 건수에 '경악'하며 '깊이 우려'하고 있다고 말했다.[87] 이 수치들은 '국가적 불명예'[88]이자 '끔찍한 비극'[89]이었다. 연방 야권의 지지자들은 이 감정을 이어받아 임신중지율을 "받아들일

수 없고, 그저 놀라울 뿐"이라며 규탄했다.[90]

1979년과 2000년대 중반, 오스트레일리아에서 '너무 많은 임신중지'가 일어난다고 하는 강력한 담론이 유통됐다. 이 담론은 임신중지율과 관계된 도덕적 공황을 재현하고, 임신중지 여성을 국가를 위협하는 인물로 형상화했다. 그러나 이 공황은 두 시기에만 국한되지 않았다. 1979년 '러셔 발의안'은 1970년대를 통틀어 일어난 임신중지에 관한 공적 토론을 더 격하게 부채질한 것이다. 2000년대 중반의 도덕적 공황은 2004년 연방정부 토론에서 최고조에 달하긴 했지만, 2008년 빅토리아 주의 임신중지 비범죄화 토론에서 '너무 많은 임신중지' 담론이 다시 떠올랐다. 사실상 임신중지 통계 수치는 부정확하기로 악명이 높다. 게다가 임신중지가 법적으로 자유화된 이후, 임신중지율이 비교적 안정적으로 유지되어 왔을 개연성은 충분하다. 그럼에도 두 차례 공황이 일어난 것이다.[91]

스탠리 코언Stanley Cohen은 도덕적 공황이 "조건, 에피소드, 사람 혹은 사람들의 군집이 (…) 사회적 가치에 대한 위협으로 정의"될 때 발생한다고 본다.[92] 위협을 공표하면, 명백한 위협으로 보이는 것을 막거나 억누르려는 정부의 행동이 정당화된다. 그럼으로써 사회적 규범이나 가치(이 경우 백인의 재생산)가 보호할 만한 사회적 선으로서 수호된다.[93] 통계는 도덕적 위기를 불러일으키는 데 중심 역할을 했다.[94] 임신중지를 수치로 전환함으로써, 해마다 임신중지를 하는 여성 수만 명, 또 그들이 임신중지를 원하고 필요로 하는 다양하고 이질적인 맥락이 규격화·수량화됐으며, 관리와 통제에 딱 알맞게 되었다. 임신중지의 수량화는 임신중지를 정부가 해결할 '문제'로 만드는 한편, 정치적 문제와 열망을 객관적·기술적 측정으로 변환해 이 과정을 탈정치화했다.[95] 이 과정은, 수가 '너무 많다'고 재현될 때 심해졌다. 갓산

하지는 이를 두고 "한 사람이 영토와 맺는 관계에 관한 국가주의적 습속"이라 규정한다. 이 과정에서 국가 공간을 운용하는 이들과 관리 대상들 간의 상상적 관계가 조직된다.[96]

어떤 것을 '너무 많다'고 하는 바로 그 수량화와 공표의 과정은, 임신중지에 대한 도덕적 공황이 '어떤 신체가 국민을 형성해야 하는가'라는 더 광범위한 국가적 불안과 연계됨을 보여 준다. 앞으로 살펴볼 텐데, 임신중지 건수와 더불어 이혼·동성애·이주를 둘러싼 다른 공포를 설명함으로써, 이상적인 시민의 특징이 밝혀진다. 이렇게 줄짓는 연상물은 백인 핵가족의 안정성을 미래로 연결 짓는 중심 논리를 드러낸다. 그 미래는, 백인 어머니와 그 태아/아이라는 형상에 의해 부분적으로 뭉쳐진 환상이다.

인구가 증가냐 소멸이냐

'도덕적 도미노 이론moral domino theory'은 1970년대에 널리 퍼진 이론이다. 이는 임신중지율에 대한 우려가 임신중지 건수를 넘어 더 큰 우려와 관계돼 있음을 보여 준다. 냉전식 수사를 끌어오면, 이 이론은 자유주의적 임신중지 법이 '수문을 열어'[97] 국가의 도덕적·사회적 구조를 '안에서 갉아먹는다'고 본다.[98] 반임신중지 활동가와 정치인 들은 운동을 시작할 때부터, 임신중지가 '우리 사회의 근간'을 위협한다고 주장했다.[99] 그리고 임신중지가 "우리 사회를 오랫동안 함께 이어 주던 가치를 침식"할 것이라며 2000년대에도 논쟁을 이어 갔다.[100] '임신중지가 도덕적·사회적 질서의 종말로 이어진다, 혹은 그 종말을 단적으로 보여 준다'라는 신념은 초국적 현상이다. 그런 신념은 임신중지를 가리키는 수사에 숱하게 나타나지만, 미국의 맥락을 볼 때 궁극적으로 다음과 같은 표현에 이른다. 즉 임신중지가 널리 퍼진 상황은 '타락하고 일탈적인 현대 세계'를 알리는 증거라는 것이다. 이

는 (신)보수주의자들이 과거의 향수 어린 비전을 다시 세우겠다
는 열망에 심취해 그려 낸 이미지다(1장 참고).

　'홍수'라는 은유로 임신중지를 묘사하면, 국가적 위기를 인
식할 때 그 함의가 더 깊어진다. 대체로 반임신중지 의제를 가지
고 있는 정치인과 언론인, 그 밖의 저명한 사회 논평가 들은, 임
신중지 법 개혁이 적어도 1970년대 이래 만연한 도덕적·사회적
타락에 수문을 열어 줬다며 우려를 표했다.[101] 달갑지 않은 타자
가 오스트레일리아로 밀려든다는 공포에는 역사적 내력이 있다.
이는 섬나라라는 취약함, 문화적으로는 동일시하지만 물리적으
로 멀리 떨어진 영국, 너무 광대해서 결국 방어할 수 없는 국경과
관련이 있다. '홍수'는 그 경계가 막 터지는 순간을 함의한다. 오
스트레일리아 사람들과 국가 자연자원에 대한 심각하고도 돌이
킬 수 없는 위협인 것이다.[102] 어떤 사람이나 어떤 실행이 오스트
레일리아 안보를 위협하는 홍수와 연결되는 예를 보자. 이때 망
명 신청자는 외재적 위협으로 나타난다. 이와 반대로 임신중지
는 백인 국가를 안에서부터 갉아먹는 위협이 된다.

　임신중지가 국가적 관심사로 자리 잡으면서, 이는 함축적으
로든 어떤 식으로든 백인 핵가족, 핵가족의 특권, 인종화된 국가
적 미래에 대한 위협을 상징하게 됐다. 그러나 임신중지로 위협
받는다고 하는 가치들은, 임신중지 공황이 일어나는 사회·역사
적 맥락에 따라 세세하게 달라진다. 1970년대에는 집단적으로
신좌파를 구성한 다양한 움직임에 대응하여, 서방 사회에 중대
한 사회·문화적, 법적 변화가 일었다. WLM, 시민권 운동, 선주
민 활동가, 게이해방론자 들은 확고한 규범으로 존재하던 '백인
이성애자 남성' 특권을 불안정하게 했다.[103] 오스트레일리아에
서는 신좌파 부상과 맞물려, 1972년 고프 휘틀럼이 이끄는 개혁
적인 노동당 정부가 출범했다. 오스트레일리아의 사법 관할구역

몇 군데에서 임신중지 법이 자유화됐고, 이는 백인 헤게모니와 핵가족 중심의 법적 규제를 완화하려는 중대한 법안들과도 부합했다. 주요한 변화로는 선주민 시민권 인정(1967), '백인 오스트레일리아 정책White Australia Policy'의 공식 폐지(1973), 싱글맘 복지수당(1973), 쌍방 책임을 묻지 않는 이혼(1975), 차별금지 및 동일기회 법안, 그리고 여러 사법 관할구역 내 동성애 비범죄화가 있다.[104]

젠더 확실성에 대한 향수 어린 갈망은, 적어도 법적 측면에서는 임신중지 법 자유화 이전에도 존재했다. 그리고 이는 여러 하원의원이 임신중지 정치에 열을 올리게 했다(1973년과 1979년, 임신중지에 대한 두 차례 토론 당시 하원은 백인 남성으로만 이뤄졌다). 이 향수는 "우리 문명 전체, 우리 존재 전체에 토대가 된 예전의 좋은 가치들"[105]에 대한 통탄을 비롯해, "오늘날의 사회는 추하다",[106] "이 나라에 무슨 일이 일어났나"[107] 같은 표현에서 찾을 수 있다. 몇 의원들은 임신중지로 특히 위협받는 사회제도로 결혼과 가족을 지목했다.

> 요청에 따른 임신중지를 요구하는 일은 우리
> 사회에 일어나는 가치 변화를 일부 드러낸다.
> (…) 이는 우리 사회의 토대, 즉 가족의 존속에
> 심각한 위협을 일으킨다. (…) 동성애 행위
> 합법화 요구, 쉬운 이혼 같은 문제는 내가 말한
> 경향의 증거다.[108]

위 언급은 임신중지를 겪은 여성을 동성애자와 이혼 여성과 연결해, 그들이 오스트레일리아 공동체를 결속하는 (가족적) 가치에 가한다고 하는 위협에 힘을 싣는다.

1970년대 섹스·가족에 관한 가치 헤게모니에 균열이 생겼다. 이는 서방 나라들 대부분이 낮은 생식률로 인구통계학적 위기에 봉착했다는 것, 그리고 비서방 나라들을 인구과잉으로 보는 전 지구적 합의가 도출된 것과 맞물렸다. 비서방 사회의 과잉인구는 전 세계 자연자원뿐 아니라, 서방 헤게모니를 위협하는 것이었다.[109] 1968년 세계적 베스트셀러가 된 『인구 폭탄The Population Bomb』의 인기는, 인구에 대한 강한 관심, 경제적·생태적 위기의식을 반영한다. 이 책은 미국의 교수인 폴 에를리히Paul Ehrlich와 그 아내인 앤 에를리히Anne H. Ehrlich가 함께 썼다(그러나 앤은 이 책에 이름을 올리지 못했다). 1976년 오스트레일리아의 출생률은 인구대체수준 이하로 떨어졌으며 그 뒤로도 계속 내려갔다.[110] 동티모르의 수난과 베트남전쟁을 피해 오스트레일리아로 밀려온 망명 신청자들이 인구통계에 더욱 영향을 미쳤다. 이는 '백인 오스트레일리아 정책'이 폐지된 직후였는데, 망명 신청자가 오스트레일리아에 인도주의적으로 유입된 첫 사례였다. 이 일로 오스트레일리아가 '아시아의 침입'에 취약하다는 역사적인 공포가 재점화됐다. 1977년 연방선거에서 주요 정치 의제도 바로 이 문제였다.[111] 낮아지는 출생률, 전 세계 인구에 대한 우려, 오스트레일리아에 밀려온 망명 신청자들은, 왜 '매켄지–램 법안'(1973) 때와 달리 '러셔 발의안'(1979) 토론에서 임신중지율이 유력한 주제였는지를 알 만한 인구통계학적 변화였다.

이 맥락에서 임신중지는 '미래 시민의 손실'로 토론에 오르내리곤 했다. 의원들은 때때로 임신중지 후 태아를 '미래의 오스트레일리아인'이라 불렀다. 훗날 오스트레일리아 총리가 된 폴 키팅Paul Keating은 '러셔 발의안'에는 반대했지만 "임신중지가 국가의 아이들을 파괴하며 나라를 위협한다"라고 말했다.[112] 반임신중지 운동은 임신중지 시 태아를 '오스트레일리아인'으로 줄

곧 불러 왔다.[113] 이 국가주의적인 반임신중지 수사는 국제적으로 계속 통용된다. 이를테면 "임신중지는 잉글랜드·웨일스의 사망 원인 가운데 27퍼센트를 차지한다",[114] "임신중지는 미국에서 흑인의 사망 원인 1위다"[115] 같은 식으로 언급되고 있다. 나아가 태아는, 임신중지율과 국민 출생률을 나란히 놓고 보는 흔한 방식(두 가지 측정 대상을 대등한 위치로 가정하는 방식)에서 '시민'으로 나타난다. 이를테면 1978년 『헤럴드』는 독자 대상으로 여론조사를 실시하며 이렇게 물었다. "오스트레일리아의 임신중지율을 보면, 연간 출생이 22만 6000건인 데 비해 임신중지는 적어도 5만 건입니다. 여러분은 임신중지가 계속되어야 한다고 생각합니까?"[116]

한 의원은 '러셔 발의안'에 찬성하며 "오스트레일리아에는 인구가 필요"하기 때문이라고 말했다.[117] 또 다른 의원은 초국적인 출산증진 담론을 끌어와 임신중지에 반대했다.[118] 이 담론은, 인구 고령화에 따라 다가올 재정적 위기에 대한 공포를 환기시키며 임신중지에 반대하는 것이다.

> [이] 아이들을 잃는다는 건 오스트레일리아가
> 감당할 수 없다. (…) 현세대 수천 명이 소각로에
> 들어가면 (…) 늘어나는 노인 인구를 줄어드는
> 노동가능연령 인구로 떠받치는 상황[이 벌어질
> 것이다.][119]

당시 발언 가운데 가장 널리 언급되는 것은, 보건부 장관이던 랠프 헌트Ralph Hunt의 연설이다. 그는 이렇게 경고했다.

오늘날 우리는 성장률 0퍼센트 시대로 가고

있다. (…) 장기적으로 보면, 인적 잠재력과
잠재적 소비자의 손실로 말미암아, 이 나라의
고용기회가 더 줄어들 것이다. 우리가 이 위대한
땅을 채울 대량 이민 프로그램에 참가할 준비를
하지 않는다면 말이다.[120]

헌트는 임신중지로 기혼 여성이 직장에 남을 수 있게 되어, 젊은 여성의 고용기회가 위협받는다고 주장했다. 그의 연설에 감도는 자본주의적 에토스는 오스트레일리아인을 노동자와 소비자로 규정하며, 뚜렷이 젠더화되어 있다. 남성은 임금노동에 참여하고, 젊은 여성은 결혼 전까지만 (저숙련 일자리가 분명할) 일을 한 다음, 더 많은 소비자와 생산자를 재생산해야 한다는 이야기다.

헌트는 "과잉인구가 진짜 문제인 개발도상국"과 오스트레일리아의 인구 부족 문제를 대조했다.[121] 이는 1977년 왕립인사위원회에 보고된 조사 내용을 떠올리게 한다. 당시 조사에 따르면, 오스트레일리아인들은 본국보다 인도 같은 개발도상국에서 임신중지에 대한 제약이 더 줄어들어야 한다는 입장이었다.[122] 일반적으로 태아의 생명 문제보다는, 미래 오스트레일리아인의 생존에 대한 우려가, 헌트와 많은 오스트레일리아인의 임신중지 반대에 동기를 부여한 것으로 보인다.

자유당 의원 데이비드 코널리David Connolly는 오스트레일리아의 '인구성장률 0퍼센트'를 국제적 맥락에 놓고, '러셔 발의안'에 동의하며 이렇게 말했다.

오스트레일리아처럼 자원을 누리면서 사실상
인구성장률 0퍼센트의 정책을 마음껏 펼 수

있는 나라는 없다. 어떤 나라도 세계에서 자기
운명을 마음껏 결정하는 호사를 기대할 수 없다.
앞으로 공간과 자원의 활용 가능성이 국정을
결정하는 데 훨씬 더 큰 부분을 차지할 것이다.
당연한 얘기지만, 알다시피 오스트레일리아는
인구증가 아니면 소멸, 둘 중 하나다.[123]

코널리는 임신중지에 대한 재정 지원, 그리고 아마도 임신중
지 자유화 법을 '사실상 인구성장률 0퍼센트의 정책'으로 프레
이밍하면서, 세계 자원 경쟁에서 오스트레일리아가 거둔 성공
을 축소한다. 코널리가 언급한 공한지, 즉 풍부한 자연자원과 건
강한 (백인) 인구로 채워진 땅(이를테면 헌트의 연설에 등장한 '위
대한 땅')은 고전적인 무주지terra nullius의 환상을 다시 꺼낸 것
이다. 그 환상은 오스트레일리아의 정착식민 기획을 정당화했으
며, 여기에 코널리가 다시 언급한 '인구를 증가시키지 않으면 소
멸'이라는 명령이 뒤따랐다.[124] 앞서 헌트는 백인 재생산에 대한
대안을 간략히 설명했다. 바로 '대량 이민'이다.

인구 위기

오스트레일리아의 생식률은 1976년부터 계속 떨어져 2001년 사
상 최저치에 달했다.[125] 오스트레일리아 인구 고령화에 대한 초
기의 우려는 '러셔 발의안'에서 엿볼 수 있다. 이후 밀레니엄에
접어들어 이는 심각한 국가적 우려 수준에 이르렀고, 2002년 멜
버른과 2003년 애들레이드의 '인구 서밋'에서 우려가 극에 달했
다.[126] 크리스토퍼 피어슨Christopher Pearson(보수 신문『디 오스
트레일리언The Australian』의 주간 칼럼니스트이자 자유당 고문이
며, 토니 애벗의 친구이기도 하다)은 멜버른 서밋에 참석한 이후,

인구정책에 대한 하워드 정부의 실패를 비판했다. 그는 자신이 "문제의 핵심을 이민이 아닌 출생률로 보는 소수파"에 속한다며 자찬했다. 이어 "오스트레일리아에서 해마다 임신중지 10만여 건이 일어나는데, 그 수를 1970년대부터 합산하면 시민 100만 명 이상의 손실"임을 개탄했다.[127]

출생률과 임신중지율을 강조하는 가운데, 오스트레일리아 인구 문제의 해결 방안, 즉 '이민'에 대한 공포가 널리 퍼졌다. 하워드 정부 시기(1996~2007)의 인종주의적 정치는 잘 기록돼 있다. 오스트레일리아 미디어에서 '보트피플boat people'이라는 위협적인 이미지를 통해 새로운 편견을 드러낸 것이 단적인 예다.[128] 정부는 오스트레일리아를 내부(임신중지 여성, 선주민, '제3세계 사람처럼 생긴' 이들) 그리고 외부(망명 신청자)의 위협에 둘러싸인 것처럼 재현했다.[129]

'위기'는 오스트레일리아 내 백인의 사회·문화적 지배력이 허약하다는 점, 즉 백인 남성 권위에 위기가 왔다는 점에서 파생했다. 국가안보에 대한 공황은, 외부 세력 침투에 취약해 보이는 땅(여성성)을 보호(남성성)한다는 식으로 젠더화되었다.[130] 따라서 9·11로 촉발된 전 지구적 안보 위기가 고조된 상황은, 남성적·군사주의적 국가주의가 강화된 상황에 조응했다.[131] 오스트레일리아의 경우 이와 관련한 대중적이고 정치적인 서사도 함께 등장했다. 바로 '남성성의 위기'에 관한 서사로, 1990년대 초 이래 발달해 왔다. 예컨대 1996년 국가주의 정당인 원네이션당One Nation Party 대표의 발언에 그런 생각이 잘 드러난다. "이 나라에서 가장 탄압받는 사람은 백인 앵글로색슨 남성이다. (…) 균형이 너무 깨졌다." 그리하여 이제 (백인) 남성, 특히 남자아이들은 더 이상 "무엇을 해야 할지 모른다."[132]

몇 가지 서로 연관된 현상이 위기의식에 불을 지폈다. 이를

테면 한부모 혹은 퀴어 가정이 대중적으로 점점 가시화된 것(남자아이들이 더 이상 영속적인 이성애자 '아버지 상'을 보며 자라나지 않으리라는 우려와 함께), 여자아이들의 교육성취 수준이 남자아이들을 모든 면에서 능가한다는 것, 남성이 가정법원에 서는 경험을 하며 '남성운동'이 성장한 것, 오스트레일리아 사회·정치 영역에 비백인 남성의 참여가 늘어난 것 등을 들 수 있다.[133]

백인 여성의 모성은 젠더질서와 인종질서가 재생산되는 지점이었다. 따라서 이른바 백인 남성성의 위기에 따라, (기혼) 여성에게 아이를 낳아 집에서 기르도록 장려하는 정책이 나온 것은 우연이 아니다. "어서요, 어서, 국가가 당신을 필요로 합니다", "남편을 위해, 부인을 위해, 국가를 위해"라는 목소리가 교차하는 가운데, 2002년 존 하워드 총리와 피터 코스텔로Peter Costello 재무부 장관은 '베이비 보너스'(아이를 낳을 때마다 여성에게 고정적으로 지급하는 수당)를 도입했다.[134] 이런 노골적인 출산증진 정책은 그때까지만 해도 점점 흔해지고 있었다.[135] 무슬림[136]과 선주민 어머니[137] 등 '다른 어머니'를 병리화하는 현상이 함께 나타난 사실은, 이 정책이 백인 여성을 주로 겨냥했음을 말해 준다.

(백인) 여성에게 재생산을 함으로써 국가를 선택하라는 요청은 매우 명백했다. 그리하여 임신중지 여성은 백인 인구 재생산이라는 사회적 선을 위협하는 존재로 자리매김했다. 임신중지는 아주 중대한 국가적 사망 사건들과 연결됐다. 임신중지 반대론자들은 임신중지로 사라진 생명과 가장 칭송받는 오스트레일리아 순교자, 즉 전쟁에서 사망한 오스트레일리아 군인을 비교했다.[138] 토니 애벗은 오스트레일리아의 "임신중지 유행병"을 언급했다.[139] 멜버른의 타블로이드지 『헤럴드 선』 논설에서는 오스트레일리아의 "임신중지 희생자 수"를 우려했다.[140]

대나 베일은 오스트레일리아가 무슬림 국가가 될 위기에 놓인 까닭이, '우리 스스로 우리 존재 자체를 낙태시키고 있기' 때문이라며 충고했다. 그러면서 임신중지와 비백인 이민을 거듭 환유적으로 연결 지었다. 이에 정부는, 오스트레일리아의 미래 민족-인종 인구변동 측면에서 임신중지를 논의하는 것이 과연 적절한지를 되묻지 않았다. 오히려 오스트레일리아는 분명 백인 국가이고 백인 국가여야 한다는, 베일의 발언 기저에 깔린 논리를 반박하긴커녕 되풀이했다. 이민부 장관이자 상원의원인 어맨다 밴스톤Amanda Vanstone은 이렇게 말했다. "50년 후 오스트레일리아는 오늘날의 모습일 것이다. 대부분 영어를 사용하면서도, 다문화적이고 다양성 있는 나라 말이다."[141] 국가당 의원 드앤 켈리De-Anne Kelly는 베일이 "공연한 걱정"을 했고 사실관계가 "그저 틀렸다"고 주장했다.[142] 그림자내각의 장관 로리 퍼거슨Laurie Ferguson은 "이 나라에 유입되는 이슬람 인구는 계속 줄고 있다"라며, 비슷하게 대중을 안심시켰다.[143]

베일은 연방의회 토론에서 RU486 관련해 발언하며, 백인 핵가족을 중심에 놓던 시절을 향수 어린 갈망에 잠겨 이야기했다. 그는 2006년에 여성들 사이에 널리 퍼진 임신중지를 좋은 삶이 바래지는 증거로 삼았다. 그가 말하는 좋은 삶이란, '아이들이 가치 있었고' 임신중지가 법적으로 금지되던 때 존재했다.[144] 이 무렵, 임신중지는 반임신중지 의제뿐 아니라 가부장제 핵가족의 일반적인 쇠퇴에도 계속 연결되었다. 애벗의 2004년 연설에 응답하여, 총리Governor General는 자신이 오스트레일리아 임신중지율을 0퍼센트로 만들려 한다고 선언하며 그 이유를 이렇게 밝혔다.

현재 한부모와 살고 있는 아동은 100만 명입니다. 여기서 한부모는 대개 여성이고,

> 아동은 대개 아무 잘못 없이 매우 어렵게
> 살아갑니다. 나는 남자아이들을 자주
> 생각합니다. 그 아이들은 남성 롤모델을 접하지
> 못한 채 (…) 어떻게 남자가 되고 어떻게 타인을
> 대할 것인가라는 큰 문제를 안고 자랍니다.[145]

표면상 오스트레일리아의 임신중지율은 한부모 양육이라든지, 아이들을 위한 남성 롤모델과 아무 관계가 없다. 그러나 임신중지 건수가 가부장제 핵가족에 관한 일반적 불안이 표출되는 장소라 할 때, 이 미끄러짐은 완벽히 이해된다. 당파적이지 않고 비정치적인 역할인 총리는 임신중지에 대해 발언하며, "나는 임신중지의 옳고 그름을 논하거나 정치적 토론에 들고 싶지 않다"라고 덧붙였다. 이 발언은 오스트레일리아에서 임신중지가 '너무 많이' 일어난다는 정서가 어떻게 일종의 상식으로 작동했는지를 보여 준다. 정치에서 도출된 이 환영은 강한 규제적 속성을 은폐하면서도 증폭했다.

토니 애벗은 임신중지율을 핵가족의 안정성이라는 측면에서 프레이밍했다.[146] 그는 악명 높은 연설을 통해 임신중지에 '국가적 비극'이라는 딱지를 붙였다. 또한 임신중지에 주목하던 것을 이제 다른 정부 정책으로 이어 가야 한다고 주장했다. 여기에는 가톨릭 주교의 후원 아래 레즈비언 인공수정에 반대하는 것, 유자녀 가정주부에게 추가 재정 지원을 하는 것, 가톨릭 학교에서 남자 교사에게 장학금을 주는 것 등이 있다. 이처럼 애벗은 임신중지 여성과 레즈비언 (그리고 다소 불분명하지만, 일하는) 어머니를 가족에 대한 위협으로 삼았다. 여기서 가족제도를 지켜 주는 것은 가정주부인 어머니, 그리고 가톨릭 학교 아이들의 가부장적 롤모델인 남자 교사이다. 애벗은 임신중지에 대한 우려를 다음 같은 물음으로 나타냈다.

> 오스트레일리아 선주민의 기대수명이 여느
> 공동체보다 20년 짧은 상황에서, 여성 10만여
> 명이 임신중지를 선택한다는 사실이 어째서
> 국가적 비극으로 여겨지지 않는가? (…) 지역
> 정치인에게 로비를 할 때, 임신중지 문제보다
> 보트피플 처우 문제에 훨씬 더 큰 관심을
> 보인다. 임신중지 문제는 도덕적 옳고 그름이
> 명확하지만, 보트피플 문제는 그렇지 않다. (…)
> 일이 잘못 돌아가고 있다는 감각, 모든 사람이
> 변화에 대한 의무가 있다는 감각은 기독교인의
> 중추적 소명이다. 이는 우리가 상대적으로 가진
> 힘, 우리 같은 나라들의 연대를 설명하는 데에도
> 보탬이 된다.

　기독교는 오스트레일리아에서 백인성을 나타내는 주요한
기표다. 따라서 기독교가 '힘과 연대'를 통해 오스트레일리아를
하나로 묶어 주리라는 애벗의 주장에는, 백인 통치 소속이라는
관념이 다시 등장한다.[147] 애벗은 오스트레일리아 선주민과 비
선주민 기대수명 간의 큰 차이가 '국가적 비극'을 만든다고 했다.
그러나 그 비극의 초점을 선주민 기대수명에서 태아의 생명으로
옮겨 놓았다. 정신건강 전문가들은 망명 신청자에 대한 구금제
도의 존재를 자해·자살과 자꾸만 연결시킨다.[148] 그런 맥락에서
애벗도 망명 신청자 구금과 달리, 임신중지의 성격을 '도덕적 옳
고 그름'이 명확한 문제로 특징지었다. 태아의 생명을 망명 신청
자의 생명보다 더 가치 있게 본다는 뜻이다.

　　두 차례 도덕적 공황을 겪는 동안 언론인과 정치인 등 공인
들은, 오스트레일리아의 임신중지율을 '우리'에게 속하는 문제,
그리고 '손을 떠나기는' 했지만 통제할 수 있는 문제로 봤다.[149]
2000년대 중반 토론을 예로 들면, 입법자들은 "우리 사회는 더
노력해야 한다", "우리는 이 주의 임신중지 건수를 줄이기 위해
가능한 모든 것을 시도해야 한다"라고 말했다.[150] 정치인들과 광
범위한 공동체는 임신중지를 '우리'가 판단해야 하는, 관리할 수
있는 사회문제로 프레이밍하면서, 임신중지를 통제할 수 있다는
환상을 만들었다. 임신중지에 대해 토론하는 행위는, 임신중지
를 고려하는 임신한 여성을, 그들을 걱정하고 평가하고 관리하
는 사람들의 통제 대상으로 바꿔 놓는다.[151]

　　임신중지 반대론자들은 이런 환상을 법에 반영해 왔다. 이들
은 임신중지를 금지하기를, 임신중지 접근 수단을 제한하기를,
정부 지원을 삭감하기를, 또 최근에는 제약이 늘어난 조치(예컨
대 임신중지 전 상담)를 도입하기를 희망한다.[152] 법으로 임신중
지율을 감축하겠다는 이들이 보기에, '임신중지를 통제한다'는
환상은 기댈 곳이 하나 더 있다. 바로 법이 자유화되기 전에는 임
신중지가 전혀 없었거나, 극히 적었다는 생각이다. 연방의회 토
론에서 토니 애벗이 "이 나라에 사는 50세 이하 국민 가운데 개
인적으로 이 문제와 맞닥뜨리지 않은 이는 없을 것이다"라고 말
한 데에도 그런 생각이 깔려 있다.[153] 애벗의 터무니없는 발언에
따르면, 여성의 임신중지 접근이 법적으로 자유화된 뒤에야 비
로소 임신중지라는 이슈가 생겼다는 것이다. 이는 현재의 문제
를 부풀리기 위해 상상된 과거를 구성하는 일이다. 여기서 임신
중지가 널리 퍼진 것은 문제의 원인이자 징후로 여겨진다. 반면,
자유주의적 임신중지 법을 지지하는 이들은, 성교육 프로그램이
발달하고 믿을 만한 피임법·피임기구가 늘어나면, 임신중지의

필요가 대부분 없어지리라고 상상한다(4장 참고).

두 가지 환상 모두, 임신한 여성을 '얼마나 많은 임신중지가 오스트레일리아에서 수행될지'를 결정짓는 위치로 옮긴다. 오스트레일리아든 어디든 국가에서 임신중지가 너무 많이 일어난다는 발상은 국가를 임신중지의 주체로 만든다. 그리고 임신중지를 하는 사람은 여성 개개인이라는 사실, 또한 법으로 규제하든 말든 간에 임신중지는 언제나 여성의 재생산적 삶을 이루는 일부였고 앞으로도 그러리라는 사실을 흐려 놓는다.[154]

결론

백인 재생산을 장려하는 일은 부인(선주민 주권) 및 배제(특정한 이민자)와 더불어, 국민에 속하는 백인의 불안을 열심히 관리하려는 기술이다. 어떤 시기에는 이런 구성된 불안이 관리 가능한 공포의 대상에 눈을 돌렸다. 그 대상은 잃어버렸거나 위협당한 것으로 보이는 무언가를 복구 혹은 보존할 수 있는 수단으로 여겨졌다. 오스트레일리아에서는 1979년과 2000년대 중반 임신중지 여성이 바로 그 대상이었다. 이 시기 동안 오스트레일리아 국경이 침범에 취약하다고 인식되면서 불안이 야기됐다. 그 불안은 오스트레일리아의 생식률, 핵가족의 안정성, 이 모두를 아우르는 젠더질서에 대한 불안으로 수렴되었다. 임신중지 여성은 그 모든 인구통계학적 경향과 사회·문화적 구조·가치에 연루되어, 위협적인 존재로 그려졌다. 임신중지 여성은, 개인이 임신중지 실행 권한을 '수행적으로 제자리에 돌려놓는다'라는 투사의 장소가 됐다.[155] 즉 여성의 정체성을 가족으로, 백인 여성의 신체를 국가로 복귀시키는 것이다.

공포는 임신중지 여성이라는 상을 만들어 내는 한편 그 주위를 감돈다. 공포는 백인 여성을 위한 모성적 시민권의 역사가 낳은 결과이기도 하다. 백인 국가라는 환상과 그 핵심 제도인 '가족'의 안정을 위협하는 다른 인물형이 임신중지 여성과 환유적으로 연결될 때, 공포는 더 강력해진다. 오스트레일리아의 경우 1970년대에는 동성애자와 이혼 여성이, 2000년대에는 레즈비언 어머니, 무슬림, 망명 신청자가 있었다. 임신중지 여성은 이들과 마찬가지로, 국가의 미래란 어떠해야 한다는 환상―'행복한 백인 이성애 가족'이라는 날조된 과거를 향수 어린 눈으로 갈망하는 것―을 위협하는 존재였다. 이처럼 공포를 통해 빚어진 환상적인 미래에서라면, 적어도 백인 여성은 임신중지를 해서는 안되고,[156] 이주는 엄격히 통제되어야 한다. 백인 여성은 임신중지 대신 국가를 선택해야 하며, 국가와 함께 나란히 '행복의 대상'인 미래의 아이를 향해 나아가야 하는 것이다.

모성 바깥의 삶

맺음말

임신중지에 관한 선택은 주로 이런 그림이다. 선택을 고민하는 한 여성이 홀로 앉아, 깊이 사색하며 먼 곳을 응시한다. 문득 어떤 예감이 들자 자기만의 감정세계에 침잠해 선택의 무게를 짊어진다. 그 무게는 오롯이 자기 몫이다. 이 그림은 채도가 낮거나 색이 어둡다. 그런데 이런 침울한 이미지는 (마치 균질한 집단인 양 여겨지는) '여성'이 어떻게 임신중지에 다가가거나 이를 경험하는지를 반영하지 않는다. 이 이미지에는 몹시 정치적인 '임신중지의 감정경제'가 실려 다양한 담론장을 거치며 강화될 뿐이다.

지난 50년간 임신중지의 문화적 의미, 그 의미와 힘을 주고받는 젠더구조·규범에 급진적 변화가 있었다. 임신중지에 보통 결부되는 감정들은 이 변화의 시기에 대응해 등장했다. WLM은 임신중지 죄책감과 수치의 문화정치를 비판한 바 있다. 그러나 1970년대에는 임신중지 경험이 감정보다는 신체에 집중해 그려졌고, 특히 불법 임신중지 사망률·이환율이 다뤄졌다. WLM은 임신중지를 자기결정권과 신체의 온전성 문제로 보고, '재생산적 섹슈얼리티'와 '강제된 모성' 같은 개념을 비판하는 데로 활동을 이어 갔다. 그런 개념은 임신중지의 문화적 상상에 계속 붙박여 있었다. 그러나 10여 년에 걸친 WLM의 급진적 임신중지 정치는 임신중지 선택에 관한 규범적 설명에서 대체로 부인됐다.

임신중지의 감정 경험에 주목하는 것은 1980년대 중반부터 반임신중지 활동의 주된 기조였다. 임신중지 반대론자들은 임신중지를 겪은 여성에게 연민을 갖도록 했다. 연민에 기초한 임신중지 정치는 안티초이스와 프로초이스 활동 사이에 시너지를 만들었다. 연민을 느끼는 이들, 즉 활동가나 의원, 혹은 '대중'이 논쟁의 주체가 됐고, 임신중지를 겪은 여성은 남들의 논의·토론 대상이 되었다. 이런 정치 내에서 임신중지 여성은 '희생자'로 등장했다. 임신중지로 내몰린 상황의 희생자이기도 했고, 임신중지에 따른 심리적·감정적 효과의 희생자이기도 했다. 희생자인 이들은 취약하며 보호받아야 할 존재로 여겨졌다. '보호'는 자유주의적 임신중지 법이라든지 의사의 동정심 같은 형태로 나타났다. 또는 여성이 잠재적으로 위험한 임신중지라는 선택을 하지 못하게 하는 법일 수도 있었다. 여성의 취약성과 희생자라는 위치는 주로 반복되는 임신중지 정치에 뿌리박혀 있다. 임신중지 정치는 여성을 더욱 '의존하는 위치'(예컨대 보호받고자 국가에 의존하는 사람)에 두며, 레바 시겔이 지적하듯 "충분히 결정할 능력이 있는 여성의 존엄성을 침해했다."[1]

임신중지 반대론자들은 임신중지를 겪은 여성에게 적대적이라는 비판에 대응해, 임신중지의 감정 경험에 호소함으로써 자신들의 정치를 방어했다. 한편 프로초이스 활동가들은 '이기적인 임신중지 여성'이라는 전형에 맞서고자 감정 경험에 눈을 돌렸다. 그 전형은 여성이 임신중지에 접근할 때 가해지는 제약을 유지하려는 논의에서 끊임없이 등장하던 것이다. 프로초이스 활동가들은 '애통함과 후회에 따른 어려운 선택'이라는 서사를 집어 든 채, 임신중지에 대한 제약을 없애야 오히려 여성이 임신중지 진료소로 내몰리지 않으리라고 주장했다. 이 수사에 따르면, 임신중지는 어떤 여성도 다른 대안이 있다면 선택하지 않을 몹시 불쾌하고 해로운 절차다. 임신중지에 관한 한 여성이 자신의 품행을 늘 감시할 터이므로, 법이나 의사 개인이 임신중지의 문지기로 나설 필요가 없다는 얘기다. 게다가 법의 규제는 쓸데없이 처벌하려고만 든다. 안티초이스와 프로초이스 활동의 정치적 목적은 달랐지만, 이 둘은 보다시피 임신중지를 감정적으로 끔찍한 경험으로서 재현하는 데 기여했다.

여성성 규범으로 흘러든 여러 이미지는 임신중지의 감정 각본에 힘을 실었다. 1970년대 임신중지 여성은 그 선택을 어떻게 해석하느냐에 따라 세 가지 이미지로 구별됐다. 첫 번째는 '절박한 여성'이다. 아이를 제대로 양육할 수 없는 생활환경 때문에 임신중지를 강요당한 여성이다. 두 번째는 모성 바깥에서 삶을 찾는 '독립적인 여성'이다. 세 번째는 아이를 기르는 대신 살해한 '반어머니anti-mother'다. 이런 이미지가 담론에 계속 존재하는 가운데, 임신중지라는 가슴 찢어지는 결정을 하고, 그 결과 지울 수 없는 애통함과 죄책감으로 고통받는 여성 이미지도 등장했다. 1970년대 WLM과 반임신중지 운동 내에서, 임신중지 여성은 '정서적 이방인'으로 재현되었다. 이들은 '모성적 행복'이라는 감정 각본의 규범에서 멀어져 가는 존재였다.[2] 여성이 모성으로부터 독립하는 것은 운동 진영에 따라 긍정적으로도 부정적으로도 비쳤다. 반면 애통함에 잠긴 임신중지 여성은 어느 쪽에서든 올바른 방향으로 여겨졌다. 안티초이스와 프로초이스는 수사의 주된 기조를 모성적 여성성이라는 프리즘을 통해 설명했다. 그러므로 임신한 여성을 위한 탈출구는 여기 없다. 임신한 여성은 임신중지를 선택할 때조차 모성을 선택한 셈이 되는 것이다.

여성이 임신중지에 다가가 이를 경험하고 기억할 때 가질 수 있는 의미는 철저히 제한돼 있다. 여성의 선택을 분명히 제한하자고 호소해서가 아니라, 선택이라는 수사가 제한을 작동시키기 때문이다. 이때 선택이라는 개념은 임신중지의 맥락에서 규범화된다. 여성의 선택은 특정한 경우에 한해, 그 정도는 다르더라도 폭넓은 지지를 받곤 한다. 또 임신을 출산까지 지속하도록 강제해야 한다고 주장하기란 어렵다. 임신한 여성 가운데에는 태아의 어머니가 되길 원하지 않는 여성도 있다. 그러나 이 사실은 임신중지가 문화적으로 재현되는 와중에 생략된다. 이런 생략의 과정은, 임신중지가 빈번하다는 사실을 모성적 여성성과 그에 따른 규범—'의도된 임신'과 '태아적 모성'—으로 복구해 내기 위해 작동한다. 두 규범은 임신한 여성을 이미 자율적인 태아의 어머니로 나타낸다. 또한 여성에게 어머니 역할을 잘하는 데 필요한 경제적·사회적 자원을 모을 때까지 재생산 능력을 통제하도록 요구한다. 이 규범적 도식은 모든 임신이 아기를 낳는 데로 이어져야 한다는 강한 기대를 만들어 낸다. 그에 반해, 임신중지는 여성 각자의 개인적 책임에 대한 실패로 형상화된다. 임신중지가 지극히 개별화된 탓에, 임신중지 절차와 이를 겪은 사람은 정치·경제·사회·문화의 맥락에서 제거된다.

임신중지의 탈정치화는 선택이라는 수사를 통해 이뤄진다. 임신중지에 들러붙은 감정은 임신중지의 사회적 의미를 자연적인 것처럼 만들고, 임신중지에 대한 가정을 진실로 유통하는 주요 수단이다. 감정은 임신중지에 대한 지극히 정치적인 메시지를 자연화하는 힘이 있다. 의도된 임신과 태아적 모성이라는 규범에 따라, 임신중지의 맥락에서 말할 수 있는 감정(애통함·죄책감·수치 그리고 모성적 행복)과 사실상 말할 수 없는 감정(행복·기쁨·희망)이 정해진다. 그리하여 우리는 임신중지에 대한 이야기에서 계속 같은 감정을 듣게 된다. 이런 감정은 시간이 흐르며 다양한 담론장을 가로질러 끝없이 되풀이되면서, 임신중지의 생산조건에서 감정경제를 지워 버린다. 젠더화된 감정 경험을 획일적으로 재현함으로써, 젠더는 자연적인 것이 되고, 사회·문화적 변화에 흔들리지 않는 것처럼 보인다. 이 때문에 감정은 주체의 내적 삶을 반영하는 것으로 흔히 여겨진다. 여성들이 임신중지를 비슷비슷하게 경험하리라는 믿음은 임신중지의 주체인 여성을 전 문화적 존재로 탈바꿈한다.

임신중지를 선택한다는 의미에 들러붙어 그 의미를 바꿔 놓는 감정들은 이미 '줄 세워진' 행동 규범에 여성을 복귀시켜 '일직선으로 정렬하는 장치'다.[3] '어려운 선택'이라는 서사는 여성이 임신중지를 함으로써, 자연히 또 자동적으로 '행복의 대상'인 태아에게 이끌리던 발걸음을 반대로 돌린다고 전제한다. 이때 여성이 임신중지를 하는 여러 이유(대학을 마치지 못해서, 좋은 직업을 얻을 수 없어서, 독신이어서 등등)가 강조된다. 이런 식으로 임신중지를 정당화하는 일은 흔하다. 이는 '좋은 어머니' 이미지(교육받았고, 경제적으로 자립했고, 안정적인 이성애 관계에 있는 여성)에 힘을 싣는 한편, 여성에게 임신중지 사실을 남들 앞에서 정당화하도록 은근히 압박한다. 임신중지를 겪은 여성은, '행복의 대상'인 태아를 향해 나아가지만 잠재적 아이의 행복을 보장하는 데 필요한 경제적·사회적 자원을 제공할 수 없는 인물로 재현된다. 그리하여 임신중지라는 결정도 여성이 모성적 주체로서 잠재적 아이를 보살피고 보호하기 위해 하는 선택으로 프레이밍된다.

태아가 임신한 여성에게 행복의 대상으로 위치 지어질 때, 태아는 임신중지에 따른 '애통함'의 대상이 되며, 임신중지에는 애통함이라는 약속이 따른다. 애통함은 임신중지에 관한 이야기를 지배한다. 임신중지에 대한 다양하고 심지어 상반돼 보이는 관점에서도 말이다. 애통함은, 여성이 태어나지 않은 아이의 죽음을 영원히 애도한다는 식으로 가장 자주 묘사된다. 태아중심적 애통함은 임신한 여성을 이미 자신의 자궁에 자율적인 '아이'를 품은 어머니로 만드는 한편, 임신중지가 여성에게 도덕적으로 문제 있고 해롭다고 이야기한다.

행복과 애통함은 아이의 존재 혹은 부재로 구조화된 감정경제를 형성한다. 이 감정경제에서, 여성에게는 임신과 관련해 좋은 선택 혹은 나쁜 선택이 있고, 여성은 자신의 선택을 통해 모성으로 향한다. 그러나 임신중지의 감정경제는 여성의 임신중지 경험과 그다지 연관이 없다. 실제로 가장 흔히 보고되는 감정은 안도이며, 심각하고 오래가는 애통함은 드문 경험이다. 그러므로 감정경제는 설명적이기보다는 수행적이다. 감정경제는 충돌하는 두 여성성을 화해시키려 한다. 하나는 여성의 자유를 '선택'을 통해 설명하는 포스트페미니즘 담론이다. 다른 하나는 '모성'을 여성의 정박지로 고정하는, 엄격히 제한된 젠더규범이다. '어려운 선택'과 '태아중심적 애통함'을 인용하는 일은 임신중지 여성에게 '모성적 주체'라는 문화적 생명력을 복구해 준다.

임신중지 수치와 수치 주기는 여성이 임신중지 경험에 대해 침묵하게 한다. 타인에게 임신중지를 숨기는 여성 비율이 높다는 것은, 이를 통해 임신중지의 감정경제가 경험적 확인을 대신해 문화적 지배력을 얻었다는 뜻이다. 수치는 '말할 수 없는 것'이기에, 여성의 실제 임신중지 경험에서 이를 헤아리기란 어렵다. 수치, 그리고 이와 연결된 죄책감이라는 감정은 확실히 임신중지의 문화적 이미지를 구성하는 요소다. 이런 감정은 그 감정의 주체가 비규범적임을 나타내며 '모성적 행복'이나 '임신중지의 애통함'과 더불어, 여성성의 이상·이데올로기를 강화한다. 임신중지에 대한 '침묵'과 '비밀에 부치기'는 수치와 낙인이 내면화되었음을 나타낸다. 임신중지를 숨기는 여성 비율이 높다는 것은, 임신중지를 겪어 본 적 없는, 더군다나 임신중지는 고사하고 임신도 하지 않을 남성들이 임신중지를 재현하는 장본인이 된다는 뜻이다. 따라서 '어떻게 여성이 임신중지에 접근하고, 이를 경험해야 하는가'라는 기대가 재현의 영토를 지배해, '좋은 여성'에 관한 젠더 전형·이미지·이상에 길을 터 준다.

더 이상 임신을 지속하길 원치 않는 여성의 시각으로 임신중지를 말하는 일은 거의 없다. 임신중지는 원치 않은 임신의 중지라기보다는, 자율적인 생명을 파괴하는 절차로 묘사될 때가 훨씬 더 많다. 물론 임신중지 절차는, (유산되지 않는다면) 자율적 인간이 되었을지 모를 배아/태아의 발달을 멈추게 하는 일이다. 이런 측면에서 임신중지를 바라본다는 게 반드시 반임신중지 관점을 지지한다는 의미는 아니다.[4] 그런데 임신중지를 배아나 태아의 생명을 파괴하는 일로만 본다면, 임신한 여성보다는 태아에게 초점이 갈 것이다. 임신이라는 게 늘 의지나 의도에 따라 이뤄지진 않는다. 원치 않은 임신과 계획하지 않은 임신은 여성의 재생산적 삶에서 일상적으로 일어나는 일이다. 그리고 임신중지는 의도치 않게 임신한 여성이 그 상황을 타개할 수단으로서 유일하게 보장받은 것이다. 임신 혹은 임신중지의 초점을 태아에게 둘 때, 태아는 자율적인 존재로 탈바꿈하며, 임신한 여성은 이미 어머니로 간주된다. 이런 도식에서 말하는 임신중지란, 가장 좋게 봐서 불쾌하지만 필요한 일이고, 가장 나쁘게 보자면 도덕적으로 비난받을 만한 위험한 일이다. 임신중지 반대론자들은 임신중지를 겪은 여성에 대해 이렇게 묘사한다. 아이를 낳아 기르길 거부한 '이기적인 어머니'. 임신중지에 어떤 일이 따르는지, 그 심리적·감정적 후유증이 어떠한지도 모른 채 아이를 죽인 '불운하고 취약한 희생자'. 이와 반대로 여성이 임신중지에 접근하는 것을 지지하는 이들은, 여성에게 임신중지를 '강요하는' 경제적·사회적 상황을 강조한다.

임신중지를 하는 데 경제적 이유 등 다른 이유에 계속 주목하는 일, 그 이면의 논리를 들여다보면, '여성이 왜 임신중지를 하는가'를 고려할 때 그런 요인이 전혀 무관하게 보이지는 않는다. 로리 프리드먼Lori Freedman과 트레이시 웨이츠Tracy Weitz는, 미국의 경우 임신중지를 하려는 여성의 경제적 지위에 분명한 변화가 있었다고 주장한다. "1970년대와 1980년대에는 중산층 여성이 임신중지를 위해 싸웠다. 이들은 교육·직업상 목표를 이루고자 생식력을 미뤄 놓기 위해 임신중지를 이용했다. 그러나 1990년대와 2000년대에는 노동계급 여성이 훨씬 더 혹독한 경제적 현실을 감당하기 위해 임신중지를 하는 경우가 상대적으로 많았다."[5] 임신중지를 해방의 경험으로, 자유의 표현으로 묘사하다 보면 양육에 드는 비용을 어물쩍 넘길 수 있다. 그러나 임신중지를 하는 경제적 이유 등에 집착하다 보면, 여성으로 하여금 임신중지를 타인에게 정당화하도록 하는 맥락이 힘을 얻고, 임신중지가 자발적인 일이라기보다 강요된 일로 그려진다.

나는 임신중지가 축하받을 일이라고 본다. 임신중지는 의도치 않게 임신을 한 여성이 원하는 것을 얻고, 재생산 가능한 연령대의 여성이 재생산과 분리된 이성애 섹스를 보장받을 수 있는 일이다. '의도치 않게 임신한 여성'이라는 위치는 담론적인 동시에 물질적이다. 이 책의 초점은 아니지만, 나는 어떤 포괄적인 '재생산 정의' 프레임 안에서 임신중지를 쟁취할 필요가 있다는 데 뜻을 같이한다. 즉 임신한 여성에게 필요한 사회·경제적 지원체계를 제공해, 임신중지를 하려는 여성이라면 그저 임신을 원하지 않는다는 것 말고 다른 이유가 있을 수 없도록 가능한 한 확실히 보장해야 한다는 것이다.[6]

재생산 정의를 옹호하는 이들은 '선택' 개념을 비판한다. 이 개념이, 여성을 계층화하는 특권과 불이익을 알아보기 어렵게 하고, 재생산 선택에 대한 접근을 쉽거나 어렵게 만드는 자원을 결정하고, 효과적인 '좋은' 양육에 대한 이해를 굴절시킨다고 보기 때문이다. 재생산 정치는 임신중지 정치로 환원될 수 없으며, 임신중지 정치는 단순히 젠더정치가 아니다. 임신중지 법이 자유화된 것은, 이전에는 눈에 띄지 않던 정체성이라든지 특권의 흔적에 도전하는 몇몇 사회운동이 일던 바로 그 무렵이었다. 이에 보수주의자들은 사회·문화적 전통을 잃었다고 개탄하며, 임신중지 법이 자유화되기 전에 존재하던 특권을 재건하려는 열망을 가졌다. 임신중지는 그런 상실감과 열망을 표출할 도관이었다. 그리

고 임신중지의 문화적 재현은 '좋은 어머니'라는 주체를 위치 짓
는 하나의 수단이었다. '좋은 어머니'는 젠더·인종·계급·섹슈얼
리티 등 정체성이 교차하며 형성된 주체로서, 그 정체성들의 역
학관계를 떠받치고 강화했다. 다른 말로 하면, 임신중지 재현은
고정된 사회질서를 만드는 수단, 즉 고정된 질서와 그 안에 자연
화된 역학관계가 도전받을 때 거기에 대응하는 수단이다. '임신
중지 여성'이라는 상은 커다란 사회불안을 일으키는 다른 근원과
연계되어, 사회체에 대한 위협으로서 구성됐다. '페미니스트'라
는 상과 연결될 때는 아이·남성·가족에 반하는 존재로, '십 대 엄
마', '복지 의존자', '성적으로 무책임한 자'라는 상과 연결될 때는
부주의한 '실패자'로, '이혼 여성', '동성애자', '레즈비언 양육자',
'싱글맘'과 연결될 때는 핵가족제도에 대한 위협으로 말이다.

　　임신중지는 국가에 대한 위협으로 나타날 때도 많다. '국민
만들기'에서 중심 역할을 하는 게 모성이기 때문이다. '임신중지
여성'을 국가안보를 위협하는 1970년대 '공산주의자'라든지 오늘
날 '망명 신청자'와 나란히 놓는 데서 그 위협의 정체가 드러난다.
임신중지가 국가의 사회적·도덕적 구조를 안에서 침식해 들어가
는 '홍수' 혹은 '늪'이라는 발상은, 국가를 위해 임신한 여성의 신
체를 보호해야 한다는 발상을 부채질했다. 임신중지를 다른 이
슈와 결부해, 백인 국가와 가부장제 핵가족에 대한 위협으로 놓
는 것을 보건대, 임신중지를 둘러싼 싸움은 확실히 '단일 이슈' 운
동을 넘어선다. 임신중지에 관한 문화적 상상은 임신중지 여성을
위협으로 위치 짓는다. 그러는 동시에 임신중지 여성을, 그 여성
이 위협한다고 여겨지는 것, 즉 '좋은 어머니'라는 상, 또 여기 주
어진 책임감·특권과 화해시킴으로써 그런 위협을 가라앉힌다.

　　임신중지가 예외적인 경험으로 재현될 때, 여성 세 명 중 한
명꼴로 살면서 한 번은 임신중지를 경험한다는 사실과 임신한 여

성을 겨냥한 모성이라는 규범은 같이 간다. 선택에 특정한 감정을 섞으면, 엄격하고 규범적인 정체성이 자유라는 환영으로 희석된다. 오늘날 신자유주의 시대에서 무언가를 규제하기 위해서는 자유로운 주체가 스스로 그렇게 하는 것처럼 비쳐야 한다. 그래야 규제가 유지된다. 이 책에서 보았듯, 반임신중지 운동 역시 '정보를 갖춘' 선택이라든지 '진정한 선택'을 옹호하는 정책으로 방향을 틀었다. 이런 정책의 목표는 (물론 이게 바로 그 효과이기도한데) 여성의 자유를 제한하는 일처럼 보이지 않는다. 즉 오히려 여성이 나중에 후회할 선택을 하지 않게끔 방지하는 정책으로 위장하는 것이다.

선택으로 환원된 정치는 근본적으로 개별화돼 있다. 그런 정치가 참조하기도 하고 생산하기도 하는 자율적 주체란 허구일 뿐이다. 기업가정신으로 무장한, 자발적인 선택의 주체는 철저하게 여성화된 가사노동과 재생산노동에 완전히 의존하며, 이로써 유지된다. '여성이 그런 노동을 하는 이유는 스스로 선택했고, 거기서 행복을 느끼기 때문이다'라는 가정을 되풀이하는 와중에 경제적·정치적·사회경제적 맥락은 제거된다. 임신중지에 자유가 존재하려면, 자율적인(선택하는) 주체에 기반한 자유라는 개념에서 벗어나야 한다. 우리는 공동체에 살고 있다. 따라서 웬디 브라운이 주장하듯 "개별적 자유라는 건 없다. (…) 인간에게 자유란 결국, 언제나 타인과 함께 세계를 만드는 기획이다."[7] 오늘날 선택의 주체는, 이를테면 여성이 무한한 선택지를 가졌고, 행복의 대상인 아이에게로 향하기 마련이며, 따라서 그저 욕망을 실현하기 위해 모성을 선택한다고 하는 식으로 방향이 정해졌다. 여기서 그 주체는 여성의 재생산적 신체라는 차원에서, 선택에 깃든 긴장을 조절할 수 있다. 그러나 이 균형은 깨지기 쉽다. '자율성'과 '선택'이 있는 곳에 '제약조건'과 '의존'이 있다. 개인의 선택은 정치적이다.

'자유'를 '선택'으로 설명하는 것은 불평등의 구조적 양식을 은폐하는 일이다. 재생산 정의를 보장하는 수단으로서 법을 내세울 때 비슷한 효과가 난다. 물론 임신중지의 비범죄화가 주는 이로움은 부인할 수 없다. 여성과 의사는 법적 기소 위협에서 자유로워지고, 상징적으로도 여성이 임신중지에 대한 결정의 주체로서 공식 인정받게 된다. 임신중지 의료제공을 법으로 직접 금지하던 사법 관할구역이라면, 임신중지에 대한 접근성이 더 좋아질 것이다.[8] 그런데 임신중지를 비범죄화한다고 해서 임신중지에 접근하는 데 지역·비용의 장벽이 사라지는 건 아니다. 임신중지가 문화적으로 합당하거나 정상적인 선택으로 여겨지는 것도 아니다. 신자유주의적 페미니즘의 '강한 법치주의' 성격은 젠더의 문화생산을 외면한다.[9] 임신중지 법이 임신중지를 제한하는 근원은 아니다. 법은 젠더·임신·모성 규범을 반영하고 강화하는 장치일 뿐이다. 오스트레일리아의 여러 사법 관할구역에서 임신중지는 비범죄화됐다. 그러나 방금 말한 규범은 법보다 오래 살아남는다. 임신중지의 감정경제는 법의 규제가 필요 없을 만큼, 스스로 행동을 규제하는 자기감시적 주체를 만들어 낸다.

행복한 임신중지

괴로움·애통함·수치라는 지배적인 각본과 그 대안이 되는 문화적 서사는 늘 같이 존재해 왔다. 이 책의 경우 전자에 주목했고, 그런 각본에 따라 임신중지를 재현하는 영토는 획일성을 띤다. 그러나 문화 지형을 살펴보면 이질성이 뚜렷하다. 이를테면 몇몇 프로초이스 활동가는 임신중지로 여성에게 불가피하게 나타나는 심리적·감정적 효과란 없다고 꾸준히 말해 왔다.[10]

최근 반낙인 활동이 무르익으면서, 이 책에서 주로 이야기한 임신중지의 감정적 서사에 대해 대항담론을 형성하고 있다. 특히 '미안해하지 않는' 임신중지 서사가 곳곳에서 다양한 방식으로 나타난다. 그 예로 유명 페미니스트들의 임신중지 이야기,[11] #ShoutYourAbortion 트위터 캠페인,[12] 주류 언론의 반응,[13] '셋 중 하나' 캠페인[14]을 들 수 있다. 여기서는 임신중지를 안도, 감사함, 심지어 행복과도 연결한다. 이런 서사는 "미안함 없는, 요구대로 하는 임신중지"라는 정치적 슬로건과 함께 등장했다. 여성에게 임신중지를 대가로 슬픔이나 비탄을 고백하라고 요구하는, 성문화되지 않은 계약에 똑똑히 되갚아 준 것이다. 임신중지를 '대놓고 말하라'는 주문은 임신중지 낙인 그리고 침묵을 명하는 문화적 지령에 대한 응답이자, 임신중지 경험을 공유할 수 있는 평범한 일로 다시 프레이밍하려는 시도다. '오스트레일리아의 페미니스트 조언자'[15]로 불리는 클레먼타인 포드Clementine Ford는 '미안해하지 않는' 임신중지 서사의 모범을 제시했다. 포드는 임신중지 경험을 이렇게 묘사한다.

> 나는 임신중지를 한 번도 아니고 두 번 했다.
> 내가 알기로, 나는 세상에 용서를 구하면서
> 평생 땅을 기어 다녀야 할 사람이다. 두 번의
> 임신중지야말로 내가 내린 가장 어려운
> 결정이었다고 외치면서 고개를 숙여야 하고,
> 그 결정을 날마다 생각해야 하고, 스스로 비정한
> 영아살해자라는 사실에 극심한 고통을 느껴
> 지독한 우울에 빠져야 한다. 집어치우라. 나는
> 두 번의 결정 중 무엇에도 수치를 느끼지 않는다.
> 나는 나 자신을 위해 최선을 다하는 중이었고,
> 미안해할 일은 없다.[16]

임신중지를 미안해하지 않겠다는 서사는, 이 책에서 살펴본 (미안해하는) 임신중지 서사의 규범적 힘을 반증하는 명료한 대항담론이다. 아울러 이는, 임신중지의 문화적 의미를 꽉 쥐고 있던 헤게모니에, 우리가 바랄 만한 균열이 생겼음을 알려 준다.

법학자 캐럴 생어는 당사자 임신중지 서사의 확산을 응원하며, 더 많은 여성이 임신중지 경험을 공유해야 한다고 주장했다. 그래야 여성이 낙인에 대한 공포 없이 쉽게, 합법적으로 임신중지에 접근하도록 보장하는 법적·문화적 변화가 일어날 수 있다는 것이다. 생어는 철학자 버나드 윌리엄스Bernard Williams를 인용하며 말한다. "임신중지라는 독특한 현상이 진정 무엇인지 우리에게 말해 주는, 현실적이고 정직한 길잡이는 그들의 경험뿐이다. 이는 도덕주의자, 철학자, 입법자 들이 말하는 임신중지와는 정반대다. 따라서 임신중지에 대한 우리의 사회적 태도에서 무엇이 가장 중요한지를 알려 주는 현실적 길잡이 역시 그들의 경험뿐이다."[17] 생어는 변화에 대한 자신의 비전이 임신중지를 겪은 여성들에게 부담이 된다는 것을 깨닫고 이렇게 말한다. "사적인 대화와 공적인 논의, 그리고 정치적인 의사결정 사이의 연결관계를 더 잘 이해한다면, 아마도 개인적 위기는 감수할 가치가 있을 것이다."[18] 생어는 여성의 경험을 다루며 '재현'과 '현실'의 간극으로 눈길을 이끈다. 그리고 여성이 임신중지를 결정하는 과정에서, 또 그 뒤에 어떻게 느껴야 하는가라는 전형적인 생각은, 임신중지로부터 여성을 '보호'하려는 법의 규제를 합리화한다고 강조한다.

임신중지를 정상화하라는 요구는 생어의 정치와 '미안해하지 않는' 임신중지 서사에서 명백히 드러난다. 임신중지를 예외적인 일로 다룰 경우 여성이 임신중지의 사회적 결과를 두려워하리라는 점을 인지하고, 끝없는 정치적·법적·문화적 논쟁으로 향하는 문을 연 것이다. 그러나 개별 경험에 주목하는 정치는, 임신 중지를 한 여성의 침묵을 통해서건 폭로를 통해서건 그들 각각에게 임신중지의 문화적·법적 맥락에 대한 책임을 지울 수 있다. 개인적 경험이 '임신중지가 진정 무엇인지' 진실을 말해 준다는 추론은 '개별화되고' '책임을 진' 주체를 만들어, 그런 경험을 빚어낸 광범위한 사회적·문화적 맥락에서 주체를 지워 버린다.[19]

이 책에서 주로 다룬 임신중지 서사 헤게모니는 기본적으로 '반임신중지' 입장이다. 이는 소거되어야 한다. 그러나 당사자 서사에 근거한 임신중지 정치는 개별 경험의 정치로 환원될 위험이 있다. 앞서 보았듯, 이런 경향은 이미 1980년대 중반부터 나타났고, 최근에는 탈정치적인 신자유주의 세계관과 얽힌 역사 속에 더 강화된 형태로 등장하고 있다. 비벌리 스케그스Beverley Skeggs에 따르면 "주체성에 대한 명령"이 "불평등이라는 구조적 문제"로 빚어진 자아관을 퇴색시키면서, "개인적·주관적·특정적인 것을 근거로 하지 않는 세계라면 더 이상 아무 의미 없다"라고 상정한다는 것이다.[20] '주체성에 대한 명령'은, 로절린드 길이 규명한 바와 같이 '개인주의, 선택, 행위자' 원칙을 강화하는 새로운 형태의 매개된 페미니즘의 특징이기도 하다.[21] 이는 사회적·문화적·구조적 변화가 아니라 "확신과 저항이라는 태도"에 기반한 정치에 불을 붙인다.[22] '미안해하지 않는' 임신중지 정치는 종종 이런 페미니즘의 전형을 보여 준다. 즉 경험의 근원이자, 임신중지 정치의 토대로서 개인을 강화하고, 선택이라는 원칙을 칭송하는 것이다. 여기서 '확신과 저항'은 임신중지 경험을 특징짓는다.

사적인 것이 정치적인 것이다. 그러나 이 사적인 정치는 분석하고 성찰할 필요가 있다. 개인적 서사만으로는 이 작업이 불가능하다. 임신중지 경험이 문화적으로 재현될 때, 우리는 그 재현이 기대어 있고 강화하기도 하는 규범에 대해 생각해야 한다. 이런 규범은, 자연적인 것 같지만 "특정하게 형성된 힘의 효과"[23]인 정체성의 범주를 떠받치고 있다. 임신중지 정치가 임신중지를 하려는 혹은 하고 난 여성의 느낌으로 환원되면, 그 느낌이 긍정적이든 부정적이든 간에 광범위한 사회·구조·정치적 문제는 그대로 남는다. 이를테면 양육에 대한 결정, 또 그런 결정에 대한 다른 이들의 평가와 판단을 손쉽게 하거나 감추는 '젠더화된 노동분업'과 '계급·인종에 기반한 불평등', 임신중지와 피임의 구별이나 원치 않은 임신을 막기 위해 여성에게 부여되는 책임 등 역사사회학적 질문, 임신의 조건에 관한 존재론적 질문 등이 있다.

이 책에서는 임신중지에 대한 '상식적인 감정'에 기반한 규범 전체를 분석했다. 그러나 여성이 느끼는 감정을 근거로 임신중지 정치를 강화해야 한다고 주장하는 것은 아니다. 여성이 임신중지 이후 오직 안도할 뿐이므로 임신중지에 접근할 수 있어야 한다는 주장은, 여성을 부정적인 감정적 결과로부터 보호해야 하기 때문에 임신중지를 제한해야 한다는 주장과 논리를 일부 공유한다. 임신중지의 감정 경험을 획일적으로 재현하면 자연화된 여성 주체가 만들어진다. 그 감정이 부정적이든 긍정적이든 간에 말이다. 여성의 삶과 열망의 이질성은 임신중지의 단일한 서사에 포착될 수 없다.

이 책의 원제는 '행복한 임신중지Happy Abortions'이지만, 나는 임신중지를 불가피하게 어렵고 불행한 사건으로 묘사하던 것을 '행복'이라는 단일한 재현으로 교체하려는 게 아니다. 책의 제목은 이런 질문에서 나왔다. '무엇이 행복한 임신중지의 가능성을, 가장 좋게 봐서 규범을 위반한 것, 가장 나쁘게 봐서는 말할 수 없는 것으로 만드는가?' 임신을 원치 않은 여성의 관점에서 임신중지를 바라보면, 자신이 원하는 것을 얻게 해 줄 유일한 수단이 있고 그 수단이 비교적 직접적이며 고통을 주지 않는데도 자꾸만 불행으로 재현된다는 것은 아무래도 터무니없다. 의도치 않게 임신한 여성의 관점에서, 우리는 임신중지가 견뎌야 할 것이 아니라 축하받을 선택임을 알 수 있다. 구조적 불평등을 당사자 임신중지 서사로 대신하려는 문제점을 지적하긴 했지만, '미안해하지 않는' 임신중지 서사는 가치가 있다. 임신중지라는 결정이 이로우며 삶을 고취시키는 결정이 될 수 있다. 이때 그 여성은 주체의 자리를 정당하게 부여받는다. 이 주체의 자리를 배제하려는 끊임없는 움직임은 임신한 여성이 어머니가 되고 싶지 않아 한다는 발상이 전복적임을 반증한다. 모성이 임신한 여성에게 진정 유일하게 '행복한' 선택으로 남는 한, 임신중지는 여성이 스스로 정당화해야 하거나 타인에게 숨겨야 하는, 기본적으로 받아들여질 수 없는 선택이 될 것이다. 부정적인 감정이 태아적 모성을 강화하는 데 영향을 준다면, 다른 감정들 역시 임신한 이들의 다양한 주체성을 드러낼 수 있는 잠재력을 가지고 있다. 임신한 주체의 다양성을 법적으로, 사회적으로 인정하고자 하는 캠페인은 프로초이스 운동과 학계에 반드시 필요하다.

다양성을 인정하면, 임신을 흔히 말하는 객관적인 것이 아니라 주관적이고 변동 가능한 조건으로 다시 사유할 수 있다. 임신한 여성이 자동적으로 어머니가 되지는 않는다. 임신한 여성은 이미 아이를 기르는 어머니일 수도 있고, 임신한 여성 중 일부는 이 정체성을 배속에 있는 태아와의 관계에서부터 당연하다고 간주한다. 그러나 태아는 임신한 여성의 희망, 열망, 실질적 실천을 통해 '생명을 얻을지언정' 자율적 주체는 아니다. 임신의 불확정성을 인정한다면 유산 혹은 임신중지에 뒤따르는 다양한 경험을 올바로 인식할 수 있을 것이다. 유산한 여성, 한때 원했던 임신을 중지한 여성, 원치 않은 임신을 중지한 여성은 다양한 현실에 놓여 있다. 이런 경험들은 임신중지 반대론자들이 아무리 임신을

'아이와 어머니'라는 단일한 재현에 묶어 내려 하더라도, 서로 같
은 것이 될 수 없다.

우리가 임신을 객관적이기보다 주관적인 조건으로 바라볼
때, 임신한 여성의 감정세계는 고정되는 대신 다양해진다. 사라
아메드는 자유가 "세상에 응답할 자유, 앞으로 닥칠 일에 대항해
자기 자신이나 자신의 행복을 방어하지 않고도 따라오는 자유"
를 포함한다고 말했다.[24] 임신한 주체의 다양성을 인정하고, 그
주체에 '원치 않게 임신한 여성'을 포함하는 일은 오늘날 임신중
지를 엄격한 규칙과 감정경제가 아닌 잠재력을 통해 바라보게 한
다. 잠재력으로서 임신중지는 다양한, 아마도 모순되는 감정을
포괄할 가능성이 있다. 그리고 애통함이나 슬픔에 그랬던 것만
큼 쉽고 정당하게 행복이나 희망에도 자리를 마련할 계기가 될
수 있다. 임신중지 여성을 평가하려는 고정된 규범이 없을 때, 수
치나 죄책감은 임신중지의 정동적 지형에서 사라질 것이다. 모성
을 해체해 여성에게 행복의 자리를 마련하는 일은, 임신중지를
분명 여성의 선택으로 새롭게 프레이밍하되 자율적 행위자가 내
린 선택으로 만들지는 않을 것이다. 이 기획에는 오늘날 임신중
지의 감정으로 인식되는 것들에 균열을 내는 과정이 있다.

감사의 말

이 책이 세상에 나오기까지 오랜 시간이 걸렸다. 내가 아는 모든 이들에게 신세를 졌다. 모두에게 감사하다. 이 책에 담긴 많은 아이디어는 친구 그리고 스승과 나눈 대화에서 발전한 것이다. 몇몇 분은 초고를 읽고 기민하며 가치 있는 피드백을 주었다. 그 덕분에 나는 빈틈을 메우고 내 주장을 더 복합적인 차원으로 도약시킬 수 있었다. 조디 실버스타인은 내 작업이 가치 있음을 일깨워 주었다. 세계에 열정적으로 참여하는 그의 진실한 태도를 본받아 이 책의 끈을 끝까지 놓지 않을 수 있었다. 앤 제노비스에게도 큰 감사를 표한다. 앤은 학계 안팎에서 내게 엄청난 지지를 보내고 길잡이가 되어 주었으며, 학문적 업적으로 어마어마한 영감을 주었다. 마리 파디는 초고 단계에서 귀한 조언을 해 주었고, 책의 기본이 되는 이론 틀을 소개해 주었다. 바버라 베어드의 작업은 이 책이 발전시킨 많은 논의의 플랫폼 역할을 해 주었고, 그와 나눈 대화는 이 논지들을 정교히 갈고닦는 데 도움을 주었다. 학계의 다른 동료들 역시 사려 깊고 세심하게 원고를 읽어 주고 격려를 보내 주었다. 그들의 지성이 세계에 대한 나의 지식을 확장시켜 준 결과가 책에 반영될 수 있었다. 특히 캐서린 케빈, 클레어 맥리스키, 벤 실버스타인에게 감사하다.

　애들레이드 대학교 사회과학대학 학생과 동료 들은 작업을

즐거이 진행할 수 있게 도와주었다. 가르침과 우정을 전해 준 팸 파파들로스, 애나 스조레니, 메건 워린에게 감사를 표한다. 제드 북스 편집자 킴 워커는 집필 작업 내내 격려해 주며 기한에 맞추어 일을 끝마칠 수 있도록 해 주었다. 전임 편집자 키카 스로카밀러 는 이 작업에 신뢰를 보내며 작업을 시작할 수 있게 해 주었다.

이 책의 일부는 다음 출판물에 이미 발표된 바 있다. 전재를 허락해 준 출판사와 의미 있는 피드백을 준 편집자와 평론가 들 에게 감사를 표한다.

"Abortion, selfishness and happy objects", In: Brooks, A. and Lemmings, D. eds. Norbert Elias, *Emotional Styles and Historical Change*, New York: Routledge, 2014, pp. 196~213.

"Choice-makers or failures: Providing a genealogy of abortion shame and shaming", *Law & History: The Journal of the Australian and New Zealand Law & History Society*, 2, 2015, pp. 114~145.

""Too many": Anxious white nationalism and the biopolitics of abortion in contemporary Australian history", *Australian Feminist Studies*, 30(83), 2015, pp. 82~98.

"Mourned choices and grievable lives: How the anti-abortion movement came to defi ne the abortion experience", *Gender & History*, 28(2), 2016, pp. 501~519.

"Feminism, foetocentrism and the politics

of abortion choice in 1970s Australia", In: Stettner, S., Ackerman, K., Burnett, K., Hay, T. eds. *Transcending Borders: Abortion in the Past and Present*, London & New York: Palgrave Macmillan, 2017, pp. 121~136.

어머니 제니퍼와 아버지 알렉산더, 자매 메러디스, 페트라, 레이철, 조카들, 나의 확대가족인 버제스와 로버슨 가의 식구들이 넘치는 격려와 지지를 보내 주었다. 특히 고마움을 느끼는 미란다, 비키, 마리나, 주디스 역시 나를 무척이나 지지해 주었다. 마지막으로, 집필을 마치기까지 셰인이 보여 준 친절과 유머, 총명함에 큰 힘을 얻었다.

이 책을 할머니, 도로시 진 바셋(1921~2016)에게 바친다. 연구와 집필을 하는 내내 할머니의 온기와 관심과 애정이 나를 지탱해 주었다. 감사드린다.

옮긴이의 말

페미니즘은 내게 줄곧 같은 것을 주었다. 고정되어 있는 듯한 것을 움직여 낼 수 있다는 자각이다. 『임신중지』는 '감정'에 대해 일관된 깨달음을 준다. 감정은 철저히 사적이고 자연스럽게 우러나오는 것, 그래서 고유하고 진실된 것으로 여겨지곤 한다. 그런데 우리는 특정한 방식으로 감정을 느끼도록 훈련받아 왔다. '낙태'에 대해서는 특히 그랬다. 여성은 이성애 섹스에 동반되는 불쾌함과 언짢음보다도, 자위가 주는 쾌락과 해방감보다도, 낙태의 수치심을 먼저 배운다. '낙태'를 떠올릴 때 처벌보다는 나의 몸과 삶을 먼저 생각하게 된 것은 최근 일이다. 느껴 마땅한 감정이, 습관적으로 떠오르는 감정을 압도하던 바로 그때였다. 이런 내 삶의 시점은 한국 사회에 존재하던 '낙태죄'가 다시 한 번 심판대에 오른 시점과 일치한다.

　7년 전 헌법재판소에서 존치 판결이 내려진 '낙태죄'의 위헌 심판 여부를 코앞에 둔 무렵, 한국은 여성들의 강렬한 투지와 은근한 기대감으로 넘실거렸다. '낙태죄' 폐지는 동시대 페미니스트로 정체화한 이들, 여성의 삶에 관해 목소리를 높이는 이들에게 역사적인 한 장면으로 남을 것이다. 그러나 『임신중지』는 그런 승리에 앞서 한 가지 사실을 미리 일깨워 준다. 역사를 만드는 일은 중요하다. 그런데 역사적인 순간 뒤에 남은 지지부진하고

골치 아픈 과제를 처리하는 일, 사는 동안 여성을 가두는 모든 시도에 꾸준히 맞서는 일도 그만큼이나 중요하다. 승리를 이루는 순간이 끝이 아니라는 것은 뼈아프지만 새겨야 할 말이다.

이 책을 집어 들 독자라면, 갈 길이 멀어도 반드시 가야 한다고 느끼며 끈기 있게 투쟁할 동료일 것이다. '여성의 선택권'이라는 구호 너머 고민할 거리가 수두룩하지만, 마음이 무겁지 않다. 여성의 몸과 감정과 존재와 삶을 위한 운동은 한국에서 이미 활발하게 일어나고 있고 앞으로도 계속될 것이다. 이 운동에 참여하는 마음으로 번역에 임했다. '낙태죄 폐지'가 2018년과 2019년 가장 큰 과업이라고 여기던 차에 번역을 제안해 주신 아르테에 감사한 마음을 전한다. 지금 가장 필요한 책을 때맞춰 세상에 내놓는 일에 번역자로서 함께해 영광이다.

느껴 마땅한 감정에서 더 나아가, 자신의 몸을 움직이는 여성이 점점 더 늘어나기를 바란다.

2019년 4월
이민경

들어가며: 감정적인 선택

1   L. West, "I set up #ShoutYourAbortion because I am not sorry, and
    I will not whisper," *The Guardian*, 23 September, 2015 [online],
    www.theguardian.com/commentisfree/2015/sep/22/i-set-up-shoutyour
    abortion-because-i-am-not-sorry-and-iwill-not-whisper [2017.7.20 접속].
2   L. Freedman and T. A. Weitz, "The politics of motherhood meets the
    politics of poverty," *Contemporary Sociology*, 41(1), 2012, p. 39.
3   K. Pollitt, *Pro: Reclaiming Abortion Rights*, New York: Picador, 2014, p. 37.
4   C. Fishwick, "#*ShoutYourAbortion*: Women fi ght stigma
    surrounding abortions," *The Guardian*, 23 September, 2015 [online],
    www.theguardian.com/world/2015/sep/22/shoutyourabortion-women-
    fight-stigma-surrounding-abortions [2017.3.10 접속].
5   A. Chan *et al.*, *Pregnancy Outcome in South Australia 2009*, 2001 [online],
    www.sahealth.sa.gov.au [2017.3.7 접속]; R. K. Jones and M. L. Kavanaugh,
    "Changes in abortion rates between 2000 and 2008 and lifetime incidence
    of abortion," *Obstetrics & Gynecology*, 117(6), 2011, pp. 1358~1366; W. V.
    Norman, "Induced abortion in Canada 1974-2005: Trends over the fi rst
    generation with legal access," *Contraception*, 85(2), 2012, pp. 185~191; Royal
    College of Obstetricians and Gynecologists, *The Care of Women Requesting
    Induced Abortion: Evidence Based Clinical Guideline Number 7*, London: RCOG
    Press, 2011 [online], www.rcog.org.uk/globalassets/documents/guidelines/
    abortion-guideline_web_1.pdf [2017.7.20 접속].
6   G. Sedgh *et al.*, "Abortion incidence between 1990 and 2014: Gdlobal,
    regional, and subregional levels and trends," *The Lancet*, 388(10041), 2016,
    pp. 258~267.
7   V. E. Charles *et al.*, "Abortion and long-term mental health outcomes: A
    systematic review of the evidence," *Contraception*, 78(6), 2008, pp. 436~450;
    A. Harden, and J. Ogden, "Young women's experiences of arranging and
    having abortions," *Sociology of Health & Illness*, 21(4), 1999, pp. 426~444;
    B. Major *et al.*, "Abortion and mental health: Evaluating the evidence,"
    American Psychologist, 64(9), 2009, p. 863; National Collaborating Centre
    for Mental Health, *Induced Abortion and Mental Health: A Systematic
    Review of the Mental Health Outcomes of Induced Abortion, Including Their
    Prevalence and Associated Factors*, 2011 [online], www.aomrc.org.uk/wp-
    content/uploads/2016/05/Induced_Abortion_Mental_Health_1211.pdf
    [2017.3.1 접속]; S. E. Romans-Clarkson, "Psychological sequelae of induced
    abortion," *Australasian Psychiatry*, 23(4), 1989, pp. 555~565.
8   Sedgh *et al.*, 앞의 글, 2016.
9   World Health Organization, *Unsafe Abortion: Global and Regional Estimates of
    the Incidence of Unsafe Abortion and Associated Mortality in 2008*, Geneva: World
    Health Organization, 2012 [online], http://apps.who.int/iris/bitstream/106

266

65/44529/1/9789241501118_eng.pdf [2017.7.20 접속].

10   C. Francome, *Abortion in the USA and the UK*, Farnham, UK: Ashgate, 2004, p. 1.

11   M. A. Glendon, *Abortion and Divorce in Western Law*, Cambridge, MA: Harvard University Press, 1987.

12   P. Lowe, *Reproductive Health and Maternal Sacrifice: Women, Choice and Responsibility*, London: Palgrave Macmillan, 2016, pp. 63~64.

13   L. Tribe, *Abortion: The Clash of Absolutes*, New York: Norton & Company, 1990; C. Condit, *Decoding Abortion Rhetoric: Communicating Social Change*, Urbana, IL and Chicago: University of Illinois Press, 1990, p. 63; E. Lee, *Abortion, Motherhood, and Mental Health: Medicalizing Reproduction in the United States and Great Britain*, Hawthorne, NY: Aldine de Gruyter, 2003, p. 96.

14   R. Petchesky, "Antiabortion, antifeminism, and the rise of the New Right," *Feminist Studies*, 7(2), 1981, pp. 206~246.

15   L. Bean, M. Gonzalez and J. Kaufman, "Why doesn't Canada have an American-style Christian right? A comparative framework for analyzing the political effects of evangelical subcultural identity," *Canadian Journal of Sociology*, 33(4), 2008, pp. 899~943; Lee, 앞의 책, 2003, pp. 99~100.

16   예를 들어 L. M. Overby, R. Tatalovich and D. T. Studlar, "Party and free votes in Canada: Abortion in the House of Commons," *Party Politics*, 4(3), 1998, pp. 381~392.

17   C. Sanger, *About abortion: Terminating pregnancy in twenty-first century America*, Cambridge, MA: Harvard University Press, 2017, pp. 12~14.

18   예를 들어 Lee, 앞의 책, 2003; A. McCulloch, *Fighting to Choose: The Abortion Rights Struggle in New Zealand*, Wellington, NZ: Victoria University Press, 2013.

19   Lee, 앞의 책, 2003.

20   P. Saurette and K. Gordon, "Arguing abortion: The new antiabortion discourse in Canada," *Canadian Journal of Political Science*, 46(1), 2013, pp. 157~185.

21   B. Baird, "Decriminalization and Women's Access to Abortion in Australia," *Health and Human Rights*, 19(1), 2017, pp. 197~208.

22   A. McCulloch and A. Weatherall, "The fragility of de facto abortion on demand in New Zealand Aotearoa," *Feminism & Psychology*, 27(1), 2017, pp. 92~100.

23   Sanger, 앞의 책, 2017, p. 32.

24   M. Redden, "Quarter of US abortion clinics have closed over last five years, report says," *The Guardian*, 25 February, 2016 [online], www.theguardian.com/world/2016/feb/24/us-abortionclinics-closing-report [2017.2.3 접속].
미 연방 대법원의 '전 여성건강 대 헬러스테드(Whole Woman's Health v. Hellerstedt) 판결'(2016)은 텍사스 주에 도입된 '임신중지 의료제공자에 대한 표적규제(TRAP)'가 헌법에 불합치함을 선언했다. 이 판결에 따라, 비슷한 많은 법안이 철회되고 표적규제 방식이 더 이상 도입되지 않을 수 있었다. 그러나 표적규제 때문에 폐쇄했던 진료소를 재개할지는 불분명하다. Sanger, 앞의 책, 2017, pp. 34~36.

25 H. D. Boonstra and E. Nash, "A surge of state abortion restrictions puts providers—and the women they serve—in the crosshairs," *Guttmacher Policy Review*, 17(1), 2014, pp. 9~15.

26 Baird, 앞의 글, 2017, p. 198.

27 McCulloch and Weatherall, 앞의 글, 2017.

28 Children by choice, "Becoming a medical abortion provider," 2016. [online], www.childrenbychoice.org.au/forprofessionals/becoming-a-medical-abortion-provider [2017.6.15 접속].

29 S. Sheldon, "The medical framework and early medical abortion in the UK: How can a state control swallowing?," R. J. Cook, J. N. Erdman and B. M. Dickens eds., *Abortion Law in Transnational Perspective*, Philadelphia: University of Pennsylvania Press, 2014, pp. 189~209.

30 Baird, 앞의 글, 2017.

31 S. Goldbeck-Wood, "Reforming abortion services in the UK: Less hypocrisy, more acknowledgment of complexity," *Journal of Family Planning Reproductive Health Care*, 43(1), 2017, pp. 3~4.

32 S. Sheldon, "The decriminalisation of abortion: An argument for modernisation," *Oxford Journal of Legal Studies*, 36(2), 2015.

33 J. Elgot and H. McDonald, "Northern Irish women win access to free abortions as May averts rebellion," *The Guardian*, 30 June, 2017 [online], www.theguardian.com/world/2017/jun/29/rebel-tories-could-back-northern-ireland-abortion-amendment [2017.7.20 접속].

34 C. Purcell, S. Hilton, and L. McDaid, "The stigmatisation of abortion: A qualitative analysis of print media in Great Britain in 2010," *Culture, Health & Sexuality*, 16(9), 2014, pp. 1141~1155.

35 McCulloch and Weatherall, 앞의 글, 2017.

36 Baird, 앞의 글, 2017; R. Rebouché, "A functionalist approach to comparative abortion law," R. J. Cook, J. N. Erdman and B. M. Dickens eds., *Abortion Law in Transnational Perspective: Cases and Controversies*, Philadelphia: University of Pennsylvania Press, 2014, pp. 98~120.

37 K. Kaposy, "Improving abortion access in Canada," *Health Care Analysis*, 18(1), 2010, pp. 17~34; C. Sethna, and M. Doul, "Spatial disparities and travel to freestanding abortion clinics in Canada," *Women's Studies International Forum*, 38(May–June), 2013, pp. 52~62.

38 L. Vogel, "Doctors, pharmacists push back on medical abortion rules," *Canadian Medical Association Journal*, 189(12), 2017, pp. 480~481.

39 Baird, 앞의 글, 2017; M. Shankar et al., "Access, equity and costs of induced abortion services in Australia: A cross-sectional study," *Australian and New*

268

Zealand Journal of Public Health, 41(3), 2017, pp. 309~314.

40 L. Keogh *et al.*, "Intended and unintended consequences of abortion law reform: perspectives of abortion experts in Victoria, Australia," *Journal of Family Planning and Reproductive Health Care*, 43(1), 2017, pp. 18~24.

41 Guttmacher Institute, *Medicaid Funding of Abortion*, 2016 [online], www.guttmacher.org/evidence-you-can-use/medicaid-fundingabortion [2017.1.3 접속].

42 T. Mouw and M. E. Sobel, "Culture wars and opinion polarization: The case of abortion," *American Journal of Sociology*, 106(4), 2001, pp. 913~943.

43 Condit, 앞의 책, 1990, p. 7.

44 Saurette and Gordon, 앞의 글, 2013, p. 166에서 인용.

45 예를 들어 M. Boyle, *Re-thinking Abortion: Psychology, Gender, Power and the Law*, London and New York: Routledge, 1997; P. Lowe, *Reproductive Health and Maternal Sacrifice: Women, Choice and Responsibility*, London: Palgrave Macmillan, 2016; K. Luker, *Abortion and the Politics of Motherhood*, Berkeley, Los Angeles and London: University of California Press, 1984; R. Petchesky, *Abortion and Women's Choice: The State, Sexuality, and Reproductive Freedom*, New York: Longman, 1984.

46 L. H. Harris *et al.*, "Dynamics of stigma in abortion work: Findings from a pilot study of the Providers Share Workshop," *Social Science & Medicine*, 73(7), 2011, pp. 1062~1070; L. A. Martin *et al.*, "Abortion providers, stigma and professional quality of life," *Contraception*, 90(6), 2014, pp. 581~587.

47 K. Cockrill and A. Nack, "'I'm not that type of person': Managing the stigma of having an abortion," *Deviant Behavior*, 34(12), 2013, pp. 973~990; B. Major and R. H. Gramzow, "Abortion as stigma: Cognitive and emotional implications of concealment," *Journal of Personality and Social Psychology*, 77(4), 1999, p. 735.

48 Lowe, 앞의 책, 2016.

49 Luker, 앞의 책, 1984, pp. 15~16.

50 S. Sheldon, "'Who is the mother to make the judgment?': The constructions of woman in English abortion law," *Feminist Legal Studies*, 1(1), 1993, p. 98.

51 Baird, 앞의 글, 2017, p. 198.

52 J. Hadley, "The 'awfulisation' of abortion," *Choices*, 26(1), 1997, pp. 7~8; G. Hage, *White Nation: Fantasies of White Supremacy in a Multicultural Society*, Annandale, NSW: Pluto Press, 1998; F. Hanschmidt *et al.*, "Abortion stigma: A systematic review," *Perspectives on Sexual and Reproductive Health*, 48(4), 2016, pp. 169~177; Pollitt, 앞의 책, 2014.

53 Condit, 앞의 책, 1990, p. 6.

54 S. Vucetic, *The Anglosphere: A Genealogy of a Racialized Identity in International Relations*, Stanford, CA: Stanford University Press, 2011, p. 2.

55 Lowe, 앞의 책, 2016, p. 20.

56 Vucetic, 앞의 책, 2011 p. 6.

57   S. Hall, "The West and the rest: Discourse and power," R. Maaka and
       C. Anderson, *The Indigenous Experience: Global Perspectives*, Toronto, ON:
       Canadian Scholars' Press, 2006, pp. 165~173.

58   S. Sheldon, "Abortion law reform in Victoria: Lessons for the UK," *Journal of
       Family Planning and Reproductive Health Care*, 43(1), 2017.

59   같은 글, p. 3; F. Girard, "Implications of the Trump Administration for
       sexual and reproductive rights globally," *Reproductive Health Matters*, 25(49),
       2017, pp. 1~8.

60   임신중지는 1988년 대법원 판결 이후 캐나다 의회에서 반복적으로 논의됐다.
       1988년부터 2013년까지 일반의원이 발의한 43개 반임신중지 법안이 하원에
       도입됐고, 1991년 임신중지를 재범죄화하려는 법안이 아슬아슬하게 부결됐다.
       Saurette and Gordon, 앞의 글, 2013, p. 158.

61   Johnson, MP and Caulfield, MP; The United Kingdom, "Parliamentary
       debates: House of Commons: Official Hansard," 13 March, 2017,
       https://hansard.parliament.uk/Commons/2017-03-13/debates/D76D740D-
       2DDD-4CCB-AC11-C0DBE3B7D0D8/ReproductiveHealth(AccessToTermina
       tions) [2017.6.13 접속].

62   J. Butler, *Bodies That Matter: On the Discursive Limits of 'Sex'*, Theatre Arts
       Books, 1993, p. 232.

63   J. W. Scott, "The evidence of experience," *Critical Inquiry*, 17(4),
       1991,pp. 773~797.

64   J. Keys, "Running the gauntlet: Women's use of emotion management
       techniques in the abortion experience," *Symbolic Interaction*, 33(1), 2010,
       pp. 41~70.

65   I. Tyler, "Chav mum chav scum," *Feminist Media Studies*, 8(1), 2008, p. 18.

66   J. L. Austin, *How to Do Things with Words*, Cambridge: Cambridge University
       Press, 1975.

67   J. Lorber, *Paradoxes of Gender*, New Haven, CT, and London: Yale University
       Press, 1994.

68   Sanger, 앞의 책, 2017, p. 189.

69   L. Berlant, *The Queen of America Goes to Washington City: Essays on Sex and
       Citizenship*, Durham, NC: Duke University Press, 1997, p. 99.

70   B. Duden, *Disembodying Women: Perspectives on Pregnancy and the Unborn*,
       Cambridge, MA: Harvard University Press, 1993; R. Petchesky, "Fetal
       images: The power of visual culture in the politics of reproduction,"
       Feminist Studies, 1987, pp. 263~292; Sanger, 앞의 책, 2017, p. 71.

71   S. Gibson, "The problem of abortion: Essentially contested concepts and
       moral autonomy," *Bioethics*, 18(3), 2004, pp. 221~233.

72   S. Dubow, *Ourselves Unborn: A History of the Fetus in Modern America*, Oxford:
       Oxford University Press, 2010, p. 3.

73   K. A. Petersen, "Early medical abortion: Legal and medical developments
       in Australia," *Medical Journal of Australia*, 193(1), 2010, pp. 26~29; S. Sheldon,

앞의 글, 2015, pp. 12~13.

74   D. Lupton, *The Social Worlds of the Unborn*, Hampshire, UK and New York: Palgrave Macmillan, 2013, pp. 70~90.

75   Pollitt, 앞의 책, 2014, p. 91.

76   Luker, 앞의 책, 1984, p. 193.

77   R. B. Siegel, "Abortion and the woman question: Forty years of debate," *Indiana Law Journal*, 89(4), 2014. p. 1369, p. 1373.

78   B. Baird, *'Somebody Was Going to Disapprove Anyway': Rethinking Histories of Abortion in South Australia, 1937–1990*, PhD thesis, Adelaide, SA: Flinders University, 1998, p. 6; M. Boyle, *Re-thinking Abortion: Psychology, Gender, Power and the Law*, London and New York: Routledge, 1997, pp. 27~28; Sheldon, 앞의 글, 1993.

79   Sanger, 앞의 책, 2017, pp. 10~11.

80   Pollit, 앞의 책, 2014, p. 91.

81   S. Sheldon and S. Wilkinson, "Termination of pregnancy for reason of foetal disability: Are there grounds for a special exception in law?" *Medical Law Review*, 9(2), 2001, pp. 85~109.

82   N. Stephenson, C. Mills and K. McLeod, "'Simply providing information': Negotiating the ethical dilemmas of obstetric ultrasound, prenatal testing and selective termination of pregnancy," *Feminism & Psychology*, 27(1), 2017, p. 74.

83   M. Saxton, "Disability rights and selective abortion," L. Davis ed., *The Disability Studies Reader: Second Edition*, London and Milton Park: Routledge, 2006, pp. 105~116.

84   E. K. Pavalko and J. D. Wolfe, "Do women still care? Cohort changes in US women's care for the ill or disabled," *Social Forces*, 94(3), 2016, pp. 1359~1384.

85   L. Rankin, "Not everyone who has an abortion is a woman: How to frame the abortion rights issue," *Truthout*, 31 July, 2013 [online], www.truth-out.org/opinion/item/17888-not-everyone-who-hasan-abortion-is-a-woman-how-to-frame-the-abortion-rights-issue [2017.7.20 접속].

86   Pollit, 앞의 책, 2014.

87   Baird, 앞의 글, 1998, p. 40.

88   L. Irigaray, *Speculum of the Other Woman*, Ithaca, NY: Cornell University Press, 1985, p. 207.

89   Sanger, 앞의 책, 2017, p. 188.

90   K. Price, "What is reproductive justice? How women of color activists are redefi ning the pro-choice paradigm," *Meridians: Feminism, Race, Transnationalism*, 10(2), 2010, pp. 42~65; L. Ross, "Understanding reproductive justice: Transforming the pro-choice movement," *Off Our Backs*, 36(4), 2006, pp. 14~19; A. Smith, "Beyond pro-choice versus pro-life: Women of color and reproductive justice," *NWSA Journal*, 17(1), 2005,

pp. 119~140; P. Zavella, "Contesting structural vulnerability through reproductive justice activism with Latina immigrants in california," *North American Dialogue*, 19(1), 2016, pp. 36~45.

91 R. Solinger, *Beggars and Choosers: How the Politics of Choice Shapes Adoption, Abortion, and Welfare in the United States*, New York: Hill and Wang, 2001.

92 같은 책.

93 J. Nelson, *Women of Color and the Reproductive Rights Movement*, New York: NYU Press, 2003.

94 같은 책; D. Roberts, *Killing the Black Body: Race, Reproduction, and the Meaning of Liberty*, Boston: Vintage, 1997; Ross, 앞의 글, 2006; Smith, 앞의 글, 2005.

95 Ross, 앞의 글, 2006, p. 14.

96 W. Brown, "American nightmare: Neoliberalism, neoconservatism, and de-democratization," *Political theory*, 34(6), 2006, p. 704.

97 R. Salecl, "Society of choice," *Differences: A Journal of Feminist Cultural Studies*, 20(1), 2008, p. 171.

98 N. S. Rose, *Powers of Freedom: Reframing Political Thought*, Cambridge, UK: Cambridge University Press, 1999, pp. 85~89.

99 W. Brown, "Neo-liberalism and the end of liberal democracy," *Theory & Event*, 7(1), 2003, p. 6.

100 A. McRobbie, "Top girls? Young girls and the post-feminist sexual contract," *Cultural Studies*, 21, 2007, p. 718.

101 A. McRobbie, *The Aftermath of Feminism: Gender, Culture and Social Change*, London: SAGE, 2009, p. 22.

102 R. Gill, "Empowerment/sexism: Figuring female sexual agency in contemporary advertising," *Feminism & Psychology*, 18(1), 2008, p. 46.

103 Australia, "Parliamentary debates: House of Representatives: Official Hansard," 10 May, 1973, p. 1969.

104 A. Stephens, "Abortion decision remains a dilemma," *The Sun Living Supplement*, 27 January, 1987; "Teenagers Express Confusion and Fear," 같은 곳.

105 "Editorial: The abortion issue and its many shades of grey," *The Age*, 5 February, 2005.

106 L. Berlant, "Critical inquiry, affirmative culture," *Critical Inquiry*, 30(2), 2004, p. 450.

107 Lee, 앞의 책, 2003.

108 J. L. Madeira, "Aborted emotions: Regret, relationality, and regulation," *Michigan Journal of Gender and Law*, 21(1), 2014 [online], http://repository.law.umich.edu/mjgl/vol21/iss1/1; R. B. Siegel, "Dignity and the politics of protection: Abortion restrictions under Casey/Carhart," *Yale Law Journal*, 117(8), 2008, pp. 1694~1800; J. Suk, "The trajectory of trauma: Bodies and minds of abortion discourse," *Columbia Law Review*, 110(5), 2010, pp. 1193~1252.

109   Siegel, 앞의 글, 2008, p. 1694.

110   D. G. Foster *et al.*, "Effect of abortion protesters on women's emotional response to abortion," *Contraception*, 87(1), 2013, pp. 81~87; P. Goodwin, and J. Odgen, "Women's reflections upon their past abortions: An exploration of how and why emotional reactions change over time," *Psychology and Health*, 22(2), 2007, pp. 231~248; B. Major *et al.*, "Psychological responses of women after firsttrimester abortion," *Archives of General Psychiatry*, 57(8), 2000, pp. 777~784; N. F. Russo, "Understanding emotional responses after abortion," C. G. Joan Chrisler, R. Patricia ed., *Lectures on the Psychology of Women*, New York: McGraw-Hill, 2000, pp. 129~143.

111   W. M. Reddy, *The Navigation of Feeling: A Framework for the History of Emotions*, Cambridge, UK: Cambridge University Press, 2001, p. 43.

112   S. Ahmed, *The Cultural Politics of Emotion*, New York: Routledge, 2004, p. 119.

113   L. Berlant, S. Najafi and D. Serlin, "The broken circuit: An interview with Lauren Berlant," *Cabinet Magazine*, (31), 2008 [online], www.cabinetmagazine.org/issues/31/najafi_serlin.php [2017.7.20 접속].

114   Professor Chris Healy; M. Curtis, "A matter of life or death: Inside story," *The Age*, 22 September, 1996에서 인용.

115   E. Probyn, *Blush: Faces of Shame*, Minneapolis: University of Minnesota Press, 2005, p. 81.

116   P. Clough, "The affective turn: Political economy, biomedia and bodies," *Theory, Culture & Society*, 25(1), 2008, pp. 1~22.

117   B. Rosenwein, "Worrying about emotions in history," *American Historical Review*, 107(3), 2002, p. 837.

118   A. R. Hochschild, "Emotion work, feeling rules, and social structure," *American Journal of Sociology*, 85(3), 1979, pp. 551~575.

119   D. Hook, "Affecting whiteness: Racism as technology of affect (1)," *International Journal of Critical Psychology*, 2005 [online], 16, http://eprints.lse.ac.uk/956/1/Affecting.pdf [2011.4.1 접속].

120   L. Berlant, "Nearly utopian, nearly normal: Post-Fordist affect in La Promesse and Rosetta," *Public Culture*, 19(2), 2007.

121   Ahmed, 앞의 책, 2004, p. 14.

122   S. Ahmed, "Affective Economies," *Social Text*, 79(22, 2), 2004, p. 118.

123   같은 글, p. 120.

124   J. Butler; Ahmed, *The Cultural Politics of Emotion*, 2004, p. 3에서 인용.

125   같은 책, p. 11.

126   S. Ahmed, *The Promise of Happiness*, Durham and London: Duke University Press, 2010.

1장 선택의 정치

1   C. Forell, "Abortion: Rights as well as wrongs," *The Age*, 12 January, 1978.

2   나는 빅토리아 주 도서관에 보관된 세 단체의 뉴스레터와 팸플릿을 주요
    참고 문헌으로 삼았다. RTL 뉴스레터는 1973년부터 제목이 몇 번 바뀌었다.
    1973년부터 1976년 사이에는 『빅토리아 주 생명인권연합 뉴스레터(*Newsletter of
    the Victorian Right to Life Association*)』가 비정기적으로 발행되었고, 1977년부터
    2002년까지 『생명인권그룹 뉴스(Right to Life News)』가 격월로 발행되었으며,
    2002년부터 『RTLA 뉴스(*RTLA News*)』가 격월로 발행되었다. '빅토리아 주
    법개혁위원회(Victorian Law Reform Commission)'는 1970년부터 1972년
    사이에 11개 뉴스레터를 발행했고, 단체명을 '빅토리아 주 법폐지연합(Victorian
    Law Repeal Association)'으로 바꿔 1972년에서 1975년 사이에 비정기적으로
    뉴스레터를 발행했다. WAAC는 1973년부터 1981년까지 『임신중지는 여성의
    선택권이다(*Abortion Is a Woman' Right to Choose*)』라는 잡지 21개 호를 발행했다.
    이 잡지는 1981년 『선택할 권리: 여성건강 매거진(*Right to Choose: A Woman'
    Health Magazine*)』으로 바뀌어 그때부터 1986년까지 7개 호가 더 발행됐다.

3   C. Condit, *Decoding Abortion Rhetoric: Communicating Social Change*, Urbana,
    IL and Chicago: University of Illinois Press, 1990, pp. 13~14.

4   같은 책, pp. 23~24.

5   K. Pollitt, *Pro: Reclaiming Abortion Rights*, New York: Picador, 2014.

6   L. J. Reagan,. When Abortion Was a Crime: Women, Medicine, and Law in
    the United States, 1867-1973, Berkeley, Los Angeles, London: University of
    California Press, 1997, p. 6. 미국 외의 경우는 B. Brookes, *Abortion in England:
    1900-1967*, London, New York and Sydney: Croom Helm, 1988; L. Finch and
    J. Stratton, "The Australian working class and the practice of abortion 1880-
    1939," *Journal of Australian Studies*, 23(1), 1988, pp. 45~64; A. McCulloch,
    Fighting to Choose: The Abortion Rights Struggle in New Zealand, Wellington, NZ:
    Victoria University Press, 2013, p. 146; A. McLaren and A. T. McLaren, *The
    Bedroom and the State: The Changing Practices and Politics of Contraception and
    Abortion in Canada, 1880-1997*, Toronto, ON: Oxford University Press, 1997,
    pp. 32~44.

7   B. Baird, '*Somebody Was Going to Disapprove Anyway': Rethinking Histories of
    Abortion in South Australia, 1937-1990*, PhD thesis. Adelaide, SA: Flinders
    University, 1998; N. Moore, "'Me operation': Abortion and class in
    Australian women's novels, 1920s-1950," *Hecate*, 22(1), 1996, pp. 27~46;
    N. Moore, "The politics of cliché: Sex, class, and abortion in Australian
    realism," *Modern Fiction Studies*, 47(1), 2001, pp. 69~91.

8   Brookes, 앞의 책, 1988, p. 83, p. 121; McLaren and McLaren, 앞의 책, 1997,
    p. 69, p. 75; D. Roberts, *Killing the Black Body: Race, Reproduction, and the
    Meaning of Liberty*, Boston: Vintage, 1997, p. 56.

9   Brookes, 앞의 책, 1988, p. 95에서 인용.

10 Condit, 앞의 책, 1990, pp. 28~31; K. Hindell, and M. Simms, *Abortion Law*

274

       Reformed, London: Peter Owen Limited, 1971, pp. 111~112; J. Nelson, *Women of Color and the Reproductive Rights Movement*, New York: NYU Press, 2003, pp. 11~12.

11   Brookes, 앞의 책, 1988, pp. 154~155.

12   Reagan,. 앞의 책, 1997, p. 221.

13   K. Petersen, *Abortion Regimes*, Aldershot and Brookfield: Dartmouth, 1993.

14   R. Tatalovich, *The Politics of Abortion in the United States and Canada: A Comparative Study*, Armonk, NY: M.E. Sharpe, 1997, pp. 31~34.

15   C. Leslie, "The 'psychiatric masquerade': The mental health exception in New Zealand abortion Law," *Feminist Legal Studies*, 18(1), 2010, pp. 1~23.

16   R. Gregory, *Corrupt Cops, Crooked Docs, Prevaricating Pollies and 'Mad Radicals': A History of Abortion Law Reform in Victoria, 1959-1974*, PhD thesis, Melbourne: RMIT University, 2005, pp. 132~137.

17   Nelson, 앞의 책, 2003, p. 12; Hindell and Simms, 앞의 책, 1971.

18   Abortion Law Reform Association (이하 ALRA), *ABRA/Abortion Law Reform Association* 3, 3 September, 1970.

19   ALRA, *Newsletter (Abortion Law Reform Association)*, Winter, 1972.

20   T. McMichael, "Foreword," T. McMichael ed., *Abortion, the Unenforceable Law: The Reality of Unwanted Pregnancy and Abortion in Australia*, North Carlton, VIC: ALRA, 1972.

21   T. McMichael, "Attitudes toward the foetus," T. McMichael ed., *Abortion, the Unenforceable Law: The Reality of Unwanted Pregnancy and Abortion in Australia*, North Carlton, VIC: ALRA, 1972, p. 5.

22   ALRA, *ABRA/Abortion Law Reform Association* 2, 23 June, 1970; *ABRA/Abortion Law Reform Association* 4, 11 November, 1970; *ABRA/Abortion Law Reform Association* 3, 3 September, 1970.

23   M. Ziegler, "Roe''s race: The Supreme Court, population control, and reproductive justice," *Yale Journal of Law & Feminism*, 25(1), 2013, pp. 1~50.

24   T. McMichael, "Attitudes toward the foetus," 1972.

25   Condit, 앞의 책, 1990, pp. 25~36.

26   P. Boas, "Judy," T. McMichael ed., *Abortion, the Unenforceable Law: The Reality of Unwanted Pregnancy and Abortion in Australia*, North Carlton, VIC: ALRA, 1972, pp. 85~86; S. Gold, "A psychiatrist''s view of the law," T. McMichael ed., *Abortion, the Unenforceable Law: The Reality of Unwanted Pregnancy and Abortion in Australia*, North Carlton, VIC: ALRA, 1972, pp. 44~45; M. McMichael and S. Wynn, "Consequences of unwanted pregnancy and abortion: Woman and child," T. McMichael ed., *Abortion, the Unenforceable Law: The Reality of Unwanted Pregnancy and Abortion in Australia*, North Carlton, VIC: ALRA, 1972, pp. 61~66.

27   ALRA, *Newsletter (Abortion Law Reform Association)*, n.d., 1974.

28   Condit, 앞의 책, 1990, p. 25.

29   B. Wainer, "To the editor," *The Age*, 12 September, 1969.

30   L. Berlant, "Introduction: Compassion (and withholding)," L. Berlant, ed. *Compassion: The Culture and Politics of an Emotion*, London and New York: Routledge, 2004, p. 1.

31   R. Kennedy, "An Australian archive of feelings: The Sorry Books campaign and the pedagogy of compassion," *Australian Feminist Studies*, 26(69), 2011, p. 268.

32   R. Gregory, *Corrupt Cops, Crooked Docs, Prevaricating Pollies and 'Mad Radicals': A History of Abortion Law Reform in Victoria, 1959-1974*, PhD thesis, Melbourne: RMIT University, 2005, pp. 242~244.

33   Anonymous GP, "A general practitioner's view of the law," T. McMichael ed., *Abortion: The Unenforceable Law: The Reality of Unwanted Pregnancy and Abortion in Australia*, North Carlton, VIC: ALRA, 1972, pp. 45~46.

34   ALRA, *Newsletter (Abortion Law Reform Association)*, January-February, 1974.

35   Berlant, "Introduction: Compassion (and withholding)," 2004, p. 1.

36   ALRA, "Petition to Parliament," State Library of Victoria, Wainer Papers, MS134636, Box 17, 1974.

37   G. Reekie, "History and the bodies of the illegitimately pregnant woman," *Australian Feminist Studies*, 12(25), 1997, pp. 77~89.

38   G. Greer, Interview on ABC Radio, 22 March 1972, T. McMichael ed., *Abortion, The Unenforceable Law: The Reality of Unwanted Pregnancy and Abortion in Australia*, North Carlton, VIC: ALRA, 1972, p. 50.

39   S. Sheldon, Beyond Control: Medical Power and Abortion Law, London: Pluto Press, 1997.

40   R. B. Siegel, "Abortion and the woman question: Forty years of debate," *Indiana Law Journal*, 89(4), 2014.

41   Nelson, 앞의 책, 2003, pp. 27~28, 34~35.

42   같은 책, pp. 21~54.

43   R. Petchesky, *Abortion and Women's Choice: The State, Sexuality, and Reproductive Freedom*, New York: Longman, 1984, p. 131.

44   McCulloch, 앞의 책, 2013; Petchesky, 앞의 책, 1984; J. Rebick, *Ten Thousand Roses: The Making of a Feminist Revolution*, Toronto, ON: Penguin Canada, 2005.

45   Nelson, 앞의 책, 2003, pp. 33~38.

46   Gregory, 앞의 책, 2005, pp. 255~256.

47   Women's Abortion Action Campaign (이하 WAAC), *Right to Choose!* 2, early 1974.

48   WAAC, *Right to Choose!* 18, February-March, 1979, p. 5.

49   WAAC, *Right to Choose!* 16, Winter, 1978.

50   WAAC, *Right to Choose!* 7, mid-year, 1975, p. 10.

51   WAAC, *Right to Choose!* 5, December, 1974, p. 4.

52   WAAC, *Right to Choose!* 14, Autumn, 1977.

53   WAAC, *Right to Choose!* 8, September-October, 1975, p. 9.

54   WAAC, *Right to Choose!* Extra, July, 1978.

55   WAAC, *Right to Choose!* 6, February-March, 1975, p. 5.

56   WAAC, *Right to Choose!* 1, 1973.

57   WAAC, *A Woman''s Guide to Abortion: Why, How, Where*, Glebe, NSW: D. Whelan, 1975, p. 18; *Right to Choose!* 17, Spring, 1978, p. 2.

58   WAAC, *Right to Choose!* Extra, July, 1978, p. 2.

59   같은 글, p. 5.

60   WAAC, *Right to Choose!* 14, Autumn, 1977, p. 21.

61   WAAC, *Right to Choose!* 15, Summer, 1978, p. 3.

62   D. Schnookal, "Excerpt from public meeting," WAAC, Open letter, 28 November, 1974, State Library of Victoria, Wainer Papers, MS134636, Box 46.

63   WAAC, *Right to Choose!* 18, February-March, 1979.

64   WAAC, *Right to Choose!* 21, Summer, 1980-1981, pp. 21~22.

65   WAAC, *Right to Choose!* 10, March, 1976, p. 8.

66   WAAC, *Right to Choose!* 24, Summer, 1981-1982, p. 15.

67   예컨대 WAAC, *Right to Choose!* 15, Summer, 1978, p. 3; *Right to Choose!* 1, Summer/Autumn, 1986, p. 15.

68   K. Sweeny and K. D. Vohs, "On near misses and completed tasks: The nature of relief," *Psychological Science*, 23(5), 2012, p. 465.

69   V. Burgman, *Power, Profit and Protest: Australian Social Movements and Globalisation*, Crows Nest, NSW: Allen & Unwin, 2003, pp. 141~147.

70   법학자 캐런 피터슨은 두 요소로부터 다양한 결과들이 나올 수 있다고 말했다. K. Petersen, "The public funding of abortion services: Comparative developments in the United States and Australia," *International and Comparative Law Quarterly*, 33(1), 1984, pp. 158~180. 메디케이드 펀딩을 철회하는 건 오스트레일리아 사법 관할구역에 도입된 법보다 훨씬 급진적인 '로 대 웨이드 판결'(1973)에 대한 백래시였다. 미국의 메디케이드 수혜자는 대체로 빈곤층과 흑인이었으나, 오스트레일리아의 백인 중산층 여성은 오스트레일리아에 비슷한 법안이 도입된다면 영향을 받을 것이었다. 오스트레일리아의 임신중지 관련 법안에서는 임신중지를 권리에 기반한 도덕적 의제라기보다는 '의료적' 문제로 구성했다. 미국의 경우와 나란히 비교하면 오스트레일리아는 비교적 확장적인 의료 혜택의 도식을 갖고 있었다. J. S. O'Connor, A. S. Orloff and S. Shaver, States, Markets, Families: Gender, Liberalism and Social Policy in Australia, Canada, Great Britain and the United States, Cambridge, UK: Cambridge University Press, 1999, p. 4, p. 15.

71   Abortion Campaign Committee, "Free Abortion on Demand," n.d. [online], www.loc.gov/pictures/item/yan1996000520/PP [2017.1.24 접속]; Nelson, 앞의 책, 2003.

72   WAAC, *Right to Choose!* 10, March, 1976, p. 16.

73   WAAC, *Right to Choose!* 6, February-March, 1975.

74   Nelson, 앞의 책, 2003, p. 175.

75   같은 책, p. 77에서 인용.

76   같은 책.

77   P. Daylight and M. Johnstone, *Women's Business: Report of the Aboriginal Women's Taskforce*, Canberra: Australian Government Publishing Service, 1986, p. 64; A. Moreton-Robinson, *Talkin' Up to the White Woman: Aboriginal Women and Feminism*, St Lucia, QLD: University Of Queensland Press, 2000.

78   Vashti Collective, *Vashti's Voice: A Newsletter of the Women's Liberation Movement* 3, March, 1973, p. 15.

79   Nelson, 앞의 책, 2003.

80   J. M. Silliman *et al.* eds., *Undivided Rights: Women of Color Organize for Reproductive Justice*, Cambridge, MA: South End Press, 2004.

81   Z. W. Munson, *The Making of Pro-life Activists: How Social Movement Mobilization Works*, Chicago: University of Chicago Press, 2010, p. 85.

82   K. Coleman, "The politics of abortion in Australia: Freedom, church and state," *Feminist Review* 29, summer, 1988, pp. 75~97.

83   D. Wyatt and K. Hughes, *When discourse defi es belief: Antiabortionists in contemporary Australia. Journal of Sociology*, 45(3), 2009, p. 236.

84   N. Hopkins, S. Reicher and J. Saleem, "Constructing women's psychological health in anti-abortion rhetoric," *The Sociological Review*, 44(3), 1996, p. 543; Wyatt and Hughes, 앞의 책, 2009, p. 224.

85   Wyatt and Hughes, 앞의 책, 2009, p. 236.

86   예를 들어 K. Gleeson, "Tony Abbott and abortion: Miscalculating the strength of the religious right," *Australian Journal of Political Science*, 46(3), 2011, pp. 473~488.

87   Right to Life (이하 RTL), *Right to Life News*, March-April, 1977.

88   RTL, *Newsletter of the Victorian Right to Life Association*, November-December, 1976.

89   Condit, 앞의 책, 1990, pp. 79~89; C. Sanger, *About abortion: Terminating pregnancy in twenty-first century America*, Cambridge, MA: Harvard University Press, 2017, pp. 81~87.

90   S. Franklin, "Rethinking reproductive politics in time, and time in UK reproductive politics: 1978-2008," *Journal of the Royal Anthropological Institute*, 20(1), 2014, pp. 109~125; RTL, *Right to Life News*, March-April, 1981의 릴리(Liley) 교수의 예 참고.

91   R. Petchesky, "Fetal images: The power of visual culture in the politics of reproduction," *Feminist Studies*, 1987, pp. 263~292.

92   RTL, *Newsletter of the Victorian Right to Life Association*, July-August 1976; *Right to Life News*, September-October 1979; *Right to Life News*, January-February, 1980.

93   S. Faludi, *Backlash: The Undeclared War against Feminism*, New York: Three Rivers Press, 1991, p. 409.

94   Gregory, 앞의 책, 2005, p. 165에서 인용.

95   S. Ahmed, *The Promise of Happiness*, Durham and London: Duke University Press, 2010.

96   R. Petchesky, "Antiabortion, antifeminism, and the rise of the New Right," *Feminist Studies*, 7(2), 1981, p. 234.

97   같은 책, p. 220.

98   같은 책, pp. 235~236.

99   J. Somerville, *Feminism and the Family: Politics and Society in the UK and USA*, Basingstoke, UK: Palgrave MacMillan, 2000; K. Luker, *Abortion and the Politics of Motherhood*, Berkeley, Los Angeles and London: University of California Press, 1984; Petchesky, 앞의 책, 1981; Wyatt and Hughes, 앞의 책, 2009, p. 236.

100   Coleman, 앞의 책, 1988; Luker, 앞의 책, 1984; Petchesky, 앞의 책, 1981.

101   RTL, *Right to Life News*, July-August, 1977.

102   J. Keown, *Abortion, Doctors and the Law: Some Aspects of the Legal Regulation in England from 1803 to 1982*, Cambridge, UK: Cambridge University Press, 1988, pp. 138~158.

103   McCulloch, 앞의 책, 2013, pp. 131~143; McLaren and McLaren, 앞의 책, 1997, pp. 138~139.

104   S. K. Henshaw and E. Morrow, "Induced abortion: A world review, 1990," *Family Planning Perspectives*, 22(2), 1990, pp. 76~89.

105   Gregory, 앞의 책, 2005, pp. 302~303.

106   E. Evatt, *Final Report: Royal Commission on Human Relationships*, Canberra: Australian Government Publishing Service, 1977, v1, p. 105.

107   Stephen Lusher, MP; Australia, "Parliamentary debates: House of Representatives: Official Hansard," 21 March, 1979, p. 693.

108   Evatt, 앞의 책, 1977, v3, p. 147.

109   같은 책, p. 149.

110   이는 아마도 RTL이 유의미한 정치적 영향과 대중적인 지지를 얻고 있다는 (잘못된) 신념에서 기인했을 것이다.
      Gregory, 앞의 책, 2005, pp. 299~300.

111   Evatt, 앞의 책, 1977, v1, p. 54.

112   J. Warhurst, "Conscience voting in the Australian Federal Parliament," *Australian Journal of Politics and History*, 54(4), 2008, pp. 579~596.

113   Richard Klugman, MP; Australia, "Parliamentary debates: House of Representatives: Official Hansard," 21 March, 1979, p. 1004.

114   David McKenzie, MP; Australia, "Parliamentary debates: House of Representatives: Official Hansard," 10 May, 1973, p. 1963.

115   Peter Shack, MP; Australia, "Parliamentary debates: House of Representatives: Official Hansard," 22 March, 1979, p. 1104.

116   Australia, "Parliamentary debates: House of Representatives: Official Hansard," 10 May, 1973, p. 1964.

117 Evatt, 앞의 책, 1977, v3, p. 153.

118 Neal Blewitt, MP; Australia, "Parliamentary debates: House of Representatives: Official Hansard," March, 1979, p. 1113.

119 David McKenzie, MP; Australia, "Parliamentary debates: House of Representatives: Official Hansard," 10 May, 1973, p. 1963.

120 Evatt, 앞의 책, 1977, v3, p. 153.

121 Harry Jenkins, MP; Australia, "Parliamentary debates: House of Representatives: Official Hansard," 21 March, 1979, p. 982.

122 David McKenzie, MP; Australia, "Parliamentary debates: House of Representatives: Official Hansard," 10 May, 1973, p. 1968.

123 Clyde Cameron, MP; Australia, "Parliamentary debates: House of Representatives: Official Hansard," 21 March, 1979, p. 988.

124 R. Solinger, *Beggars and Choosers: How the Politics of Choice Shapes Adoption, Abortion, and Welfare in the United States*, New York: Hill and Wang, 2001.

125 Ian MacPhee, MP; Australia, "Parliamentary debates: House of Representatives: Official Hansard," 21 March, 1979, p. 1081.

126 RTL, *Right to Life News*, July-August, 1980.

127 같은 곳.

128 Phillip Lynch, MP; Australia, "Parliamentary debates: House of Representatives: Official Hansard," 10 May, 1973, p. 1979.

129 L. Crespigny and J. Savulescu, "Abortion: Time to clarify Australia's confusing laws," *Medical Journal of Australia*, 181(4), 2004, p. 202.

130 K. Betts, "Boat people and public opinion in Australia," *People and Place*, 9(4), 2001, pp. 34~48.

131 Gregory, 앞의 책, 2005, p. 278.

132 Condit, 앞의 책, 1990, p. 32.

133 Forell, 앞의 글, 1978.

134 Petchesky, 앞의 책, 1984, p. 131.

135 Condit, 앞의 책, 1990, p. 33, p. 35.

136 J. Hadley, "The 'awfulisation' of abortion," *Choices*, 26(1), 1997; A. Kumar, L. Hessini and E. M. Mitchell, "Conceptualising abortion stigma," *Culture, Health & Sexuality*, 11(6), 2009.

137 E. Chuck and D. Silva, "*Roe v. Wade* attorney: Trump is biggest threat yet to reproductive rights," *NBC News*, 22 January, 2017 [online], www.nbcnews.com/news/us-news/roe-v-wadeattorney-trump-biggest-threat-yet-reproductive-rights-n707871 [2017.1.24 접속].

138 L. Hoggart, "Abortion counselling in Britain: Understanding the controversy," *Sociology Compass*, 9(5), 2015, pp. 365~378.; E. Lee, "Constructing abortion as a social problem: 'Sex selection' and the British abortion debate," *Feminism & Psychology*, 27(1), 2017, pp. 15~33.

139 "Change law on funding abortion abroad," *The Age*, 10 September, 2006; S. Heath, "Australia to outlaw abortion pill," *The Age*, 17 May, 1996.

140 L. Freedman and T. A. Weitz, "The politics of motherhood meets the politics of poverty," *Contemporary Sociology*, 41(1), 2012, p. 38.

2장 행복한 선택

1   L. Cannold, "The extended Australian report of 'The Johannesburg Initiative'." 2000, p. 57 [online], http://cannold.com/static/files/ assets/6674fbel/johannesburg-report-2000-11.pdf [2012.8.22 접속]에서 인용.

2   W. Brown, *States of Injury*, Princeton University Press, 1995, p. 165.

3   A. McRobbie, "Top girls? Young girls and the post-feminist sexual contract," *Cultural Studies*, 21, 2007.

4   S. Ahmed, *The Promise of Happiness*, Durham and London: Duke University Press, 2010.

5   B. Baird, *'Somebody Was Going to Disapprove Anyway': Rethinking Histories of Abortion in South Australia, 1937–1990*, PhD thesis, Adelaide, SA: Flinders University, 1998, p. 144.

6   WAAC, "Answers to common right to life arguments about abortion," State Library of Victoria, Wainer Papers, MS134636, Box 46, n.d.

7   I. Tyler, "The selfish feminist: Public images of Women''s Liberation," *Australian Feminist Studies*, 22(53), 2007.

8   R. E. Klatch, *Women of the New Right*, Philadelphia, PA: Temple University Press, 1988, p. 129.

9   C. Sanger, *About abortion: Terminating pregnancy in twenty-first century America*, Cambridge, MA: Harvard University Press, 2017, p. 10에서 인용.

10   C. Purcell, S. Hilton, and L. McDaid, "The stigmatisation of abortion: A qualitative analysis of print media in Great Britain in 2010," *Culture, Health & Sexuality*, 16(9), 2014.

11   B. A. Manninen, "The value of choice and the choice to value: Expanding the discussion about fetal life within prochoice advocacy," *Hypatia*, 28(3), 2013.

12   L. B. Francke, *The Ambivalence of Abortion*, New York: Random House, 1978, p. 5.

13   K. McDonnell, *Not an Easy Choice: A Feminist Re-examines Abortion*, London, Sydney, Dover and New Hampshire: Pluto Press, 1984, p. 23, p. 28.

14   L. Cannold, *The Abortion Myth: Feminism, Morality, and the Hard Choices Women Make*, St Leonards, NSW: Allen & Unwin, 1998; M. O. Little, "The morality of abortion," B. Steinbock, A. J. London, A. Arras eds., *Ethical Issues in Modern Medicine: Contemporary Readings in Bioethics*, New York: McGraw Hill, 2003: L. Shrage, *Abortion and Social Responsibility: Depolarizing the Debate*, New York: Oxford University Press, 2003.

15 F. Kissling, "Is there life after Roe?: How to think about the fetus," *Conscience: The News Journal of Catholic Opinion*, Winter 2004/2005, p. 15.
16 Manninen, 앞의 글, 2013, p. 665.
17 같은 글, p. 669.
18 같은 글, p. 668.
19 같은 글, p. 679에서 인용.
20 같은 글, p. 676.
21 T. A. Weitz, "Rethinking the mantra that abortion should be 'safe, legal, and rare'," *Journal of Women's History*, 22(3), 2010.
22 K. McDonnell, 앞의 책, 1984, p. 47.
23 Cannold, 앞의 책, 1998, p. xiii, pp. 15~18.
24 같은 책, pp. 127~128.
25 같은 곳.
26 같은 책, p. xiv.
27 C. Gilligan, *In a Different Voice: Psychological Theory and Women's Development*, Cambridge, MA: Harvard University Press, 1993, p. 86; Cannold, 앞의 책, 1998, pp. xxxii~xxxiii.
28 N. Weisstein, "Power resistance and science: A call for a revitalized feminist psychology," *Feminism & Psychology*, 3(2), 1993.
29 Cannold, 앞의 책, 1998, pp. 96~97.
30 R. Gill and C. Scharff, "Introduction," R. Gill and C. Scharff eds., *New Femininities: Postfeminism, Neoliberalism and Subjectivity*, Basingstoke: Palgrave Macmillan, 2013, p. 4.
31 S. Faludi, *Backlash: The Undeclared War against Feminism*, New York: Three Rivers Press, 1991.
32 A. McRobbie, *The Aftermath of Feminism: Gender, Culture and Social Change*, London: SAGE, 2009.
33 같은 책, p. 22.
34 A. McRobbie, "Feminism, the family and the new 'mediated' maternalism," *New Formations: A Journal of Culture/Theory/Politics*, 80(80-81), 2013, p. 131.
35 P. Lowe, *Reproductive Health and Maternal Sacrifice: Women, Choice and Responsibility*, London: Palgrave Macmillan, 2016, p. 3.
36 McRobbie, 앞의 글, 2013, p. 121.
37 Lowe, 앞의 책, 2016.
38 A. Kuperberg and P. Stone, "The media depiction of women who opt out," *Gender & Society*, 22(4), 2008; S. Orgad and S. De Benedictis, "The 'stay-at-home' mother, postfeminism and neoliberalism: Content analysis of UK news coverage," *European Journal of Communication*, 30(4), 2015.
39 M. Dieckhoff *et al.*, "A stalled revolution? What can we learn from women's drop-out to part-time jobs: A comparative analysis of Germany and the UK," *Research in Social Stratification and Mobility*, 46(Part B), 2016; J. Treas and J. Lui, "Studying housework across nations," *Journal of Family Theory &*

Review, 5(2), 2013.

40   Australian Institute of Family Studies, "Stay at home dads, 2017 [online], https://aifs.gov.au/publications/stay-home-dads [2017.6.13 접속].

41   C. Hakim, "Five feminist myths about women's employment," *The British Journal of Sociology*, 46(3), 1995, p. 534.

42   J. Ginn *et al.*, "Feminist fallacies: A reply to Hakim on women's employment," *The British Journal of Sociology*, 47(1), 1996; S. McRae, "Choice and constraints in mothers' employment careers: McRae replies to Hakim," *The British Journal of Sociology*, 54(4), 2003.

43   N. Campo, *From Superwomen to Domestic Goddesses: The Rise and Fall of Feminism*, Pieterlen and Bern, Switzerland: Peter Lang, 2009, pp. 101~102.

44   J. Howard, "The Prime Minister the Hon John Howard MP address to Federal Women's Council," Parliament House Canberra, 24 June, 2005 [online], http://parlinfo.aph.gov.au/parlInfo/download/media/pressrel/9QGG6/upload_binary/9qgg64.pdf;fi leType=application/pdf [2012.4.22 접속].

45   E. Hill, "Budgeting for work-life balance: The ideology and politics of work and family policy in Australia," *Australian Bulletin of Labour*, 33(2), 2007, p. 241.

46   S. Himmelweit and M. Sigala, "Choice and the relationship between identities and behaviour for mothers with pre-school children: Some implications for policy from a UK study," *Journal of Social Policy*, 33(3), 2004에서 인용.

47   S. Friedman, "Still a 'stalled revolution'? Work/family experiences, hegemonic masculinity, and moving toward gender equality," *Sociology Compass*, 9(2), 2015; Hill, 앞의 글, 2007; McRae, 앞의 글, 2003; B. Pocock, *The Work/Life Collision: What Work Is Doing to Australians and What to Do About It*, Annandale, NSW: Federation Press, 2003.

48   Campo, 앞의 책, 2009.

49   McRobbie, 앞의 책, 2009.

50   M. Henderson, *Marking Feminist Times: Remembering the Longest Revolution in Australia*, Pieterlen and Bern, Switzerland: Peter Lang, 2006.

51   C. Bulbeck, "Unpopularising feminism: 'Blaming feminism' in the generation debate and the mother wars," *Sociology Compass*, 4(1), 2010, p. 27; N. Campo, "'Having it all' or 'had enough'? Blaming feminism in the *Age* and the *Sydney Morning Herald*, 1980-2004," *Journal of Australian Studies*, 28(84), 2005; M. A. Milkie, J. R. Pepin and K. E. Denny, "What kind of war? 'Mommy Wars' discourse in US and Canadian News, 1989-2013," *Sociological Inquiry*, 86(1), 2016.

52   V. Haussegger, "The sins of our feminist mothers," *The Age*, 23 July, 2002; V. Haussegger, *Wonder Woman*, Sydney: Allen & Unwin, 2005.

53   Haussegar, 앞의 글, 2002.

54 I. Adams and I. Buttrose, *Motherguilt*, Camberwell, London: Viking, 2005, p. 4, p. 207.

55 A. Manne, *Motherhood: How Should We Care for Our Children?* Crows Nest, NSW: Allen & Unwin, 2005.

56 최근 페미니즘은 젊은 여성들에게 더 매력적이고 스타일리시함을 나타내는 식별기호가 됐다. 그렇게 재현된 페미니즘은 개별적인 것에 가치를 매기고, 임파워링과 단호함, 개인의 자신감을 강조한다. 그리하여 젠더의 규범적·구조적 무게를 부인하는 포스트페미니즘적 접근을 강화한다.
R. Gill, "Post-postfeminism?: New feminist visibilities in postfeminist times," *Feminist Media Studies*, 16(4), 2016.
이 장에서 다루는 의회 토론이 열린 때는 2000년대 중반으로, 페미니즘에 대한 관심이 새롭게 나타나기 이전이다.

57 S. Hays, *The Cultural Contradictions of Motherhood*, New Haven, CT: Yale Univ Press, 1998, p. 16.

58 S. Ahmed, "Killing joy: Feminism and the history of happiness," *Signs*, 35(3), 2010, p. 572.

59 같은 글, p. 576.

60 Ahmed, *The Promise of Happiness*, 2010, p. 91.

61 Ahmed, "Killing joy: Feminism and the history of happiness," 2010, p. 572.

62 같은 글, pp. 572~573.

63 L. Berlant, "Nearly utopian, nearly normal: Post-Fordist affect in La Promesse and Rosetta," *Public Culture*, 19(2), 2007.

64 L. Berlant, *The Queen of America Goes to Washington City: Essays on Sex and Citizenship*, Durham, NC: Duke University Press, 1997, p. 99.

65 Ahmed, "Killing joy: Feminism and the history of happiness," 2010.

66 Manninen, 앞의 글, 2013, p. 665.

67 Ahmed, *The Promise of Happiness*, 2010, p. 55.

68 같은 책, p. 13.

69 McRobbie, 앞의 글, 2013, p. 120; I. Tyler, "Chav mum chav scum," *Feminist Media Studies*, 8(1), 2008.

70 M. Blaxland, "Mothers and mutual obligation: Policy reforming the good mother," S. Goodwin and K. Huppatz eds., *The Good Mother: Contemporary Motherhoods in Australia*, Sydney: Sydney University Press, 2010; E. Hill, "Howard's 'choice': The ideology and politics of work and family policy 1996-2006," *Australian Review of Public Affairs*, 23 February, 2006; S. Shaver, "Australian welfare reform: From citizenship to supervision," *Social Policy & Administration*, 36(4), 2002.

71 Lowe, 앞의 책, 2016, pp. 52~55; Z. Simic, "Fallen girls? Plumpton High and the 'problem' of teenage pregnancy," *Journal of Australian Studies*, 34(4), 2010.

72 McRobbie, 앞의 글, 2007, pp. 731~732.

73 L. Smith, "'Suitable mothers': Lesbian and single women and the 'unborn' in Australian parliamentary discourse," *Critical Social Policy*, 23(1), 2003.

284

74 J. McCandless and S. Sheldon, "'No father required'? The welfare assessment in the human fertilisation and embryology act 2008," *Feminist Legal Studies*, 18(3), 2010.

75 B. Baird, "Contexts for lesbian citizenships across Australian public spheres," *Social Semiotics*, 14(1), 2004; C. Johnson, "Heteronormative citizenship: The Howard government's views on gay and lesbian issues," *Australian Journal of Political Science*, 38(1), 2003.

76 M. D. Jacobs, *White Mother to a Dark Race: Settler Colonialism, Maternalism, and the Removal of Indigenous Children in the American West and Australia, 1880-1940*, Lincoln & London: University of Nebraska Press, 2009; M. Kline, "Complicating the ideology of motherhood: Child welfare law and First Nation women," *Queen's Law Journal*, 18(2), 1993.

77 M. Brough, "Social Security and Other Legislation Amendment (Welfare Payment Reform) Bill 2007: Second Reading Speech," 7 August, 2007 [online], www.formerministers.fahcsia.gov.au/malbrough/speeches/Pages/ss_amendment_7aug07.aspx [20161.21 접속].

78 M. Leach, "'Disturbing practices': Dehumanizing asylum seekers in the refugee 'crisis' in Australia, 2001-2002," *Refuge*, 21(3), 2003.

79 N. J. Grove and A. B. Zwi, "Our health and theirs: Forced migration, othering, and public health, *Social Science & Medicine*, 62(8), 2006, p. 1937에서 인용.

80 B. Baird, "Child Politics, Feminist Analyses," *Australian Feminist Studies*, 23(57), 2008, p. 295.

81 Lowe, 앞의 책, 2016, p. 47.

82 C. Condit, *Decoding Abortion Rhetoric: Communicating Social Change*, Urbana, IL and Chicago: University of Illinois Press, 1990, p. 97.

83 J. Butler, *Gender Trouble: Feminism and the Subversion of Identity*, London and New York: Routledge, 1990, p. 2.

84 N. S. Rose, *Powers of Freedom: Reframing Political Thought*, Cambridge, UK: Cambridge University Press, 1999.

85 E. Lee, *Abortion, Motherhood, and Mental Health: Medicalizing Reproduction in the United States and Great Britain*, Hawthorne, NY: Aldine de Gruyter, 2003, p. 88.

86 V. Bottomley, MP.

87 Mahon, MP.

88 Primarolo, MP.

89 Doran, MO.

90 이상 Lee, 앞의 책, 2003, p. 88에서 인용.

91 The United Kingdom, "Parliamentary debates: House of Commons: Official Hansard," 13 March, 2017, https://hansard.parliament.uk/Commons/2017-03-13/debates/D76D740D-2DDD-4CCB-AC11-C0DBE 3B7D0D8/ReproductiveHealth(AccessToTerminations) [2017.6.13 접속].

92   L. Finer and J. B. Fine, "Abortion law around the world: Progress and pushback," *American Journal of Public Health*, 103(4), 2013.

93   Brown, 앞의 책, 1995, p. 141.

94   내 계산에 따르면, 빅토리아 주에서 남성 의원의 48퍼센트, 여성 의원의 78퍼센트가 임신중지 비범죄화 법안을 지지했다. 또 연방의회에서 남성 의원의 56퍼센트, 여성 의원의 84퍼센트가 의료적 임신중지에 대한 제약을 없애는 법안을 지지했다. 그러나 상원에서는 남성 의원의 46퍼센트만이 이 법안을 지지했기 때문에, 남성만 투표를 했다면 법안이 양원에서 통과되는 일은 없었을 것이다. 연방의회 법안에 대한 수치는 대략적이다. 하원의 수치는 최종 투표 전에 행해진 이차 투표를 기반으로 했다. 큰 패배를 맞닥뜨리게 된 존 하워드 총리는 최종 투표를 하지 않았으며, 법안은 '구두 투표'로 통과되었다.

95   B. Baird, "'The Incompetent, Barbarous Old Lady Round the Corner': The image of the backyard abortionist in pro-abortion politics," *Hecate*, 22(1), 1996; S. Sheldon, "'Who is the mother to make the judgment?': The constructions of woman in English abortion law," *Feminist Legal Studies*, 1(1), 1993.

96   R. J. Cook, "Stigmatized meanings of criminal abortion law," R. J. Cook, J. N. Erdman and B. M. Dickens eds., *Abortion Law in Transnational Perspective: Cases and Controversies*, Philadelphia: University of Pennsylvania Press, 2014; C. Smart, "Law's power, the sexed body, and feminist discourse," *Journal of Law and Society*, 17(2), 1990.

97   B. Baird, "Abortion Politics during the Howard years: Beyond liberalisation," *Australian Historical Studies*, 44(2), 2013.

98   이 법안들의 정식 명칭은 '의약품 개정안(RU486 승인에 대한 장관 책임 철회)'(2005)과 '임신중지 법 개혁안'(2008)이다. 나는 이들 법안을 각각 연방의회 법안, 빅토리아 주 의회 법안이라 부른다.

99   Eideh, MLC; Victoria, "Parliamentary debates: Legislative Council: Official Hansard," Book 13, 9 October, 2008, p. 4149.

100 Leanne, MLC; Victoria, "Parliamentary debates: Legislative Council: Official Hansard," Book 13, 8 October, 2008, p. 4008.

101 Theophanus MLC; Victoria, "Parliamentary debates: Legislative Council: Official Hansard," Book 13, 9 October, 2008, p. 4092.

102 Nairn MP; Australia, "Parliamentary debates: House of Representatives: Official Hansard," 15 February 2006, p. 69.

103 Barber MLC; Victoria, "Parliamentary debates: Legislative Council: Official Hansard," Book 13, 9 October, 2008, p. 4151.

104 Pennicuik, MLC; Victoria, "Parliamentary debates: Legislative Council: Official Hansard," Book 13, 9 October, 2008; Gibbons MP; Australia, "Parliamentary debates: House of Representatives: Official Hansard," 15 February 2006, p. 153.

105 Albanese MP; Australia, "Parliamentary debates: House of Representatives: Official Hansard," 14 February, 2006, p. 94.

286

106 Gibbons MP: Australia, "Parliamentary debates: House of Representatives: Official Hansard," 15 February 2006, p. 153.

107 Koch MLC, Victoria, "Parliamentary debates: Legislative Council: Official Hansard," Book 13, 9 October, 2008, p. 4157.

108 Pilbersek, MP; Australia, "Parliamentary debates: House of Representatives: Official Hansard," 14 February, 2006, p. 46.

109 W. Abigail, C. Power and I. Belan, "Changing patterns in women seeking terminations of pregnancy: A trend analysis of data from one service provider 1996-2006," *Australian and New Zealand Journal of Public Health*, 32(3), 2008; C. Nickson, A. Smith and J. Shelley, "Intention to claim a Medicare rebate among women receiving private Victorian pregnancy termination services," *Australian and New Zealand Journal of Public Health*, 28(2), 2004; H. J. Rowe *et al.*, "Considering abortion: A 12-month audit of records of women contacting a Pregnancy Advisory Service," *The Medical Journal of Australia*, 190(2), 2009.

110 B. Baird, "The futures of abortion," E. McMahom and B. Olubas ed. *Women Making Time: Contemporary Feminist Critique and Cultural Analysis*, Crawley, Western Australia: University of Western Australia Press, 2006, p. 142; L. Ryan, M. Ripper and B. Buttfield, *We Women Decide: Women's Experience of Seeking Abortion in Queensland, South Australia and Tasmania, 1985-92*, Bedford Park, SA: Women's Studies Unit, Faculty of Social Sciences, Flinders University, 1994, p. 10.

111 Lundy, Senator; Australia, "Parliamentary debates: Senate: Official Hansard, 9 February, 2006, p. 42.

112 G. Howard, MLA; Victoria, "Parliamentary debates: Legislative Council: Official Hansard," Book 12, 9 September, 2008, p. 3385.

113 R. Smith, MLA; Victoria, "Parliamentary debates: Legislative Council: Official Hansard," Book 12, 9 September, 2008, p. 3362.

114 Lindsay MP; Australia, "Parliamentary debates: House of Representatives: Official Hansard," 14 February, 2006, p. 96.

115 Powell, MLA; Victoria, "Parliamentary debates: Legislative Council: Official Hansard," Book 12, 9 September, 2008, pp. 3349~3350.

116 Viney, MLC; Victoria, "Parliamentary debates: Legislative Council: Official Hansard," Book 13, 8 October, 2008, p. 3928.

117 Johnson, MP; Australia, "Parliamentary debates: House of Representatives: Official Hansard," 15 February 2006, pp. 30~31.

118 Lindsay, MP; Australia, "Parliamentary debates: House of Representatives: Official Hansard," 14 February, 2006, p. 96.

119 Australia, "Parliamentary debates: House of Representatives: Official Hansard," 14 February, 2006, p. 46.

120 인종 범주는 계급과 복지의존도 범주에 포괄될 때가 많다. J. Altman and W. Sanders, "From exclusion to dependence: Aborigines and

the welfare state in Australia," *Social Welfare with Indigenous Peoples*, 1995; V. Archer, "Dole bludgers, tax payers and the New Right: Constructing discourses of welfare in 1970s Australia," *Labour History*, 2009.

121　B. Baird, "Maternity, whiteness and national identity: The case of abortion," *Australian Feminist Studies*, 21(50), 2006, p. 207.

122　K. Pollitt, *Pro: Reclaiming Abortion Rights*, New York: Picador, 2014, p. 47~48.

123　YouGov, *YouGov Survey Results*, 2-5 September, 2011 [online], http://cdn.yougov.com/today_uk_import/ygarchives-yougov-abortions-060911.pdf [2016.12.16 접속].

124　Angus Reid, "Canadians have mixed feelings about abortion, but shun a new debate," 2013 [online], http://angusreidglobal.com/wp-content/upload s/2013/01/2013.01.28_Abortion_CAN.pdf [2016.12.16 접속].

125　Lowe, 앞의 책, 2016, p. 69.

126　같은 책, p. 67.

127　2015년 23개국의 성인 1만 7030명을 대상으로 진행한 입소스(Ipsos) 여론조사 결과, 여성이 원할 때 언제든 임신중지를 할 수 있어야 한다는 비율이 43퍼센트였고, 겨우 5퍼센트만이 임신중지를 전면 금지할 것을 주장했다. 특정한 상황일 때에만 임신중지를 지지한다는 비율은 그 사이에 있다. 스웨덴과 프랑스는 임신중지에 대해 가장 진보적인 태도를 보이는 나라인데, 여성이 원할 때 언제든 임신중지를 해야 한다는 비율이 각각 78퍼센트, 67퍼센트에 달했다. 다른 나라에서는 그 비율이 좀 더 낮게 나왔다(영국 66퍼센트, 캐나다 54퍼센트, 오스트레일리아 49퍼센트, 미국 40퍼센트). 위 나라들의 경우 어떤 상황에서도 임신중지에 동의하지 않는다는 비율은 7퍼센트(프랑스와 영국)에서 12퍼센트(오스트레일리아와 미국) 정도이며, 일본(27퍼센트)과 러시아(22퍼센트)가 가장 높은 편이다.

128　Pollit, 앞의 책, 2014, p. 49.

129　L. Allison, "Issue a personal one for Lyn Allison," *Herald Sun*, 1 June, 2008.

130　C. Nader, "MP's emotional abortion story may help 'shatter taboo'," *The Age*, 19 August, 2008에서 인용.

131　Victoria, "Parliamentary debates: Legislative Council: Official Hansard," Book 13, 7 October, 2008, pp. 3915~3916.

132　Linsday, MP; Australia, "Parliamentary debates: House of Representatives: Official Hansard," 14 February, 2006, p. 96.

133　S. Ahmed, 2006, p. 92.

134　Shardey, MLA; Victoria, "Parliamentary debates: Legislative Council: Official Hansard," Book 12, 9 September, 2008, p. 3928.

135　M. Foucault, *The History of Sexuality: Vol. 1. An Introduction*, London: Penguin Books, 1990, p. 101.

136　Pollitt, 앞의 책, 2014, p. 29; R. Solinger, *Beggars and Choosers: How the Politics of Choice Shapes Adoption, Abortion, and Welfare in the United States*, New York: Hill and Wang, 2001, p. 406.

137　E. Evatt, *Final Report: Royal Commission on Human Relationships*, Canberra:

Australian Government Publishing Service, 1977, v1, p. 156.

138   L. Cannold, "The extended Australian report of 'The Johannesburg Initiative'," 2000, p. 61 [online], http://cannold.com/static/files/ assets/6674fbe1/johannesburg-report-2000-11.pdf [2012.8.22 접속].

139   R. Albury, "Attacks on Abortion Rights: The Latest Round," *Scarlet Woman*, 9 (September), 1979.

140   C. Nader and D. Rood, "Conscience vote looms on abortion in Victoria," *The Age*, 19 July, 2007; M. Shaw, "Abortion rate a tragedy, says Abbott," *The Age*, 17 March, 2004.

141   Santoro, Senator; Australia, "Parliamentary debates: Senate: Official Hansard," 8 February, 2006, p. 123.

142   Heffernan, Senator; Australia, "Parliamentary debates: Senate: Official Hansard, 9 February, 2006, p. 44.

143   Vale, MP; Australia, "Parliamentary debates: House of Representatives: Official Hansard," 15 February 2006, p. 45.

144   Drum, MLC; Victoria, "Parliamentary debates: Legislative Council: Official Hansard," Book 13, 8 October, 2008, p. 3995.

145   Rich-Phililps MLC; Victoria, "Parliamentary debates: Legislative Council: Official Hansard," Book 13, 9 October, 2008, p. 4140.

146   Atkinson MLC; Victoria, "Parliamentary debates: Legislative Council: Official Hansard," Book 13, 7 October, 2008.

147   Pyne MP; Australia, "Parliamentary debates: House of Representatives: Official Hansard," 14 February, 2006, p. 91.

148   Robb MP; Australia, "Parliamentary debates: House of Representatives: Official Hansard," 15 February 2006, p. 3.

149   Hayes MP; Australia, "Parliamentary debates: House of Representatives: Official Hansard," 15 February 2006, p. 158.

150   Australia, "Parliamentary debates: House of Representatives: Official Hansard," 14 February, 2006, pp. 46~47.

151   같은 자료, pp. 52~53.

152   Victoria, "Parliamentary debates: Legislative Council: Official Hansard," Book 13, 7 October, 2008, p. 3910.

153   Ley, MP; Australia, "Parliamentary debates: House of Representatives: Official Hansard," 14 February, 2006.

154   S. Begun and N. Walls, "Pedestal or gutter: Exploring ambivalent sexism's relationship with abortion attitudes," *Affilia*, 30(2), 2015.

155   Kairouz, MLA; Victoria, "Parliamentary debates: Legislative Council: Official Hansard," Book 12, 9 September, 2008, p. 3334.

156   Abbott; T. Noble, "Abbott poses counsel rebate to cut abortions," *The Age*, 3 August, 2005에서 인용.

157   Vale, MP; Australia, "Parliamentary debates: House of Representatives: Official Hansard," 15 February 2006, p. 45.

158 Petrovich, MLC, Victoria, "Parliamentary debates: Legislative Council: Official Hansard," Book 13, 9 October, 2008, p. 4123.

159 R. B. Siegel, 2007.

160 Merlino, MLA; Victoria, "Parliamentary debates: Legislative Council: Official Hansard," Book 12, 9 September, 2008, p. 3314.

161 Petrovich, MLC; Victoria, "Parliamentary debates: Legislative Council: Official Hansard," Book 13, 9 October, 2008, p. 4124.
임신중지 범죄화가 임신중지를 강요하는 남성과 '임신중지 산업'으로부터 여성을 보호하리라는 발상은, 영국에서 임신중지 비범죄화 법안을 반대할 때 내건 주된 주장이었다.
Maria Caulfield, MP; The United Kingdom, "Parliamentary debates: House of Commons: Official Hansard," 13 March, 2017, https://hansard.parliament.uk/Commons/2017-03-13/debates/D76D740D-2DDD-4CCB-AC11-C0DBE3B7D0D8/ReproductiveHealth(AccessToTerminations) [2017.6.13 접속].

162 예를 들어 Allison, Senator; Australia, "Parliamentary debates: House of Representatives: Official Hansard," 14 February, 2006, p. 94; Pilbersek, MP; 같은 곳, pp. 46~47.

163 Gash, MP; Australia, "Parliamentary debates: House of Representatives: Official Hansard," 15 February 2006, p. 144.

164 Australia, "Parliamentary debates: Senate: Official Hansard," 8 February, 2006, p. 89.

165 Ballieu, MLC; Victoria, "Parliamentary debates: Legislative Council: Official Hansard," Book 12, 9 September, 2008, p. 3312.

166 A. El-Murr, "Representing the problem of abortion: Language and the policy making process in the Abortion Law Reform Project in Victoria, 2008," *The Australian Feminist Law Journal*, 33(1), 2010.

167 Robb, MP; Australia, "Parliamentary debates: House of Representatives: Official Hansard," 15 February 2006, p. 3.

168 Australia, "Parliamentary debates: House of Representatives: Official Hansard," 15 February 2006, p. 114.

169 Brandis, Senator; Australia, "Parliamentary debates: Senate: Official Hansard, 9 February, 2006, p. 24.

170 Panopoulos, MP; Australia, "Parliamentary debates: House of Representatives: Official Hansard," 14 February, 2006, p. 55.

171 Somyurek, MLC; Victoria, "Parliamentary debates: Legislative Council: Official Hansard," Book 13, 8 October, 2008, p. 4156.

172 Kairouz, MLA; Victoria, "Parliamentary debates: Legislative Council: Official Hansard," Book 12, 9 September, 2008, p. 3334.

173 Australia, "Parliamentary debates: House of Representatives: Official Hansard," 15 February 2006, p. 114.

174 Lindsay, MP; Australia, "Parliamentary debates: House of Representatives:

290

"Official Hansard," 14 February, 2006, p. 96; Quick, MP; Australia, "Parliamentary debates: House of Representatives: Official Hansard," 15 February 2006, p. 22.

175   Thompson, MLA; Victoria 2008a: 3365)

176   Santoro, Senator; Australia, "Parliamentary debates: Senate: Official Hansard," 8 February, 2006.

177   J. Hadley, "The 'awfulisation' of abortion," *Choices*, 26(1), 1997; Lee, 앞의 책, 2003, p. 86.

178   Weitz, 앞의 글, 2010.

179   A. McCulloch, *Fighting to Choose: The Abortion Rights Struggle in New Zealand*, Wellington, NZ: Victoria University Press, 2013, p. 267.

180   T. Abbott, "The ethical responsibilities of a Christian politician," lecture delivered to the Adelaide University Democratic Club, Adelaide University, 16 March, 2004 [online], www.tonyabbott.com.au/LatestNews/Speeches/tabid/88/articleType/ArticleView/articleId/3550/THE-ETHICAL-RESPONSIBILITIES-OF-A-CHRISTIAN POLITICIAN.aspx [2014.3.13 접속].

181   King, MP; Australia, "Parliamentary debates: House of Representatives: Official Hansard," 15 February 2006, p. 169.

182   Neville, MP; Australia, "Parliamentary debates: House of Representatives: Official Hansard," 15 February 2006, p. 184.

183   예를 들어 Burke, MP; Australia, "Parliamentary debates: House of Representatives: Official Hansard," 15 February 2006; Beazley, MP; Australia, "Parliamentary debates: House of Representatives: Official Hansard," 16 February, 2006, p. 38.

184   Albanese, MP; Australia, "Parliamentary debates: House of Representatives: Official Hansard," 14 February, 2006, p. 94.

185   Keenan, MP; Australia, "Parliamentary debates: House of Representatives: Official Hansard," 14 February, 2006, p. 130.

186   S. Ahmed, *The Cultural Politics of Emotion*, New York: Routledge, 2004, p. 41.

187   Brown, 앞의 책, 1995, pp. 135~165.

3장 선택의 애통함

1   J. Cafarella, "The heartache of abortion," *The Age*, 28 August, 1992에서 인용.

2   M. T. Reist, *Giving Sorrow Words: Women's Stories of Grief After Abortion*, Sydney: Duffy & Snellgrove, 2000.

3   T. Hutchinson, "No story is the same, whatever the advice (opinion)," *The Age*, 6 January, 2007.

4   R. B. Siegel, 2007.

5   L. Cannold, "Understanding and responding to anti-choice womencentred strategies," *Reproductive Health Matters*, 20(19), 2002.

6　P. Saurette and K. Gordon, *The Changing Voice of the Anti-abortion Movement: The Rise of 'pro-woman' Rhetoric in Canada and the United States*, Toronto, ON: University of Toronto Press, 2016.

7　A. McCulloch, *Fighting to Choose: The Abortion Rights Struggle in New Zealand*, Wellington, NZ: Victoria University Press, 2013, p. 123.

8　E. Lee, *Abortion, Motherhood, and Mental Health: Medicalizing Reproduction in the United States and Great Britain*, Hawthorne, NY: Aldine de Gruyter, 2003.

9　S. Ahmed, "Affective Economies," *Social Text*, 79(22, 2), 2004.

10　D. Lupton, *The Social Worlds of the Unborn*, Hampshire, UK and New York: Palgrave Macmillan, 2013, pp. 33~51; R. Petchesky, "Fetal images: The power of visual culture in the politics of reproduction," *Feminist Studies*, 1987.

11　Lupton, 앞의 책, 2013, pp. 24~27.

12　L. L. Layne, *Motherhood Lost: The Cultural Construction of Miscarriage and Stillbirth in America*, New York and London: Routledge, 2003, pp. 239~240.

13　C. Kevin, "'I did not lose my baby … My baby just died': Twenty-First-Century Discourses of Miscarriage in Political and Historical Context," *South Atlantic Quarterly*, 110(4), 2011.

14　R. Stringer, "Fact, fiction and the foetus: Violence against pregnant women and the politics of abortion," *Australian Feminist Law Journal*, 25(1), 2006.

15　C. Kevin, "Jayden's Law and the history of miscarriage," *Flinders Journal of History and Politics*, 28, 2012.

16　N. Hopkins, S. Reicher and J. Saleem, "Constructing women's psychological health in anti-abortion rhetoric," *The Sociological Review*, 44(3), 1996, p. 542.

17　C. Forell, "Abortion: Rights as well as wrongs," *The Age*, 12 January, 1978, p. 8.

18　B. Baird, "Abortion, questions, ethics, embodiment," *History Workshop Journal*, 52, 2001, p. 198.

19　같은 글, pp. 200~201.

20　J. Terry and J. Urla, *Deviant Bodies: Critical Perspectives on Difference in Science and Popular Culture*, Bloomington: Indiana University Press, 1995, p. 2; Baird, 앞의 글, 2001, p. 206.

21　B. Baird, "'The Incompetent, Barbarous Old Lady Round the Corner': The image of the backyard abortionist in pro-abortion politics," *Hecate*, 22(1), 1996.

22　예를 들어 A. Baker, "Abortion risk," *The Age*, 27 June, 1983; L. Connors, "Abortion: safer than pill?" *The National Times*, 1976.

23　F. Yusuf and S. Siedlecky, "Legal abortion in South Australia: A review of the fi rst 30 years," *The Australian and New Zealand Journal of Obstetrics and Gynaecology*, 42(1), 2002, p. 15.

24　M. Kirkman *et al.*, "Abortion is a difficult solution to a problem: A discursive analysis of interviews with women considering or undergoing abortion in

Australia," *Women's Studies International Forum*, 34, 2010, p. 125.

25   S. Ewing, *Women and Abortion: An Evidence Based Review*, Parramatta, ACT:
     Women's Forum Australia, 2005, pp. 15~18; Right to Life of Michigan, "Life
     notes: A risk to avoid," 2017 [online], www.rtl.org/prolife_issues/LifeNotes/
     AbortionsLinktoBreastCancer.html [2017.3.4 접속].

26   C. Leslie, "The 'psychiatric masquerade': The mental health exception in
     New Zealand abortion Law," *Feminist Legal Studies*, 18(1), 2010.

27   Lee, 앞의 책, 2003, pp. 43~80.

28   같은 책, pp. 154~160.

29   RTL, *Right to Life News*, September-October, 1979.

30   RTL, *Right to Life News*, November-December, 1981; March-April, 1983.

31   J. Sullivan, "What do you tell a pregnant 15-year-old?" *The Age*, 8 May, 1982.

32   F. McGuire, "Right to life grant gets axe," *Herald*, 28 April, 1982; R. Yallop,
     "$400,000 for anti-abortion groups," *The Age*, 6 March, 1982.

33   RTL, *Right to Life News*, December, 2001.

34   RTL, *Right to Life News*, March-April, 1982; Sullivan, 앞의 글, 1982.

35   Lee, 앞의 책, 2003, p. 23; McCulloch, 앞의 책, 2013, p. 123.
     내가 주로 이용한 WEBA 혹은 WHBA의 자료는 1986년부터 1998년까지
     비정기적으로 발행된 뉴스레터로, 빅토리아 주 도서관에 보관되어 있다. RTL의
     역사를 알 수 있는 상세한 자료는 1장의 주 참고.

36   RTL, *Right to Life News*, July, 1983.

37   Women Exploited by Abortion (이하 WEBA), *Women Exploited by Abortion
     (Newsletter)* 1(Autumn), 1986.

38   WEBA, *Women Exploited by Abortion (Newsletter)* 2, Spring/Summer, 1987-1988.

39   WEBA. *Women Exploited by Abortion (Newsletter)* 1(Autumn), 1986.

40   WEBA, *Women Exploited by Abortion (Newsletter)* 3(4), 1988; Women Hurt by
     Abortion (이하 WHBA), *Women Hurt by Abortion (Newsletter)* 21, 1992.

41   WHBA, *Women Hurt by Abortion (Newsletter)* 21, 1992.

42   Cannold, 앞의 글, 2002, p. 173.

43   RTL, *Right to Life News*, July-August, 1984.

44   WHBA, *Women Hurt by Abortion (Newsletter)* 5(2), 1990.

45   R. West, "A 23-year search for peace," *The Age*, 14 November, 1984.

46   RTL, *Right to Life News*, July-August, 1984.

47   WEBA, *Women Exploited by Abortion (Newsletter)* 4(2), 1988.

48   WHBA, *Women Hurt by Abortion (Newsletter)* 6(1), 1991.

49   WEBA, *Women Exploited by Abortion (Newsletter)* 3(3), 1988.

50   Lee, 앞의 책, 2003, pp. 29~31.

51   WHBA, *Women Hurt by Abortion (Newsletter)* 2(1), 1995.

52   RTL, *Right to Life News*, July, 1993; February 1994; September 1995; October
     1999.

53   WEBA, *Women Exploited by Abortion (Newsletter)* 4(1), 1988; WHBA, *Women Hurt
     by Abortion (Newsletter)* 5(1), 1990; WHBA, *Women Hurt by Abortion (Newsletter)*

5(2), 1990.

54 B. Baird, "Abortion Politics during the Howard years: Beyond liberalisation," *Australian Historical Studies*, 44(2), 2013, p. 254.

55 Community Affairs Legislation Committee, "Therapeutic Goods Amendment (Repeal of Ministerial responsibility for approval of RU486) Bill 2005," Canberra: The Senate, Parliament House, 2006.

56 Catholic Archdiocese of Melbourne, *Abortion Resources: Life, Marriage and Family Office*, 2016 [online], www.cam.org.au/lifemarriagefamily/ Resources/Abortion [2016.12.13 접속].

57 WHBA, *Women Hurt by Abortion (Newsletter)* 7(1), 1997; *Women Hurt by Abortion (Newsletter)*, Winter, 1998.

58 Ewing, 앞의 책, 2005, p. 23, p. 95.

59 D. A. Blanchard, *The Anti-abortion Movement: References and Resources*, New York: GK Hall, 1996, pp. 120~121.

60 Reist, 앞의 책, 2000, p. 11.

61 같은 책, p. 1.

62 같은 책, pp. 9~10.

63 Ewing, 앞의 책, 2005, p. 33.

64 같은 곳.

65 Reist, 앞의 책, 2000, p. 44.

66 Layne, 앞의 책, 2003, pp. 103~144.

67 Ewing, 앞의 책, 2005, p. 33.

68 Real Choices Australia, *About Real Choices Australia*, 2016 [online], http://realchoices.org.au/about [2016.12.15 접속].

69 Reist, 앞의 책, 2000, p. 16.

70 B. Baird, "The futures of abortion," E. McMahom and B. Olubas ed. *Women Making Time: Contemporary Feminist Critique and Cultural Analysis*, Crawley, Western Australia: University of Western Australia Press, 2006, pp. 135~159.

71 Ewing, 앞의 책, 2005, p. 33.

72 The United Kingdom, "Parliamentary debates: House of Commons: Official Hansard," 13 March, 2017, https://hansard.parliament.uk/Commons/2017-03-13/debates/D76D740D-2DDD-4CCB-AC11-C0DBE 3B7D0D8/Reproducti veHealth(AccessToTerminations) [2017.6.13 접속].

73 Guttmacher Institute, 2017.

74 C. Sanger, *About abortion: Terminating pregnancy in twenty-first century America*, Cambridge, MA: Harvard University Press, 2017, p. 109.

75 같은 책, p. 122.

76 같은 책, p. 109.

77 같은 책, p. 126.

78 같은 책, p. 85.

79 Baird, 앞의 글, 2013, pp. 254~255.

80 같은 글.

294

81   L. Hoggart, "Abortion counselling in Britain: Understanding the controversy," *Sociology Compass*, 9(5), 2015.

82   S. Woodcock, "Abortion counselling and the informed consent dilemma," *Bioethics*, 25(9), 2011.

83   Baird, 앞의 글, 2013, pp. 254~255.

84   Siegel, 2007.

85   M. Kirby, "Western Australia's new abortion laws: Restrictive and reinforcing the power of the medical profession and the state over women's bodies and lives," *Australian Feminist Studies*, 13(28), 1998, p. 309.

86   Baird, "The futures of abortion," 2006, pp. 129~132.

87   Baird, 앞의 글, 2013; C. Guthrie, "Carhart, constitutional rights, and the psychology of regret," Vanderbilt Public Law Research Paper, Nashville, TN: Vanderbilt University Law School, 2007; R. B. Siegel, 2013; J. Suk, "The trajectory of trauma: Bodies and minds of abortion discourse," *Columbia Law Review*, 110(5), 2010.

88   S. Felman and D. Laub, *Testimony: Crises of Witnessing in Literature, Psychoanalysis and History*, New York: Routledge, 1992, p. 5.

89   W. M. Reddy, *The Navigation of Feeling: A Framework for the History of Emotions*, Cambridge, UK: Cambridge University Press, 2001, p. 43.

90   L. Berlant, S. Najafi and D. Serlin, "The broken circuit: An interview with Lauren Berlant," *Cabinet Magazine*, (31), 2008 [online], www.cabinetmagazine.org/issues/31/najafi_serlin.php [2017.7.20 접속].

91   Reist, 앞의 책, 2000, p. 10.

92   Lee, 앞의 책, 2003, pp. 154~169; B. Major *et al.*, "Abortion and mental health: Evaluating the evidence," *American Psychologist*, 64(9), 2009.

93   S. Freud, "Mourning and melancholia," J. Strachey ed., *The Standard Edition of the Complete Psychological Works of Sigmund Freud*, Vol. 14, London: Hogarth Press, 1957.

94   Reist, 앞의 책, 2000, p. 44.

95   Freud, 앞의 글, 1957, p. 249.

96   M. T. Reist, "The secret lives of loss for women after abortion," *The Age*, 16 May, 2002.

97   J. Prager, "Healing from history," *European Journal of Social Theory*, 11(3), 2008, p. 409.

98   C. Caruth, *Unclaimed Experience: Trauma, Narrative, and History*, Baltimore, MD: Johns Hopkins University Press, 1996, p. 6.

99   Lee, 앞의 책, 2003, p. 27.

100 S. Brison, "Trauma narratives and the remaking of the self," M. Bal, J. Crewe and L. Spitzer eds., *Acts of Memory: Cultural Recall in the Present*, Hanover, NH: University Press of New England, 1999, p. 40.

101 Reist, 앞의 책, 2000, p. 41.

102 A. Chan and L. C. Sage, "Estimating Australia's abortion rates 1985-2003,"

The Medical Journal of Australia, 182(9), 2005.

103 V. Hartouni, Cultural Conceptions: On Reproductive Technologies and the Remaking of Life, Minneapolis and London: University of Minnesota Press, 1997, p. 43.

104 J. Butler, Gender Trouble: Feminism and the Subversion of Identity, London and New York: Routledge, 1990.

105 이 책의 결론에서 논지를 확장할 것이다.

106 WEBA, Women Exploited by Abortion (Newsletter) 3(3), 1988.

107 G. Reekie, "History and the bodies of the illegitimately pregnant woman," Australian Feminist Studies, 12(25), 1997.

108 K. McDonnell, Not an Easy Choice: A Feminist Re-examines Abortion, London, Sydney, Dover and New Hampshire: Pluto Press, 1984, p. ii.

109 N. Wolf, "Our bodies, our souls: Re-thinking pro-choice rhetoric," The New Republic, 17 October, 1995.

110 L. Cannold, The Abortion Myth: Feminism, Morality, and the Hard Choices Women Make, St Leonards, NSW: Allen & Unwin, 1998, pp. 127~128.

111 같은 책, p. xiv.

112 같은 책, p. i.

113 B. A. Manninen, "The value of choice and the choice to value: Expanding the discussion about fetal life within prochoice advocacy," Hypatia, 28(3), p. 675.

114 Lee, 앞의 책, 2003, p. 223; C. Purcell, S. Hilton, and L. McDaid, "The stigmatisation of abortion: A qualitative analysis of print media in Great Britain in 2010," Culture, Health & Sexuality, 16(9), 2014, pp. 1145~1146.

115 여기서는 멜버른 신문 『디 에이지』, 타블로이드지 『헤럴드 선』, 전국적인 신문 『디 오스트레일리언』에 등장하는 임신중지 경험의 재현에 주목한다. 1991년 이전 신문자료는 빅토리아 주 도서관에 보관된 빅토리아 의회의 임신중지 보고서와 버트럼 웨이너의 보고서로부터 왔다(MS 13436). 타블로이드지인 『더 헤럴드』와 『더 선』은 1990년 합병되어 『헤럴드 선』이 되었다. 주요 신문은 1991년 이후 디지털화되었다. 팩티바(Factiva) 데이터베이스에서 1991년부터 2008년까지 『디 에이지』에 '임신중지'가 얼마나 등장했는지를 검색해 보면 2664개의 결과가 나온다. 그 밖에도 『헤럴드 선』과 『디 오스트레일리언』의 임신중지 관련 이슈에 관한 기사를 통해 자료를 보충했다. 이를테면 의회 법안, 텔레비전의 임신중지 프로그램 상영, 임신중지에 대한 대중서 발간 등에 관한 내용이다. 이 장에서는 여성의 임신중지 경험을 상술한 기사의 흐름에 주목할 것이다.

116 West, 앞의 글, 1984.

117 이런 이야기는 오스트레일리아 신문 『더 헤럴드』, 『더 선』, 『디 에이지』, 『디 오스트레일리언』에서 찾아볼 수 있는데, 임신중지 경험이 처음으로 자세히 다뤄진 사례다. 헬렌이 경험한 임신중지 가운데 적어도 처음 두 번은 법이 자유화되기 전의 일이지만, 기사에서는 이 점을 설명하지 않았다.

118 G. Greer, "The feminine mistake," The Sydney Morning Herald, 9 May, 1992.

119 Reist, 앞의 책, 2000, pp. 23~25.

296

120 K. Kissane, "Abortion doubts redefi ne debate," *The Age*, October 25, 1995.

121 L. Cannold, "Killing from care: A woman's sorrow," *The Age*, 1 November, 1995.

122 V. Trioli, "'Don't stir a sleeping dog'," *The Age*, 21 March, 1998.

123 M. Monagle, "Good sex savvy is the way to cutting abortion rate," *The Age*, 14 November, 2004.

124 C. Nader, "MP's emotional abortion story may help 'shatter taboo'," *The Age*, 19 August, 2008; C. Nader and D. Cooke, "Health chief tells of abortion experience," *The Age*, 18 August, 2007.

125 M. Houston, "Knocked up—but the 'a' word is knocked back," *The Age*, 8 July, 2008.

126 L. Vick, "Anti-choice, pro-choice," *The Age*, 7 March, 2002.

127 N. Cresswill-Myatt, "Death of a lifetime," *Herald Sun*, 15 April, 2000.

128 Lee, 앞의 책, 2003, pp. 22~23; P. Saurette and K. Gordon, "Arguing abortion: The new antiabortion discourse in Canada," *Canadian Journal of Political Science*, 46(1), 2013, p. 172.

129 W. Birnbauer, "Abortion drug a legal risk, says QC," *The Age*, 5 February, 2006.

130 C. De Costa, *RU-486: The Abortion Pill*, Salisbury: Boolarong Press, 2007, p. 8.

131 M. Riordan, "Monday: A child who should be born," *Herald Sun*, 27 November, 2006.

132 C. Francis, "Abortion risk to women," *Herald Sun*, 31 July, 2007.

133 Cafarella, 앞의 글, 1992.

134 A. K. Murdoch, "The incalculable, unforgettable loss," *The Age*, 24 August, 1994.

135 M. Curtis, "A matter of life or death: Inside story," *The Age*, 22 September, 1996 (강조 포함).

136 E. Tarica, "The agonising life of Alex," *The Age Green Guide*, 9 May, 2002.

137 K. Allen, "Abortion, and no regrets," *The Age*, 20 May, 2002.

138 A. Capello, "Don't keep abortion grief a secret (letter)," *The Age*, 16 May, 2002; P. Regan, "Secret life''s moral vacuum," *The Age*, 16 May, 2002.

139 Reist, 앞의 글, 2002.

140 G. Eksleman, "My abortion: One woman's story," *The Age*, 16 July, 2004.

141 예를 들어 Reist, 앞의 책, 2000, p. 9.

142 M. McCudden, "Letter to the editor," *The Age*, 17 July, 2004.

143 C. Smith, "Confront the reality of abortion," *The Age*, 17 July, 2004.

144 C. Tebbel, "'My abortion': A woman affi rms her decision," *The Age*, 22 July, 2004.

145 Baird, 앞의 글, 2001, p. 197.

146 "Editorial: No easy answers," *Herald Sun*, 17 February, 2006.

147 "Editorial: No place for politics in debate on abortion drug," *The Age*, 8 January, 2006.

148 Victoria, "Parliamentary debates: Legislative Council: Official Hansard," Book 12, 9 September, 2008, pp. 3349~3350.

149 E. Raymond and D. Grimes, "The comparative safety of legal induced abortion and childbirth in the United States," *Obstetrics & Gynecology*, 119(2, Part 1), 2012.

150 Damian Kavanah, MLC; Victoria, "Parliamentary debates: Legislative Council: Official Hansard," Book 13, 8 October, 2008, p. 4097.

151 Julian McGauran, Senator; Australia, "Parliamentary debates: Senate: Official Hansard," 8 February, 2006, p. 143.

152 David Tollner, MP; Australia, "Parliamentary debates: House of Representatives: Official Hansard," 15 February 2006, p. 139.

153 Huge Delahunty, MLA; Victoria, "Parliamentary debates: Legislative Council: Official Hansard," Book 12, 9 September, 2008, p. 3345.

154 Mary Wooldridge; 같은 자료, p. 3307.

155 Gary Blackwood, MLA; 같은 자료, p. 3348.

156 Helen Shardey, MLA; 같은 자료, p. 3318.

157 R. C. Solomon, "Emotions, thoughts and feelings: What is a 'cognitive theory' of the emotions and does it neglect affectivity?" *Royal Institute of Philosophy Supplement*, 52(1), 2003.

158 S. Ahmed, *The Promise of Happiness*, Durham and London: Duke University Press, 2010, pp. 4~5.

159 같은 책, p. 205.

160 같은 책, p. 203.

161 R. Gillespie, "Childfree and feminine," *Gender & Society*, 17(1), 2003.

162 O. Donath, "Regretting motherhood: A sociopolitical analysis," *Signs: Journal of Women in Culture and Society*, 40(2), 2015.

163 G. Greer, "Though I have no child of my own, I still have pregnancy dreams. I'm a huge abdomen fl oating in the warm shallow sea of my childhood. I'm waiting with vast joy and confidence. But I'm waiting for something that will never happen," *Herald Sun*, 16 April, 2000.

164 Sophie Cunningham, "Longing," *The Age*, 30 March, 2002.

165 L. Berlant, "Nearly utopian, nearly normal: Post-Fordist affect in La Promesse and Rosetta," *Public Culture*, 19(2), 2007.

4장 수치스러운 선택

1 1 in 3 Campaign, *The 1 in 3 Campaign: These Are OUR Stories*, 2016 [online], www.1in3campaign.org/about [2017.1.17 접속].

2 K. Cockrill and A. Nack, "'I'm not that type of person': Managing the stigma of having an abortion," *Deviant Behavior*, 34(12), 2013, pp. 974~975.

3 C. Purcell, "The sociology of women's abortion experiences: Recent

research and future directions," *Sociology Compass*, 9(7), 2015.

4   C. Fishwick, "*#ShoutYourAbortion*: Women fi ght stigma
surrounding abortions," *The Guardian*, 23 September, 2015 [online],
www.theguardian.com/world/2015/sep/22/shoutyouraabortion-women-
fight-stigma-surrounding-abortions [2017.3.10 접속].

5   S. Prasad, "There are still many barriers to abortion in Canada," *Huffington
Post*, 27 September, 2015 [online], www.huffingtonpost.ca/sandeep-prasad/
canadas-abortion-myth_b_8198478.html [20173.4 접속].

6   J. Johnston, "Irish women go public against abortion stigma," *Politico*,
12 October, 2015 [online], www.politico.eu/article/irishwomen-go-public-
against-abortion-stigma-x-ile-choice [2017.3.4 접속].

7   L. H. Harris *et al.*, "Dynamics of stigma in abortion work: Findings from
a pilot study of the Providers Share Workshop," *Social Science & Medicine*,
73(7), 2011; L. A. Martin *et al.*, "Abortion providers, stigma and professional
quality of life," *Contraception*, 90(6), 2014; M. Ripper, 2001.

8   E. Astbury-Ward, O. Parry and R. Carnwell, "Stigma, abortion, and
disclosure: Findings from a qualitative study," *The Journal of Sexual Medicine*,
9(1), 2012; Cockrill and Nack, 앞의 글, 2013; C. H. Rocca *et al.*, "Decision
rightness and emotional responses to abortion in the United States: A
longitudinal study," *PlOS ONE*, 10(7), e0128832, 2015; K. M. Shellenberg *et
al.*, "Social stigma and disclosure about induced abortion: Results from an
exploratory study," *Global Public Health*, 6(supl), S111-S125, 2011.

9   WAAC, A Woman's Guide to Abortion: Why, How, Where, Glebe, NSW: D.
Whelan, 1975, p. 18.

10   WAAC, "Open letter," 28 November, 1974, State Library of Victoria, Wainer
Papers, MS134636, Box 46.

11   Cockrill and Nack, 앞의 글, 2013, p. 974.

12   A. Kumar, L. Hessini and E. M. Mitchell, "Conceptualising abortion
stigma," *Culture, Health & Sexuality*, 11(6), 2009, p. 626.

13   J. Manion, "Girls blush, sometimes: Gender, moral agency, and the problem
of shame," *Hypatia*, 18(3), 2003; B. A. O. Williams, *Shame and necessity*,
Berkeley: University of California Press, 1993.

14   S. Tomkins, "Shame-humiliation and contempt-disgust," A. Frank and E.
K. Sedgwick eds., *Shame and Its Sisters: A Silvan Tomkins Reader*, Durham, NC:
Duke University Press, 1995, p. 133.

15   E. Probyn, *Blush: Faces of Shame*, Minneapolis: University of Minnesota
Press, 2005, p. x.

16   S. Ahmed, *The Cultural Politics of Emotion*, New York: Routledge, 2004, p. 106.

17   T. J. Scheff, "Shame in self and society," *Symbolic Interaction*, 26(2), 2003,
p. 239.

18   M. Pardy, "The shame of waiting," G. Hage ed., *Waiting*, Melbourne:
Melbourne University Press, 2009, p. 196.

19   Ahmed, 앞의 책, 2004, p. 107.

20   Pardy, 앞의 글, 2009, p. 204.

21   Ahmed, 앞의 책, 2004, p. 107.

22   J. Halberstam, "Shame and white gay masculinity," *Social Text*, 23(3-4 84-85), 2005, p. 226.

23   S. L. Bartky, *Femininity and Domination: Studies in the Phenomenology of Oppression*, New York: Routledge, 1990, p. 96; S. Freud, "New introductory lectures on psycho-analysis. Lecture 33: Femininity," J. Strachey ed., *Standard Edition of the Complete Psychological Works of Sigmund Freud*, Vol. 22, London: Hogarth Press, 1961, p. 133.

24   Probyn, 앞의 책, 2005, p. 79.

25   J. P. Tangney *et al.*, "Are shame, guilt, and embarrassment distinct emotions?" *Journal of Personality and Social Psychology*, 70(6), 1996, p. 1265.

26   D. Nathanson, "A timetable for shame," D. Nathanson ed., *The Many Faces of Shame*, New York: Guilford, 1987, p. 4.

27   R. Illsley and M. H. Hall, "Psychosocial aspects of abortion: A review of issues and needed research," *Bulletin of the World Health Organization*, 53(1), 1976, p. 85.

28   예를 들어 R. H. Rosen and L. J. Martindale, "Abortion as 'deviance'," *Social Psychiatry*, 15(2), 1980, p. 103.

29   Illsley and Hall, 앞의 글, 1976, p. 84.

30   예를 들어 C. Condit, *Decoding Abortion Rhetoric: Communicating Social Change*, Urbana, IL and Chicago: University of Illinois Press, 1990, p. 33.

31   J. Wainer, *Pathways to Abortion*, Burwood, VIC: La Trobe University, 1975; R. West, "A 23-year search for peace," *The Age*, 14 November, 1984.

32   J. Wainer, "Abortion and the struggle to be good in the 1970s," *Australasian Psychiatry*, 42(1), 2008, p. 33.

33   Wainer, 앞의 책, 1975, p. 13.

34   K. Kissane, "Abortion in the First Person," *The Age*, 4 April, 1998, p. 4에서 인용.

35   E. Evatt, *Final Report: Royal Commission on Human Relationships*, Canberra: Australian Government Publishing Service, 1977, v1, p. 116.

36   같은 책, v1, pp. 122~130; R. Gregory, *Corrupt Cops, Crooked Docs, Prevaricating Pollies and 'Mad Radicals': A History of Abortion Law Reform in Victoria, 1959-1974*, PhD thesis, Melbourne: RMIT University, 2005, p. 310.

37   F. Yusuf and S. Siedlecky, "Legal abortion in South Australia: A review of the fi rst 30 years," *The Australian and New Zealand Journal of Obstetrics and Gynaecology*, 42(1), 2002.

38   G. Reekie, "History and the bodies of the illegitimately pregnant woman," *Australian Feminist Studies*, 12(25), 1997; S. Swain and R. Howe, *Single Mothers and Their Children: Disposal, Punishment and Survival in Australia*, Cambridge: Cambridge University Press, 1995.

39   예를 들어 M. Gerrard, "Sex guilt in abortion patients," *Journal of Consulting and Clinical Psychology*, 45(4), 1977; B. G. Harrison, *Now That Abortion Is Legal*, New York: McGill, 1973.

40   Rosen and Martindale, 앞의 글, 1980, p. 107.

41   C. Smart, "Disruptive bodies and unruly sex: The regulation of reproduction and sexuality in the nineteenth century," C. Smart ed., *Regulating Womanhood: Historical Essays on Marriage, Motherhood and Sexuality*, London: Routledge, 1992.

42   L. Ruhl, "Dilemmas of the will: Uncertainty, reproduction, and the rhetoric of control," *Signs*, 27(3), 2002.

43   P. Lowe, *Reproductive Health and Maternal Sacrifice: Women, Choice and Responsibility*, London: Palgrave Macmillan, 2016, p. 50.

44   K. Granzow, "De-constructing 'choice': The social imperative and women's use of the birth control pill," *Culture, Health & Sexuality*, 9(1), 2007.

45   Evatt, 앞의 책, 1977, v1, pp. 47~51; A. McLaren and A. T. McLaren, *The Bedroom and the State: The Changing Practices and Politics of Contraception and Abortion in Canada, 1880-1997*, Toronto, ON: Oxford University Press, 1997, p. 19; H. Smyth, *Rocking the Cradle: Contraception, Sex, and Politics in New Zealand*, Wellington, NZ: Steele Roberts, 2000, pp. 58~60, pp. 108~109.

46   ALRA, Newsletter (Abortion Law Reform Association), August, 1972.

47   ALRA, *Newsletter (Abortion Law Reform Association)*, n.d, 1974; Women's Electoral Lobby, "Open submission to the human relations commission," University of Melbourne Archives, Women's Electoral Lobby Papers, AN92/85, 1975.

48   R. Albury, "Attacks on Abortion Rights: The Latest Round," *Scarlet Woman*, 9 (September), 1979, p. 23.

49   T. A. Weitz, "Rethinking the mantra that abortion should be 'safe, legal, and rare'," *Journal of Women's History*, 22(3), 2010.

50   L. Cannold, "'So, what are your plans for abortion, Mr Abbott'," *Sydney Morning Herald*, 14 June, 2013 [online], www.smh.com.au/federal-politics/political-opinion/so-what-are-your-plans-forabortion-mr-abbott-20130613-2o6u6 [2015.11.4 접속].

51   Lowe, 앞의 책, 2016, pp. 48~49.

52   B. Brookes, *Abortion in England: 1900-1967*, London, New York and Sydney: Croom Helm, 1988, p. 14.

53   같은 책, p. 2.

54   J. Imber, "Sociology and abortion: Legacies and strategies," *Contemporary Sociology*, 8(6), 1979, p. 825에서 인용.

55   Brookes, 앞의 책, 1988, p. 72.

56   B. Winikoff, "Is one of these things not just like the Other: Why abortion can't be separated from contraception," *Conscience: The Newsjournal of Catholic Opinion*, 35(3), 2014, p. 28.

57   S. C. Dixon *et al.*, "'As many options as there are, there are just not enough for me': Contraceptive use and barriers to access among Australian women," *The European Journal of Contraception & Reproductive Health Care*, 19(5), 2014, p. 341.

58   J. Richters *et al.*, "Sex in Australia: Contraceptive practices among a representative sample of women," *Australian and New Zealand Journal of Public Health*, 27(2), 2003.

59   K. Phillips, "Provocative women in the border zone: Articulations of national crisis and the limits of women's political status," *Continuum: Journal of Media & Cultural Studies*, 23(5), 2009.

60   A. Mills and L. Barclay, "None of them were satisfactory: Women's experiences with contraception," *Health Care for Women International*, 27(5), 2006.

61   Lowe, 앞의 책, 2016, p. 60.

62   M. Boyle, *Re-thinking Abortion: Psychology, Gender, Power and the Law*, London and New York: Routledge, 1997, pp. 82~101.

63   Brookes, 앞의 책, 1988, p. 2.

64   L. Berlant, *The Queen of America Goes to Washington City: Essays on Sex and Citizenship*, Durham, NC: Duke University Press, 1997, p. 99.

65   B. Baird, *'Somebody Was Going to Disapprove Anyway': Rethinking Histories of Abortion in South Australia, 1937–1990*, PhD thesis, Adelaide, SA: Flinders University, 1998, p. 8.

66   M. Kirkman *et al.*, "Abortion is a difficult solution to a problem: A discursive analysis of interviews with women considering or undergoing abortion in Australia," *Women's Studies International Forum*, 34, 2010, p. 126; L. Ryan, M. Ripper and B. Buttfield, *We Women Decide: Women's Experience of Seeking Abortion in Queensland, South Australia and Tasmania, 1985-92*, Bedford Park, SA: Women's Studies Unit, Faculty of Social Sciences, Flinders University, 1994, p. 136.

67   예를 들어 Fiona Nash, Senator; Australia, "Parliamentary debates: Senate: Official Hansard," 8 February, 2006, p. 1089; Jenny Macklin, MP; Australia, "Parliamentary debates: House of Representatives: Official Hansard," 14 February, 2006, p. 53.

68   Yusuf and Siedlecky, 앞의 글, 2002, p. 15.

69   S. M. Beynon-Jones, "'We view that as contraceptive failure': Containing the 'multiplicity' of contraception and abortion within Scottish reproductive healthcare," *Social Science & Medicine*, 80, March, 2013, p. 105.

70   Ryan, Ripper and Buttfield, 앞의 책, 1994, p. 193.

71   Beynon-Jones, 앞의 글, 2013, p. 105.

72   Race Mathews, MP; Australia, "Parliamentary debates: House of Representatives: Official Hansard," 10 May, 1973, p. 1981.

73   A. Stephens, "Abortion decision remains a dilemma," *The Sun Living*

Supplement, 27 January, 1987.

74 Helen Shardey, MLA; Victoria, "Parliamentary debates: Legislative Council: Official Hansard," Book 12, 9 September, 2008, p. 3318.

75 B. Davis, "Shame, shame, shame," *The Age*, 20 August, 2008.

76 B. Baird, "The futures of abortion," E. McMahom and B. Olubas ed. *Women Making Time: Contemporary Feminist Critique and Cultural Analysis*, Crawley, Western Australia: University of Western Australia Press, 2006, p. 143; L. B. Finer and M. R. Zolna, "Shifts in intended and unintended pregnancies in the United States, 2001-2008," *American Journal of Public Health*, 104(S1), S43-S48, 2014; S. Singh, G. Sedgh and R. Hussain, "Unintended pregnancy: Worldwide levels, trends, and outcomes," *Studies in Family Planning*, 41(4), 2010.

77 Ryan, Ripper and Buttfield, 앞의 책, 1994, pp. 30~32.

78 Lee, 앞의 책, 2003, p. 152.

79 M. Kirkman *et al.*, "Reasons women give for abortion: A review of the literature," *Archives of Women's Mental Health*, 12(6), 2009, p. 377.

80 Kirkman *et al.*, 앞의 글, 2010, p. 124.

81 같은 곳.

82 같은 글, pp. 124~126.

83 G. Reekie, *Measuring Immorality: Social Inquiry and the Problem of Illegitimacy*, Cambridge, UK: Cambridge University Press, 1998, pp. 166~167.

84 Kirkman *et al.*, 앞의 글, 2010, p. 128.

85 Ahmed, 앞의 책, 2004, p. 107.

86 Astbury-Ward, Parry and Carnwell, 앞의 글, 2012.

87 같은 글; Kumar, Hessini and Mitchell, 앞의 글, 2009; B. Major and R. H. Gramzow, "Abortion as stigma: Cognitive and emotional implications of concealment," *Journal of Personality and Social Psychology*, 77(4), 1999.

88 Swain and Howe, 앞의 책, 1995 pp. 47~52, pp. 141~142.

89 J. Butler, *Bodies That Matter: On the Discursive Limits of 'Sex'*, Theatre Arts Books, 1993, p. 10.

90 C. Sanger, *About abortion: Terminating pregnancy in twenty-first century America*, Cambridge, MA: Harvard University Press, 2017, pp. 226~228.

91 같은 책, p. 68.

92 S. Sheldon, "'Who is the mother to make the judgment?': The constructions of woman in English abortion law," *Feminist Legal Studies*, 1(1), 1993.

93 Australia, "Parliamentary debates: House of Representatives: Official Hansard," 15 February 2006, pp. 114~115.

94 Baird, 앞의 책, 1998, p. 9.

95 Evatt, 앞의 책, 1977, v1, p. 104.

96 I. Tyler, "Chav mum chav scum," *Feminist Media Studies*, 8(1), 2008.

97 Lucy Beaumont, "Fighting over the right to choose," *The Age*, 7 November, 2004; A. Dunn, "At the heart of a delicate issue," *The Age*, 20 March, 2004;

A. Dunn *et al.*, "Soaring teen abortion rate revealed," *The Age*, 10 November, 2004; P. Fitzgerald, "Melbourne schoolgirl abortions: 1000 a year," *The Herald*, 3 April, 1976; J. Stark, "Unplanned pregnancy study sparks call for safe-sex campaign," *The Age*, 30 January, 2008; A. Stephens, "Booklet tells youngsters how to get abortions," *The Sun*, 12 November, 1986; M. A. Toy, "Sell the pill in schools: Expert," *The Age*, 13 October, 2000; A. Westmore, "The tragedy and the joy of the gymslip mums," *The Sun*, 13 September, 1976.

98   M. Shaw, "Abortion rate a tragedy, says Abbott," *The Age*, 17 March, 2004, p. 1.

99   Wynn, MLA; Victoria, "Parliamentary debates: Legislative Council: Official Hansard," Book 12, 9 September, 2008, p. 3339.

100   Tyler, 앞의 글, 2008, p. 25.

101   J. Flavin, *Our bodies, our crimes: The policing of women's reproduction in America*, New York: NYU Press, 2008; C. Jones, "'Human weeds, not fit to breed'?: African Caribbean women and reproductive disparities in Britain," *Critical Public Health*, 23(1), 2013; D. Roberts, *Killing the Black Body: Race, Reproduction, and the Meaning of Liberty*, Boston: Vintage, 1997.

102   Lowe, 앞의 책, 2016, pp. 56~57.

103   Roberts, 앞의 책, 1997, pp. 156~157.

104   L. Cutcher and T. Milroy, "Misrepresenting Indigenous mothers: Maternity allowances in the media," S. Goodwin and K. Huppatz eds., *The Good Mother: Contemporary Motherhoods in Australia*, Sydney: Sydney University Press, 2010.

105   C. Kevin, "Great expectations: Episodes in a political history of pregnancy in Australia since 1945," C. Kevin, *Feminism and the Body: Interdisciplinary Perspectives*, Newcastle upon Tyne: Cambridge Scholars Publishing, 2009.

106   S. Hussein, *From Victims to Suspects: Muslim Women Since 9/11*, Coogee, NSW: New South Books, 2016, p. 123.

107   S. Maiden, "Women 'aborting away the future'," *The Australian*, February 14, 2006에서 인용.

108   D. Vale, "My comments were clumsy," *The Age*, 25 February, 2006.

109   M. Turnbull, *It's the Birthrate, Stupid! Facing Up to Fertility*, Paper presented at the National Population Summit (Adelaide), 21 Novemberm, 2003 [online], www.apop.com.au/SAconfNOV03/M%20Turnbull.pdf [2016.12.20 접속].

110   Tyler, 앞의 글, 2008, p. 30.

111   Phillips, 앞의 글, 2009.

112   N. Dogra, "The mixed metaphor of 'third world woman': Gendered representations by international development NGOs," *Third World Quarterly*, 32(2), 2011.

113   Roberts, 앞의 책, 1997.

114   Ahmed, 앞의 책, 2004, p. 108.

115   R. J. Cook, "Stigmatized meanings of criminal abortion law," R. J. Cook, J.
       N. Erdman and B. M. Dickens eds., *Abortion Law in Transnational Perspective:*
       Cases and Controversies, Philadelphia: University of Pennsylvania Press, 2014.

5장 국가의 선택

1   S. Maiden, "Women 'aborting away the future'," *The Australian*, February 14,
       2006에서 인용.
2   D. Roberts, *Killing the Black Body: Race, Reproduction, and the Meaning of*
       Liberty, Boston: Vintage, 1997.
3   L. Freedman and T. A. Weitz, "The politics of motherhood meets the
       politics of poverty," *Contemporary Sociology*, 41(1), 2012, p. 39에서 인용.
4   B. Baird, "Maternity, whiteness and national identity: The case of abortion,"
       Australian Feminist Studies, 21(50), 2006, p. 214.
5   여기서 중요한 예외가 있다. 임신한 여성 가운데에는 친밀한 파트너 등 타인에
       의해 출산 혹은 임시중지를 강요받는 이들이 있다.
       P. Hayes, "Reproductive coercion and the Australian state: A new chapter?"
       Australian Community Psychologist, 28(1), 2016, pp. 90~100.
6   G. Hage, *White Nation: Fantasies of White Supremacy in a Multicultural Society*,
       Annandale, NSW: Pluto Press, 1998.
7   A. Bashford and C. Strange, "Asylum-seekers and national histories
       of detention," *Australian Journal of Politics & History*, 48(4), 2002; I. Tyler,
       "Revolting subjects," *Social Abjection and Resistance in Neoliberal Britain*,
       London and New York: Zed Books, 2013, pp. 75~103.
8   Hage, 앞의 책, 1998.
9   A. Simpson, "Whither settler colonialism?" *Settler Colonial Studies*, 6(4),
       2016.
10   P. Spoonley, "New diversity, old anxieties in New Zealand: The complex
       identity politics and engagement of a settler society," *Ethnic and Racial*
       Studies, 38(4), 2015.
11   P. Gilroy, *'There Ain't No Black in the Union Jack': The Cultural Politics of Race*
       and Nation, Chicago: University of Chicago Press, 1991; G. Lonergan,
       "Reproductive justice and migrant women in Great Britain," *Women: A*
       Cultural Review, 23(1), 2012.
12   A. Bailey and J. Zita, "The reproduction of whiteness: Race and the
       regulation of the gendered body," *Hypatia*, 22(2), 2007; S. Martinot,
       "Motherhood and the invention of race," *Hypatia*, 22(2), 2007.
13   Hage, 앞의 책, 1998.
14   같은 책, p. 18.
15   같은 책, p. 123.
16   E. Balibar, "Is there a 'neo-racism'?" E. Balibar and I. Wallerstein eds.,

Race, Nation, Class: Ambiguous Identities, London: Verso, 1991; P. Gilroy, *The Black Atlantic: Modernity and Double Consciousness*, Cambridge, MA: Harvard University Press, 1993.

17　　A. E. Weinbaum, *Wayward Reproductions: Genealogies of Race and Nation in Transatlantic Modern Thought*, Durham, NC: Duke University Press, 2004, p. 8.

18　　Martinot, 앞의 글, 2007.

19　　F. Anthias and N. Yuval-Davis, *Woman-nation-state*, New York: Springer, 1989; R. Lentin 2004; Lonergan, 앞의 글, 2012, pp. 36~37.

20　　K. Phillips, "Provocative women in the border zone: Articulations of national crisis and the limits of women's political status," *Continuum: Journal of Media & Cultural Studies*, 23(5), 2009, p. 608.

21　　Martinot, 앞의 글, 2007, p. 92.

22　　S. Fournier and E. Crey, *Stolen from Our Embrace: The Abduction of First Nations Children and the Restoration of Aboriginal Communities*, Vancouver, BC: Douglas & McIntyre Ltd, 1997; M. D. Jacobs, *White Mother to a Dark Race: Settler Colonialism, Maternalism, and the Removal of Indigenous Children in the American West and Australia, 1880-1940*, Lincoln & London: University of Nebraska Press, 2009.

23　　A. Moreton-Robinson, *Talkin' Up to the White Woman: Aboriginal Women and Feminism*, St Lucia, QLD: University Of Queensland Press, 2000, p. 171; Roberts, 앞의 책, 1997; K. Stote, "The coercive sterilization of aboriginal women in Canada," *American Indian Culture and Research Journal*, 36(3), 2012.

24　　Roberts, 앞의 책, 1997, p. 181.

25　　같은 책, p. 176.

26　　E. S. Watkins, "From breakthrough to bust: The brief life of Norplant, the contraceptive implant," *Journal of Women's History*, 22(3), 2010.

27　　P. Daylight and M. Johnstone, *Women's Business: Report of the Aboriginal Women's Taskforce*, Canberra: Australian Government Publishing Service, 1986, p. 64; C. Jones, "'Human weeds, not fit to breed'?: African Caribbean women and reproductive disparities in Britain," *Critical Public Health*, 23(1), 2013.

28　　T. W. Volscho, "Racism and disparities in women's use of the Depo-Provera injection in the contemporary USA," *Critical Sociology*, 37(5), 2011.

29　　T. Jensen and I. Tyler, "'Benefits broods': The cultural and political crafting of anti-welfare commonsense," *Critical Social Policy*, 35(4), 2015; Lonergan, 앞의 글, 2012, pp. 32~33.

30　　T. Scharping, *Birth Control in China 1949-2000: Population Policy and Demographic Development*, New York and London: Routledge, 2013.

31　　S. S. Hirve, "Abortion law, policy and services in India: a critical review," *Reproductive Health Matters*, 12(24), 2004, p. 114.

32　　N. Beisel and T. Kay, "Abortion, race, and gender in nineteenthcentury America," *American Sociological Review*, 69(4), 2004.

306

33   A. Mackinnon, "'Bringing the unclothed immigrant into the world': Population policies and gender in twentieth-century Australia," *Journal of Population Research*, 17(2), 2000, p. 114에서 인용.

34   같은 글, p. 112.

35   Lonergan, 앞의 글, 2012, pp. 32~33.

36   E. K. Feder, "The dangerous individual('s) mother: Biopower, family, and the production of race," *Hypatia*, 22(2), 2007, p. 72.

37   Roberts, 앞의 책, 1997.

38   I. Tyler, "Chav mum chav scum," *Feminist Media Studies*, 8(1), 2008.

39   L. Conor, *Skin Deep: Settler Impressions of Aboriginal Women*, Perth: University of Western Australia Publishing, 2016.

40   M. Kline, "Complicating the ideology of motherhood: Child welfare law and First Nation women," *Queen's Law Journal*, 18(2), 1993; A. Salmon, "Aboriginal mothering, FASD prevention and the contestations of neoliberal citizenship," *Critical Public Health*, 21(2), 2011.

41   Jacobs, 앞의 책, 2009.

42   M. Foucault, *The Birth of Biopolitics: Lectures at the Collège de France, 1978-1979*, Basingstoke: Palgrave Macmillan, 2008; J.-A. Mbembé, "Necropolitics," trans. L. Mintjes, *Public Culture*, 15(1), 2003, p. 12.

43   Hage, 앞의 책, 1998, pp. 40~42, 74~76.

44   S. Ahmed, *The Cultural Politics of Emotion*, New York: Routledge, 2004, p. 130.

45   같은 곳.

46   S. Ahmed, *The Promise of Happiness*, Durham and London: Duke University Press, 2010.

47   L. Berlant, "Nearly utopian, nearly normal: Post-Fordist affect in La Promesse and Rosetta," *Public Culture*, 19(2), 2007.

48   L. Berlant, *The Queen of America Goes to Washington City: Essays on Sex and Citizenship*, Durham, NC: Duke University Press, 1997, p. 6.

49   Ahmed, 앞의 책, 2004, p. 8, p. 64.

50   Martinot, 앞의 글, 2007, p. 96.

51   Ahmed, 앞의 책, 2004, p. 69.

52   같은 책, p. 72; U. Beck, *Risk Society: Towards a New Modernity*, London: Sage Polity, 1992, p. 49.

53   G. Hage, *Against Paranoid Nationalism: Searching for Hope in a Shrinking Society*, Annandale, NSW: Pluto Press, 2003.

54   L. Wacquant, *Punishing the Poor: The Neoliberal Government of Social Insecurity*, Durham, NC and London: Duke University Press, 2009.

55   Hage, 앞의 책 1998; Tyler, 앞의 글, 2013.

56   W. Brown, *Walled States, Waning Sovereignty*, New York: Zone Books. 2010.

57   E. Luibhéid, "Childbearing against the state? Asylum seeker women in the Irish republic," *Women's Studies International Forum*, 27(4), 2004.

58 P. Huang, "Anchor babies, over-breeders, and the population bomb: The reemergence of nativism and population control in anti-immigration policies," *Harvard Law and Policy Review*, 2(2), 2008; Lentin, 2004; Lonergan, 앞의 글, 2012; Luibhéid, 앞의 글, 2004.

59 Tyler, 앞의 글, 2013, p. 111.

60 A. L. Stoler, "Colonial aphasia: Race and disabled histories in France," *Public Culture*, 23(1), 2011, p. 125.

61 Gilroy, 앞의 책, 1993, p. 32; S. Hall, "Un-settling 'the heritage', re-imagining the post-nation: Whose heritage?" *Third Text*, 13(49), 1999, p. 7.

62 T. Birch, "History is never bloodless: Getting it wrong after one hundred years of federation," *Australian Historical Studies*, 33(118), 2002; P. Wolfe, "Nation and miscegenation: Discursive continuity in the post-Mabo era," *Social Analysis*, 36(October), 1994.

63 Hage, 앞의 책, 1998.

64 Ahmed, 앞의 책, 2004, p. 67.

65 Hage, 앞의 책, 1998.

66 Beisel and Kay, 앞의 글, 2004; Mackinnon, 앞의 글, 2000; A. McCulloch, *Fighting to Choose: The Abortion Rights Struggle in New Zealand*, Wellington, NZ: Victoria University Press, 2013; A. McLaren and A. T. McLaren, *The Bedroom and the State: The Changing Practices and Politics of Contraception and Abortion in Canada, 1880-1997*, Toronto, ON: Oxford University Press, 1997.

67 Ahmed, 앞의 책, 2004, p. 34, p. 124.

68 Tony Lamb, MP; Australia, "Parliamentary debates: House of Representatives: Official Hansard," 10 May, 1973, p. 1969.

69 David McKenzie, MP; 같은 자료, p. 1967.

70 E. Evatt, *Final Report: Royal Commission on Human Relationships*, Canberra: Australian Government Publishing Service, 1977, v1, p. 58.

71 Australia, "Parliamentary debates: House of Representatives: Official Hansard," 21 March, 1979, p. 964.

72 Ross McLean, MP; 같은 자료, p. 967.

73 John FitzPatrick, MP; 같은 자료, p. 986; Ian MacPhee, MP; 같은 자료, p. 999; Ross McLean, MP; 같은 자료, p. 969; Les McMahon, MP; 같은 자료, p. 1004.

74 Kevin Cairns, MP; Australia, "Parliamentary debates: House of Representatives: Official Hansard," 22 March, 1979, p. 1099; David Connolly, MP; 같은 자료, p. 1111.

75 예를 들어 Barry Simon, MP; 같은 자료, p. 972.

76 Barry Jones, MP; 같은 자료, p. 1107.

77 James Porter, MP; 같은 자료, p. 1122.

78 "Teen abortion worry," *The Sun*, 22 September, 1979.

79 T. Abbott, "The ethical responsibilities of a Christian politician," lecture delivered to the Adelaide University Democratic Club, Adelaide University, 16 March, 2004 [online], www.tonyabbott.com.au/LatestNews/Speeches/

tabid/88/articleType/ArticleView/articleId/3550/THE-ETHICAL-
RESPONSIBILITIES-OF-A-CHRISTIAN POLITICIAN.aspx [2014.3.13 접속].

80   B. Baird, "The futures of abortion," E. McMahom and B. Olubas ed. *Women
Making Time: Contemporary Feminist Critique and Cultural Analysis*, Crawley,
Western Australia: University of Western Australia Press, 2006.

81   M. Shaw, "Abortion rate a tragedy, says Abbott," *The Age*, 17 March, 2004;
A. Shanahan, "In praise of a truly Christian politician," *The Age*, 19 March,
2004.

82   A. Dunn, "At the heart of a delicate issue," *The Age*, 20 March, 2004.

83   "Abortion issue ready to flare up," *Herald Sun*, 7 August, 2005.

84   Ryan Smith, MLA; Victoria, "Parliamentary debates: Legislative Council:
Official Hansard," Book 12, 9 September, 2008, p. 3362.

85   Jenny Mikakos, MLC; Victoria, "Parliamentary debates: Legislative Council:
Official Hansard," Book 13, 7 October, 2008, p. 3941.

86   Australia, "Parliamentary debates: House of Representatives: Official
Hansard," 16 February, 2006, p. 133.

87   예를 들어 Judith Adams, Senator; Australia, "Parliamentary debates: Senate:
Official Hansard," 8 February, 2006, p. 116.

88   Sussan Ley, MP; Australia, "Parliamentary debates: House of
Representatives: Official Hansard," 14 February, 2006, p. 87.

89   Michael Keenan, MP; Australia, "Parliamentary debates: House of
Representatives: Official Hansard," 15 February 2006, p. 129.

90   Steve Gibbons, MP; 같은 자료, p. 153.

91   A. Chan and L. C. Sage, "Estimating Australia's abortion rates 1985-2003,"
The Medical Journal of Australia, 182(9), 2005.

92   S. Cohen, *Folk Devils and Moral Panics: The Creation of the Mods and Rockers*,
London: MacGibbon and Kee, 1972, p. 1.

93   Ahmed, 앞의 책, 2004, p. 64.

94   S. Hall *et al.*, *Policing the Crisis: Mugging, Law and Order and the State*, London:
Macmillan, 1978, p. 9.

95   N. Rose, "Governing by numbers: Figuring out democracy," *Accounting,
Organizations and Society*, 16(7), 1991, p. 647.

96   Hage, 앞의 책, 1998, p. 32.

97   G. Hawkin, "Will abortion open the floodgates?" *The Australian*, 25 April,
1973.

98   Tom McVeigh, MP; Australia, "Parliamentary debates: House of
Representatives: Official Hansard," 22 March, 1979, p. 1109.

99   예를 들어 "Abortion is key issue: Cardinal," *The Age*, 25 April, 1973.

100   Jan Kronberg, MLC; Victoria, "Parliamentary debates: Legislative Council:
Official Hansard," Book 13, 8 October, 2008, p. 4000.

101   Bernie Finn, MLC; Victoria, "Parliamentary debates: Legislative Council:
Official Hansard," Book 13, 9 October, 2008, p. 4086; Hawkin, 앞의 글, 1973;

G. String, "Where ritual passes for vigile," *The Age*, 18 July, 2001.

102 Ahmed, 앞의 책, 2004, p. 76; M. MacCallum, *Girt by Sea: Australia, the Refugees and the Politics of Fear*, Melbourne: Black Inc, 2002.

103 Berlant, 앞의 책, 1997.

104 J. Jupp, *From White Australia to Woomera: The Story of Australian Immigration*, Cambridge, UK: Cambridge University Press, 2002, pp. 19~36; S. Swain and R. Howe, *Single Mothers and Their Children: Disposal, Punishment and Survival in Australia*, Cambridge: Cambridge University Press, 1995, pp. 196~208.

105 Mick Cotter, MP; Australia, "Parliamentary debates: House of Representatives: Official Hansard," 22 March, 1979, p. 1111.

106 Barry Simon, MP; Australia, "Parliamentary debates: House of Representatives: Official Hansard," 21 March, 1979, p. 972.

107 John Fitzpatrick, MP; 같은 자료, p. 985.

108 Doug Anthony, MP; Australia, "Parliamentary debates: House of Representatives: Official Hansard," 10 May, 1973, p. 1982.

109 M. Ziegler, "Roe''s race: The Supreme Court, population control, and reproductive justice," *Yale Journal of Law & Feminism*, 25(1), 2013.

110 Australian Bureau of Statistics, *Year Book Australia: Population — Births*, 24 May, 2012 [online], www.abs.gov.au/ausstats/abs@.nsf/Lookup/by%20Subject/1301.0~2012~Main%20Features~Births~51 [2017.7.20 접속].

111 Jupp, 앞의 책, 2002, p. 183.

112 Australia, "Parliamentary debates: House of Representatives: Official Hansard," 22 March, 1979, p. 1098.

113 "90,000 lost each year," *The Age*, 14 May, 1970; C. Francis, "Democracy's shame," *Herald Sun*, 10 February, 2002.

114 M. Collier, "Abortion is 27 percent of deaths in England, Wales: 189,000 babies terminated in 2010 in UK," *Christian Post*, 22 October 2012 [online], www.christianpost.com/news/abortion-is-27-percent-of-deaths-in-england-wales-189000-babies-terminated-in-2010-83726 [2017.3.7 접속].

115 Too Many Aborted, "Number one killer. Too many aborted," 2017 [online], www.toomanyaborted.com/numberonekiller [2017.3.7 접속].

116 "Abortion: 50,000 last year," *The Herald*, 18 November, 1978.

117 James Bradfield, MP; Australia, "Parliamentary debates: House of Representatives: Official Hansard," 22 March, 1979, p. 1094.

118 C. Condit, *Decoding Abortion Rhetoric: Communicating Social Change*, Urbana, IL and Chicago: University of Illinois Press, 1990, p. 62.

119 Bruce Goodluck, MP; Australia, "Parliamentary debates: House of Representatives: Official Hansard," 22 March, 1979, p. 1088.

120 같은 자료, p. 1077.

121 같은 자료, p. 1076.

122 Evatt, 앞의 책, 1977, v3, p. 214.

123 Australia, "Parliamentary debates: House of Representatives: Official

Hansard," 22 March, 1979, p. 1111.

124   D. Walker, *Anxious Nation: Australia and the Rise of Asia, 1850-1939*, Brisbane:
      University of Queensland Press, 1999, pp. 154~155; P. Wolfe, "Nation and
      miscegenation: Discursive continuity in the post-Mabo era," *Social Analysis*,
      36(October), 1994, pp. 93~95.

125   Australian Bureau of Statistics, 앞의 자료, 2012.

126   S. Vizard, H. Martin and T. Watts eds., *Australia's Population Challenge*,
      Camberwell, VIC: Penguin, 2003; National Population Summit, *Australia's
      Population Challenge: The National Population Summit, Parliament House,
      Adelaide, South Australia*, Hackney, SA: Australian Population Institute (SA),
      2004.

127   C. Pearson, "The silent tragedy of the population debate," *The Age*, 5 March,
      2002.

128   K. Betts, "Boat people and public opinion in Australia," *People and Place*,
      9(4), 2001.

129   J. C. Altman and M. Hinkson eds., *Coercive Reconciliation: Stabilise, Normalise,
      Exit Aboriginal Australia*, Melbourne: Arena Publications, 2007; G. Hage,
      Against Paranoid Nationalism: Searching for Hope in a Shrinking Society,
      Annandale, NSW: Pluto Press, 2003.

130   Brown, 앞의 책, 2010, p. 130.

131   K. Hunt and K. Rygiel, *(En)Gendering the War on Terror: War Stories and
      Camouflaged Politics*, Farnham, UK: Ashgate, 2006.

132   Hage, 앞의 책, 1998, p. 182에서 인용.

133   K. Bode, "Aussie battler in crisis? Shifting constructions of white
      Australian masculinity and national identity," *Australian Critical Race and
      Whiteness Studies Association*, 2(1), 2006; L. Murrie, "Changing masculinities:
      Disruption and anxiety in contemporary Australian writing," *Journal of
      Australian Studies*, 22(56), 1998.

134   M. Shaw and F. Farouque, "Keeping baby bonus in check," *The Age*, 13 May,
      2004.

135   Kevin, 앞의 글, 2009.

136   S. Hussein, *From Victims to Suspects: Muslim Women Since 9/11*, Coogee, NSW:
      New South Books, 2016.

137   L. Cutcher and T. Milroy, "Misrepresenting Indigenous mothers: Maternity
      allowances in the media," S. Goodwin and K. Huppatz eds., *The Good
      Mother: Contemporary Motherhoods in Australia*, Sydney: Sydney University
      Press, 2010.

138   D. Cameron, "War on babies," *The Age*, 18 November, 2004.

139   M. Grattan and D. Wroe, "Abortion out of control, says minister," *The Age*,
      2 November, 2004.

140   "Editorial: No easy answers," *Herald Sun*, 17 February, 2006.

141   J. Frenkel, "Vale's Muslim threat blasted," *Herald Sun*, 15 February, 2006.

142 Australia, "Parliamentary debates: Senate: Official Hansard, 9 February, 2006, p. 74.

143 Australia, "Parliamentary debates: House of Representatives: Official Hansard," 15 February 2006, p. 190.

144 같은 자료, p. 45.

145 P. Hudson, "G-G fuels abortion row: Jeffery urges target of 'zero terminations'," *The Age*, 7 November, 2004에서 인용.

146 T. Abbott, "The ethical responsibilities of a Christian politician," lecture delivered to the Adelaide University Democratic Club, Adelaide University, 16 March, 2004 [online], www.tonyabbott.com.au/LatestNews/ Speeches/tabid/88/articleType/ArticleView/articleId/3550/THE-ETHICAL-RESPONSIBILITIES-OF-A-CHRISTIAN POLITICIAN.aspx [2014.3.13 접속].

147 J. Stratton, *Uncertain Lives: Race and Neoliberalism in Australia*, Newcastle upon Tyne, UK: Cambridge Scholars, 2011, pp. 7~9.

148 예를 들어 K. Robjant, R. Hassan and C. Katona, "Mental health implications of detaining asylum seekers: systematic review," *The British Journal of Psychiatry*, 194 (4), 2009.

149 Grattan and D. Wroe, 앞의 글, 2004.

150 Gordon Rich-Philips, MLC; Victoria, "Parliamentary debates: Legislative Council: Official Hansard," Book 13, 9 October, 2008, p. 4149 (강조 포함).

151 B. Baird, "Maternity, whiteness and national identity: The case of abortion," *Australian Feminist Studies*, 21(50), 2006.

152 Baird, "The futures of abortion," 2006, pp. 139~140.

153 Australia, "Parliamentary debates: House of Representatives: Official Hansard," 15 February 2006, pp. 114~115.

154 J. M. Riddle, *Eve's Herbs: A History of Contraception and Abortion in the West*, Cambridge, MA: Harvard University Press, 1999.

155 Baird, "Maternity, whiteness and national identity: The case of abortion," 2006, p. 214.

156 Baird, "The futures of abortion," 2006.

맺음말: 모성 바깥의 삶

1 R. B. Siegel, "Dignity and the politics of protection: Abortion restrictions under Casey/Carhart," *Yale Law Journal*, 117(8), 2008, p. 1796.

2 S. Ahmed, "Killing joy: Feminism and the history of happiness," *Signs*, 35(3), 2010.

3 S. Ahmed, *The Promise of Happiness*, Durham and London: Duke University Press, 2010, p. 91.

4 J. Ludlow, "Sometimes, it's a child and a choice: Toward an embodied abortion praxis," *NWSA Journal*, 20(1), 2008.

312

5   L. Freedman and T. A. Weitz, "The politics of motherhood meets the politics of poverty," *Contemporary Sociology*, 41(1), 2012, p. 40.

6   L. Ross, "Understanding reproductive justice: Transforming the pro-choice movement," *Off Our Backs*, 36(4), 2006; J. M. Silliman *et al.* eds., *Undivided Rights: Women of Color Organize for Reproductive Justice*, Cambridge, MA: South End Press, 2004.

7   W. Brown, *et al.*, "Learning to love again: An interview with Wendy Brown," *Contretemps: An Online Journal of Philosophy*, 6, 2006, p. 26.

8   B. Baird, "Decriminalization and Women's Access to Abortion in Australia," *Health and Human Rights*, 19(1), 2017, p. 205.

9   W. Brown and J. Hadley, "Introduction," W. Brown and J. Hadley eds., *Left Legalism/Left Critique*, Durham, NC: Duke University Press, 2002.

10   예를 들어 L. Vick, "Anti-choice, pro-choice," *The Age*, 7 March, 2002.

11   C. Ford, *Fight Like a Girl*, Crows Nest, NSW: Allen & Unwin, 2016; L. West, *Shrill*, London: Quercus, 2016.

12   C. Fishwick, "#*ShoutYourAbortion*: Women fi ght stigma surrounding abortions," *The Guardian*, 23 September, 2015 [online], www.theguardian.com/world/2015/sep/22/shoutyourabortion-women-fight-stigma-surrounding-abortions [2017.3.10 접속]; L. West, "I set up #*ShoutYourAbortion* because I am not sorry, and I will not whisper," *The Guardian*, 23 September, 2015 [online], www.theguardian.com/commentisfree/2015/sep/22/i-set-up-shoutyourabortion-because-i-am-not-sorry-and-iwill-not-whisper [2017.7.20 접속].

13   C. Sanger, *About abortion: Terminating pregnancy in twenty-first century America*, Cambridge, MA: Harvard University Press, 2017, p. 220.

14   1 in 3 Campaign, *The 1 in 3 Campaign: These Are OUR Stories*, 2016 [online], www.1in3campaign.org/about [2017.1.17 접속].

15   Z. Simic, "First Person Feminism," *Sydney Review of Books*, 2016 [online], http://sydneyreviewofbooks.com/fi ght-like-a-girlclementine-ford-review [2017.3.10 접속].

16   C. Ford, "Clementine Ford reveals her two no guilt, no shame abortions," *Sunday Mail*, 12 January, 2008 [online], www.adelaidenow.com.au/news/my-no-guilt-no-shame-abortions/story-e6frea6u-1111115304867 [2017.6.14 접속].

17   Sanger, 앞의 책, pp. 49~50에서 인용.

18   같은 책, p. 217.

19   J. W. Scott, "The evidence of experience," *Critical Inquiry*, 17(4), 1991.

20   B. Skeggs, "Uneasy alignments, resourcing respectable subjectivity," *GLQ: A Journal of Lesbian and Gay Studies*, 10(2), 2004, p. 291.

21   R. Gill, "Post-postfeminism?: New feminist visibilities in postfeminist times," *Feminist Media Studies*, 16(4), 2016, p. 613.

22   같은 책, p. 623.

23   J. Butler, *Gender Trouble: Feminism and the Subversion of Identity*, London and New York: Routledge, 1990, p. ix.
24   Ahmed, *The Promise of Happiness*, 2010, p. 222.

Abbott, A. 2004. The ethical responsibilities of a Christian politician, lecture delivered to the Adelaide University Democratic Club, Adelaide University, 16 March [online]. Available from: www.tonyabbott.com.au/LatestNews/Speeches/tabid/88/articleType/ArticleView/articleId/3550/THE-ETHICAL-RESPONSIBILITIES-OF-A-CHRISTIAN POLITICIAN.aspx [accessed 13 March 2014].

Abigail, W., Power, C. and Belan, I. 2008. Changing patterns in women seeking terminations of pregnancy: A trend analysis of data from one service provider 1996–2006. *Australian and New Zealand Journal of Public Health*, 32(3), 230–237.

Abortion Law Reform Association. 1970a. *ABRA/ Abortion Law Reform Association* 1 (April 23).

_____. 1970b. *ABRA/Abortion Law Reform Association* 2 (23 June).

_____. 1970c. *ABRA/Abortion Law Reform Association* 3 (3 September).

_____. 1970d. *ABRA/Abortion Law Reform Association* 4 (11 November).

_____. 1971. *ABRA/Abortion Law Reform Association* ABRA 7 (17 August).

_____. 1972a. *Newsletter (Abortion Law Reform Association)*, Winter.

_____. 1972b. *Newsletter (Abortion Law Reform Association)*, August.

_____. 1974a. *Newsletter (Abortion Law Reform Association)*, n.d.

_____. 1974b. *Newsletter (Abortion Law Reform Association)*, January–February.

_____. 1974c. Petition to Parliament. State Library of Victoria, Wainer Papers, MS134636, Box 17.

Abortion Campaign Committee. n.d. Free Abortion on Demand [online]. Available from: www.loc.gov/pictures/item/yan1996000520/PP/ [accessed 24 January 2017].

Adams, I. and Buttrose, I. 2005. *Motherguilt*. Camberwell, London: Viking.

The Age. 1970. 90,000 lost each year. *The Age*, 14 May.

The Age. 1973. Abortion is key issue: Cardinal. *The Age*, 25 April.

The Age. 2005. Editorial: The abortion issue and its many shades of grey. *The Age*, 5 February.

The Age. 2006a. Change law on funding abortion abroad. *The Age*, 10 September.

The Age. 2006b. Editorial: No place for politics in debate on abortion drug, *The Age*, 8 January.

Ahmed, S. 2004a. Affective Economies. *Social Text*, 79(22, 2), 117–139.

_____. 2004b. *The Cultural Politics of Emotion*. New York: Routledge.

_____. 2010a. Killing joy: Feminism and the history of happiness. *Signs*, 35(3), 571–694.

_____. 2010b. *The Promise of Happiness*. Durham and London: Duke University Press.

Albury, R. 1979. Attacks on Abortion Rights: The Latest Round. *Scarlet Woman*, 9 (September), 23.

Allen, K. 2002. Abortion, and no regrets. *The Age*, 20 May.

316

Allison, L. 2008. Issue a personal one for Lyn Allison. *Herald Sun*, 1 June.

Altman, J. and Sanders, W. 1995. From exclusion to dependence: Aborigines and the welfare state in *Australia. Social Welfare with Indigenous Peoples*, 206–229.

Altman, J. C. and Hinkson, M. eds. 2007. *Coercive Reconciliation: Stabilise, Normalise, Exit Aboriginal Australia*. Melbourne: Arena Publications.

Angus Reid. 2013. Canadians have mixed feelings about abortion, but shun a new debate [online]. Available from: http://angusreidglobal.com/wp-content/upl oads/2013/01/2013.01.28_Abortion_CAN.pdf [accessed 16 December 2016].

Anonymous GP. 1972. A general practitioner's view of the law. In: McMichael, T., ed. *Abortion: The Unenforceable Law: The Reality of Unwanted Pregnancy and Abortion in Australia*. North Carlton, VIC: ALRA, 45–46.

Anthias, F. and Yuval-Davis, N. 1989. *Woman-nation-state*. New York: Springer.

Archer, V. 2009. Dole bludgers, tax payers and the New Right: Constructing discourses of welfare in 1970s Australia. *Labour History*, 177–190.

Astbury Ward, E., Parry, O. and Carnwell, R. 2012. Stigma, abortion, and disclosure: Findings from a qualitative study. *The Journal of Sexual Medicine*, 9(1), 1–11.

Austin, J. L. 1975. *How to Do Things with Words*. Cambridge: Cambridge University Press.

Australia. 1973. Parliamentary debates: House of Representatives: Official Hansard, 10 May.

———. 1979a. Parliamentary debates: House of Representatives: Official Hansard, 21 March.

———. 1979b. Parliamentary debates: House of Representatives: Official Hansard , 22 March.

———. 2006a. Parliamentary debates: Senate: Official Hansard, 8 February.

———. 2006b. Parliamentary debates: Senate: Official Hansard, 9 February.

———. 2006c. Parliamentary debates: House of Representatives: Official Hansard, 14 February.

———. 2006d. Parliamentary debates: House of Representatives: Official Hansard, 15 February.

———. 2006e. Parliamentary debates: House of Representatives: Official Hansard, 16 February.

Australian Bureau of Statistics. 2012. *Year Book Australia: Population — Births*, 24 May [online]. Available from: www.abs.gov.au/ausstats/abs@.nsf/Lookup/by%20 Subject/1301.0~2012~Main%20Features~Births~51 [accessed 20 July 2017].

Australian Institute of Family Studies. 2017. Stay at home dads. [online]. Available from https://aifs.gov.au/publications/stay-home-dads [accessed 13 June 2017].

Baker, A. 1983. Abortion risk. *The Age*, 27 June.

Bailey, A. and Zita, J. 2007. The reproduction of whiteness: Race and the regulation of the gendered body. *Hypatia*, 22(2), vii–xv.

Baird, B. 1996. 'The Incompetent, Barbarous Old Lady Round the Corner': The image of the backyard abortionist in pro-abortion politics. *Hecate*, 22(1), 7–26.

_____. 1998a. The self-aborting woman. *Australian Feminist Studies*, 13(28), 323–337.

_____. 1998b. *'Somebody Was Going to Disapprove Anyway': Rethinking Histories of Abortion in South Australia*, 1937–1990, PhD thesis. Adelaide, SA: Flinders University.

_____. 2001. Abortion, questions, ethics, embodiment. *History Workshop Journal*, 52, 197–216.

_____. 2004. Contexts for lesbian citizenships across Australian public spheres. *Social Semiotics*, 14(1), 67–84.

_____. 2006a. The futures of abortion. In: McMahom, E. and Olubas, B. ed. *Women Making Time: Contemporary Feminist Critique and Cultural Analysis*. Crawley, Western Australia: University of Western Australia Press, 116–149.

_____. 2006b. Maternity, whiteness and national identity: The case of abortion. *Australian Feminist Studies*, 21(50), 197–221.

_____. 2013. Abortion Politics during the Howard years: Beyond liberalisation. *Australian Historical Studies*, 44(2), 245–261.

_____. 2017. Decriminalization and Women's Access to Abortion in Australia. *Health and Human Rights*, 19(1), 197–208.

Balibar, E. 1991. Is there a "neo-racism"? In: Balibar, E. and Wallerstein, I. eds. *Race, Nation, Class: Ambiguous Identities*. London: Verso, 17–28.

Bartky, S. L. 1990. *Femininity and Domination: Studies in the Phenomenology of Oppression*. New York: Routledge.

Bashford, A. and Strange, C. 2002. Asylum-seekers and national histories of detention. *Australian Journal of Politics & History*, 48(4), 509–527.

Bean, L., Gonzalez, M. and Kaufman, J. 2008. Why doesn't Canada have an American-style Christian right? A comparative framework for analyzing the political effects of evangelical subcultural identity. *Canadian Journal of Sociology*, 33(4), 899–943.

Beck, U. 1992. Risk Society: Towards a New Modernity. London: Sage Polity.

Begun, S. and Walls, N. 2015. Pedestal or gutter: Exploring ambivalent sexism's relationship with abortion attitudes. *Affilia*, 30(2), 200–215.

Beisel, N. and Kay, T. 2004. Abortion, race, and gender in nineteenthcentury America. *American Sociological Review*, 69(4), 498–518.

Berlant, L. 1997. *The Queen of America Goes to Washington City: Essays on Sex and Citizenship. Durham*, NC: Duke University Press.

_____. 2004a. Critical inquiry, affirmative culture. *Critical Inquiry*, 30(2), 445–451.

_____. 2004b. Introduction: Compassion (and withholding). In: Berlant, L. ed. *Compassion: The Culture and Politics of an Emotion*. London and New York: Routledge, 1–14.

_____. 2007. Nearly utopian, nearly normal: Post-Fordist affect in La Promesse and Rosetta. *Public Culture*, 19(2), 273–301.

318

Berlant, L., Najafi , S. and Serlin, D. 2008. The broken circuit: An interview with
    Lauren Berlant. *Cabinet Magazine*, (31) [online]. Available from: www.cabinet
    magazine.org/issues/31/najafi _serlin.php [accessed 20 July 2017].

Betts, K. 2001. Boat people and public opinion in Australia. *People and Place*, 9(4),
    34–48.

Betts, K. 2004. Attitudes to abortion in Australia: 1972 to 2003. *People and Place*, 12(4),
    22–28.

Beaumont, Lucy. 2004. Fighting over the right to choose. *The Age*, 7 November.

Beynon-Jones, S. M. 2013. 'We view that as contraceptive failure': Containing the
    'multiplicity' of *Contraception* and abortion within Scottish reproductive
    healthcare. *Social Science & Medicine*, 80(March 2013), 105–112.

Birch, T. 2002. History is never bloodless: Getting it wrong after one hundred years
    of federation. *Australian Historical Studies*, 33(118), 42–53.

Birnbauer, W. 2006. Abortion drug a legal risk, says QC, *The Age*, 5 February.

Blanchard, D. A. 1996. *The Anti-abortion Movement: References and Resources*. New York:
    GK Hall.

Blaxland, M. 2010. Mothers and mutual obligation: Policy reforming the good
    mother. In: Goodwin, S. and Huppatz, K. eds. *The Good Mother: Contemporary
    Motherhoods in Australia*. Sydney: Sydney University Press, 131–152.

Boas, P. 1972. Judy. In: McMichael, T. ed. *Abortion, the Unenforceable Law: The Reality
    of Unwanted Pregnancy and Abortion in Australia*. North Carlton, VIC: ALRA,
    85–86.

Bode, K. 2006. Aussie battler in crisis? Shifting constructions of white Australian
    masculinity and national identity. *Australian Critical Race and Whiteness Studies
    Association*, 2(1), 1–18.

Boonstra, H. D. and Nash, E. 2014. A surge of state abortion restrictions puts
    providers—and the women they serve—in the crosshairs. *Guttmacher Policy
    Review*, 17(1), 9–15.

Boyle, M. 1997. *Re-thinking Abortion: Psychology, Gender, Power and the Law*. London and
    New York: Routledge.

BPAS. 2015. *Abortion: Trusting Women to Decide and Doctors to Practise* [online]. Available
    from: www.abortionreview.org/images/uploads/Trusting_women_and_doct
    ors_June_2015.pdf [accessed 3 January 2017].

Brison, S. 1999. Trauma narratives and the remaking of the self. In: Bal, M., Crewe,
    J. and Spitzer, L. eds. *Acts of Memory: Cultural Recall in the Present*. Hanover, NH:
    University Press of New England, 39–54.

British National Party. 2016. *2030 Deadline: New NHS Birth Figures Confirm Immigrant
    Births Will Be Majority within Two Decades* [online]. Available from:
    www.bnp.org.uk/news/2030-deadline-new-nhs-birth-figures-confirm-
    immigrant-births-will-bemajority-within-two-decade [accessed 15
    December 2016].

Brookes, B. 1988. *Abortion in England: 1900–1967*. London, New York and Sydney:

Croom Helm.

Brough, M. 2007. Social Security and Other Legislation Amendment(Welfare Payment Reform) Bill 2007: Second Reading Speech, 7 August [online]. Available from: www.formerministers.fahcsia.gov.au/malbrough/speeches/Pages/ss_amendment_7aug07.aspx[accessed 21 January 2016].

Brown, W. 1995. *States of Injury*. Princeton University Press.

_____. 2003. Neo-liberalism and the end of liberal democracy. *Theory & Event*, 7(1).

_____. 2006. American nightmare: Neoliberalism, neoconservatism, and de-democratization. *Political theory*, 34(6), 690–714.

_____. 2010. *Walled States, Waning Sovereignty*. New York: Zone Books.

Brown, W. et al. 2006. Learning to love again: An interview with Wendy Brown. *Contretemps: An Online Journal of Philosophy*, 6, 25–42.

Brown, W. and Hadley, J. 2002. Introduction. In: Brown, W. and Hadley, J. eds. *Left Legalism/Left Critique*. Durham, NC: Duke University Press, 1–37.

Bulbeck, C. 2010. Unpopularising feminism: 'Blaming feminism' in the generation debate and the mother wars. *Sociology Compass*, 4(1), 21–37.

Burgman, V. 2003. *Power, Profit and Protest: Australian Social Movements and Globalisation*. Crows Nest, NSW: Allen & Unwin.

Butler, J. 1990. *Gender Trouble: Feminism and the Subversion of Identity*. London and New York: Routledge.

Butler, J. 1993. *Bodies That Matter: On the Discursive Limits of 'Sex'*. Theatre Arts Books.

Campo, N. 2005. "Having it all" or "had enough"? Blaming feminism in *The Age* and *the Sydney Morning Heralde*, 1980–2004. *Journal of Australian Studies*, 28(84), 63–72.

_____. 2009. *From Superwomen to Domestic Goddesses: The Rise and Fall of Feminism*. Pieterlen and Bern, Switzerland: Peter Lang.

Cannold, L. 1995. Killing from care: A woman's sorrow. *The Age*, 1 November.

_____. 1998. *The Abortion Myth: Feminism, Morality, and the Hard Choices Women Make*. St Leonards, NSW: Allen & Unwin.

_____. 2000. The extended Australian report of 'The Johannesburg Initiative'. [online]. Available from: http://cannold.com/static/files/assets/6674fbe1/johannesburg-report-2000-11.pdf [accessed 22 August 2012].

_____. 2002. Understanding and responding to anti-choice womencentred strategies. *Reproductive Health Matters*, 20(19), 171–180.

_____. 2013. 'So, what are your plans for abortion, Mr Abbott', *Sydney Morning Herald*, 14 June [online]. Available from: www.smh.com.au/federal-politics/political-opinion/so-what-are-your-plans-forabortion-mr-abbott-20130613-2o6u6 [accessed 4 November 2015].

Cafarella, J. 1992. The heartache of abortion. *The Age*, 28 August.

Cameron, D. 2004. War on babies. *The Age*, 18 November.

Capello, A. 2002. Don't keep abortion grief a secret (letter). *The Age*, 16 May.

Caruth, C. 1996. *Unclaimed Experience: Trauma, Narrative, and History*. Baltimore, MD:

Johns Hopkins University Press.

Catholic Archdiocese of Melbourne. 2016. *Abortion Resources: Life, Marriage and Family Office* [online]. Available from: www.cam.org.au/lifemarriagefamily/ Resources/Abortion [accessed 13 December2016].

Chan, A. et al. 2001. *Pregnancy Outcome in South Australia 2009* [online]. Available from: www.sahealth.sa.gov.au/ [accessed 7 March 2017].

Chan, A. and Sage, L. C. 2005. Estimating Australia's abortion rates 1985–2003. *The Medical Journal of Australia*, 182(9), 447–452.

Charles, V. E. et al. 2008. Abortion and long-term mental health outcomes: A systematic review of the evidence. *Contraception*, 78(6), 436–450.

Children by choice. 2016. Becoming a medical abortion provider [online]. Available from: www.children bychoice.org.au/forprofessionals/becoming-a-medical-abortion-provider [accessed 15 June 2017].

Chuck, E. and Silva, D. 2017. *Roe v. Wade* attorney: Trump is biggest threat yet to reproductive rights. *NBC News*, 22 January [online]. Available from: www.nbcnews.com/news/us-news/roe-v-wadeattorney-trump-biggest-threat-yet-reproductive-rights-n707871 [accessed 24 January 2017].

Clough, P. 2008. The affective turn: Political economy, biomedia and bodies, *Theory, Culture & Society*, 25(1), 1–22.

Cockrill, K. and Nack, A. 2013. 'I'm not that type of person': Managing the stigma of having an abortion. *Deviant Behavior*, 34(12), 973–990.

Cohen, S. 1972. *Folk Devils and Moral Panics: The Creation of the Mods and Rockers*. London: MacGibbon and Kee.

Coleman, K. 1998. The politics of abortion in Australia: Freedom, church and state. *Feminist Review*, 29(summer), 75–97.

Collier. M. 2012. Abortion is 27 percent of deaths in England, Wales: 189,000 babies terminated in 2010 in UK, *Christian Post*, 22 October [online]. Available from: www.christianpost.com/news/abortion-is-27-percent-of-deaths-in-england-wales-189000-babies-terminated-in-2010-83726/ [accessed 7 March 2017].

Community Affairs Legislation Committee. 2006. Therapeutic Goods Amendment (Repeal of Ministerial responsibility for approval of RU486) Bill 2005. Canberra: The Senate, arliament House.

Condit, C. 1990. *Decoding Abortion Rhetoric: Communicating Social Change*. Urbana, IL and Chicago: University of Illinois Press.

Conor, L. 2016. *Skin Deep: Settler Impressions of Aboriginal Women*. Perth: University of Western Australia Publishing.

Connors, L. 1976. Abortion: safer than pill? *The National Times*, 19–24.

Cook, R. J. 2014. Stigmatized meanings of criminal abortion law. In: Cook, R. J., Erdman, J. N. and Dickens, B. M. eds. *Abortion Law in Transnational Perspective: Cases and Controversies*. Philadelphia: University of Pennsylvania Press, 347–369.

Crespigny, L. and Savulescu, J. 2004. Abortion: Time to clarify Australia's confusing laws. *Medical Journal of Australia*, 181(4), 201–203.

Cresswill-Myatt, N. 2000. Death of a lifetime. *Herald Sun*, 15 April.

Cunningham, Sophie. 2002. Longing. *The Age*, 30 March.

Curtis, M. 1996. A matter of life or death: Inside story. *The Age*, 22 September.

Cutcher, L. and Milroy, T., 2010. Misrepresenting Indigenous mothers: Maternity allowances in the media. In: Goodwin, S. and Huppatz, K. eds. *The Good Mother: Contemporary Motherhoods in Australia*. Sydney: Sydney University Press, 153–175.

Dargan, F. 2000. The well of sorrow. *Herald Sun*, 30 April.

Davis, B. 2008. Shame, shame, shame. *The Age*, 20 August.

Daylight, P. and Johnstone, M. 1986. *Women's Business: Report of the Aboriginal Women's Taskforce*. Canberra: Australian Government Publishing Service.

De Costa, C. 2007. *RU-486: The Abortion Pill*. Salisbury: Boolarong Press.

Dieckhoff, M. et al. 2016. A stalled revolution? What can we learn from women's drop-out to part-time jobs: A comparative analysis of Germany and the UK. *Research in Social Stratification and Mobility*, 46(Part B), 129–140.

Dixon, S. C. et al. 2014. 'As many options as there are, there are just not enough for me': Contraceptive use and barriers to access among Australian women. *The European Journal of Contraception & Reproductive Health Care*, 19(5), 340–351.

Dunn, A. 2004. At the heart of a delicate issue. *The Age*, 20 March.

Dunn, A. et al. 2004. Soaring teen abortion rate revealed. *The Age*, 10 November.

Dogra, N. 2011. The mixed metaphor of 'third world woman': Gendered representations by international development NGOs. *Third World Quarterly*, 32(2), 333–348.

Donath, O. 2015. Regretting motherhood: A sociopolitical analysis. *Signs: Journal of Women in Culture and Society*, 40(2), 343–367.

Dubow, S. 2010. *Ourselves Unborn: A History of the Fetus in Modern America*. Oxford: Oxford University Press.

Duden, B. 1993. *Disembodying Women: Perspectives on Pregnancy and the Unborn*. Cambridge, MA: Harvard University Press.

Eksleman, G. 2004. My abortion: One woman's story. *The Age*, 16 July.

El-Murr, A. 2010. Representing the problem of abortion: Language and the policy making process in the Abortion Law Reform Project in Victoria, 2008. *The Australian Feminist Law Journal*, 33(1), 121–140.

Elgot, J. and McDonald, H. 2017. Northern Irish women win access to free abortions as May averts rebellion. *The Guardian*, 30 June [online]. Available from: www.theguardian.com/world/2017/jun/29/rebel-tories-could-back-northern-ireland-abortion-amendment [accessed 20 July 2017].

Evatt, E. 1977. *Final Report: Royal Commission on Human Relationships*. Canberra: Australian Government Publishing Service.

Ewing, S. 2005. *Women and Abortion: An Evidence Based Review*. Parramatta, ACT: Women's Forum Australia.

Faludi, S. 1991. *Backlash: The Undeclared War against Feminism*. NewYork: Three Rivers Press.

Feder, E. K. 2007. The dangerous individual('s) mother: Biopower, family, and the production of race. *Hypatia*, 22(2), 60–78.

Felman, S. and Laub, D. 1992. *Testimony: Crises of Witnessing in Literature, Psychoanalysis and History*. New York: Routledge.

Finch, L. and Stratton, J. 1988. The Australian working class and the practice of abortion 1880–1939. *Journal of Australian Studies*, 23(1), 45–64.

Finer, L. and Fine, J. B. 2013. Abortion law around the world: Progress and pushback. *American Journal of Public Health*, 103(4), 585–589.

Finer, L. B. and Zolna, M. R. 2014. Shifts in intended and unintended pregnancies in the United States, 2001–2008. *American Journal of Public Health*, 104(S1), S43–S48.

Fishwick, C. 2015, #ShoutYourAbortion: Women fi ght stigma surrounding abortions. *The Guardian*, 23 September [online]. Available from: www.theguardian.com/world/2015/sep/22/shoutyourabortion-women-fight-stigma-surrounding-abortions [accessed 10 March 2017].

Fitzgerald, P. 1976. Melbourne schoolgirl abortions: 1000 a year. *The Herald*, 3 April.

Flavin, J., 2008. *Our bodies, our crimes: The policing of women's reproduction in America*. New York: NYU Press.

Ford, C. 2008. Clementine Ford reveals her two no guilt, no shame abortions. *Sunday Mail*, 12 January [online]. Available at www.adelaidenow.com.au/news/my-no-guilt-no-shame-abortions/story-e6frea6u-1111115304867 [accessed 14 June 2017].

Ford, C. 2016. *Fight Like a Girl*. Crows Nest, NSW: Allen & Unwin.

Forell, C. 1978. Abortion: Rights as well as wrongs. *The Age*, 12 January.

Foster, D. G. et al. 2013. Effect of abortion protesters on women's emotional response to abortion. *Contraception*, 87(1), 81–87.

Foucault, M. 1990. *The History of Sexuality. Vol. 1. An Introduction*. London: Penguin Books.

———. 2008. *The Birth of Biopolitics: Lectures at the Collée de France, 1978–1979*. Basingstoke: Palgrave Macmillan.

Fournier, S. and Crey, E. 1997. *Stolen from Our Embrace: The Abduction of First Nations Children and the Restoration of Aboriginal Communities*. Vancouver, BC: Douglas & McIntyre Ltd.

Francis, C. 2002. Democracy's shame. *Herald Sun*, 10 February.

———. 2007. Abortion risk to women. *Herald Sun*, 31 July.

Francke, L. B. 1978. *The Ambivalence of Abortion*. New York: Random House.

Francome, C. 2004. *Abortion in the USA and the UK*. Farnham, UK: Ashgate.

Franklin, S. 2014. Rethinking reproductive politics in time, and time in UK reproductive politics: 1978–2008. *Journal of the Royal Anthropological Institute*, 20(1), 109–125.

Freedman, L. and Weitz, T. A. 2012. The politics of motherhood meets the politics of poverty. *Contemporary Sociology*, 41(1), 36–42.

Frenkel, J. 2006. Vale's Muslim threat blasted. *Herald Sun*, 15 February.

Freud, S. 1957. Mourning and melancholia. In: Strachey, J. ed. *The Standard Edition of the Complete Psychological Works of Sigmund Freud*, Vol. 14. London: Hogarth Press, 237–258.

———. 1961. New introductory lectures on psycho-analysis. Lecture 33: Femininity. In: Strachey, J. ed. *Standard Edition of the Complete Psychological Works of Sigmund Freud*, Vol. 22. London: Hogarth Press, 136–157.

Friedman, S. 2015. Still a 'stalled revolution'? Work/family experiences, hegemonic masculinity, and moving toward gender equality. *Sociology Compass*, 9(2), 140–155.

Gerrard, M. 1977. Sex guilt in abortion patients. *Journal of Consulting and Clinical Psychology*, 45(4), 708.

Gibson, S. 2004. The problem of abortion: Essentially contested concepts and moral autonomy. *Bioethics*, 18(3), 221–233.

Gill R.. 2008. Empowerment/sexism: Figuring female sexual agency in contemporary advertising. *Feminism & Psychology*, 18(1), 35–60.

———. 2016. Post-postfeminism?: New feminist visibilities in postfeminist times. *Feminist Media Studies*, 16(4), 610–630.

Gill, R. and Scharff, C. 2013. Introduction. In: Gill, R. and Scharff, C. eds. *New Femininities: Postfeminism, Neoliberalism and Subjectivity*. Basingstoke: Palgrave Macmillan, 1–20.

Gillespie, R. 2003. Childfree and feminine. *Gender & Society*, 17(1), 122–136.

Gilligan, C. 1993. *In a Different Voice: Psychological Theory and Women's Development*. Cambridge, MA: Harvard University Press.

Gilroy, P. 1991. *'There Ain't No Black in the Union Jack': The Cultural Politics of Race and Nation*. Chicago: University of Chicago Press.

———. 1993. *The Black Atlantic: Modernity and Double Consciousness*. Cambridge, MA: Harvard University Press.

Ginn, J. et al. 1996. Feminist fallacies: A reply to Hakim on women's employment. *The British Journal of Sociology*, 47(1), 167–174.

Girard, F. 2017. Implications of the Trump Administration for sexual and reproductive rights globally. *Reproductive Health Matters*, 25(49), 1–8.

Gleeson, K. 2011. Tony Abbott and abortion: Miscalculating the strength of the religious right. *Australian Journal of Political Science*, 46(3), 473–488.

Glendon, M. A. 1987. *Abortion and Divorce in Western Law*. Cambridge, MA: Harvard University Press.

Gold, S. 1972. A psychiatrist's view of the law. In: McMichael, T. ed. *Abortion, the Unenforceable Law: The Reality of Unwanted Pregnancy and Abortion in Australia*. North Carlton, VIC: ALRA, 44–45.

Goldbeck-Wood, S. 2017. Reforming abortion services in the UK: Less hypocrisy, more acknowledgment of complexity. *Journal of Family Planning Reproductive Health Care*, 43(1), 3–4.

Goodwin, P. and Odgen, J. 2007. Women's reflections upon their past abortions: An exploration of how and why emotional reactions change over time. *Psychology and Health*, 22(2), 231–248.

Granzow, K. 2007. De-constructing 'choice': The social imperative and women's use of the birth control pill. *Culture, Health & Sexuality*, 9(1), 43–54.

Grattan, M. and Wroe, D. 2004. Abortion out of control, says minister. *The Age*, 2 November.

Graves, L. Trump once said women should be punished for abortion. Now, he's making it happen. *The Guardian*, 24 January [online]. Available from: www.theguardian.com/commentisfree/2017/jan/24/trump-once-said-women-should-be-punished-forabortion-t [accessed 24 January 2016].

Greer, G. 1972. Interview on ABC Radio, 22 March 1972 In: McMichael, T. ed. *Abortion, The Unenforceable Law: The Reality of Unwanted Pregnancy and Abortion in Australia*. North Carlton, VIC: ALRA, 50.

_____. 1992. The feminine mistake. *the Sydney Morning Heralde*, 9 May.

_____. 2000. Though I have no child of my own, I still have pregnancy dreams. I'm a huge abdomen fl oating in the warm shallow sea of my childhood. I'm waiting with vast joy and confi dence. But I'm waiting for something that will never happen. *Herald Sun*, 16 April.

Gregory, R. 2005. *Corrupt Cops, Crooked Docs, Prevaricating Pollies and 'Mad Radicals' : A History of Abortion Law Reform in Victoria, 1959–1974*, PhD thesis. Melbourne: RMIT University.

Grove, N. J. and Zwi, A. B. 2006. Our health and theirs: Forced migration, othering, and public health. *Social Science & Medicine*, 62(8), 1931–1942.

Guthrie, C. 2007. Carhart, constitutional rights, and the psychology of regret. Vanderbilt Public Law Research Paper, Nashville, TN: Vanderbilt University Law School.

Guttmacher Institute. 2016a. *Counselling and Waiting Periods for Abortion* [online]. Available from: www.guttmacher.org/statecenter/spibs/spib_MWPA.pdf [accessed 15 December 2016].

_____. 2016b. *Medicaid Funding of Abortion* [online]. Available from: www.guttmacher.org/evidence-you-can-use/medicaid-fundingabortion [accessed 3 January 2017].

Hadley, J. 1997. The 'awfulisation' of abortion'. *Choices*, 26(1), 7–8.

Hage, G. 1998. *White Nation: Fantasies of White Supremacy in a Multicultural Society*. Annandale, NSW: Pluto Press.

Hage, G. 2003. *Against Paranoid Nationalism: Searching for Hope in a Shrinking Society*. Annandale, NSW: Pluto Press.

Hakim, C. 1995. Five feminist myths about women's employment. *The British Journal of Sociology*, 46(3), 429–455.

Halberstam, J. 2005. Shame and white gay masculinity. *Social Text*, 23(3-4 84-85), 219–233.

Hall, S. 2006. The West and the rest: Discourse and power. In: Maaka, R. and Anderson, C. *The Indigenous Experience: Global Perspectives*, Toronto, ON: Canadian Scholars' Press, 165–173.

———.1999. Un-settling 'the heritage', re-imagining the post-nation: Whose heritage? *Third Text*, 13(49), 3–13.

Hall, S. et al. 1978. *Policing the Crisis: Mugging, Law and Order and the State*. London: Macmillan.

Hanschmidt, F. et al. 2016. Abortion stigma: A systematic review. *Perspectives on Sexual and Reproductive Health*, 48(4), 169–177.

Harden, A. and Ogden, J. 1999. Young women's experiences of arranging and having abortions. *Sociology of Health & Illness*, 21(4), 426–444.

Hardon, A. and Posel, D. 2012. Secrecy as embodied practice: Beyond the confessional imperative. *Culture, Health & Sexuality*, 14(sup1), S1–S13.

Harris, L. H. et al. 2011. Dynamics of stigma in abortion work: Findings from a pilot study of the Providers Share Workshop. *Social Science & Medicine*, 73(7), 1062–1070.

Harrison, B. G. 1973. *Now That Abortion Is Legal*. New York: McGill.

Hartouni, V. 1997. *Cultural Conceptions: On Reproductive Technologies and the Remaking of Life*. Minneapolis and London: University of Minnesota Press.

Haussegger, V. 2002. The sins of our feminist mothers. *The Age*, 23 July.

———. 2005. *Wonder Woman*. Sydney: Allen & Unwin.

Hawkin, G. 1973. Will abortion open the floodgates? *The Australian*, 25 April.

Hays, S., 1998. *The Cultural Contradictions of Motherhood*. New Haven, CT: Yale Univ Press.

Heath, S. 1996. Australia to outlaw abortion pill. *The Age*, 17 May.

Henderson, M. 2006. *Marking Feminist Times: Remembering the Longest Revolution in Australia*. Pieterlen and Bern, Switzerland: Peter Lang.

Henshaw, S. K. and Morrow, E. 1990. Induced abortion: A world review, 1990. *Family Planning Perspectives*, 22(2), 76–89.

The Herald. 1976. Clinic team aborts 7500. 3 April.

———. 1978. Abortion: 50,000 last year. 18 November.

Herald Sun. 2005. Abortion issue ready to fl are up, 7 August.

———. 2006. Editorial: No easy answers. 17 February.

Hill, E. 2006. Howard's 'choice': The ideology and politics of work and family policy 1996–2006'. *Australian Review of Public Affairs*, 23(February), 1–8.

———. 2007. Budgeting for work–life balance: The ideology and politics of work and family policy in Australia. *Australian Bulletin of Labour*, 33(2), 226–245.

Himmelweit, S. and Sigala, M. 2004. Choice and the relationship between identities and behaviour for mothers with pre-school children: Some implications for policy from a UK study. *Journal of Social Policy*, 33(3), 455–478.

Hindell, K. and Simms, M. 1971. *Abortion Law Reformed*. London: Peter Owen Limited.

Hirve, S. S. 2004. Abortion law, policy and services in India: a critical review. *Reproductive Health Matters*, 12(24), 114–121.

Hochschild, A. R. 1979. Emotion work, feeling rules, and social structure. *American Journal of Sociology*, 85(3), 551–575.

Hoggart, L. 2015. Abortion counselling in Britain: Understanding the controversy. *Sociology Compass*, 9(5), 365–378.

Hook, D. 2005. Affecting whiteness: Racism as technology of affect (1). *International Journal of Critical Psychology* [online], 16. Available from: http://eprints.lse.ac.uk/956/1/Affecting.pdf [accessed 1 April 2011].

Hopkins, N., Reicher, S. and Saleem, J. 1996. Constructing women's psychological health in anti-abortion rhetoric. *The Sociological Review*, 44(3), 539–564.

Houston, M. 2008. Knocked up—but the 'a' word is knocked back. *The Age*, 8 July.

Howard, J. 2005. The Prime Minister the Hon John Howard MP address to Federal Women's Council, Parliament House Canberra, 24 June [online]. Available from: http://parlinfo.aph.gov.au/parlInfo/download/media/pressrel/9QGG6/upload_binary/9qgg64.pdf;fileType=application/pdf [accessed 22 April 2012].

Huang, P. 2008. Anchor babies, over-breeders, and the population bomb: The reemergence of nativism and population control in anti-immigration policies. *Harvard Law and Policy Review*, 2(2), 385–406.

Hudson, P. 2004. G-G fuels abortion row: Jeffery urges target of 'zero terminations'. *The Age*, 7 November.

Hunt, K. and Rygiel, K. 2006. *(En)Gendering the War on Terror: War Stories and Camoufl aged Politics*. Farnham, UK: Ashgate.

Hussein, S. 2016. *From Victims to Suspects: Muslim Women Since 9/11*. Coogee, NSW: New South Books.

Hutchinson, T. 2007. No story is the same, whatever the advice (opinion). *The Age*, 6 January.

Illsley, R. and Hall, M. H. 1976. Psychosocial aspects of abortion: A review of issues and needed research. *Bulletin of the World Health Organization*, 53(1), 83.

Imber, J. 1979. Sociology and abortion: Legacies and strategies. *Contemporary Sociology*, 8(6), 825–832.

Ipsos. 2015. Citizens in 23 countries polled: 43% support a woman having an abortion whenever she wants one [online]. Available from: www.ipsos.com/sites/default/files/2016-06/047.1-G%40-Abortion-july-2015.pdf [accessed 16 December 2016].

Irigaray, L. 1985. *Speculum of the Other Woman*. Ithaca, NY: Cornell University Press.

Jacobs, M. D. 2009. *White Mother to a Dark Race: Settler Colonialism, Maternalism, and the Removal of Indigenous Children in the American West and Australia, 1880–1940*. Lincoln & London: University of Nebraska Press.

참고 문헌 327

Jensen, T. and Tyler, I. 2015. 'Benefits broods': The cultural and political crafting of anti-welfare commonsense. *Critical Social Policy*, 35(4), 470–491.

Joffe, C. 2017. What will become of reproductive issues in Trump's America? *Reproductive Health Matters*, 25(49), 1287826.

Johnson, C. 2003. Heteronormative citizenship: The Howard government's views on gay and lesbian issues. *Australian Journal of Political Science*, 38(1), 45–62.

Johnston, J. 2015. Irish women go public against abortion stigma. *Politico*, 12 October [online]. Available from: www.politico.eu/article/irishwomen-go-public-against-abortion-stigma-x-ile-choice [accessed 4 March 2017].

Jones, C. 2013. 'Human weeds, not fit to breed'?: African Caribbeanwomen and reproductive disparities in Britain. *Critical Public Health*, 23(1), 49–61.

Jones, R. K. and Kavanaugh, M. L. 2011. Changes in abortion rates between 2000 and 2008 and lifetime incidence of abortion. *Obstetrics & Gynecology*, 117(6), 1358–1366.

Jupp, J. 2002. *From White Australia to Woomera: The Story of Australian Immigration*. Cambridge, UK: Cambridge University Press.

Kaposy, K. 2010. Improving abortion access in Canada. *Health Care Analysis*, 18(1), 17–34.

Kelly, J. and Evans, M. D. R. 1999. Attitudes toward abortion: Australia in comparative perspective. *Australian Social Monitor*, 2(4), 83–90.

Kennedy, R. 2011. An Australian archive of feelings: The Sorry Books campaign and the pedagogy of compassion. *Australian Feminist Studies*, 26(69), 257–279.

Keogh, L., et al. 2017. Intended and unintended consequences of abortion law reform: perspectives of abortion experts in Victoria, Australia. *Journal of Family Planning and Reproductive Health Care*, 43(1), 18–24.

Keown, J. 1988. *Abortion, Doctors and the Law: Some Aspects of the Legal Regulation in England from 1803 to 1982*. Cambridge, UK: Cambridge University Press.

Kevin, C. 2005. Maternity and freedom: Australian feminist encounters with the reproductive body. *Australian Feminist Studies*, 20(46), 3–15.

_____. 2009. Great expectations: Episodes in a political history of pregnancy in Australia since 1945. In: Kevin, C. ed. *Feminism and the Body: Interdisciplinary Perspectives*. Newcastle upon Tyne: Cambridge Scholars Publishing, 49–69.

_____. 2011. "I did not lose my baby ... My baby just died": Twenty-First-Century Discourses of Miscarriage in Political and Historical Context. *South Atlantic Quarterly*, 110(4), 849–865.

_____. 2012. Jayden's Law and the history of miscarriage. *Flinders Journal of History and Politics*, 28, 31.

Keys, J. 2010. Running the gauntlet: Women's use of emotion management techniques in the abortion experience. *Symbolic Interaction*, 33(1), 41–70.

Kirby, M. 1998. Western Australia's new abortion laws: Restrictive and reinforcing the power of the medical profession and the state over women's bodies and lives. *Australian Feminist Studies*, 13(28), 305–312.

328

Kirkman, M. et al. 2009. Reasons women give for abortion: A review of the literature. *Archives of Women's Mental Health*, 12(6), 365–378.

Kirkman, M. et al. 2010. Abortion is a difficult solution to a problem: A discursive analysis of interviews with women considering or undergoing abortion in Australia. *Women's Studies International Forum*, 34, 121–129.

Kissane, K. 1995. Abortion doubts redefine debate. *The Age*, October 25.

_____. 1998. Abortion in the First Person. *The Age*, 4 April.

Kissling, F. 2005. Is there life after Roe?: How to think about the fetus. *Conscience: The News Journal of Catholic Opinion*, Winter 2004/2005, 11–18.

Klatch, R. E. 1988. *Women of the New Right*. Philadelphia, PA: Temple University Press.

Kline, M. 1993. Complicating the ideology of motherhood: Child welfare law and First Nation women. *Queen's Law Journal*, 18(2), 306–342.

Kumar, A., Hessini, L. and Mitchell, E. M. 2009. Conceptualising abortion stigma. *Culture, Health & Sexuality*, 11(6), 625–639.

Kuperberg, A. and Stone, P. 2008. The media depiction of women who opt out. *Gender & Society*, 22(4), 497–517.

Layne, L. L. 2003. *Motherhood Lost: The Cultural Construction of Miscarriage and Stillbirth in America*. New York and London: Routledge.

Leach, M. 2003. 'Disturbing practices': Dehumanizing asylum seekers in the refugee 'crisis' in Australia, 2001–2002. *Refuge*, 21(3), 25–33.

Lee, E. 2003. *Abortion, Motherhood, and Mental Health: Medicalizing Reproduction in the United States and Great Britain*. Hawthorne, NY: Aldine de Gruyter.

_____. 2017. Constructing abortion as a social problem: 'Sex selection' and the British abortion debate. *Feminism & Psychology*, 27(1), 15–33.

Lentin, R. 2013. A woman died: Abortion and the politics of birth in Ireland. *Feminist Review*, 105(1), 130–136.

Leslie, C. 2010. The 'psychiatric masquerade': The mental health exception in New Zealand abortion Law. *Feminist Legal Studies*, 18(1), 1–23.

Little, M. O. 2003. The morality of abortion. In: Steinbock, B., London, A. J., Arras, A. eds. *Ethical Issues in Modern Medicine: Contemporary Readings in Bioethics*. New York: McGraw Hill.

Lonergan, G. 2012. Reproductive justice and migrant women in Great Britain. *Women: A Cultural Review*, 23(1), 26–45.

Lorber, J. 1994. *Paradoxes of Gender*. New Haven, CT, and London: Yale University Press.

Lowe, P. 2016. *Reproductive Health and Maternal Sacrifie: Women, Choice and Responsibility*. London: Palgrave Macmillan.

Ludlow, J. 2008. Sometimes, it's a child and a choice: Toward an embodied abortion praxis. *NWSA Journal*, 20(1), 26–50.

Luibhéd, E. 2004. Childbearing against the state? Asylum seeker women in the Irish republic. *Women's Studies International Forum*, 27(4), 335–349.

Luker, K. 1984. *Abortion and the Politics of Motherhood*. Berkeley, Los Angeles and

London: University of California Press.

Lupton, D. 2013. *The Social Worlds of the Unborn*. Hampshire, UK and New York: Palgrave Macmillan.

MacCallum, M. 2002. *Girt by Sea: Australia, the Refugees and the Politics of Fear*. Melbourne: Black Inc.

Mackinnon, A. 2000. 'Bringing the unclothed immigrant into the world': Population policies and gender in twentieth-century Australia. *Journal of Population Research*, 17(2),109–123.

Madeira, J. L. 2014. Aborted emotions: Regret, relationality, and regulation. *Michigan Journal of Gender and Law*, 21(1) [online]. Available from: http://repository.law.umich.edu/mjgl/vol21/iss1/1.

Maiden, S. 2006. Women 'aborting away the future'. *The Australian*, February 14.

Major, B. et al. 2009. Abortion and mental health: Evaluating the evidence. *American Psychologist*, 64(9), 863.

Major, B, et al. 2000. Psychological responses of women after first trimester abortion. *Archives of General Psychiatry*, 57(8), 777–784.

Major, B. and Gramzow, R. H. 1999. Abortion as stigma: Cognitive and emotional implications of concealment. *Journal of Personality and Social Psychology*, 77(4), 735.

Manion, J. 2003. Girls blush, sometimes: Gender, moral agency, and the problem of shame. *Hypatia*, 18(3), 21–41.

Manne, A. 2005. *Motherhood: How Should We Care for Our Children?* Crows Nest, NSW: Allen & Unwin.

Manninen, B. A. 2013. The value of choice and the choice to value: Expanding the discussion about fetal life within prochoice advocacy. *Hypatia*, 28(3), 663–683.

Martin, L. A. et al. 2014. Abortion providers, stigma and professional quality of life. *Contraception*, 90(6), 581–587.

Martinot, S. 2007. Motherhood and the invention of race. *Hypatia*, 22(2), 79–97.

Mbembé J.-A. 2003. Necropolitics, trans. L. Mintjes. Public Culture, 15(1), 11–40.

McBride, D. and Mazur, A. 2006. Measuring feminist mobilization: Cross-national convergences and transnational networks in Western Europe. In: Ferree, M. M. and Tripp, A. M. eds. *Global Feminism: Transnational Women's Activism, Organizing, and Human Rights*. New York: NYU Press, 219–246.

McCandless, J. and Sheldon, S. 2010. 'No father required'? The welfare assessment in the human fertilisation and embryology act 2008. *Feminist Legal Studies*, 18(3), 201–225.

McCudden, M. 2004. Letter to the editor. *The Age*, 17 July.

McCulloch, A., 2013. *Fighting to Choose: The Abortion Rights Struggle in New Zealand*. Wellington, NZ: Victoria University Press.

McCulloch, A. and Weatherall, A. 2017. The fragility of de facto abortion on demand in New Zealand Aotearoa. *Feminism & Psychology*, 27(1), 92–100.

McDonnell, K. 1984. *Not an Easy Choice: A Feminist Re-examines Abortion*. London, Sydney, Dover and New Hampshire: Pluto Press.

McGuire, F. 1982. Right to life grant gets axe. *Herald*, 28 April.

McLaren, A. and McLaren, A. T. 1997. *The Bedroom and the State: The Changing Practices and Politics of Contraception and Abortion in Canada, 1880–1997*. Toronto, ON: Oxford University Press.

McMichael, T. 1972a. Attitudes toward the foetus. In: McMichael, T. ed. *Abortion, the Unenforceable Law: The Reality of Unwanted Pregnancy and Abortion in Australia*. North Carlton, VIC: ALRA, 39–40.

_____. 1972b. Foreword. In: McMichael, T. ed. *Abortion, the Unenforceable Law: The Reality of Unwanted Pregnancy and Abortion in Australia*. North Carlton, VIC: ALRA.

McMichael, M and Wynn, S. 1972. Consequences of unwanted pregnancy and abortion: Woman and child. In: McMichael, T. ed. *Abortion, the Unenforceable Law: The Reality of Unwanted Pregnancy and Abortion in Australia*. North Carlton, VIC: ALRA, 61–66.

McRae, S. 2003. Choice and constraints in mothers' employment careers: McRae replies to Hakim. *The British Journal of Sociology*, 54(4), 585–592.

McRobbie, A. 2007. Top girls? Young girls and the post-feminist sexual contract. *Cultural Studies*, 21, 718–737.

_____. 2009. *The Aftermath of Feminism: Gender, Culture and Social Change*. London: SAGE.

_____. 2013. Feminism, the family and the new 'mediated' maternalism. *New Formations: A Journal of Culture/Theory/Politics*, 80(80–81), 119–137.

Michels, N. 1988. *Helping Women Recover from Abortion*. Minneapolis, MN: Bethany House.

Milkie, M. A., Pepin, J. R. and Denny, K. E. 2016. What kind of war? 'Mommy Wars' discourse in US and Canadian News, 1989–2013. *Sociological Inquiry*, 86(1), 51–78.

Mills, A. and Barclay, L. 2006. None of them were satisfactory: Women's experiences with Contraception. *Health Care for Women International*, 27(5), 379–398.

Monagle, M. 2004. Good sex savvy is the way to cutting abortion rate. *The Age*, 14 November.

Moore, N. 1996. 'Me operation': Abortion and class in Australian women's novels, 1920s–1950. *Hecate*, 22(1), 27–46.

Moore, N. 2001. The politics of cliché Sex, class, and abortion in Australian realism. *Modern Fiction Studies*, 47(1), 69–91.

Moreton-Robinson, A. 2000. *Talkin' Up to the White Woman: Aboriginal Women and Feminism*. St Lucia, QLD: University Of Queensland Press.

Mouw, T. and Sobel, M. E. 2001. Culture wars and opinion polarization: The case of abortion. *American Journal of Sociology*, 106(4), 913–943.

Munson, Z. W. 2010. *The Making of Pro-life Activists: How Social Movement Mobilization*

Works. Chicago: University of Chicago Press.

Murdoch, A. K. 1994. The incalculable, unforgettable loss. *The Age*, 24 August.

Murrie, L. 1998. Changing masculinities: Disruption and anxiety in contemporary Australian writing. *Journal of Australian Studies*, 22(56), 169–179.

Nader, C. 2008. MP's emotional abortion story may help 'shatter taboo'. *The Age*, 19 August 2008.

Nader, C. and Cooke, D. 2007. Health chief tells of abortion experience. *The Age*, 18 August.

Nader, C. and Rood, D. 2007. Conscience vote looms on abortion in Victoria. *The Age*, 19 July.

Nathanson, D. 1987. A timetable for shame. In: Nathanson, D. ed. *The Many Faces of Shame*. New York: Guilford, 1–63.

National Collaborating Centre for Mental Health. 2011. *Induced Abortion and Mental Health: A Systematic Review of the Mental Health Outcomes of Induced Abortion, Including Their Prevalence and Associated Factors* [online]. Available from: www.aomrc.org.uk/wp-content/uploads/2016/05/Induced_Abortion_Mental _Health_1211.pdf [accessed 1 March 2017].

National Population Summit. 2004. *Australia's Population Challenge: The National Population Summit, Parliament House, Adelaide, South Australia*. Hackney, SA: Australian Population Institute (SA).

Nelson, J. 2003. *Women of Color and the Reproductive Rights Movement*. New York: NYU Press.

Nickson, C., Smith, A. and Shelley, J. 2004. Intention to claim a Medicare rebate among women receiving private Victorian pregnancy termination services. *Australian and New Zealand Journal of Public Health*, 28(2), 120–124.

Noble, T. 2005. Abbott poses counsel rebate to cut abortions. *The Age*, 3 August.

Norman, W. V. 2012. Induced abortion in Canada 1974–2005: Trends over the first generation with legal access. *Contraception*, 85(2), 185–191.

O'Connor, J. S., Orloff, A. S. and Shaver, S. 1999. *States, Markets, Families: Gender, Liberalism and Social Policy in Australia, Canada, Great Britain and the United States*. Cambridge, UK: Cambridge University Press.

Orgad, S. and De Benedictis, S. 2015. The 'stay-at-home' mother, postfeminism and neoliberalism: Content analysis of UK news coverage. *European Journal of Communication*, 30(4), 418–436.

Overby, L. M., Tatalovich, R. and Studlar, D. T. 1998. Party and free votes in Canada: Abortion in the House of Commons. *Party Politics*, 4(3), 381–392.

Pardy, M. 2009. The shame of waiting. In: Hage, G. ed. *Waiting*. Melbourne: Melbourne University Press, 195–209.

Pavalko, E. K. and Wolfe, J. D. 2016. Do women still care? Cohort changes in US women's care for the ill or disabled. *Social Forces*, 94(3), 1359–1384.

Pearson, C. 2002. The silent tragedy of the population debate. *The Age*, 5 March.

Petchesky, R. 1984. *Abortion and Women's Choice: The State, Sexuality, and Reproductive*

Freedom. New York: Longman.

_____. 1981. Antiabortion, antifeminism, and the rise of the New Right. *Feminist Studies*, 7(2), 206–246.

_____. 1987. Fetal images: The power of visual culture in the politics of reproduction. *Feminist Studies*, 263–292.

Petersen, K. 1984. The public funding of abortion services: Comparative developments in the United States and Australia. *International and Comparative Law Quarterly*, 33(1), 158–180.

_____. 1993. *Abortion Regimes*. Aldershot and Brookfield: Dartmouth.

Petersen, K. A. 2010. Early medical abortion: Legal and medical developments in Australia. *Medical Journal of Australia*, 193(1), 26–29.

Phillips, K. 2009. Provocative women in the border zone: Articulations of national crisis and the limits of women's political status. *Continuum: Journal of Media & Cultural Studies*, 23(5), 597–612.

Pocock, B. 2003. *The Work/Life Collision: What Work Is Doing to Australians and What to Do About It*. Annandale, NSW: Federation Press.

Pollitt, K. 2014. *Pro: Reclaiming Abortion Rights*. New York: Picador.

Population Research Institute. 1999. *Norplant Information* [online]. Available from: www.pop.org/content/norplant-background-a-pripetition-888 [accessed 20 December 2016].

Prager, J. 2008. Healing from history. *European Journal of Social Theory*, 11(3), 405–420.

Prasad, S. 2015. There are still many barriers to abortion in Canada. *Huffington Post*, 27 September [online]: Available from: www. huffingtonpost.ca/sandeep-prasad/canadas-abortion-myth_b_8198478.html [accessed 4 March 2017].

Price, K. 2010. What is reproductive justice? How women of color activists are redefi ning the pro-choice paradigm. *Meridians: Feminism, Race, Transnationalism*, 10(2), 42–65.

Probyn, E. 2005. *Blush: Faces of Shame*. Minneapolis: University of Minnesota Press.

Purcell, C. 2015. The sociology of women's abortion experiences: Recent research and future directions. *Sociology Compass*, 9(7), 585–596.

Purcell, C., Hilton, S. and McDaid, L. 2014. The stigmatisation of abortion: A qualitative analysis of print media in Great Britain in 2010. *Culture, Health & Sexuality*, 16(9), 1141–1155.

Rankin, L. Not everyone who has an abortion is a woman: How to frame the abortion rights issue, *Truthout*, 31 July [online]. Available from: www.truth-out.org/opinion/item/17888-not-everyone-who-hasan-abortion-is-a-woman-how-to-frame-the-abortion-rights-issue [accessed 20 July 2017].

Raymond, E. and Grimes, D. 2012. The comparative safety of legal induced abortion and childbirth in the United States. *Obstetrics & Gynecology*, 119(2, Part 1), 215–219.

Reagan, L. J. 1997. *When Abortion Was a Crime: Women, Medicine, and Law in the United States*, 1867–1973. Berkeley, Los Angeles, London: University of California

Press.

Real Choices Australia. 2016. *About Real Choices Australia* [online]. Available from: http://realchoices.org.au/about [accessed 15 December 2016].

Reardon, D. C. 1987. *Aborted Women: Silent No More*. Westchester, IL: Crossway Books.

Rebick, J. 2005. *Ten Thousand Roses: The Making of a Feminist Revolution*. Toronto, ON: Penguin Canada.

Rebouché R. 2014. A functionalist approach to comparative abortion law. In: Cook, R. J., Erdman J. N. and Dickens, B. M. eds. *Abortion Law in Transnational Perspective: Cases and Controversies*. Philadelphia: University of Pennsylvania Press, 98–120.

Redden, M. 2016. Quarter of US abortion clinics have closed over last five years, report says. *The Guardian*, 25 February [online]. Available from: www.theguardian.com/world/2016/feb/24/us-abortionclinics-closing-report [accessed 3 February 2017].

Reddy, W. M. 2001. *The Navigation of Feeling: A Framework for the History of Emotions*. Cambridge, UK: Cambridge University Press.

Reekie, G. 1997. History and the bodies of the illegitimately pregnant woman. *Australian Feminist Studies*, 12(25), 77–89.

_____. 1998. *Measuring Immorality: Social Inquiry and the Problem of Illegitimacy*. Cambridge, UK: Cambridge University Press.

Regan, P. 2002. Secret life's moral vacuum. *The Age*, 16 May.

Reist, M. T., 2000. *Giving Sorrow Words: Women's Stories of Grief After Abortion*. Sydney: Duffy & Snellgrove.

_____. The secret lives of loss for women after abortion. *The Age*, 16 May.

Richters, J. et al. 2003. Sex in Australia: Contraceptive practices among a representative sample of women. *Australian and New Zealand Journal of Public Health*, 27(2), 210–216.

Riddle, J. M. 1999. *Eve's Herbs: A History of Contraception and Abortion in the West*. Cambridge, MA: Harvard University Press.

Right to Life. 1976a. *Newsletter of the Victorian Right to Life Association*, July–August.

_____. 1976b. *Newsletter of the Victorian Right to Life Association*, November–December.

_____. 1977a. *Right to Life News*, January–February.

_____. 1977b. *Right to Life News*, March–April.

_____. 1977c. *Right to Life News*, July–August.

_____. 1979. *Right to Life News*, September–October.

_____. 1980a. *Right to Life News*, January–February.

_____. 1981a. *Right to Life News*, March–April.

_____. 1981b. *Right to Life News*, November–December.

_____. 1982. *Right to Life News*, March–April.

_____. 1983. *Right to Life News*, March–April.

_____. 1984. *Right to Life News*, July–August.

_____. 1993. *Right to Life News*, July.

_____. 1994. *Right to Life News*, February.

_____. 1995. *Right to Life News*, September.

_____. 1999. *Right to Life News*, October.

_____. 2001. *Right to Life News*, December.

Right to Life of Michigan. 2017. Life notes: A risk to avoid [online]. Available from: www.rtl.org/prolife_issues/LifeNotes/AbortionsLinkto BreastCancer.html [accessed 4 March 2017].

Riordan, M. 2006. Monday: A child who should be born. *Herald Sun*, 27 November.

Roberts, D. 1997. *Killing the Black Body: Race, Reproduction, and the Meaning of Liberty*. Boston: Vintage.

Robjant, K., Hassan, R. and Katona, C. 2009. Mental health implications of detaining asylum seekers: systematic review. *The British Journal of Psychiatry*, 194 (4), 306–312.

Rocca, C. H. et al. 2015. Decision rightness and emotional responses to abortion in the United States: A longitudinal study. *PlOS ONE*, 10(7), e0128832.

Romans-Clarkson, S. E. 1989. Psychological sequelae of induced abortion. *Australasian Psychiatry*, 23(4), 555–565.

Rose, N. 1991. Governing by numbers: Figuring out democracy. *Accounting, Organizations and Society*, 16(7), 673–692.

Rose, N. S. 1999. *Powers of Freedom: Reframing Political Thought*. Cambridge, UK: Cambridge University Press.

Rosen, R. H. and Martindale, L. J. 1980. Abortion as "deviance". *Social Psychiatry*, 15(2), 103–108.

Rosenwein, B. 2002. Worrying about emotions in history. *American Historical Review*, 107(3), 821–845.

Ross, L. 2006. Understanding reproductive justice: Transforming the pro-choice movement. *Off Our Backs*, 36(4), 14–19.

Royal College of Obstetricians and Gynecologists. *The Care of Women Requesting Induced Abortion: Evidence Based Clinical Guideline Number 7*. London: RCOG Press [online]. Available from: www.rcog.org.uk/globalassets/documents/guidelines/abortion-guideline_web_1.pdf [accessed 20 July 2017].

Rowe, H. J. et al. 2009. Considering abortion: A 12-month audit of records of women contacting a Pregnancy Advisory Service. *The Medical Journal of Australia*, 190(2), 69–72.

Rowlands, S. 2014. Introduction. In: Rowlands, S. ed. *Abortion Care*. Cambridge, UK: Cambridge University Press, 1–5.

Ruhl, L. 2002. Dilemmas of the will: Uncertainty, reproduction, and the rhetoric of control. *Signs*, 27(3), 641–663.

Russo, N. F. 2000. Understanding emotional responses after abortion. In: Joan Chrisler, C. G., Patricia R. ed. *Lectures on the Psychology of Women*. New York: McGraw-Hill, 129–143.

Ryan, L., Ripper, M. and Buttfield, B. 1994. *We Women Decide: Women's Experience of Seeking Abortion in Queensland, South Australia and Tasmania, 1985–92*. Bedford Park, SA: Women's Studies Unit, Faculty of Social Sciences, Flinders University.

Salecl, R. 2008. Society of choice. *Differences: A Journal of Feminist Cultural Studies*, 20(1), 157–180.

Salmon, A. 2011. Aboriginal mothering, FASD prevention and the contestations of neoliberal citizenship. *Critical Public Health*, 21(2), 165–178.

Sanger, C. 2017. *About abortion: Terminating pregnancy in twenty-first century America*. Cambridge, MA: Harvard University Press.

Saurette, P. and Gordon, K. 2013. Arguing abortion: The new antiabortion discourse in Canada. *Canadian Journal of Political Science*, 46(1), 157–185.

———. 2016. *The Changing Voice of the Anti-abortion Movement: The Rise of 'pro-woman' Rhetoric in Canada and the United States*. Toronto, ON: University of Toronto Press.

Saxton, M. 2006. Disability rights and selective abortion. In: Davis, L. ed. *The Disability Studies Reader: Second Edition*. London and Milton Park: Routledge, 105–116.

Scharping, T. 2013. *Birth Control in China 1949–2000: Population Policy and Demographic Development*. New York and London: Routledge.

Scheff, T. J. 2003. Shame in self and society. *Symbolic Interaction*, 26(2), 239–262.

Scott, J. W. 1991. The evidence of experience. *Critical Inquiry*, 17(4),773–797.

Sedgh, G. et al. 2016. Abortion incidence between 1990 and 2014: Global, regional, and subregional levels and trends. *The Lancet*, 388(10041), 258–267.

Sethna, C. and Doull, M. 2013. Spatial disparities and travel to freestanding abortion clinics in Canada. *Women's Studies International Forum*, 38(May–June), 52–62.

Shanahan, A. 2004. In praise of a truly Christian politician. *The Age*, 19 March.

Shankar, M. et al. 2017. Access, equity and costs of induced abortion services in Australia: A cross-sectional study. *Australian and New Zealand Journal of Public Health*, 41(3), 309–314.

Shaver, S. 2002. Australian welfare reform: From citizenship to supervision. *Social Policy & Administration*, 36(4), 331–345.

Shaw, M. 2004. Abortion rate a tragedy, says Abbott. *The Age*, 17 March.

Shaw, M. and F. Farouque. 2004. Keeping baby bonus in check. *The Age*, 13 May.

Sheldon, S. 1993. 'Who is the mother to make the judgment?': The constructions of woman in English abortion law. *Feminist Legal Studies*, 1(1), 3–23.

———. 1997. *Beyond Control: Medical Power and Abortion Law*. London: Pluto Press.

———. 2014. The medical framework and early medical abortion in the UK: How can a state control swallowing? In: Cook, R. J., Erdman, J. N. and Dickens, B. M. eds. *Abortion Law in Transnational Perspective*. Philadelphia: University of Pennsylvania Press, 189–209.

———. 2015. The decriminalisation of abortion: An argument for modernisation.

Oxford Journal of Legal Studies, 36(2), 334–365.

———. 2017. Abortion law reform in Victoria: Lessons for the UK. *Journal of Family Planning and Reproductive Health Care*, 43(1), 25.

Sheldon, S. and Wilkinson, S. 2001, Termination of pregnancy for reason of foetal disability: Are there grounds for a special exception in law? *Medical Law Review*, 9(2), 85–109.

Shellenberg, K. M. et al. 2011. Social stigma and disclosure about induced abortion: Results from an exploratory study. *Global Public Health*, 6(sup1), S111–S125.

Schnookal, D. 1974. Excerpt from public meeting. In WAAC, Open letter, 28 November. State Library of Victoria, Wainer Papers, MS134636, Box 46.

Shrage, L. 2003. *Abortion and Social Responsibility: Depolarizing the Debate*. New York: Oxford University Press.

Siegel, R. B. 2008. Dignity and the politics of protection: Abortion restrictions under Casey/Carhart. *Yale Law Journal*, 117(8), 1694–1800.

———. 2014. Abortion and the woman question: Forty years of debate. *Indiana Law Journal*, 89(4), 1365–1380.

Silliman, J. M. et al. eds., 2004. *Undivided Rights: Women of Color Organize for Reproductive Justice*. Cambridge, MA: South End Press.

Simic, Z. 2010. Fallen girls? Plumpton High and the 'problem' of teenage pregnancy. *Journal of Australian Studies*, 34(4), 429–445.

———. 2016. First Person Feminism. *Sydney Review of Books* [online]. Available from: http://sydneyreviewofbooks.com/fi ght-like-a-girlclementine-ford-review [accessed 10 March 2017].

Simpson, A. 2016. Whither settler colonialism? *Settler Colonial Studies*, 6(4), 438–445.

Singh, S., Sedgh, G. and Hussain, R. 2010. Unintended pregnancy: Worldwide levels, trends, and outcomes. *Studies in Family Planning*, 41(4), 241–250.

Skeggs, B. 2004. Uneasy alignments, resourcing respectable subjectivity. *GLQ: A Journal of Lesbian and Gay Studies*, 10(2), 291–298.

Smart, C. 1990. Law's power, the sexed body, and feminist discourse. *Journal of Law and Society*, 17(2), 194–210.

———. 1992. Disruptive bodies and unruly sex: The regulation of reproduction and sexuality in the nineteenth century. In: Smart, C. ed. *Regulating Womanhood: Historical Essays on Marriage, Motherhood and Sexuality*. London: Routledge, 7–32.

Smith, A. 2005. Beyond pro-choice versus pro-life: Women of color and reproductive justice. *NWSA Journal*, 17(1), 119–140.

Smith, C. 2004. Confront the reality of abortion. *The Age*, 17 July.

Smith, L. 2003. 'Suitable mothers': Lesbian and single women and the 'unborn' in Australian parliamentary discourse. *Critical Social Policy*, 23(1), 63.

Smyth, H. 2000. *Rocking the Cradle: Contraception, Sex, and Politics in New Zealand*. Wellington, NZ: Steele Roberts.

Solinger, R. 2001. *Beggars and Choosers: How the Politics of Choice Shapes Adoption,*

Abortion, and Welfare in the United States. New York: Hill and Wang.

Solomon, R. C. 2003. Emotions, thoughts and feelings: What is a 'cognitive theory' of the emotions and does it neglect affectivity? *Royal Institute of Philosophy Supplement,* 52(1), 1–18.

Somerville, J. 2000. *Feminism and the Family: Politics and Society in the UK and USA.* Basingstoke, UK: Palgrave MacMillan.

Spoonley, P. 2015. New diversity, old anxieties in New Zealand: The complex identity politics and engagement of a settler society. *Ethnic and Racial Studies,* 38(4), 650–661.

Stark, J. 2008. Unplanned pregnancy study sparks call for safe-sex campaign. *The Age,* 30 January.

Stephens, A. 1986. Booklet tells youngsters how to get abortions. *The Sun,* 12 November.

_____.1987a. Abortion decision remains a dilemma. *The Sun Living Supplement,* 27 January.

_____.1987b. Teenagers Express Confusion and Fear. *The Sun Living Supplement,* 27 January.

Stoler, A. L. 2011. Colonial aphasia: Race and disabled histories in France. *Public Culture,* 23(1), 121–156.

Stote, K. 2012. The coercive sterilization of aboriginal women in Canada. *American Indian Culture and Research Journal,* 36(3), 117–150.

Stratton, J. 2011. *Uncertain Lives: Race and Neoliberalism in Australia.* Newcastle upon Tyne, UK: Cambridge Scholars.

Stephenson, N., Mills, C. and McLeod, K. 2017. "Simply providing information": Negotiating the ethical dilemmas of obstetric ultrasound, prenatal testing and selective termination of pregnancy. *Feminism & Psychology,* 27(1), 72–91.

String, G. 2001. Where ritual passes for vigile. *The Age,* 18 July.

Stringer, R. 2006. Fact, fiction and the foetus: Violence against pregnant women and the politics of abortion. *Australian Feminist Law Journal,* 25(1), 99–117.

The Sun. 1979. Teen abortion worry. 22 September.

Suk, J. 2010. The trajectory of trauma: Bodies and minds of abortion discourse. *Columbia Law Review,* 110(5), 1193–1252.

Sullivan, J. 1982. What do you tell a pregnant 15-year-old? *The Age,* 8 May.

Swain, S. and Howe, R. 1995. *Single Mothers and Their Children: Disposal, Punishment and Survival in Australia.* Cambridge: Cambridge University Press.

Sweeny, K. and Vohs, K. D. 2012. On near misses and completed tasks: The nature of relief. *Psychological Science,* 23(5), 439–445.

Symonds, M. and Bowman, P. 1996. *And Still They Weep: Personal Stories of Abortion.* London: SPUC Educational Research Trust.

Tangney, J. P. et al. 1996. Are shame, guilt, and embarrassment distinct emotions? *Journal of Personality and Social Psychology,* 70(6), 1256–1269.

Tarica, E. 2002. The agonising life of Alex. *The Age Green Guide,* 9 May.

338

Tatalovich, R. 1997. *The Politics of Abortion in the United States and Canada: A Comparative Study*. Armonk, NY: M.E. Sharpe.

Tebbel, C. 2004. 'My abortion': A woman affi rms her decision. *The Age*, 22 July.

Terry, J. and Urla, J. 1995. *Deviant Bodies: Critical Perspectives on Difference in Science and Popular Culture*. Bloomington: Indiana University Press.

Tomkins, S. 1995. Shame–humiliation and contempt–disgust. In: Frank, A. and Sedgwick, E. K. eds. *Shame and Its Sisters: A Silvan Tomkins Reader*. Durham, NC: Duke University Press, 33–74.

Too Many Aborted. 2017. Number one killer. Too many aborted [online]. Available from: www.toomanyaborted.com/numberonekiller [accessed 7 March 2017].

Toy, M. A. 2000. Sell the pill in schools: Expert. *The Age*, 13 October.

Treas, J. and Lui, J. 2013. Studying housework across nations. *Journal of Family Theory & Review*, 5(2), 135–149.

Tribe, L. 1990. *Abortion: The Clash of Absolutes*. New York: Norton & Company.

Trioli, V. 1998. 'Don't stir a sleeping dog'. *The Age*, 21 March.

Turnbull, M. 2003. *It's the Birthrate, Stupid! Facing Up to Fertility*, Paper presented at the National Population Summit (Adelaide), 21 November [online]. Available from: www.apop.com.au/SAconfNOV03/M%20Turnbull.pdf [accessed 20 December 2016].

Tyler, I. 2007. The selfi shfeminist: Public images of Women's Liberation. *Australian Feminist Studies*, 22(53), 173–90.

———. 2008. Chav mum chav scum. *Feminist Media Studies*, 8(1), 17–34.

———. 2013. Revolting subjects. *Social Abjection and Resistance in Neoliberal Britain*. London and New York: Zed Books.

The United Kingdom. 2017. Parliamentary debates: House of Commons: Official Hansard, 13 March. Available from: https://hansard.parliament.uk/Commons/2017-03-13/debates/D76D740D-2DDD-4CCB-AC11-C0DBE3B7D0D8/ReproductiveHealth(AccessToTerminations) [accessed 13 June 2017].

The United Nations. 2014. *International Conference on Population and Development Programme of Action: Twentieth Anniversary Edition* [online]. United Nations Population Fund. Available from: www.unfpa.org/sites/default/files/pub-pdf/programme_of_action_Web%20ENGLISH.pdf [accessed 4 March 2017].

Vale, D. 2006. My comments were clumsy. *The Age*, 25 February.

Vashti Collective. 1973. *Vashti's Voice: A Newsletter of the Women's Liberation Movement*, 3(March).

Vick, L. 2002. Anti-choice, pro-choice. *The Age*, 7 March.

Victoria. 2008a. Parliamentary debates: Legislative Assembly: Official Hansard, Book 12, 9 September.

———. 2008b. Parliamentary debates: Legislative Assembly: Official Hansard, Book 12, 10 September.

———. 2008c. Parliamentary debates: Legislative Council: Official Hansard, Book

13, 7 October.

_____.2008d. Parliamentary debates: Legislative Council: Official Hansard, Book 13, 8 October.

_____.2008e. Parliamentary debates: Legislative Council: Official Hansard, Book 13, 9 October.

Vizard, S., Martin, H. and Watts, T. eds., 2003. *Australia's Population Challenge.* Camberwell, VIC: Penguin.

Vogel, L. 2017. Doctors, pharmacists push back on medical abortion rules. *Canadian Medical Association Journal,* 189(12), 480–481.

Volscho, T. W. 2011. Racism and disparities in women's use of the Depo-Provera injection in the contemporary USA. *Critical Sociology,* 37(5), 673–688.

Vucetic, S. 2011. *The Anglosphere: A Genealogy of a Racialized Identity in International Relations.* Stanford, CA: Stanford University Press.

Wacquant, L. 2009. *Punishing the Poor: The Neoliberal Government of Social Insecurity.* Durham, NC and London: Duke University Press.

Wainer, B. 1969. To the editor. *The Age,* 12 September.

Wainer, J. 1975. *Pathways to Abortion.* Burwood, VIC: La Trobe University.

_____. 2008. Abortion and the struggle to be good in the 1970s. *Australasian Psychiatry,* 42(1), 30–37.

Wakefield, S. 1982. Names of family advice clinics cause confusion. *The Age,* 22 April.

Walker, D. 1999. *Anxious Nation: Australia and the Rise of Asia, 1850–1939.* Brisbane: University of Queensland Press.

Warhurst, J. 2008. Conscience voting in the Australian Federal Parliament. *Australian Journal of Politics and History,* 54(4), 579–596.

Waters, L. 2016, Australians need abortion laws for 2016 not 1899. *The Sydney Morning Herald,* 11 May.

Watkins, E. S. 2010. From breakthrough to bust: The brief life of Norplant, the contraceptive implant. *Journal of Women's History,* 22(3), 88–111.

Weinbaum, A. E. 2004. *Wayward Reproductions: Genealogies of Race and Nation in Transatlantic Modern Thought.* Durham, NC: Duke University Press.

Weisstein. N. 1993. Power resistance and science: A call for a revitalized feminist psychology. *Feminism & Psychology,* 3(2), 239–245.

Weitz, T. A. 2010. Rethinking the mantra that abortion should be 'safe, legal, and rare'. *Journal of Women's History,* 22(3), 161–172.

West, L. 2015. I set up #ShoutYourAbortion because I am not sorry, and I will not whisper. *The Guardian,* 23 September [online]. Available from: www.theguardian.com/commentisfree/2015/sep/22/i-set-up-shoutyourabortion-because-i-am-not-sorry-and-iwill-not-whisper [accessed 20 July 2017].

_____. 2016. *Shrill.* London: Quercus.

West, R. 1984. A 23-year search for peace. *The Age,* 14 November.

Williams, B. A. O., 1993. *Shame and necessity.* Berkeley: University of California Press.

Westmore, A. 1976. The tragedy and the joy of the gymslip mums. *The Sun*, 13 September.

Winikoff, B. 2014. Is one of these things not just like the Other: Why abortion can't be separated from Contraception. *Conscience: The Newsjournal of Catholic Opinion*, 35(3), 27–29.

Wolf, N. 1995. Our bodies, our souls: Re-thinking pro-choice rhetoric. *The New Republic*, 17 October.

Wolfe, P. 1994. Nation and miscegenation: Discursive continuity in the post-Mabo era. *Social Analysis*, 36(October), 93–152.

Women Exploited by Abortion. 1986. *Women Exploited by Abortion (Newsletter)* 1 (Autumn).

_____. 1987–1988. *Women Exploited by Abortion (Newsletter)* 2(Spring/Summer).

_____. 1988a. *Women Exploited by Abortion (Newsletter)* 3(3).

_____. 1988b. *Women Exploited by Abortion (Newsletter)* 3(4).

_____. 1988c. *Women Exploited by Abortion (Newsletter)* 4(1).

_____. 1988d. *Women Exploited by Abortion (Newsletter)* 4(2).

Women Hurt by Abortion. 1990a. *Women Hurt by Abortion (Newsletter)* 5(1).

_____. 1990b. *Women Hurt by Abortion (Newsletter)* 5(2).

_____. 1991. *Women Hurt by Abortion (Newsletter)* 6(1).

_____. 1992. *Women Hurt by Abortion (Newsletter)* 21.

_____. 1993. *Women Hurt by Abortion (Newsletter)* 22.

_____. 1995. *Women Hurt by Abortion (Newsletter)* 2(1).

_____. 1997. *Women Hurt by Abortion (Newsletter)* 7(1).

_____. 1998. *Women Hurt by Abortion (Newsletter)*, Winter.

Women's Abortion Action Campaign. n.d. Answers to common right to life arguments about abortion. State Library of Victoria, Wainer Papers, MS134636, Box 46.

_____. 1973. *Right to Choose!* 1.

_____. 1974a. Open letter. 28 November. State Library of Victoria, Wainer Papers, MS134636, Box 46.

_____. 1974b. *Right to Choose!* 2 (early 1974).

_____. 1974c. *Right to Choose!* 5 (December).

_____.1975a. *A Woman's Guide to Abortion: Why, How, Where*. Glebe, NSW: D. Whelan.

_____. 1975b. *Right to Choose!* 6 (February–March).

_____. 1975c. *Right to Choose!* 7 (mid-year).

_____. 1975d. *Right to Choose!* 8 (September–October).

_____. 1976a. *Right to Choose!* 10 (March).

_____. 1977. *Right to Choose!* 14 (Autumn).

_____. 1978a. *Right to Choose!* 15 (Summer).

_____. 1978b. *Right to Choose!* 16 (Winter).

_____. 1978c. *Right to Choose!* Extra (July).

_____. 1978d. *Right to Choose!* 17 (Spring).

_____. 1979. *Right to Choose!* 18 (February–March).

_____. 1980-1. *Right to Choose!* 21 (Summer).

_____. 1981-2. *Right to Choose!* 24 (Summer).

_____. 1986. *Right to Choose!* 1 (Summer/Autumn).

Women's Electoral Lobby. 1975. Open submission to the human relations commission. University of Melbourne Archives, Women's Electoral Lobby Papers, AN92/85.

Woodcock, S. 2011. Abortion counselling and the informed consent dilemma. *Bioethics*, 25(9), 495–504.

World Health Organization. 2012. *Unsafe Abortion: Global and Regional Estimates of the Incidence of Unsafe Abortion and Associated Mortalityin 2008. Geneva: World Health* Organization [online]. Available from: http://apps.who.int/iris/bitstream/10665/44529/1/9789241501118_eng.pdf [accessed 20 July 2017].

Wyatt, D. and Hughes, K. 2009. When discourse defies belief: Antiabortionists in contemporary Australia. *Journal of Sociology*, 45(3), 235–253.

Yallop, R. 1982. $400,000 for anti-abortion groups. *The Age*, 6 March.

YouGov. 2011. *YouGov Survey Results*, 2–5 September [online]. Available from: http://cdn.yougov.com/today_uk_import/ygarchives-yougov-abortions-060911.pdf [accessed 16 December 2016].

Yusuf, F. and Siedlecky, S. 2002. Legal abortion in South Australia: A review of the first 30 years. *The Australian and New Zealand Journal of Obstetrics and Gynaecology*, 42(1), 15–21.

Zavella, P. 2016. Contesting structural vulnerability through reproductive justice activism with Latina immigrants in california. *North American Dialogue*, 19(1), 36–45.

Ziegler, M. 2013. Roe's race: The Supreme Court, population control, and reproductive justice. *Yale Journal of Law & Feminism*, 25(1), 1–50.

344

임신중지

: 재생산을 둘러싼 감정의 정치사

1판 1쇄 인쇄 2019년 5월 13일
1판 1쇄 발행 2019년 5월 27일

지은이   에리카 밀러
옮긴이   이민경
펴낸이   김영곤
펴낸곳   아르테

책임편집   김지은
인문교양팀   장미희 전민지 박병익
교정   김유경
디자인   오늘의 풍경
미디어사업본부
본부장   신우섭
영업   권장규 오서영
마케팅   김한성
해외기획   임세은 장수연 이윤경
제작   이영민 권경민

출판등록 2000년 5월 6일 제406-2003-061호
주소 (10881) 경기도 파주시 회동길 201(문발동)
대표전화 031-955-2100 + 팩스 031-955-2151 + 이메일 book21@book21.co.kr

ISBN 978-89-509-8125-9 03300

아르테는 (주)북이십일의 문학·교양 브랜드입니다.

(주)북이십일 경계를 허무는 콘텐츠 리더
아르테 채널에서 도서 정보와 다양한 영상 자료, 이벤트를 만나세요!
방학 없는 어른이를 위한 오디오클립 <역사탐구생활>
+   페이스북 facebook.com/21arte   +   블로그 arte.kro.kr
+   인스타그램 instagram.com/21_arte   +   홈페이지 arte.book21.com